שיחה על השאלה

שיחה על השאלה

סיפורה של פסיקת הלכה,
מיומנו של רב קהילה

אורי ליפשיץ

מגיד

Ori Lifshits
Discussing the Question:
The Story Behind Halakhic Rulings,
From the Diary of a Community Rabbi

אורי ליפשיץ
שיחה על השאלה:
סיפורה של פסיקת הלכה, מיומנו של רב קהילה

עורך אחראי: ראובן ציגלר
עורכת ראשית: אוריה מבורך
עורכת משנה: אפרת גרוס
עריכה לשונית: שמואל מרצבך
הגהה: אביחי גמדני
עימוד: שמעון חי בן שחר
תמונת עטיפה: מנחם הלברשטט
עיצוב עטיפה: סטודיו עפעף

ספרי מגיד, הוצאת קורן
ת״ד 4044 ירושלים 9104001
טל׳: 02-6330530 פקס: 02-6330534

office@korenpub.com
www.korenpub.co.il

הספר ׳שיחה על השאלה׳ הופק בסיוע מעצת הפיס לתרבות ולאומנות

מפעל הפיס

ISBN 978-965-526-381-7 מסת״ב
Printed in Israel 2024 נדפס בישראל

תוכן

מבוא

לפני שנים אחדות פתחתי סדרת שיעורים שעסקה בהלכה בבקשה מהלומדים להציע דימוי להלכה. הזמנתי אותם להשלים את המשפט 'ההלכה היא כמו...'. התשובות היו מרתקות ומעוררות מחשבה: 'ההלכה היא כמו מרשם של רופא', 'ההלכה היא כמו דו"ח של שוטרת תנועה', 'ההלכה היא כמו מתכון לעוגה', 'ההלכה היא כמו מסלול בתוכנת ניווט' ועוד ועוד.

רבי נחמן מברסלב דימה את ההלכה לזרימת הדם בעורקים ובוורידים וכתב 'כי ההלכות הם בחינת תהלוכות הדמים שחוזרין והולכין כַּסדר'. הרב שג"ר פיתח דימוי זה וכתב 'ההלכה יוצרת סדר למציאות, מעצבת עולם ונותנת לו עוגן. העיצוב נוגע לשפת הגוף עצמה, לתנועות, להטיות, לסגנון הדיבור...'.

הספר שלפניכם הוא ניסיון לספר את סיפורה של ההלכה כדם הזורם בעורקי האדם ובוורידיה של הקהילה שומרת המצוות. הבסיס לפרקיו הוא שאלות שנשאלתי וחוויות שחוויתי בשש שנותיי כרב קהילה והאופן שבו ניגשתי אל השואלים והשאלות - עד לתשובותיי והשלכותיהן. זהו תיאור שפונה לציבור רחב ואינו מיועד רק לאנשי מקצוע, רבנים ולומדי הלכה. נוסף על כך, אין זה ספר אקדמי; הוא כתוב 'מבפנים', כמי שנוטל חלק במסורת הזִרמת הדם בגוף היהודי, הלוך ושוב.

הכתיבה מנסה להיות נאמנה למהותה של ההלכה, לזרימתה ולחיים שהיא מביאה איתה עד לקצות הגוף. ההלכה מעורבת בחיים

עצמם, יוצאת מהם ושבה אליהם - וממילא היא יותר תיאוֹרִית־סיפורית ופחות שיטתית.

כל אחד מפרקי הספר פותח בסיפור ושאלה בעקבותיו ומשתף את הקוראות והקוראים בדרך החשיבה ההלכתית, במשמעויותיה של פסיקת ההלכה ובאופייה. כל פרק גם פותח פתח לדיונים עקרוניים המתגלגלים מהסיפור המוביל את הפרק. זהו ספר של פסיקות הלכתיות שפסק רב מקומי בקהילה מסוימת, אך למיטב הכרתי כל שאלה שמופיעה בו נשאלת בצורות כאלו ואחרות בקהילות נוספות, ורבנים שונים מתייחסים אליה באופן דומה ושונה. הספר מנסה להציג תמונה רחבה ועמוקה של 'ההלכה' בכללה, לצד הזהירות הנדרשת מהשְטחה של מורכבויות ומחלוקות.

כדי לא להפריע ל'זרימת הדם', מקורות מפורטים לדיונים ההלכתיים שבפרקים עצמם וכן הרחבות והפניות למקורות נוספים ולמאמרים רלוונטיים מופיעים בסוף הספר.

תפקידו של רב קהילה הוא תפקיד מגוון: יש בו היבטי הוראה ולימוד, ייעוץ אישי וקהילתי, עשיית צדקה ושותפות בהנהגת הקהילה. עניינו של ספר זה ברכיב הנוגע לפסיקת ההלכה והוא איננו מתיימר למַצות את מכלול חיי הרב או משמעות עשייתו.

שש השנים שעשיתי ברבנות קהילת טירת צבי היו שנים של לימוד והתפתחות והן השלימו שנים ארוכות של הוראת הלכה ושיעורים על 'מטא־הלכה' בישיבת שיח יצחק. חברי וחברות הקהילה לימדו אותי רבות על אהבת ה', יראת שמיים, דרך ארץ, אמונה, חיי חברה, תורה ועבודה. הסיפורים המופיעים בספר נשלחו לכל איש ואישה המוזכרים בהם וקיבלו את הערותיהם ואישורם לפרסום. ברובם של המקרים שיניתי את השמות ולעיתים גם את עובדות הרקע, כדי לא לחשוף עניינים צנועים ואישיים.

הספר מחולק לארבע חטיבות, המארגנות את השאלות, הסיפורים והנושאים. השתדלתי לסדר את הפרקים מהקל אל הקשה, אם כי הדברים אינם מוחלטים. מכיוון שהכתיבה אינטואיטיבית וסיפורית, ישנם כמה דברים החוזרים על עצמם.

את העידוד לפרסם את רעיונותיי קיבלתי מהוריי ורעייתי. אני מלא בהכרת הטוב לשותפיי בישיבת שיח יצחק, מורי הרב יאיר דרייפוס וחברי הרב נעם סמט, שיחד עם אסף רוסט, מנכ"ל הישיבה המסור שטרח רבות בהבאת הספר לדפוס, אִפשרו את הפנאי שהיה נחוץ לכתיבת הספר ואף החליטו לקדם את הוצאתו לאור.

חברים וקרובים קראו גרסאות שונות של פרקי הספר ותרמו בהערותיהם. יבורך תלמידי ידידיה גודינגר על קריאתו המדוקדקת והמאירה.

תודתי להוצאת מגיד שנתנה את אמונה בספר, בהובלת העורך הראשי הרב ראובן ציגלר והעורכת האחראית הרבנית אוריה מבורך שקידמה את הספר אל קו הגמר, למפעל הפיס על תמיכתו, ולעוסקים במלאכת העיצוב, העימוד וההדפסה, ובייחוד לעורך הספר, שמואל מרצבך, שתרם רבות לגיבושו הסופי של הספר, בדיוקי תוכן וצורה.

את הספר כתבתי בשנת תשפ"ג ותכננתי לסיים את עריכתו ולברך על המוגמר מיד אחרי החגים של שנת תשפ"ד. כמו רבים אחרים, בבוקר שמיני עצרת נקראתי למילואים ובמשך חודשים ארוכים נאלצתי להשהות את מלאכת הספר וליטול חלק בלחימה, בהגנה ובהתקפה, באזור הדרום. פרסומו של ספר על חיי הלכה במהלך המלחמה הוא חלק מתפילה להארת פנים שיש בה "תּוֹרַת חַיִּים וְאַהֲבַת חֶסֶד, וּצְדָקָה וּבְרָכָה וְרַחֲמִים וְחַיִּים וְשָׁלוֹם".

חטיבה ראשונה:

בית הכנסת

מיקרופון, מגילה ומלאכי חבלה: על הלכה וטכנולוגיה

עמנואל היה מוותיקי הגבאים וחברי ועדת בית הכנסת, איש גבוה ורחב כתפיים שעבד עשרות שנים בענפי הגד"ש והגזר בחריצות ובעמל. שיזוף השמש נתן את אותותיו בפניו ובזרועותיו שהיו שריריות גם בגיל 70, ועיניו הכחולות הוסיפו למראה ה'צבר' הגאה. בוועדת בית הכנסת (ועדה שהורכבה מכמה חברים וחברות ותפקידה היה להוביל את ההכנות וההחלטות בכל הנוגע לסדרי התפילה וההתרחשויות בבית הכנסת) היה עמנואל קול המסורת והשמרנות. כל שינוי עורר את חששו - ויהיו סיבות השינוי אשר תהיינה.

הייתה זו שנתי הראשונה כרב הקיבוץ. חג הפורים התקרב והוועדה התכנסה כדי להתכונן לחג; ובכלל זאת קביעת שעות קריאת המגילה, שיבוץ הקוראים, קריאת הנשים ומיקום 'הקריאה השקטה' שנועדה לבעלי לב חלש ואוזניים רגישות המתקשות לשאת את הרעש בזמן מחיית שמו של 'המן' בבית הכנסת המרכזי. תוך כדי הדיון וחלוקת התפקידים, הבנתי שהקורא במגילה ייעזר במיקרופון וברמקול בזמן הקריאה. התלבטתי ביני לבין עצמי אם - וכיצד - להגיב להנחה מובנת מאליה זו...

מחד, השימוש במיקרופון ורמקול בקריאת המגילה איננו פשוט מבחינה הלכתית. ההלכה מחייבת את האדם לקרוא בעצמו ולהשמיע לאוזנו או לשמוע את קולו של אדם אחר המתכוון להוציאו ידי חובה. קבוצת פוסקים גדולה טוענת כי לא ניתן לצאת ידי חובה בשמיעה באמצעות רמקול - וזו הייתה (ועודנה) גם נטייתי ההלכתית.

מאידך, ברור היה לי כי זהו מנהג מקובל כאן בקיבוץ וזכרתי שבעקבות לימוד תשובתו של הרשב"א (רבי שלמה בן אדרת, מגדולי הפוסקים; חי בברצלונה במאה ה־13) קיבלתי על עצמי שלא למהר ולמתוח ביקורת על התנהלויות לא הלכתיות ובוודאי שלא להזדרז ולשנות הלכות ומנהגים קיימים.

כך כתב הרשב"א בתשובה לתלמידו רבי יעקב, שהיה ראש ישיבה בטולדו, והתייעץ איתו לגבי מדיניות הפסיקה והיחס לעוברי עבירה:

> דע: כי לשון רכה תשבור גרם [...] ופַּנֵּה דרך לפני העם, להסיר המכשלה את העם צריך לעלות מן הקלה אל החמורה. ואין נוטלין כל החבילה ביחד, ואחר כוונת הלב הדברים אמורים [...]
>
> ואתה דע לך עוד, כי אי אפשר לנהוג בכל האנשים במדה אחת [...] כי לכל זמן מזומן, והעלמת עין מן העובר, לעתים מצוה, והכל לפי צורך השעה. והחכם מעלים עין לעתים בקלות.
>
> ואני רואה שצריך שיתחזק ענין התקנות בתחילה, ולא יכנס במחלוקת. וכבר ידעת ענין מלכנו הראשון שאול, כי היה כמחריש והעלמת עין בדבר זה, עד אשר יחזקו זרועות העומדים על הפקודים, מצוה רבה. והמקיים את המצוה, עשה סמוכות לתקנה, ובנקלה חומה בצורה. ואחר תחזקנה ידיך, ומלכת בכל אשר תאוה נפשך [...]

דברי הרשב"א הללו מלווים אותי בכל התלבטות הלכתית. הנחיותיו החכמות ומלֵאות הניסיון של גדול הפוסקים בספרד בדורו - לבחור לשון רכה; לטפס אט־אט מהקלה אל החמורה ולא ליטול את כל "החבילה ביחד"; להבחין בין אנשים שונים וזמנים שונים; להעלים עין ולא להיכנס במחלוקת - הן עצות שאינן יכולות להיכנס לקטגוריות ולהימדד בסרגל, אולם הן מכווינות את הרב הפוסק למרחב שמתוכו תצמח פסיקת הלכה נכונה ומכוונת.

ישבתי באותה ישיבה של ועדת בית הכנסת ושאלתי את עצמי אם להתערב, אם להציע לוותר על המיקרופון והרמקול, אם זהו זמן שבו 'מצווה להעלים עין' כעצת הרשב"א; ואולי עליי לבדוק עם הרב הקודם או עם חבריי, רבני הקיבוצים הדתיים האחרים, אם זהו נוהג רווח בקהילותיהם, ואם כן - על מה הם מסתמכים.

נזכרתי אז בסיפור שסיפר אחד מבניו של הרב יעקב אריאל (מחשובי הפוסקים הדתיים־לאומיים, רב העיר רמת גן עד 2017) על ימי רבנותו של אביו במושב כפר מימון. לדברי בנו, במושב הייתה בריכה מעורבת, ואביו (שהחל לכהֵן כרב המושב בגיל 27) לא מחה על כך ולא הביע את עמדתו ההלכתית המתנגדת לשחיית גברים ונשים יחד. לימים, שתי נערות ששירתו כבנות שירות במושב כתבו מכתב גלוי לתושבי המקום ובו הביעו ביקורת על כך שמושב דתי איננו מקפיד על הלכות צניעות בשחייה המעורבת - ובעקבות זאת פרסם הרב אריאל את עמדתו והבריכה עברה למתכונת נפרדת.

בנו של הרב אריאל שאל אותו אז מדוע רק עכשיו הוא נזכר והלוא הבריכה פועלת כבר שנים לא מעטות. תשובתו של הרב אריאל תאמה את דברי הרשב"א: 'אילו הייתי אומר כבר בתחילת הדרך מה אני חושב, אני לא הייתי כאן והבריכה הייתה נשארת מעורבת. כעת הגיעה העת שמכתבן של בנות השירות עורר את הציבור, והקול להפרדת הבריכה נשמע ומתקבל יותר'.

החלטתי לשתוק. גם לאור הגיונה של תשובת הרשב"א ובעקבות סיפורו של הרב אריאל, וגם מכיוון ששמיעת המגילה מרמקול איננה 'עבירה' ואפילו לא דומה לשחייה מעורבת. יש פוסקים שהתירו אותה, והמקל יש לו על מי לסמוך. למרות זאת, כנראה פניי העידו על אי־הנחת שלי, משום שתוך כדי הדיון פנה אליי עמנואל ושאל: 'הרב, מה הבעיה? אני רואה שאתה לא שמח'. עניתי בכנות ששמיעת המגילה באמצעות רמקול איננה מוצאת חן בעיניי מבחינה הלכתית, אבל החלטתי לא לשנות דבר בשנה הראשונה ועל כן הקריאה תתבצע כמקובל ואני אחשוב על כך עוד עד השנה הבאה - ואז אחליט.

ערב הפורים הגיע. להפתעתי, בית הכנסת לא היה מלא כלל

וכלל. כנראה, רבים החליטו להצטרף למניין השקט ולא לסבול מרעש הנפצים והצעירים. על הבמה עמד יאיר, קורא המגילה, לידו המיקרופון ומאחוריו הרמקול הגדול שאמור היה להשמיע את קולו בכל חלל בית הכנסת.

טרם קריאת המגילה נעמדתי לידו והזמנתי את כלל המתפללים להתקרב מעט לבימה ולשבת במקום שבו יוכלו לשמוע את הקורא, ולוּ באופן חלש, גם ללא מיקרופון. לדעת הרב עובדיה יוסף, במצב כזה ניתן לצאת ידי חובה גם אם שומעים את המגילה מהרמקול ורציתי לאפשֵׁר לבאי בית הכנסת לפחות את האפשרות הזו.

* * *

הדיון על שמיעת המגילה מרמקול פותח פתח להתבוננות על יחסי הלכה וטכנולוגיה (ובכלל, הלכה ומדע), החורגים מעבר לשאלה הספציפית שעמדה מולי.

הרב שלמה זלמן אויערבך, מגדולי הפוסקים במאה ה־20 ומן הדמויות מעוררות ההשראה ששמעתי עליהן, עסק רבות בשאלת ההשלכה ההלכתית של חידושים מדעיים. בתשובתו הנוגעת למיקרופון הוא מביא לידי ביטוי את איכויותיו המיוחדות כפוסק הלכה ופותח בתיאור קצר של דרך הפעולה של המיקרופון והרמקול, כדי להבין כיצד נכון לפסוק בעיניו את ההלכה. במהדורה מאוחרת של ספר ההלכה שלו, ׳מנחת שלמה׳, הוא אף מוסיף הערת הסתייגות המבהירה ש׳בזמן האחרון נתחדשו עוד סוגים שונים [של מיקרופונים]׳ והוא מבקש להדגיש כי מאמרו רלוונטי רק למיקרופונים הפועלים באופן המתואר בהקדמתו.

הסקירה המדעית של אופן פעולת המיקרופון משַׁקפת את תפיסתו העקרונית של הרב אויערבך: ההלכה תיפסק לפי העובדות המדעיות, לפי מה שהוא ׳האמת הריאלית׳, המדויקת ביותר. כך, במילים קצרות ובהירות, הוא מסביר בתשובתו:

> בשעה שאדם מדבר או מנגן בקרבת מיקרופון הוא מזעזע בקולו את האויר שמסביבו ויוצר בו גלי קול בהתאם לגלי

הקול שהשמיע. גלי הקול כשהם מגיעים לממברנה של המיקרופון מזעזעים אותה - כדוגמת התוף שבאוזן האדם - מובן הדבר שע״י הזעזועים משתנה חליפות צפיפות הפחם בהתאם לכח הלחץ שהממברנה מזדעזעת ונלחצת על הפחם. ולפי האמור קודם יוצא שהשינויים הללו משנים גם את כח הזרם והוא פעם חזק ופעם חלש בהתאם לזעזועים של קול המדבר והמנגן. גם מובן הדבר כי ע״י זה שהזרם משתנה חליפות פעם יגדל ופעם יקטן, הרי הוא גורר אחריו שגם כח המשיכה של המגנט ישתנה חליפות וימשוך אליו את הממברנה פעם חזק ופעם חלש, ונמצא שאף גם ממברנה זו של המכשיר הקולט תתנדנד ממש כאותן התנודות שזעזועי הקול גרמו להניד את הממברנה של המיקרופון, והריהי מזעזעת את האויר שמסביבה ממש כאותם הזעזועים שנעשו בתחילה ע״י מיתרי קול האדם המדבר בקרבת המיקרופון.

ממילא, במקרה זה ההלכה היא שהאדם לא יצא ידי חובה:

> אחרי כל התיאור האמור לעיל נראה שהשומע קול שופר או מקרא מגלה ע״י טלפון או רם־קול [...] לא יצא כלל ידי חובתו, משום דדוקא כשרושם שמיעת האוזן נעשה באופן ישר ע״י קול השופר שמזעזע את האויר ויוצר בו גלי קול אז חשיב כשומע קול שופר, משא״כ כשהאוזן שומעת רק תנודות של ממברנה אף על פי שגם אותן התנודות יוצרות באויר גלי קול ממש כדוגמת קול השופר אפילו הכי מסתבר שרק קול תנודות ממברנה הוא שומע ולא קול שופר.

אלא שעמדה זו איננה העמדה היחידה האפשרית. בסיום תשובתו מספר הרב אויערבך על פגישה שהייתה לו עם ה'חזון איש', גדול הדור ומנהיג הציבור החרדי:

הערת המחבר: לאחר שכבר נדפס מאמר זה נזדמן לי לדבר עם מרן בעל החזו"א זצ"ל ואמר לי שלדעתו אין זה כ"כ פשוט, ויתכן דכיון שהקול הנשמע נוצר ע"י המדבר וגם הקול נשמע מיד כדרך המדברים 'אפשר' דגם זה חשיב כשומע ממש מפי המדבר או התוקע [...] ולענ"ד הוא חידוש גדול מאד ואין אני מבין אותו.

ה'חזון איש' הביע עמדה שונה לא רק בפרשנות המקורות ההלכתיים, אלא גם בגישה העקרונית לאופן שבו נקבעת ההלכה וליחסהּ לעובדות ולאמת המדעית.

אומנם, בפועל השומע מהרמקול איננו שומע את קולו של המדבר אלא את הקול המופק מהממברנה ושלל החוטים, אך ה'חזון איש' נוטה לבחון את הדברים אחרת לגמרי. בעיניו, העובדה שקורא המגילה הוא המייצר את הקול, והשומע את הרמקול שומע את קולו בו ברגע שהוא קורא, גורמת לכך שאפשר שזה כאילו השומע שומע ממש מפי הקורא. גישתו של ה'חזון איש' כאן היא גישה יותר אינטואיטיבית ופחות מדעית. סוף כל סוף, הקול המושמע ברמקול הוא קולו של הקורא, והוא אכן קורא כעת. שונה הדבר משמיעת הקלטה וכיוצא בזה. המיידיות של הקריאה והשמיעה, לצד העובדה שזה אכן 'נשמע כקולו', מביאות את ה'חזון איש' לאפשרות להקל ולראות מקרה זה כ'שמיעת קולו ממש' של המדבר או התוקע.

הרב אויערבך, על פי דרכו, איננו מצליח להבין את החידוש הגדול הזה; כאמור, בעיקר בגלל גישתו היסודית השונה.

אל שתי הזוויות הללו (המדעית והאינטואיטיבית) יש להוסיף זווית שלישית, העולה בתשובותיו של הרב משה פיינשטיין, גדול הפוסקים בארצות הברית במחצית השנייה של המאה ה־20 ואחת הדמויות שזכיתי להכיר בלימוד מאות תשובותיו הרבות המופיעות בתשעת כרכי ספר התשובות שלו, 'אִגרות משה'.

הרב פיינשטיין סבור לכשעצמו - בדומה ל'חזון איש' - שהעובדה שמוצָא הקול שנשמע ברמקול הוא האדם המדבר במיקרופון, אולי

יש בה כדי להחשיב קול זה כקול האדם לעניין החובה לשמוע את קורא המגילה. הוא מעיר אפילו שאין למחות בידי אלו שנוהגים כך, מפני שלא ברור שאכן לפנינו בעיה הלכתית, אך הוא מוסיף נקודת מבט הבוחנת את משמעות השימוש במיקרופון ורמקול בתוך ההקשר של המסורת היהודית:

> הנה בדבר קריאת המגילה ע״י מיקראפאן קשה לומר בזה הלכה ברורה כי לא נתברר כראוי איך נשמע ע״י זה ע״י אנשים הראוי לסמוך עליהם. ולכן אין ראוי לקרא המגילה שישמעו ע״י המיקראפאן...
> מ״מ כיון שלא ברור להיתר והוא ענין חדש, בכלל יש למחות כדי למונעם מלרדוף אחרי חדשות אחרות שלהוטים בזה במדינות אלו כמו שכותב כתר״ה.

ר׳ משה, שלא נבהל מעצם ההתייחסות לשמיעת הרמקול כשמיעת הקורא, מוטרד דווקא מהיות העניין הזה ׳עניין חדש׳. המסורת מעדיפה להימנע מחידושים, גם משום ש׳לא נתברר כראוי׳ ועוד יש לתהות על קנקנה של ההמצאה החדשה ולהבין את דרך תפקודה. אבל מה שיותר נוכח כאן הוא ההתרחשות החברתית. העולם הדתי (בכלל, ובית הכנסת והטקסים הדתיים בפרט) מאוים מאלו ה׳להוטים אחרי חדשות׳ ולעיתים פסיקה מקילה בתחום אחד עלולה למשוך אחריה משמעויות הלכתיות ורוחניות מרחיקות לכת.

האם ר׳ משה חשש משימוש במיקרופון גם בשבת ומחילול השבת שעלול להיווצר בעקבותיו? האם חזה את כניסתן של מצלמות לבית הכנסת - ולא רק מיקרופונים - והוטרד מכך? ואולי חשש גם מהאפשרות של השתתפות בתפילה מחדרים שונים וממקומות רחוקים? ייתכן. אך נראה לי שהחשש בסיסי יותר.

עצם השינוי והלהיטות אחַר החידוש, המאפיינים את העולם המודרני המערבי, הם תנועת נפש שבמקרים רבים מנוגדת להלך הנפש המסורתי. העולם השייך לצעירים מתנגש לעיתים בעולמה

של ההלכה הגורס כי 'בישישים חכמה' (איוב יב, יב). בית הכנסת לא ממהר להתעדכן וקצב התנועה שלו איטי - בכוונת מכוון - מזה של העולם המתפתח. כך הוא שומר על חינו ועל דבקותו במסורת.

אם כן, שלוש זוויות שונות קיימות בדיון על שימוש במיקרופון בקריאת מגילה, שלוש זוויות שניתן לראות בהן שלוש נקודות מבט שונות שבאמצעותן (ובמנעד איזונים ומינונים שונה בין כל פוסק ופוסק) ייבחנו חידושים טכנולוגיים והשפעתם על ההלכה.

מחד, ניסיון ריאלי להבין כיצד פועל הפיתוח החדש ואם הוא מאפשֵר להגדרות ההלכתיות להתממש. לצד זאת מבט אינטואיטיבי שאינו יורד לפרטי ההמצאה הטכנולוגית אלא מתבונן בחוויה האנושית המתרחשת בשימוש במכשיר החדש. ומעבר לשני אלו - מבט חברתי בעל מודעות למשמעותו של עצם השינוי וזהירות מהתפתחות שאופיינית לעולם מודרני, אך לעיתים מאיימת על המסורת ההלכתית.

* * *

יאיר ניגש אל המגילה, הדליק את המיקרופון והחל לברך במנגינה הנעימה של ברכות המגילה 'ברוך אתה...', אלא שלהפתעתו הרמקול לא השמיע כל הברה. דפיקה על המיקרופון, קצת נשיפות, כיבוי והדלקה של המתג - אך ללא הועיל. עמנואל נחלץ ממקומו בריצה ובא לראות מה לא בסדר. הוא כרע על ברכיו ובדק שוב את החיבורים והכבלים המחברים את המיקרופון לרמקול ואת זה לשקע החשמלי. הוא ניתק והחזיר את התקע לשקע, אך דבר לא עזר. המיקרופון סירב לשתף פעולה. בלית ברירה, ולנוכח לחצו של הציבור הרעב (שהגיע לקריאת המגילה אחרי יום של תענית אסתר), פסקו הניסיונות ויאיר בעל הקול הרם התאמץ קצת יותר בקריאתו - וצלח את כל פרקי המגילה ללא מיקרופון וללא רמקול, כשכולם שומעים היטב.

עמנואל ניגש אליי אחרי הקריאה וחיוך על פניו. 'שלחת את הילדים שלך לנתק את הרמקול?' הוא שאל.

'חס וחלילה', השבתי.

'אז כנראה שמלאכי החבלה הרסו את המיקרופון או את הרמקול'

הסיק עמנואל. אף שבימים כתיקונם הייתה החשיבה הרציונלית מנת חלקו, הוא לא מצא הסבר אחר שיניח את דעתו...

בישיבת הסיכום של ועדת בית הכנסת לאחר הפורים הצבעתי על כך שאף שהרמקול לא עבד (מסיבה שאיש אינו יודע להסביר), כל באי בית הכנסת שמעו את המגילה ומי שישב רחוק יכול היה להתקרב; ועל כן גם אם נאמר שבעבר הייתה הצדקה הלכתית להסתייעות ברמקול ומיקרופון - אולי בגלל הצפיפות בבית הכנסת וקיומו של מניין אחד ויחיד שאסף אליו את כל הקהילה - הרי שהיום אין סיבה להקל בכך, והחל מהשנה הבאה נמשיך לשמוע את המגילה מגרונו של הקורא עצמו.

תיקון קוראים:
על רגישות לטועה

אחד הדברים שמפניו חששתי קודם כניסתי לתפקיד הרב היה מקום הישיבה שלי בבית הכנסת. מאז ומעולם (עוד מבית אבי), היה מקומי בספסלים האחוריים ולא בחזית. בזוכרי את מראה הרב היושב לבדו בשורה הקדמית - לעיתים לפני השורה, במקום מובחן, ולעיתים כשפניו אל הציבור - תהיתי לעצמי כיצד אסתדר במקום כזה.

מורי ורבי, הרב שג"ר ז"ל, אמר באחת הפעמים לקבוצת תלמידים ששוחחה איתו כי הוא מעדיף שלא להתפלל עימנו. כששאלנו אותו בתמיהה: למה?, הוא ענה בפשטות: כי אתם מסתכלים עליי...

התפילה היא מעשה אישי, אינטימי, שלצד היותו אירוע ציבורי וקהילתי, כולל עמידה של האדם מול עצמו ומול בוראו. תחושת המבטים הנעוצים בגבך - ועל אחת כמה וכמה בפניך - איימה במחשבותיי על תפילתי כרב. בכל מקרה להיות רב פירושו 'להיכנס לחליפה', גם אם מטפורית, ולהתנהל בידיעה שהציבור מסתכל על מעשים רבים ויומיומיים שלך ומצפה ממך להתנהגות שיש בה דוגמה אישית בכל תחומי החיים ומעבר לכך.

כמובן, דוגמה אישית היא רכיב יסודי במנהיגות בכלל ובמנהיגות תורנית בפרט. גדלתי והתחנכתי על הדרשה המופיעה בגמרא במסכת יומא (דף פו ע"א) ביחס לפסוק הפותח את קריאת שמע, 'ואהבת את ה' אלוהיך', וקוראת את הציווי לאהוב כציווי 'שיהא שם שמים מתאהב על ידך'. הגמרא ממשיכה ומתארת את החכם 'שיהא קורא

ושונה ומשמש תלמידי חכמים, ויהא משאו ומתנו בנחת עם הבריות, מה הבריות אומרות עליו - אשרי אביו שלמדו תורה, אשרי רבו שלמדו תורה. אוי להם לבריות שלא למדו תורה, פלוני שלמדו תורה - ראו כמה נאים דרכיו, כמה מתוקנים מעשיו, עליו הכתוב אומר "ויאמר לי עבדי אתה ישראל אשר בך אתפאר"'. עם זאת כשמדובר על התפילה, הקושי גדול הרבה יותר, הן משום שהתפילה מציבה אתגר מתמשך ויומיומי, הן משום שהניסיון להגיע לכַוונות הוא מאבני היסוד של חוויית התפילה, הן בגלל הענווה הנדרשת בעמידה לפני ה', כשכולנו בשר ודם, 'כדלים וכרָשים דפקנו דלתיך'.

לכן שמחתי מאוד לגלות שבטירת צבי מקומו של הרב איננו נמצא בשורה נפרדת, ואף לא בשורה הראשונה, אלא באחת השורות משמאל לבימת הקריאה בתורה, בסמוך לה, ולפניו כחמש שורות של מתפללים.

לימים הבנתי שהמיקום הזה איננו רק מקום שמֵקל עליי להתפלל ושומר אותי כאחד האדם בבואי אל בית האלוהים, אלא שהקִרבה אל הבימה מאפשרת לי להשפיע ביתר־קלות על ההתרחשות בזמן הקריאה בתורה.

הקריאה בתורה שמורה בדרך כלל לקוראים מומחים. ברוב המקרים מדובר באנשים שבקיאים ורגילים בקריאה בציבור, יודעים כמה פרשיות בעל־פה והם בעלי ניסיון רב שנים. יש הקוראים רק את פרשת בר־המצווה שלהם מדי שנה - וגם הם יודעים לדייק באותה קריאה.

חוויית הקריאה של נער בר־מצווה בבית הכנסת היא חלק מ'טקס החניכה' שלו והצטרפותו למעגל המבוגרים בבית הכנסת ובקהילה כולה. השעות הארוכות של לימוד הקריאה והכנתה, המחייבות לזכור בעל־פה את הניקוד והטעמים, ובעיקר העמידה במרכז הציבור והאחיזה בספר התורה הפתוח, כשעיני ואוזני הכול נשואות אליו יוצרות לחץ ו'מבחן בגרות' לא פשוט.

המשמעות הגדולה של קריאת הנער בתורה בציבור בשבת איננה טמונה רק במאמץ ובהכנות לקראתה וגם לא בעצם היותו במרכז

המעגל, אלא בכך שקריאתו של נער שזה עתה הוכר כ׳בן מצווה׳ מבטאת את היותו חלק מעדת המבוגרים ואת העובדה שכולם זקוקים לו ויוצאים ידי חובתם בקריאתו. דא עקא, עובדה זו עלולה להלחיץ אותו עוד יותר - וממילא ברור מדוע חלק מהנערים חוששים מהרגעים הללו וחלקם מעדיף לקצר את הקריאה ולמעט בקושי האתגר.

במקרים שונים ששמעתי עליהם, חוויה קשה של כישלון בקריאת התורה הראשונה גררה אחריה הימנעות ארוכת שנים מקריאה בתורה, מעבר לפני התיבה ושותפות פעילה בחיי בית הכנסת. מי שחוויית הכניסה שלו טראומתית לא ירצה לחזור אליה - אם לא יהיה חייב לעשות זאת.

לצד היופי הכרוך באתגר הזה ובהצלחה בעמידה בו (כמובן תחת מטר הסוכריות המסורתי, והשירה וקולות השמחה מהקהל ומעזרת הנשים), ולצד העובדה שזהו מנהג מקובל ורב שנים, תמיד אהבתי את הנהגתו של הרב זלמן מלמד בישיבה בבית אל שלפיה בשבת שבה חוגגים את הגעתו למצוות, חתן בר־המצווה יעלה לתורה ותו לא. אם ירצה לקרוא בתורה החל מהשבת הבאה, הוא מוזמן בלב חפץ. כך ניסה הרב מלמד לנטרל את הלחץ, לסייע לנערים רבים - ביניהם מי שיכולות הקריאה, השינון והמוזיקליות שלהם מאותגרות או שהעמידה בפני קהל מאיימת עליהם - ולהקל במעט מהלחץ החברתי המופעל באופן גלוי וסמוי גם יחד.

באחת השבתות קרא בתורה נער צעיר, וכבר אחרי קטע הקריאה הראשון הוא מעד בלשונו ולא דייק באחת המילים - וכמה מבאי בית הכנסת שעקבו אחַר הקריאה בחומשיהם העירו לו. טיבו של האירוע הוא שהערה שכזו - אין בה שיחה, הסבר או פנייה מנומסת אלא תגובה מיידית ואמירה קולנית של המילה בצורה תקינה. לעיתים, אם המתקן יושב הרחק מבימת הקריאה, הוא ממש צועק, כדי שהקורא (שכבר התקדם בקריאתו עוד מילה או שתיים ומרוכז בקריאה) ישמע את התיקון, יַפנים ויחזור על המילה שנהגתה שלא כראוי.

* * *

צרובה בי חוויה שאירעה לפני שנים רבות, כשהייתי תלמיד בחטיבת הביניים בישיבה התיכונית בחיספין, ונסעתי להתארח בשבת בביתו של חבר מקריית שמונה. בבית הכנסת ישב אדם שככל הנראה היה דקדקן מאוד והוא החזיר את הקורא פעם אחר פעם לאורך הקריאה. זכרתי שכנער צעיר (סביב גיל בר־מצווה בעצמי) חשתי שמשהו לא תקין מתרחש כאן וכי לא ייתכן שכך נראית קריאה בתורה. עוד הערה, עוד גערה, עוד תיקון. בשלב כלשהו, באמצע פסוק, הסתובב הקורא אל המתקן ואמר לו בקול רם, שהייתה בו נימה של איום מהולה בעלבון: 'אם תתקן אותי עוד פעם אחת, אני מפסיק לקרוא'.

התגובה הזו הִשתיקה את בית הכנסת כולו, וגם אנשים שעד כה היו שקועים בענייניהם הרימו את ראשם, פסקו משיחתם וקפאו לרגע. הקורא הגיב בתוקפנות, ומעשהו כמובן לא היה מותר מבחינה הלכתית (הפסקה בדיבור באמצע פסוק), אך אני הפנמתי היטב את הפגיעה והבושה שהביאו אותו להתפרצות. על משקל המשפט המיוחס ל'חפץ חיים' כי רבים מקפידים על מה שהם מכניסים לפה אך לא על מה שהם מוציאים מהפה, חשתי שהאדם שהעיר לקורא הקפיד מאוד על הגיית מילות התורה - אבל לא על הפנמתה.

לימים למדתי על גדולי תנועת המוסר ועל הזהירות הגדולה שדרשו מהציבור בנוגע לכבוד הזולת, דווקא בשעה שעסוקים בקיום המצוות ובכבוד שמיים. רבי ישראל מסלנט, מייסד תנועת המוסר, נוהג היה לתת דוגמה מחייו של יהודי כשר החפץ להזדרז ולקום לסליחות בעוד לילה; אך בדרכו לבית הכנסת מקים רעש ומעיר את בני הבית, ואולי גם את שכניו - ומי יודע אם אין בהם כרגע חולה או תינוק שזקוקים ביותר לשעות השינה. רבי ישראל המשיך וסיפר על יהודי שמאיץ בעוזרת הבית להכין לו תה בשעה כה מוקדמת, ואחר כך מרוב חיפזון - בדרכו לתפילה - הוא שופך את השאריות שבכוסו למקום שרבים הולכים בו וגורם לתקלה ברשות הרבים. בבית הכנסת עצמו יכול מיודענו למצוא מאן־דהו העומד במקומו - ולנזוף בשמָש בקול רם ולהלבינו ברבים. אף שבסופו של דבר הוא יוצא שבע רצון

מהתלהבותו בסליחות, שכרו יצא בהפסדו וכמות האיסורים שעבר (ובהם איסורי תורה חמורים) רבה עד מאוד.

כמובן, תיאורו של רבי ישראל קיצוני ומעט אירוני, אבל הנקודה העמוקה בדבריו נראית לי מדויקת מאוד. פעמים שהמחפש אחר הסולם שראשו מגיע השמימה שוכח שרגליו צריכות להיות מוצבות ארצה. האנושיות הפשוטה, שכוללת בעצמה ציוויי תורה פשוטים ורבים, עלולה להידרס בשם ההלכה ולשם שמיים.

* * *

הנער המשיך בקריאתו, שוב כשל - ושוב תוקן. כמובן, חוסר הביטחון שלו גדל והוא טעה שוב ושוב.

הבטתי ממקומי אל הגבאי העומד על יד הקורא. ראיתי שגם הוא נבוך מהמצב, בעוד אביו של הנער עומד לידו ומנסה לתמוך בבנו ולחזק אותו והנער מנסה לרפרף בעיניו - בין עולה לעולה - על החומש המנוקד והמוטעם ולהכין עצמו ולו במעט למקטע הבא.

החלטתי לקום ולעשות מעשה. הבנתי שלא נכון לעצור את הקריאה, לפנות אל הציבור ולייצר דרמה מיותרת. טיפסתי במדרגות אל הבימה, הנחתי יד על כתפו של הנער, חייכתי ואמרתי 'מזל טוב'. או אז פניתי אל הגבאי ואמרתי לו בלחישה: 'מעכשיו, אתה לא מחזיר אותו על טעויות אלא אם אני מסמן לך'. ידעתי שהמתקנים שמים לב לכל פספוס קל שבקלים, אך מבחינה הלכתית ידעתי גם שלא על כל טעות שכזו צריך לחזור. הנער המשיך לקרוא, עוד טעויות־מספר היו לו ועוד הערות־מספר הוערו, אבל הגבאי הסתכל אליי וכשסימנתי לו שאפשר להמשיך - הוא לא עצר את הקורא ואִפשר לו לסיים את הקריאה בלי חזרות מיותרות.

עוד לפני שניגש אליי מישהו, הערכתי שיש מי מהציבור שתמהים על מעשיי והחלטתי להעביר שיעור בנושא בשבת הבאה ולהציג את ההתלבטות, ההחלטה, הערכים שמאחוריה והגיבוי שיש לה במקורות ההלכה. התברכנו בקהילה ובדור שבו רבים הם יודעי התורה ולומדיה ורבים אחרים אוחזים במסורות ומנהגים מבוססים - וכולם בעלי דעה עצמית וחשיבה ביקורתית. אינני יודע אם בעבר

יכול היה רב לעשות מעשה כלשהו מבלי שהציבור ישאל או יקשה עליו, אך בעולמנו הרי זה טבעי - ומשמח - שיהיה מי שייגש אל הרב אחרי התפילה ויאתגר את החלטתו.

* * *

בתשובה נפלאה מסביר הרב משה פיינשטיין לרב מנשה קליין - תלמיד חכם אמריקני שבשעת כתיבת התשובה היה בן 29 ולימים הפך לפוסק חרדי ידוע (בעל סדרת הספרים 'משנה הלכות' שבה אלפי תשובות) - כי הוא איננו צריך להתנצל על כך שהוא חולק על ר' משה (שהיה באותה עת בן 57 ומחשובי הפוסקים בארצות הברית).

ר' משה כותב לו שזוהי דרכה של תורה: 'הנה מה שמתנצל כבוד תורתו במה שחלוק עלי בדבר הלכה הוא למותר, כי כן דרך התורה שצריך לברר האמת וח"ו מלשתוק מי שסובר שאינו כן בין לקולא בין לחומרא'. ר' משה מאריך בדבר ולבסוף כותב בענווה ובמודעוּת עצמית: 'לכן אף אם יחשוב אותי כבוד תורתו לגדול, רשאי לחלוק וממילא מחוייב לומר דעתו ואין מן הצורך להתנצל'.

דברים דומים הוא כתב לרב מאיר אמסל, רב אמריקני שפרסם מאמר כנגד פסיקה של ר' משה בירחון 'המאור' (שאותו ערך הרב אמסל במשך עשרות שנים). ר' משה פִּרסם פסק הלכה המתיר לאישה שהייתה נשואה למשגיח כשרות שנפטר למלא את מקומו ולהתפרנס בכך. הרב אמסל חלק עליו הן מבחינת מקורות ההלכה, הן מתוך החשש העקרוני מפני 'מדרון חלקלק' ומינוי נשים לתפקידי שררה אחרים.

בפתיחת תשובתו כתב ר' משה:

> הנה מה שמתנצל כבוד תורתו מה שהוא סובר דלא כדברי איני יודע למה הוא צריך להתנצלות הא ודאי שכל אחד צריך לברר האמת לפי דעתו בין לקולא בין לחומרא אף כשהוא תלמיד נגד סברת רבו וכל שכן לאחרים שאינם תלמידיו [...] ואם כוונתו להתנצל במה שאולי בלשונו הטיח דברים כנגדי

הנה ידוע לכל המכירים אותי שברוך ה׳ אני רחוק מקפידא ח״ו על שום אדם וכל שכן על תלמידי חכמים. ולכן אכתוב רק לעצם הענין [...]

* * *

השבוע חלף וכשהגיע שיעורי בשבת פרשתי את הסוגיה על היבטיה השונים. התחלתי מעצם תקנת הקריאה בתורה בשבת, המיוחסת בגמרא (בבא קמא דף פב ע״א) לנביאים מימי בני ישראל במדבר. המשכתי לדון באופיו של החיוב לשמוע את קריאת התורה: האם זהו חיוב אישי המוטל על כל אחד ואחד, לשמוע את הקריאה, או שמא - כפי שמובא בשו״ת ׳ציץ אליעזר׳ - מדובר בחיוב המוטל על הציבור בכללו ולפיכך אם אדם פרטי לא שמע את כל הקריאה, הוא איננו חייב לשמוע שוב את הפרשה?

לאחר מכן נכנסנו בעובי הקורה של הקריאה המדויקת. מדרש תנחומא לפרשת יתרו מספר על רבי עקיבא:

מעשה ברבי עקיבא שקראו החזן ברבים לקרות בספר תורה בצבור ולא רצה לעלות. אמרו לו תלמידיו: רבינו לא כך למדתנו ׳כי היא חייך ואורך ימיך׳ ולמה נמנעת מלעלות? אמר להן: העבודה [כלומר לשון שבועה] לא נמנעתי לקרות אלא על שלא סדרתי אותה פרשה שנים שלשה פעמים, שאין אדם רשאי לומר דברי תורה לפני הצבור עד שיפשוט אותו ב׳ ג׳ פעמים בינו לבין עצמו. שכן מצינו בהקב״ה שהוא נותן מענה לשון לכל הבריות והתורה גלויה לפניו ככתם אחד וכשבא ליתן אותה לישראל כתיב בו ׳אז ראה ויספרה הכינה וגם חקרה׳ ואחרי כן ׳ויאמר לאדם׳ וגו׳. וכן כתיב ׳וידבר אלוהים את כל הדברים האלה׳ - בינו לבין עצמו - ואחרי כן ׳לאמר׳.

מכאן המשכתי כמובן לאחריות הגדולה המוטלת על הקורא בתורה

ועל חובתו להכין עצמו היטב (שתיים ושלוש פעמים) וללמוד את כללי הניקוד, הפיסוק וההטעמה.

אלא שמיד הוספתי שלא על כל טעות יש להחזיר את הקורא; בוודאי כשמדובר בטעויות בטעמים שאינן משנות את משמעות המשפט אך גם כשמדובר בטעויות הגייה שאינן משנות את משמעות המילה. הוספתי שיש להקל ולא להחזיר גם כאשר הקורא הוסיף - או השמיט - אות אחת שאינה משנה את המשמעות (ה'משנה ברורה' מביא כדוגמה: 'כגון שקרא לאהרן הרן בפתח בלא א' או למצרים מצריים'), הגם שיש מחמירים במקרה זה.

המשכתי והראיתי כי אף שהרמב"ם פסק שאין יוצאים ידי חובה אפילו אם אות אחת לא נקראה בדקדוקה, הרי שרבים מחכמי הראשונים חלקו עליו וסברו שבדיעבד יוצאים ידי קריאת התורה גם אם לא הייתה מדויקת. עתה פניתי לדון בהיבט הבין־אישי החמור של הלבנת פנים, שהוא איסור הלכתי־מוסרי חמור - ובוודאי חמור מאותו דקדוק של אות בקריאה.

על כן, פסק רבי אברהם הירחי, בעל ספר 'המנהיג' (והובאו דבריו להלכה ב'טור' וב'בית חדש'), שאין לתקן את הקורא במקרים שכאלו; ובספר 'מעשה איש' על ה'חזון איש' העיד הרב משה שטיגל: 'הייתי בעל קורא במניין רבנו, והייתה לי טעות, ולא העיר רבינו כלום. רק לאחר שנסתיימה התפילה אמר לי: תגיד, איך כתוב בחומש?...'.

בסיום השיעור דיברתי במפורש על בר־המצווה ועל הצורך לנהוג ברגישות רבה כלפיו בזמן שהוא קורא; על כך שלצד חובתו להכין עצמו היטב לקראת הקריאה (ואולי לוותר עליה אם היא מלחיצה אותו שהרי אין זו חובה ולחלופין לצמצם את הקטעים הנקראים - כך שיקרא מעט ומדויק במקום הרבה ובטעות), חובתנו לקיים 'ואהבת לרעך כמוך' ולהימנע מאיסור הלבנת פנים גוברת על הדקדוק באותיות התורה.

'רגישות זו היא היא התורה בעצמה' אמרתי, וחתמתי בציטוט מדבריו של הרב יונתן רזיאל במאמר שפורסם ב'תחומין' - ובסופו דבריו הנחרצים של הרב נחום אליעזר רבינוביץ' ז"ל, מגדולי הדור

שתשובותיו יְשְרות הסברה היו נר לרגליי בפסיקות רבות לאורך השנים.

אלו דברי הסיכום של הרב רזיאל:

1. רוב הפוסקים סוברים שקריאת התורה, אפילו בשבת בבוקר, היא מדרבנן, וגם אליבא דאלו הסוברים שהיא מדאורייתא (כגון הב"ח והתשב"ץ) ייתכן שהחיוב מתייחס לקריאה המינימלית בתורה, ולא לפרשה שלמה. לכולי עלמא הקריאה בשבת במנחה ובימי חול הינה דרבנן.
2. לכתחילה יש להקפיד בקריאה נכונה אפילו של דקדוק אות אחת.
3. בדיעבד, במקרה של טעות, שיטת המנהיג, תרומת הדשן, מהר"י חביב, הטור, הב"י, הב"ח ואליה־רבה היא שאין לגעור בבעל הקורא אפילו בהשמטת אותיות, ולכולי עלמא אין לגעור אם טעה בטעם או בניקוד. לפי הב"ח זוהי גם דעתו של השו"ע.
4. הרמב"ם סובר שיש לחזור על כל טעות, וכך ניתן לפרש בדעת השו"ע.
5. הלבנת פנים היא איסור דאורייתא, והמבייש עובר על לאו של אונאת דברים, סניף של שפיכות דמים, ביטול כבוד הבריות ו'לא תשא עליו חטא'. במקרה זה הוא מקיים מצווה הבאה בעבֵרה.
6. בכל מקרה שמתקנים, חל איסור מוחלט שיחידים מהציבור יצעקו על הקורא, משום החשש של הלבנת פנים, אלא יש להעמיד גבאי יחיד שיהיה אחראי לכך.
7. יש להיזהר במיוחד בבעל קריאה צעיר, הפגיע יותר מאדם מבוגר, וההשלכות העלולות להיווצר מחמת העלבון מי ישורן.
8. יחידים שלא שמעו מילים מקריאת התורה אינם צריכים לחזור עליהן.

בהראותי את הדברים הללו לראש ישיבת 'ברכת משה' במעלה אדומים, הרב נחום אליעזר רבינוביץ' שליט"א בנוכחות תלמיד חכם נוסף, אמר הרב שֵׁב ואל תעשה עדיף, ויש לדחות את קריאת התורה שהיא מדרבנן מפני איסור הלבנת פנים שהוא מדאורייתא. וכאשר הפצרתי בו שלפי הרמב"ם אולי הציבור אינם יוצאים ידי חובתם, השיב הרב שעדיף שהציבור לא יצא ידי חובת קריאה, ובלבד שלא יעבור על איסור הלבנת פנים. הרב הוסיף שאם אפשר לקיים את שניהם - מה טוב, כגון שיקראו אחר כך שוב, אבל רק בקהילה קטנה שאין לדבר קול והנער לא ייעלב, או במקרה שמדובר באדם מבוגר שלא ייעלב.

תיקוני נוסח:
על התחדשות התפילה

בדיחה יהודית מספרת על מפגש פסגה של שלושת מנהיגי הדתות המונותאיסטיות, שהתכנסו כדי לדון בתהליכי התקרבות ופשרה לקראת שלום עולמי בין־דתי. לאחר ימי דיונים רבים הוחלט שכל אחת מהדתות תפרסם ברבים על מה היא מוכנה לוותר כדי להגיע לפיוס ואחווה בין־דתית. האפיפיור הודיע שהנצרות החליטה לוותר על מוסד הווידוי; האימאם הבכיר של מכה הודיע שהאסלאם החליט לוותר על הרמדאן; ואילו הרב הראשי בישר שהיהדות החליטה לוותר על אמירת ה׳יקום פורקן׳ השני בשחרית של שבת...

בדרך כלל, נוסחי תפילה וברכה מקבלים את תוקפם מהמסורת ומחזרתנו אל המוכר והקבוע. הדבר נכון בכלל ביחס לטקסים - כך למשל בטקסי יום הזיכרון והעצמאות - ועל אחת כמה וכמה כשמדובר בתפילות וטקסטים דתיים ומקודשים. לעיתים, הנוסח הקבוע נשאר גם אם היכולת להבינו פוחתת. חִשבו למשל על אמירת הקדיש שנעשית בארמית: הקדיש נוסח בארמית כדי שאומריו יבינו את התפילה החשובה הזו, אך בימינו, במקרים רבים אומרי הקדיש אינם מבינים את משמעות מילותיו עד תומן - ועדיין (ואולי דווקא בשל כך) הקדיש הוא תפילה כה משמעותית ומרגשת.

הדברים נכונים גם כשנכנסים לנוסחים המפורטים שבסידורים השונים, ובכלל זאת ההבדלים הדקים שביניהם - ויותר מכך כאשר

בקהילה קיים נוסח מסוים שאותו היא מְשַמֶּרת בקנאות. בטירת צבי נהגו לספר על אחד מצעירי הקיבוץ של לפני שבעים שנה שהעז לומר בתפילת הקדיש את נוסח ספרד המוסיף את המילים 'ויצמח פורקניה ויקרב משיחיה', מילים שאינן קיימות בנוסח אשכנז. זקני הקיבוץ תיארו את המבטים שליוו אותו ואת האיום כי אם ישוב ויעשה זאת, יתבקש לצבוע מחדש את קירות בית הכנסת.

כה עמוקה היא השמירה על הנוסח, ומנגד - פעמים שיש צורך ביצירת נוסח חדש, בשילוב נוסחים שונים ובהתלבטות לגבי הנוסח המסורתי.

כך למדנו מהשינויים בנוסח התפילה במקרא כפי שמתארת אותם הגמרא במסכת יומא (דף סט ע"ב). האמורא רבי יהושע בן לוי משווה בין לשונותיהם של משה רבנו, ירמיהו ודניאל. משה כינה את הקב"ה 'הָאֵל הַגָּדֹל הַגִּבֹּר וְהַנּוֹרָא' (דברים י, יז) בעוד ירמיהו (לב, יח) הסתפק בכינוי 'הָאֵל הַגָּדוֹל הַגִּבּוֹר' ודניאל (ט, ד) בכינוי 'הָאֵל הַגָּדוֹל וְהַנּוֹרָא'. רבי יהושע בן לוי טוען שירמיהו התקשה לומר 'הנורא' בעוד הגויים מחריבים את מקדש ה', ואילו דניאל נמנע מלומר 'הגיבור' בזמן שהגויים משעבדים את בניו.

אלא שהגמרא מסיימת בתמיהה על ירמיהו ודניאל: כיצד הרשו לעצמם לעקור את תקנת משה, את הנוסח שקבע אדון הנביאים? תשובתה החדה היא: 'מתוך שיודעין בקדוש ברוך הוא שאמִתי הוא, לפיכך לא כיזבו בו'. ובניסוח נוקב עוד יותר המופיע בתלמוד הירושלמי (ברכות ז, ג): 'יודעין הן הנביאים שאלוהן אמיתי ואינן מחניפין לו'.

אומנם לא כל נוסח בלתי מדויק הוא בבחינת 'שקר' או 'חנופה', ובכל זאת - הרצון לדייק במילים ולהפוך את תפילותינו לכאלו שיש בהן כוונה וכֵנוּת ולא רק 'צפצוף הזרזיר' (כדברי רבי יהודה הלוי בספר 'הכוזרי') כשהוא מתנגש עם המסורת והנוסח המוכר, מחייב איזון ודיוק עדין ומייצר צומת מורכב שעברתי בו כמה פעמים במהלך ימי רבנותי.

א. ההכרזה על ראש חודש

שנים ארוכות הטרידה אותי 'ברכת החודש' הנאמרת בבית הכנסת בשבת שלפני ראש החודש - שבת 'מברכין'. בנוסח המקובל, שליח הציבור אומר במהלך ההכרזה באיזה יום בשבוע יחול ראש חודש והציבור כולו עונה אחריו כהד, בנעימה: 'ראש חודש כסלו יהיה ביום שלישי ולמחרתו ביום הרביעי הבא עלינו ועל כל ישראל לטובה', או בנוסח בני עדות המזרח: 'בסימן טוב יהא לנו ראש חודש כסלו ביום שלישי ורביעי' (או כל ראש חודש אחר ביום שבו הוא חל).

מקורו של מנהג זה פשוט - וכך מובאים הדברים בספר 'שיבולי הלקט' שכתב רבי צדקיה בן אברהם הרופא (בן המאה ה־13) בשם אחיו, רבי בנימין:

> וכן מה שמכריזין אותו בשבת שלפני ראש חודש אינו זכר לקידוש החודש שהרי אין מקדשין ראש חדש אלא בזמנו אלא להשמיע לעם שבבית הכנסת יום קביעת החודש כדי שיודע לכל אדם. לפי שבימות החול פעמים בני אדם טרודין במלאכתן ואין באין לבית הכנסת והדבר משתקע ביניהו.

כלומר להכרזה זו אין כל משמעות הלכתית ואין היא אפילו לא 'זכר' שמנכיח עולמות קדומים. זהו ניצול של הסיטואציה, כאשר כל הציבור נוכח בבית הכנסת, כדי להזכיר (בעולם שאין בו לוחות שנה) באיזה יום בשבוע הקרוב יחול ראש חודש. הניסיון מלמד שגם בימינו - עם כל החידושים הטכנולוגיים ולוחות השנה במכשירים הניידים וגם אלו התלויים על המקרר - יש טעם להזכיר ולהכריז בבית הכנסת אימתי יחול ראש חודש.

עם זאת, לא הצלחתי להבין מדוע לאחר שהחזן מכריז על היום שבו יחול ראש חודש, הציבור שב אחריו בנעימה ונראה שהוא גם מתכוון בתפילתו. העובדה שישנה מנגינה משותפת להכרזת תזכורת זו ולתפילה המרגשת שאחריה ('יחדשהו הקדוש ברוך הוא עלינו ועל כל עמו בית ישראל בכל מקום שהם לטובה ולברכה' וכו') יש

בה כדי להעיד על הבלבול שאחז בנו ועל השינוי ממטרת ההכרזה המקורית.

מיום שעמדתי על דעתי נהגתי הלכה למעשה באופן נאמן למסקנתי - מיד כאשר שליח הציבור מסיים את הכרזתו על אודות היום שבו יחול ראש חודש, אני מתחיל להתפלל ׳יחדשהו הקדוש ברוך הוא עלינו׳ ולא חוזר על דבריו. מעט אחרי שנכנסתי לתפקידי כרב הקהילה בטירת צבי ניסחתי את הדברים הללו בנייר עמדה מסודר שהעברתי לעיונה של ועדת בית הכנסת כדי לקבל תגובות, הערות או גיבוי.

בסיומו של המסמך הצעתי הצעה מעשית לנוסח הכרזת וברכת החודש בשבת ׳מברכין׳, שעיקר חידושה בסעיף 3 - המעביר את האחריות על ההכרזה לידי הגבאי ומפקיע אותה משליח הציבור. בכך התכוונתי לדייק את מהותה של ההכרזה הזו ולמנוע מהציבור לחזור עליה כחלק מתפילתו:

1. הקהל אומר ׳יהי רצון... שתחדש עלינו... ותתן לנו חיים ארוכים... אמן סלה׳, והש״ץ חוזר אחריו.
2. הש״ץ לוקח את ספר התורה בידו ואומר: מי שעשה נִסים...
3. הגבאי מכריז: המולד יהיה ביום... ראש חודש יהיה ביום...
4. הקהל מתפלל (הש״ץ יחזור על התפילה או ישיר בנעימה עם הקהל): יחדשהו הקדוש ברוך הוא עלינו ועל כל עַמו בית ישראל [...]

הצעה זו נתפסה בעיניי כהצעה מינורית שתסייע לדיוק התפילה ותהא נאמנת יותר למשמעותן של המילים שנאמרות בה. עם זאת, אחד מחברי הוועדה תהה וכתב ׳נכון שמדובר בשינוי לא גדול, אבל בנוסח אינני יודע מה נקרא גדול ומה לא׳. חבר ועדה ותיק אחר הוסיף ושאל: ׳האם יש קהילה אחרת שנוהגת כך?׳.

הרגשתי שחברי הוועדה אינם מוטרדים כמוני מהרכיב הזה בתפילה, אחת לחודש, ומאידך גיסא שהם מַשקפים אינטואיציה

שמרנית בסיסית שמעדיפה שלא לשנות את הנהוג. שמחתי שהתייעצתי איתם ושמבלי ש'פתחו חזית' - באמצעות הערות שלכאורה נראות כהערות של מה בכך - העמידו אותי על דיוקם של דברים והבהירו לי שלא כדאי לנסות ולשנות את הנוסח הקיים, לפחות לא בשלב מוקדם של רבנותי. הנוסח המסורתי נשאר על כנו.

למרות שימור הנוסח בתפילה הקיבוצית, אחד מחבריי שיודע על הקושי שלי, לנוכח האופן הרווח של ההכרזה על ראש חודש בבתי הכנסת, תמיד מטה אוזן לרגע הזה - כאשר הציבור חוזר על דברי שליח הציבור ומזמֵר אימתי יחול ראש חודש ורק אני פותח בתפילה 'יחדשהו הקדוש ברוך הוא עלינו...'.

ב. נוסחים לתפילות ילדים

בקהילות רבות מתקיימת תפילת ילדים בשבת ובמקומות אחדים אף בזמנים נוספים. בבתי הספר ובגני הילדים מתפללים כמובן מדי יום, וקביעת נוסח תפילות ילדים היא אתגר גדול.

מחד גיסא, מתבקש לראות בתפילת הילדים אירוע 'חניכה' לקראת הכניסה לתפילת המבוגרים, תפילת הציבור, וממילא לתפוס את תפילת הילדים כדומה ככל הניתן לתפילת המבוגרים, במגבלות ההלכתיות המתבקשות.

מאידך גיסא, העובדה שהילד הקטן אינו מחויב בתפילה מאפשרת גמישות רבה בעיצוב התפילה, ובבחירת פרקי התהילים וחלקי התפילה שייאמרו. נכון לחשוב גם כיצד התפילה נחווית על ידי הילד או הילדה: מהו מקומם של השירים המשותפים, של אתגרי הקריאה (אם מדובר בילדים שכבר קוראים) או השינון בעל-פה ושל הקושי בריכוז לאורך זמן? האם המילים מובנות מאליהן? מהו מקומה של התפילה האישית אל מול הנוסח הקבוע? ועוד.

בטירת צבי נוהגת תפילת ילדים כזו בתוככי בית הכנסת בשבת, אחרי תפילת המבוגרים. הנוסח מבוסס על עיקרי התפילה מבתי הספר וגני הילדים והוא כולל רכיב מרגש בסופו של פתיחת ארון הקודש ונישוק ספרי התורה על ידי הילדים (ובמקרים רבים גם

על ידי אימותיהם - שלפעמים נראה שמחכות לכך לא פחות מהילדים...). לאחר מכן נהגתי לעשות קידוש ורק אז חולקו לילדים הממתקים המסורתיים.

עם הזמן, התבקשתי על ידי הורים ומובילי ועדת החינוך בקיבוץ לכונן 'תפילות ילדים' גם למועדים אחרים.

למשל, תענית אסתר. חשבנו שנכון לכנֵס את הילדים אחרי הצהריים בתענית אסתר, הגם שהם עדיין לא צמים. חוויית הפורים תיכנס עוד מעט ותעטוף אותם בשמחה ועליצות, אך ימי הפורים כוללים גם את 'דברי הצומות וזעקתם' ולא לחינם קריאת המגילה בלילה מתחילה מתוך הצום המזכיר את תפילות היהודים ומלחמתם על נפשם. רק בהמשך, עם אור הבוקר, קוראים את המגילה בשמחה שיש בה הודיה על הנס הגדול (שתי הקריאות הללו, של הלילה והיום, משתקפות בכפל הפסוקים המופיעים כמקור לכך, בגמרא במסכת מגילה ד ע"ב: קריאת המצוקה בעקבות הפסוק 'אֱלֹוהַי אֶקְרָא יוֹמָם וְלֹא תַעֲנֶה וְלַיְלָה וְלֹא דוּמִיָּה לִי'; וקריאת ההודיה כפי שמתואר בפסוק 'הָפַכְתָּ מִסְפְּדִי לְמָחוֹל לִי [...] לְמַעַן יְזַמֶּרְךָ כָבוֹד וְלֹא יִדֹּם, ה' אֱלֹוהַי לְעוֹלָם אוֹדֶךָּ').

כיצד תיראה תפילת ילדים למנחה של תענית אסתר? יש לזכור כי מדובר בילדים צעירים בחלקם, שעוד לא למדו להתפלל את תפילת העמידה על בורייה וחלקם הגדול גם לא יעמוד באתגר הקריאה של מקטע ארוך שכזה. בחרתי להסתפק בפרקי תהילים ולומר יחד (כלומר בהקראה שלי ובחזרה של הילדים אחריי, פסוק פסוק) פרקים שיש להם זיקה, לפי דברי חז"ל, לסיפורה של מגילת אסתר או שהלך רוחם משקף את חוויית תענית אסתר - מצוקת היהודים שלפני הישועה הגדולה ונס ה'ונהפוך הוא'.

פתחנו באמירת פרק כב בתהילים, 'לַמְנַצֵּחַ עַל אַיֶּלֶת הַשַּׁחַר'. פרק זה נדרש כולו על ידי חכמינו כמתאר את סיפורה של אסתר המלכה בבואה לפני המלך אחשוורוש והוא כולל אמירות לא פשוטות: 'אֵלִי אֵלִי לָמָה עֲזַבְתָּנִי רָחוֹק מִישׁוּעָתִי דִּבְרֵי שַׁאֲגָתִי: אֱלֹוהַי אֶקְרָא יוֹמָם וְלֹא תַעֲנֶה וְלַיְלָה וְלֹא דוּמִיָּה לִי'. מיד אחריו קראנו את פרק ל,

שגם הוא מקור אפשרי לאמירת מגילת אסתר בלילה וביום ויש בו הדגשה של ההצלה והנס: 'הָפַכְתָּ מִסְפְּדִי לְמָחוֹל לִי פִּתַּחְתָּ שַׂקִּי וַתְּאַזְּרֵנִי שִׂמְחָה. לְמַעַן יְזַמֶּרְךָ כָבוֹד וְלֹא יִדֹּם ה' אֱלֹהַי לְעוֹלָם אוֹדֶךָּ'. סיימנו בפרקים קכ וקכא, המוכרים יחסית ומשַקפים את הקריאה לה' בעת צרה.

מאתגרת יותר הייתה קביעת נוסח תפילת הילדים ליום ירושלים.

להבדיל מיום העצמאות, שהשפיע על נוסח התפילה בערב ובבוקר באופן משמעותי מאוד, כל קהילה ומנהגה, יום שחרור ירושלים לא פרץ את גבולות הנוסח - למעט באמירת הלל בבוקרו של יום. עובדה היא שלא מדובר ביום בעל אופי ייחודי־ציבורי כיום העצמאות, ובכלל שזהו יום שלא זכה להיות כלל־ישראלי - בוודאי בימינו כשנצבע בגווני מחלוקות פוליטיות על רקע תוצאות מלחמת ששת הימים, שאלת היחס להר הבית ועוד. מצב זה משתקף הן בנוסח התפילה הן בחווייתה. בדרך כלל ההלל נאמר בה כבמניייני ראש חודש שגרתיים, בחטף וכתוספת הכרחית ולא מרגשת לתפילה הקבועה והיומיומית.

בטירת צבי, כמו בקהילות אחרות, נעשה ניסיון לעבות את תפילת ליל יום ירושלים ולהוסיף לה נופך ניגוני, שמח וחגיגי יותר, ולצד זאת עלתה השאלה כיצד יציינו הילדים בתפילתם את היום החשוב הזה. הצעתי לפתוח בשירים מתוך ההלל - שירים המוכרים לילדים כבר מהגנים, שירים שכולם יוכלו לשיר בצוותא וכך להיכנס לאווירת הלל, הודיה ושמחה. השירה המשותפת מקילה על הילדים להתחבר לתפילה והיא מוסיפה פן רגשי מתבקש שמכונן תחושה של שמחה וקרבת ה'. בין השירים שהצעתי היו השירים הקלאסיים של ההלל ('בְּצֵאת יִשְׂרָאֵל מִמִּצְרָיִם', 'הַלְלוּ אֶת ה' כָּל גּוֹיִם', 'הוֹדוּ לַה' כִּי טוֹב כִּי לְעוֹלָם חַסְדּוֹ', אוֹדְךָ ה' כִּי עֲנִיתָנִי' וכו').

לאחר מכן הצעתי לקרוא יחד שמע ישראל (אם מדובר בתפילה בערבו של יום) ולחזור ולשיר עוד משירי ירושלים המבוססים על פסוקי תהילים (למשל 'יְבָרֶכְךָ ה' מִצִּיּוֹן וּרְאֵה בְּטוּב יְרוּשָׁלָם כֹּל יְמֵי חַיֶּיךָ, וּרְאֵה בָנִים לְבָנֶיךָ שָׁלוֹם עַל יִשְׂרָאֵל'; 'אִם אֶשְׁכָּחֵךְ יְרוּשָׁלָם

תִּשְׁכַּח יְמִינִי. תִּדְבַּק לְשׁוֹנִי לְחִכִּי אִם לֹא אֶזְכְּרֵכִי אִם לֹא אַעֲלֶה אֶת יְרוּשָׁלִַם עַל רֹאשׁ שִׂמְחָתִי'; 'שַׁבְּחִי יְרוּשָׁלִַם אֶת ה' הַלְלִי אֱלֹהַיִךְ צִיּוֹן. כִּי חִזַּק בְּרִיחֵי שְׁעָרָיִךְ בֵּרַךְ בָּנַיִךְ בְּקִרְבֵּךְ').

לסיום, הצעתי לקרוא פסוק פסוק את פרק קכב (העוסק כולו בירושלים) ולשיר את הפסוקים האחרונים:

> שִׁיר הַמַּעֲלוֹת לְדָוִד שָׂמַחְתִּי בְּאֹמְרִים לִי בֵּית ה' נֵלֵךְ. עֹמְדוֹת הָיוּ רַגְלֵינוּ בִּשְׁעָרַיִךְ יְרוּשָׁלִָם. יְרוּשָׁלִַם הַבְּנוּיָה כְּעִיר שֶׁחֻבְּרָה לָּהּ יַחְדָּו. שֶׁשָּׁם עָלוּ שְׁבָטִים שִׁבְטֵי יָהּ עֵדוּת לְיִשְׂרָאֵל לְהֹדוֹת לְשֵׁם ה'. כִּי שָׁמָּה יָשְׁבוּ כִסְאוֹת לְמִשְׁפָּט כִּסְאוֹת לְבֵית דָּוִד. שַׁאֲלוּ שְׁלוֹם יְרוּשָׁלִָם יִשְׁלָיוּ אֹהֲבָיִךְ. יְהִי שָׁלוֹם בְּחֵילֵךְ שַׁלְוָה בְּאַרְמְנוֹתָיִךְ. לְמַעַן אַחַי וְרֵעָי אֲדַבְּרָה נָּא שָׁלוֹם בָּךְ. לְמַעַן בֵּית ה' אֱלֹהֵינוּ אֲבַקְשָׁה טוֹב לָךְ.

דוגמה אחרונה היא נוסח הסליחות לילדים. מנהג זה רווח לאחרונה בקהילות שונות וגם הוא מנסה להביא את הילדים ליטול חלק בתפילות מעין אלו של המבוגרים, בהתאמה הנדרשת. למדתי מנהג זה מהרב אילעאי עופרן, רבה של קבוצת יבנה, בשבת רבני הקיבוץ הדתי, חבורה נהדרת של חברים ומורים בעלי ניסיון, ידע תורני וחוכמת חיים. קבוצה זו העניקה לי חברות אמיתית, הקשבה ואמפתיה שכל כך נחוצות לרב הנמצא לא פעם לבדו בצומתי החלטה שונים ומגוונים. אחת לשנה נפגשנו לשבת של לימוד ושיח, ובכל שבת כזו קיימנו יחידה פתוחה שבה כל אחד מהרבנים שיתף את החברים בחידושים וברעיונות מוצלחים מקהילתו - וכך יכולנו ללמוד ולקבל זה מזה.

הקמתי פורום מצומצם של הורים שיהיו שותפים לייסוד ה'סליחות לילדים' והתחלנו לגבש את הנוסח. החלטנו על שירה משותפת של הפיוט 'אדון הסליחות' וגם של פיוטי ההמלכה מהסליחות של עדות המזרח (פיוט 'ה' מלך, ה' מלך, ה' ימלוך לעולם ועד' והפיוט המתחיל ב'אראלי מעלה אומרים ה' אדוננו').

הילדים שלא גדלו בבתים ספרדיים למדו עד מהרה את המנגינות היפות והצטרפו בנעימה לפיוטים. לאחר מכן שרנו 'עננו', כשאחד הילדים מוביל את הפיוט והשאר חוזרים אחריו.

חשבתי שנכון וחשוב לכלול בסליחות אלו גם את שלוש עשרה מידות הרחמים, שהרי הן עומדות בבסיס תפילות יום הכיפורים והסליחות, אלא שמבחינה הלכתית ישנה בעיה לקוראן ללא מניין ולא ניתן היה להבטיח שיהיו עשרה גברים בכל תפילת ילדים שכזו. הפתרון שהצעתי היה פשוט והסתמך על הצעתו של רבי ישראל איסרלן, בעל ספר התשובות 'תרומת הדשן': לקרוא את שלוש עשרה המידות בטעמי המקרא, כקורא בתורה.

הצורך במניין בעת אמירת שלוש עשרה מידות הרחמים איננו טריוויאלי. בדרך כלל אנו זקוקים למניין לצורך אמירת 'דבר שבקדושה', אך שלוש עשרה המידות אינן נראות ככאלו. הטעם לדבר מופיע בסידור הראשון המצוי בידינו, סידורו של רב עמרם גאון בן המאה ה־9:

> כי כשהציבור מתקבצין ומתענין ועושים צדקה ומבקשים רחמים ומכינים לבם לאביהם שבשמים והקב"ה מרחם עליהם ואינו מואס תפלתן של רבים ועונה אותן, שנאמר 'הן אל כביר לא ימאס', וכרת הקב"ה ברית עם משה רבינו ועם אבותינו שאינם חוזרות ריקם, שנאמר 'הנה אנכי כורת ברית', לפיכך אין אומרים אותן אלא בצבור.

לצד ההקפדה ההלכתית על פתרונו של 'תרומת הדשן', לקרוא את המידות בטעמי המקרא (הקפדה שהוסיפה חן ורטט מסורתי למידות הללו), חשתי שבקבוצת הילדים הגדולה, יחד עם האימהות והאבות שהגיעו גם הם, היה היבט של ציבור המתקבץ ומבקש רחמים ומכין ליבו לאביו שבשמיים. האמנתי בכל לב שהקב"ה אינו מואס בתפילתנו ונענה לה ברצון.

לכל זאת הוספנו קריאה פסוק של 'שִׁיר הַמַּעֲלוֹת מִמַּעֲמַקִּים

קְרָאתִיךָ ה׳...׳ - פרק תהילים מוכר הנאמר בעשרת ימי תשובה בבית הכנסת גם כן, ולסיום שירה משותפת של שורות מוכרות מתוך ׳אבינו מלכנו׳ (׳חננו ועננו כי אין בנו מעשים׳ וגם ׳תהא השעה הזו שעת רחמים ועת רצון מלפניך׳) וחיתום בתקיעה בשופר, אף שמדובר בשעת בין ערביים.

הילדים הגיעו לסליחות עם הוריהם ולעיתים עם סביהם וסבתותיהם; במקרים רבים כשהם כבר אחרי מקלחות ולבושים בפיג׳מה... אחת הסבתות אמרה לי - ברגע של כנות - שבדרך כלל היא איננה מגיעה לאמירת סליחות בבית הכנסת, אך מאז שהחלו ׳סליחות הילדים׳ היא משתדלת להגיע - לא בשביל נכדיה אלא כחלק מההכנה שלה־עצמה לימי הרחמים.

אחד ההורים הקשה עליי מדוע בחרתי בכל כך הרבה שירים מתוך הסליחות של בני עדות המזרח ולא מאלו האשכנזיות. עניתי בפשטות: בסליחות האשכנזיות יש פחות דברים ששרים בצוותא, ודווקא הסליחות הספרדיות כוללות שירה משותפת ולחנים שמצטרפים לאווירת התפילה, האמונה והתקווה של ימי הרחמים. השיחה הזו הייתה זרז מסוים לתיקון נוסח הסליחות המשולבות למבוגרים.

ג. סליחות משולבות

אמירת הסליחות נוהגת בקהילות אשכנזיות במשך כשבועיים - בשבוע שלפני ראש השנה ובשבוע שבין ראש השנה ליום הכיפורים. הספרדים ובני עדות המזרח מתחילים לומר את הסליחות כבר בראש חודש אלול ומאריכים בנוסח הסליחות יותר מהאשכנזים.

בחלוף השנים מצאתי כי לא פשוט לומר את הסליחות בנוסחן האשכנזי, וזאת משלוש סיבות עיקריות. הראשונה היא ריבוי ההתייחסות בפיוטי הסליחות האשכנזיות למצבו העגום של עם ישראל בגלות; תיאורים שלא תמיד קל להולמם בימינו. הסיבה השנייה היא שפתן של הסליחות הללו שלא תמיד מובנת למתפלל בן זמננו (ואכן מצויים כיום סידורי סליחות מפורשים, אך לא רבים אוחזים בהם, וגם המחזיקים בהם אינם מצליחים לעקוב ולפרש

מילה מילה בקצב התפילה). ולבסוף - הדינמיקה הרווחת בתפילה האשכנזית, כאשר כל אחד מהמתפללים אומר את קטעי הסליחות בשקט בגפו ושליח הציבור קורא בקול את פסוק החיתום.

חשתי כי שילוב זה יצר קושי באמירת הסליחות, ואף שמבחינה תיאורטית ניתן להתמודד עם האתגרים שהוצגו כאן (ללמוד מראש את תוכן הסליחות כדי שיהיה מובן יותר, לשלב שירה וקריאה משותפת ולשנות את אופי אמירת הסליחות, להוסיף ניגונים לפניהן או אחריהן ועוד), בפועל המשיכה הייתה לכיוון הפוך - אמירת הסליחות נעשתה למעמד שלא רבים מגיעים אליו, ובמקרים מסוימים נוצרים מניינים אחרים ונשמעים קולות בציבור שקוראים למהר ולצאת ידי חובה מבלי להשקיע בסליחות זמן ואנרגיות נפשיות.

בוודאי ישנו ערך חשוב לאמירת הסליחות גם במתכונת כזו - הן בשימור המנהג והדרישה ההלכתית, הן מצד הכניסה הפשוטה לאווירת ימי הרחמים, כשריבוי אמירת שלוש עשרה מידות הרחמים, הווידויים ונפילות האפיים עושה משהו לנפש היהודית. אפילו קטעי הסליחות שאינם מובנים מכוננים איזושהי יראה והכנה לראש השנה ויום הכיפורים שבפתח.

ועדיין, חשתי שגדולה ההחמצה מהרווח וכי במאמץ לא גדול - עם דיוק וסייעתא דשמיא - נוכל לחדש משהו בנוסח הסליחות שיקרב יותר את ישראל לאביהם שבשמיים. היה ברור לי שהקמת מניין סליחות בנוסח עדות המזרח לא יהיה הצעד הנכון, הן משום שלא קל (וכנראה בדרך כלל לא נכון) לעבור מנוסח לנוסח באמצע החיים, תוך ניתוק ממסורת בית אבא ואימא, מהניגון והנוסח שהורגלנו בהם; הן מכיוון שגם הסליחות של בני עדות המזרח כהווייתן לא חפות מקשיים...

ראשית, מדובר באמירה שחוזרת על עצמה יום יום, בלי שינוי (להבדיל מהסליחות האשכנזיות). שנית, אמירת הסליחות הספרדיות אורכת זמן רב ודורשת להתפנות אליה או להשכים קום. ולבסוף, גם בסליחות של בני עדות המזרח קיימים פיוטים שהולמים יותר את מצבו של עם ישראל כפי שהיה בגלות ולא את מצבנו כיום.

ובכל זאת חשתי שבסליחות הספרדיות מצוי מפתח משמעותי מאוד: השירה והתפילה המשותפות מעוררות את הלב ומאפשרות לציבור לעמוד יחד לפני ה', להתוודות על חטאיו ולבקש סליחה לקראת השנה החדשה, בדומה לחוויה שמתרחשת גם בקהילות אשכנזיות בתפילות ראש השנה ויום הכיפורים.

התחלתי לעיין בנוסחים של 'סליחות משולבות' שהתגבשו בקהילות שונות. מתוך כך, ובהתייעצות עם כמה חברים וחברות בקהילה, הצענו נוסח ל'סליחות משולבות', נוסח טירת צבי, שהורכב מפיוטים נבחרים מהסליחות הספרדיות ומחלקים משמעותיים מהסליחות בנוסח אשכנז.

הנוסח עבר בחינה ודיוק אחרי השנה הראשונה, ועם הזמן התגבש ואף הודפס בחוברת מעוצבת, לרווחת המתפללים הרבים (והמתפללות הרבות) שמצאו בו אפשרות מתאימה להלך נפשם בימי סוף אלול ותחילת תשרי.

למן תחילת הדרך חשוב היה לי לאפשֵר לאלו הרוצים לשמר את נוסחם ומסורתם לאחוז בהם. לכן הסליחות המשולבות התקיימו בבית המדרש ולא בבית הכנסת; ומי שחפץ בסליחות אשכנזיות מסורתיות יכול היה להשתתף במניין מקביל בבית הכנסת, וכמקובל בקהילות רבות גם לפני תפילת שחרית. כמובן, בני עדות המזרח שחפצו בסליחות בנוסחם המסורתי נמנעו גם הם מלהגיע לסליחות המשולבות, שאומנם שילבו כמה פיוטים מתוך מחזור הסליחות הספרדי אך לא היו נאמנות למסורת המזרחית.

אלו הדברים שכתבתי בהקדמה לגרסת הסליחות המשולבות:

> מנהג ישראל לומר סליחות לפני ראש השנה.
> מכיוון שאין הלכות מוגדרות בנוגע לנוסח הסליחות, בקהילות שונות התגבשו נוסחים שונים.
> בכולם שלושה רכיבים מרכזיים - י"ג מידות הרחמים, וידוי על פי סדר הא"ב וכן נוסח תחנון שבכל יום (נפילת אפיים).
> לצד רכיבים אלו, נוספו פיוטים שונים בדורות ובמקומות

שונים, וברבות השנים התגבש נוסח הסליחות המאפיין כל עדה ועדה.

חלק מהפיוטים והסליחות נוגע להכנת האדם והקהל לקראת הימים הנוראים, חלקם עוסק בפנייה לקב"ה שירחם וישמע קולנו בתפילתנו, וחלקם קשור למצבו הקשה של עם ישראל בגלות, שהביא לתחינות ולתפילות לשוב לציון ולהיגאל.

בימינו, מתרחבות והולכות הצעות ל'נוסח משולב' לסליחות, או בשמו האחר 'סליחות ישראליות'.

מצאנו כי גם בקהילתנו ישנו ציבור המעוניין בסליחות מעין אלו, ונראה ששתי סיבות לדבר.

ראשית, חלק מן הסליחות והפיוטים נדמה כרחוק ופחות משקף את מצבנו כעם ששב לארצו וזכה בחסדי ה' לעצמאותו. כשם שחלו שינויים בתפילת 'נחם' בתשעה באב בעקבות שחרורה של ירושלים, כך קיימת ציפייה לשינוי בנוסח הסליחות.

שנית, חלק מן הסליחות מנוסח בשפה הרחוקה מהשפה המדוברת והשגורה על פי המתפללים, דבר המקשה על הכוונה ועל ההבנה של הסליחות, וממילא מעמיק ניכור ומרחק בין המתפלל לבין הסליחות.

בנוסף לכך, בעדות מסוימות ובנוסחים מסוימים אמירת הסליחות אורכת זמן רב, שלצערנו בגלל שעת אמירת הסליחות מַקשה על הריכוז והכוונה.

התברכנו ועֵדות שונות אוחזות בפיוטים ונוסחים שונים, כך שיש ביכולתנו ליצור תמהיל של סליחות שיהיה מדויק יותר למצבנו כעם חופשי בארצנו, שיעסוק בהכנה לראש השנה ולעולם התשובה והרחמים ושמילותיו יהיו יותר מובנות ושגורות על פינו. עוד אחזנו בהלכה המופיעה בסימן הראשון של ה'שולחן ערוך': 'טוב מעט תחנונים בכוונה, מהרבות בלא כוונה'.

יתרה מכך. ההפרדה החדה בין מנהגי עדות שונות מיטשטשת

במשך השנים האחרונות, כחלק משיבת ציון ומכך ש׳הותרו שבטים לבוא זה בזה׳. משפחות רבות מורכבות מיוצאי עדות מגוונות, כש׳מסורת בית אבא ואימא׳ כוללת יותר מנוסח אחד. הנוסח המשולב מאפשר להתברך ממגוון הנעימות והמילים שחוברו בתפוצות השונות לאורך השנים, ולקיים ׳יחד שבטי ישראל׳.

עם השנים, שמחתי לראות (ואחרי עזיבתנו להמשיך ולשמוע) שהסליחות המשולבות בטירת צבי מושכות אליהן ציבור לא קטן, שמצליח להיפתח אל המסורות השונות והנוסחים השונים ולהתעורר לתשובה ותפילה לקראת ימי הרחמים.

ד. כל עיר על תילה בנויה

חזרתו של עם ישראל לארצו גרמה לחלק מן התפילות שנכתבו בגלות להפוך לאותנטיות־פחות וממילא לתפילות שלא פשוט להזדהות עימן. אחת הדוגמאות המוכרות היא תפילת ׳נחם׳ שנאמרת אחת בשנה, במנחה של תשעה באב. נוסח התפילה האשכנזי שונה מזה הספרדי, אבל לשניהם משותף תיאורה של ירושלים כעיר ׳החֲרֵבה והבזויה והשוממה׳. בנוסחים מסוימים אף מפורט ׳האבלה מבלי בניה והחרבה ממעונותיה והבזויה מכבודה והשוממה מאֵין יושב׳; ובאחרים - ׳הנתונה ביד זרים, הרמוסה בכף עריצים׳.

האם אפשר עוד לומר את תפילת נחם כתיקונה כיום, כשבניה וכבודה של ירושלים חזרו אליה (גם אם באופן חלקי)? האם עדיין אפשר לקונן על ירושלים הנתונה ביד זרים ורמוסה בכף עריצים?

הפולמוס על שינוי תפילת ׳נחם׳ התעורר מיד אחרי מלחמת ששת הימים. על רקע שחרור ירושלים, היו מאנשי התנועה ׳ליהדות של תורה׳ (תנועה מרתקת של אנשי רוח, חוקרים מתחום מדעי היהדות, בראשות פרופ׳ אפרים אלימלך אורבך שפעלה באותן שנים) שקראו לביטול תפילת ׳נחם׳. הרב גורן, שהיה אז הרב הראשי

לצה"ל, הציע תיקון לנוסח שבמרכזו ויתור על המושגים הפחות־רלוונטיים ותוספת קצרה בדבר מה שזכינו לו במלחמת ששת הימים: 'נחם, ד' אלוהינו, את אבלי ציון ואת אבלי ירושלים ואת העיר האבלה. ציון במר תבכה, וירושלים תתן קולה. לבי לבי על חלליהם, מעיי מעיי על הרוגיהם. ולישראל עמך נתתה נחלה, ולזרע ישורון הורשתה...'. גם פרופ' אורבך הציע בהמשך נוסח חלופי לנוסח המסורתי, שבו מודגשת ירושלים 'הנבנית מחורבנה, המקוממת מהריסותיה והמיושבת משוממותה'.

במשך השנים הוצעו ניסוחים אחרים על ידי רבנים שונים. המשותף לכולם הוא חוסר הנחת מהנוסח המסורתי ושינוי מסוים בתוכן התפילה כך שתתאים למציאות ימינו. הרב נחום אליעזר רבינוביץ', למשל, הציע לא לדבר על 'העיר' אלא על 'ההר' (האבל, ההרוס והשומם, הנתון ביד זדים והרמוס ביד עריצים וכו'). בכך הועבר הדגש מתפילה על ירושלים כולה אל הר הבית. לעומת אלו, רבנים רבים טענו - ועודם וטוענים - שאין לשנות את נוסח התפילה, בעיקר לאור שיקולים מערכתיים החוששים משינויי נוסח באשר הם. הללו דבקים במסורת כעוגן הדתי המחייב.

אחד מהרגעים המאתגרים עבורי בכל שנה הוא תפילת נעילה ביום הכיפורים. מעבר לאתגר הפשוט של עמידה לפני ה', כיחיד וכחלק מעֵדה, בדמדומי החמה ובזמן נעילת השערים, חזרת הש"ץ מביאה עימה פיוט שמצעירותי התקשיתי לאומרו, פיוט הנוגע בנקודה זו בדיוק. כוונתי לפיוט 'אזכרה אלוהים ואהמיה'. זהו פיוט המיוחס לאמיתי בן שפטיה, יהודי שחי באיטליה במאה ה־8, ככל הנראה כצאצא של גולי ירושלים שהוגלו לרומא. הפיוט כולל בתוכו שני בתים לא פשוטים מבחינות שונות.

אתחיל בבית השני שבהם. זהו בית הפונה אל 'מידת הרחמים' ומבקש ממנה שתתפלל עבורנו:

מִדַּת הָרַחֲמִים עָלֵינוּ הִתְגַּלְגְּלִי / וְלִפְנֵי קוֹנֵךְ תְּחִנָּתֵנוּ הַפִּילִי /
וּבְעַד עַמֵּךְ רַחֲמִים שַׁאֲלִי /כִּי כָל לֵבָב דַּוָּי וְכָל רֹאשׁ לָחֳלִי.

בית זה עורר תגובות שונות. היו מי שהתנגדו לתפילה שכזו שנראה ממנה כאילו המתפלל איננו פונה אל הקב"ה בכבודו ובעצמו אלא אל יד מתווכת כלשהי, 'מידת הרחמים', ומבקש ממנה את בקשותיו. פולמוס זה דומה לפולמוס שהתגלע סביב הפיוט 'מכניסי רחמים הכניסו רחמינו לפני בעל הרחמים', שהולחן והפך בימינו לשיר מרגש ומעורר. גם פיוט זה פונה אל מתווכים עלומים, האמונים על 'הכנסת התפילות' לפני ריבונו של עולם. אך תפילה באמצעות מתווך מנוגדת לעיקר החמישי מעיקרי האמונה של הרמב"ם (כפי שהובא בנוסח שנדפס בסידורים): 'אני מאמין באמונה שלמה, שהבורא יתברך שמו, לו לבדו ראוי להתפלל, ואין ראוי להתפלל לזולתו'.

דעות שונות נאמרו בעניין זה, ור' משה פיינשטיין מביא, אגב דיונו בנושא, את מנהגו של אביו -

> [ש]לא אמר בשום מקום בסליחות ובפיוטים שהלשון הוא כמבקשים מהמלאכים, אך בפזמון מלאכי רחמים היה אומר אבות העולם אהובי עליון חלו נא [...] והיה אומר מדת הרחמים עלינו נגלגלה ולפני קוננו תחינתנו נפילה ובעד עמנו רחמים נשאלה - אף שאי אפשר להגיה זה בלשון המחבר ר' אמתי, שהרי נגמר בלשון הקרא כי כל לבב דוי וכל ראש לחלי - וכן אני נוהג בעצמי אחריו [...] וכן לא היה אומר אאמו"ר זצ"ל בליל שבת קודש, כשאומרים שלום עליכם, את החרוז ברכוני לשלום מטעם זה.

זהו תיאור נפלא של רב המדקדק במילותיו ומשנה את נוסח התפילה באופן שיהא נאמן לאמונתו. בהמשך דבריו ר' משה איננו מבטל את עמדת החולקים על אביו ועליו ומנמק את דעתם בכך שהמלאכים התמנו על ידי ה' שיעשו שליחותם, וכל תפילתנו היא שיעשו זאת באהבה ובשמחה, וזהו דבר שיכול להיות מותר (מה שאין כן להתפלל למלאכים ממש).

אני לכשעצמי עברתי תקופות שונות בחיי ביחס לרכיבים אלו בתפילה. בצעירותי נהגתי כר׳ משה וכרבים אחרים ונמנעתי מלהגיד את המילים הללו בפיוטי הסליחות. שנים אחר כך, חשבתי שאפשר לומר את המילים המסורתיות ולהעניק להן משמעות ופרשנות אישית: לחשוב על ׳מכניסי הרחמים׳ ועל המלאכים לא כישויות רוחניות אלא כקריאת השכמה שאנו קוראים לעצמנו, להיות ׳מכניסי רחמים׳ של תפילותינו. כנראה אין זה פשט המילים או כוונתו המקורית של המחבר, אבל שערי פרשנות לא ננעלו. מצאתי בכך יישוב מסוים לפער שבין המילים לבין עיקרי האמונה הרמב״מיים.

אכן, בשלב מסוים בחיי החלטתי לקבל עליי באהבה את מנהג ישראל ואת נוסח המחזור, ובמובנים רבים - את נוסח בית הכנסת והקהילה השרה יחד בנעימה ובדבקות ׳מכניסי רחמים׳, ולנסות לשחרר את המחשבות והתהיות הפילוסופיות והתיאולוגיות שהיו לי. החלטתי לנסות ולתת אמון באמונם של האחרים ולהצטרף אליהם - כשהדגש עובר מהתוכן אל החוויה שבתפילה המשותפת.

אך עוד קודם לבית זה, בפיוטו המרגש של אמיתי בן שפטיה, מופיע הבית העוסק בירושלים - וכמו בתפילת נחם, קשה לאומרו בימינו:

אֶזְכְּרָה אֱלוֹהִים וְאֶהֱמָיָה / בִּרְאוֹתִי כָּל עִיר עַל תִּלָּהּ בְּנוּיָה /
וְעִיר הָאֱלוֹהִים מֻשְׁפֶּלֶת עַד שְׁאוֹל תַּחְתִּיָּה / וּבְכָל זֹאת אָנוּ
לְיָהּ וְעֵינֵינוּ לְיָהּ.

קל להבין כיצד עומד יהודי באיטליה, רואה ערים בנויות על תילן בעוד ירושלים מושפלת וליבו הומה. קשה - ומעורר התפעלות - להבין כיצד הצליחו יהודים בכל הדורות לראות בניינים מפוארים, תרבויות שעולות ופורחות ובכל זאת להישאר נאמנים לה׳. ׳וּבְכָל זֹאת אָנוּ לְיָהּ וְעֵינֵינוּ לְיָהּ׳.

אלא שכמי שנולד למציאות אחרת, אני מרגיש שאיני יכול לומר עוד את הביטוי ׳עִיר הָאֱלוֹהִים מֻשְׁפֶּלֶת עַד שְׁאוֹל תַּחְתִּיָּה׳. אומנם יש

עוד להיכן להתקדם וירושלים עוד איננה בשיא תפארתה, אך מכאן ועד המילים הנוקבות של אמיתי בן שפטיה, הדרך רחוקה. בדומה להנהגתו של ר׳ משה פיינשטיין ביחס לבית השני (שהיא גם הנהגתו של ה׳חתם סופר׳, כפי שהוא מעיד על עצמו בתשובותיו) נהגתי לדלג על הבית הזה ולהתחיל את הפיוט מהבית השני.

כל זה היה טוב ויפה כל עוד התפללתי כאחד מן המניין ותפילתי הייתה שלי לבדי. אלא שמחלוקת מסוימת סביב זהות שליח הציבור בתפילת נעילה הביאה אותי לעבור בעצמי לפני התיבה בתפילת נעילה ומצאתי עצמי תוהה ומתלבט כיצד לנהוג. הרגשתי מתח בין מחויבותי לציבור, לנוסח ולמסורת ובין כֵּנוּתי ואמונתי. ידעתי שמבחינה הלכתית היכולת לדלג על הבית אפשרית כמובן, אך לא קיבלתי החלטה טרם ניגשתי אל הבימה והתחלתי בתפילה.

לא קל לעבור לפני התיבה בתפילת נעילה. כובד התפילות של הציבור כמו מונח על כתפיך, הלב גדוש ועולה על גדותיו בתערובת של תפילתך האישית והמחשבות על הציבור ועל פרטיו - כאילו מחזיק אתה את כל קצות החוטים של כל מתפלל ומתפללת. עליך לאפשר לכולם להשתתף אלו עם אלו בתפילה ולהעלות הכול כמנחת ציבור. לאתגר הזה יש להוסיף את הצורך לבחור מתי להאריך ומתי לקצר, מתי לשיר ומתי להתקדם ואיזו מנגינה לנגן - ולכל זה מצטרף השעון והמבט אל זמן השקיעה. אתגר זה נכון כשמדובר בחזן מיומן ועל אחת כמה וכמה כשמדובר בחזן שאיננו מקצועי ומנוסה (כמוני).

דיברתי מעט לפני תפילת הנעילה. אמרתי ששמעתי מאבי בשם הרב עמיטל שאלו רגעים שבהם אפשר לומר קצת אמת; רגעים שיש בהם איזו נקיות ושקיפות שמאפשרות לנו להתבונן בעצמנו ובחיינו בלי כחל ושרק, קצת בדומה לדרשת הזוהר ׳כיפורים - כְּפורים׳, שלפיה מושווה יום הכיפורים לחג הפורים, החג של הסרת המסכות וגילוי העצמיות. הצעתי לציבור לפתוח שער בעצמו ולא רק לצפות שהקב״ה יפתח לנו שער, להסיר את החסמים ולהיות הוא או היא, בכנות ובאותנטיות.

ברוח זו, כשהגעתי לפיוטו של אמיתי בן שפטיה, דילגתי על הבית הראשון, ופשוט התחלתי מהבית השני.

לא ידעתי אם הציבור, שהיה כמובן מותש מיום הצום ומריבוי התפילות, שם לב לדילוג ויותר מכך - אם הבין את פשרו (או חשב שאני ממהר בגלל השקיעה או מבולבל) עד שאמנון שפירא, חבר קיבוץ חריף ומהוגי הדעות של הקיבוץ הדתי, פנה אליי וביקש את אישורי לפרסם מכתב שכתב בעקבות דילוגי. מכתבו חשף בפניי שגם הוא מתקשה - במשך שנים רבות - בעת אמירת הבית הזה בפיוט והסתיים בתקווה שגם שליח הציבור של השנה הבאה ינהג באופן זהה...

שלום קטוע:
על טעותו של הרב

לפני שהתחלתי את תפקידי כרבה של טירת צבי, פניתי למי שהיה הרב המקומי שלי, הרב מרדכי ורדי, רב קהילת ראש צורים. הרב ורדי היה מורי גם בשיעור ב' בישיבת ההסדר וגם ה'מרא דאתרא' שלי בעשר השנים שבהן התגוררנו בראש צורים. ביקשתי לקבל את חניכתו והדרכתו, עצתו, חוכמת חייו, ניסיונו ושכלו הישר.

הרבה דברים למדתי מאותה שיחה, אבל אחת מהעצות לא הצלחתי למלא.

'רוב הדברים הם לא בעייתיים' אמר הרב ורדי. 'אתה יכול להתייעץ, לבדוק, להתקשר. יש היום מנועי חיפוש ומאגרי מידע ורבנים זמינים, לרוב השאלות תמצא תשובה, ויהיה לך זמן'. חשבתי אז (ואני חושב גם היום) שלכתחילה, כדאי שהרב יֵדע לענות על השאלות שהוא נשאל, אך כמובן אופציית ההתייעצות והבדיקה מורידה הרבה מהלחץ שעלול להיות מנת חלקו של הרב כשהוא נתבע לענות על שאלה ואיננו יודע את התשובה.

'יש תחום אחד שאתה צריך לשלוט בו. כשהשאלה מגיעה, אין לך הרבה זמן להתלבט ולא להתקשר; מה גם שזה יכול לקרות גם בשבת'. הרב ורדי חייך. 'כוונתי לספר תורה שנפלה בו טעות'.

זהו באמת תחום פחות מוכר לרוב הציבור ויש לו השלכות הלכתיות סבוכות ומורכבות. ספר התורה כולל למעלה מ־300,000 אותיות, הנכתבות כולן בדיו על קלף בידיו של סופר סת"ם, ולכל

אות צורתה המיוחדת ואופן כתיבתה (לפי המנהגים השונים). כאשר אחת האותיות הללו מחוקה, חתוכה, מטושטשת או דבוקה לאות שאחריה, מתעוררת שאלה הלכתית: האם הספר כשר או פסול?

למורכבות זו יש להוסיף מורכבויות אחרות: כיצד לנהוג כאשר מתגלה שהספר פסול? האם להוציא ספר חדש ולהתחיל מהפסוק שנפסל או להמשיך בספר הפסול עד לסיום העלייה? האם להצריך את העולה לברך שוב? ועוד שאלות מעין אלו. כשמתגלה החשש, קוראים לרב אל בימת הקריאה והוא נדרש להגיב ולהכריע בזמן אמת, כשעיני כל הציבור נעוצות בו וכולם מחכים למוצא פיו. כדאי לשלוט בתחום הזה ולא להיות מופתע ברגע האמת...

קיבלתי את עצתו של הרב ורדי ולמדתי את הלכות ספר תורה שנפלה בו טעות. במשך זמן ארוך החזקתי בתאי בבית הכנסת ספר הלכתי ממוקד שעסק בנושא זה, עד שהרגשתי בטוח דיי. ובפועל - בכל שנותיי בטירת צבי לא נתקלתי בספר תורה פסול, עד לשבת פרשת פנחס, שהייתה מהשבתות האחרונות שלנו בקיבוץ, כמעט שש שנים אחרי שעברנו דירה לעמק המעיינות ונכנסתי לתפקיד הרב המקומי, כאשר עזיבתנו חזרה לגוש עציון כבר הייתה קרובה מאוד.

במהלך קריאת התורה, מעט אחרי תחילת הפרשה, אני רואה את משה, הקורא המיומן והדייקן עוצר מקריאתו, מתבונן בי ומסמן לי לגשת את הספר. הזדרזתי להגיע ממקומי המרוחק כמה צעדים מבימת הקריאה בתורה ולראות במה מדובר.

להפתעתי, בפסוק השלישי בפרשה, שם מתאר ה׳ באוזני משה את שבחו של פנחס בן אלעזר ומבטיח לו ׳הִנְנִי נֹתֵן לוֹ אֶת בְּרִיתִי שָׁלוֹם׳, הופיעה האות ו׳ כשהיא חצויה לשניים. רווח של ממש היה בין שני חלקי האות, והחלק העליון לא יכול היה לתפקד כאות ו׳ בפני עצמה וניכר היה שמדובר ממש באות י׳ - מתחתיה רווח מובהק ומתחתיו עוד קו קטן עד לתחתית השורה המשורטטת.

הצטערתי לראות את הפסילה, אבל לא היה לי ספק: הספר פסול. הציבור ברגעים אלו כמעט עוצר את נשימתו. הרגשתי את הדריכות

מכל עבר ואת הראשים המורמים מהחומשים, סקרנים לראות מה יהיה דינו של הספר.

המחיקה הייתה מוזרה לי, בעיקר על רקע הנקיות והשלמות של שאר האותיות. כשספר מתחיל להתבלות, רואים מדי פעם אותיות שמתחילות להימחק ולהיטשטש, אך לא כך היה בספר הזה. כך או כך, מכיוון שלא הושלמו שלושה פסוקים עד מציאת הטעות, הוריתי להחזיר את הספר לארון, להוציא ספר אחר ולהמשיך את הקריאה מהמקום שנפסל - וחזרתי למקומי.

בסיום הקריאה ניגש אליי מיכה, איש חכם וידען, אוחז בידו חומש 'תורה תמימה' ומראה לי ציטוט מהגמרא: 'אמר רב נחמן: וי"ו דשלום קטיעה היא'. 'אולי זו הסיבה למה שראית בספר התורה' אמר מיכה. הציטוט היה זכור לי במעומעם (מתוך הגמרא במסכת קידושין, כחלק מדרשה על פסול עבודת כוהנים), אבל ברור היה לי שלא זכרתי או הכרתי הלכה המצדיקה את הנתק בתוך האות ו' בספר התורה. הודיתי למיכה ואמרתי לעצמי שעליי לבדוק את העניין בהקדם.

אחר הצהריים ניגשתי לבית הסיעודי בטירת צבי, 'עטרת צבי', שבו משתכנים קשישים וחולים סיעודיים מהקיבוץ ומחוץ לו, בית של חסד אמיתי, של כבוד ושל הארת פנים. זכיתי להגיע ל'עטרת צבי' בכל יום שישי ולהעביר שיעור קצר בפרשת השבוע, והשתדלתי מפעם לפעם להיכנס אליו גם בשבתות הקיץ אחרי הצהריים, לדרוש בשלום השוהים שם. בסמוך לדלת הכניסה נפגשתי עם מרים גלזר. מרים, שהתגוררה בדירה מוגנת סמוך ל'עטרת צבי', הייתה לפני כן שכנתנו בקיבוץ, שם התגוררה עשרות שנים.

בנה, דוד, נפל במלחמת יום הכיפורים כמפקד פלוגת חרמ"ש במילואים בגזרת סיני וזכה בעיטור המופת על גבורתו בקרב. מרים ובעלה אריה ז"ל נשארו לגור בקיבוץ, ואריה נפטר שלוש שנים אחרי נפילת בנו. מרים בעצמה אמרה לי בשיחה פרטית שאריה לא הצליח לחיות אחרי נפילת בנו בקרב. ואילו היא - בחיוך מובלע, במשיכת כתפיים חיננית ובחיוניות ועין טובה - שרדה והמשיכה לחיות ולפעול בטירת צבי. כשהכרנו אותה, כשכנה, כבר לא

הייתה צעירה, אבל עדיין הייתה פעלתנית, וכמו סבתא טובה תמיד התעניינה בשלום ילדינו ובריאותם.

באותה שבת אחר הצהריים פגשתי בה ופניה היו נפולות. ׳הספר שקראו בו הבוקר׳, היא אמרה, ׳הוא ספר הבנים, הספר שכתבנו לזכרם ולעילוי נשמתם של בני הקיבוץ שנפלו במלחמת יום הכיפורים. דוד בני, ביחד עם שמעון שפרינגר (שנפל גם הוא בגזרת סיני, שבועיים לפני דוד) ויהודה הלפרין (שנפל ברמת הגולן), מונצחים על מעילו של הספר וכאב לי לראות שהוא פסול והוחזר לארון הקודש במהלך התפילה׳.

מרים הייתה על סף בכי וכמעט שלא מצאתי מילים לענות לה. ניסיתי לומר שהתיקון קל ושהספר בסך הכול הוא ספר משובח וכתיבתו נקייה, אבל ניכר היה שהוא נשא עבורה משמעות עמוקה מאוד - וכספר שנכתב לעילוי נשמת בנה, פסילתו הדהדה במשהו את כאב האובדן של דוד ז״ל.

השבת יצאה. התיישבתי ליד מחשבי והתחלתי להתחקות אחַר האמור בגמרא ׳ואו דשלום קטיעה׳. להפתעתי ומבוכתי הרבה גיליתי שאכן ישנה מסורת מפורשת ודעות מסוימות המצדיקות את כתיבת האות ו׳ במילה ׳שלום׳ בפסוק הזה בפרשת פנחס בדיוק באופן שבו מצאתי את הספר, עם רווח בין שני חלקי האות, באופן שנראה כאילו לפנינו האות י׳ ותחתיה קו קצר היורד מטה.

רגע גילוי הטעות הוא רגע לא קל. כרב קהילה, סמכותך נבנית לא מעט על הידע ההלכתי שלך ועל האמון של בני הקהילה שכשהם שואלים ואתה עונה - אתה שולט בחומר ואומר דברים מבוססים. הידיעה שטעיתי ושהטעות איננה טעות של מה בכך, ולא עוד אלא שלא מדובר בטעות שנעשתה בחדרי חדרים, הביאה אותי למבוכה ולתחושה חמוצה.

עם זאת, זכרתי סיפור מכונן על ר׳ שלמה זלמן אויערבך ששמעתי מר׳ דוד פוקס, שלפיו ר׳ שלמה זלמן זכה למשרתו בישיבת ׳קול תורה׳ דווקא כשהכיר בטעותו לעין כול. כך סיפר ר׳ דוד בשם הרב יונה מרצבך:

> ר׳ שלמה זלמן העביר שם שיעור מבחן, שבמהלכו, כדרכו של לימוד תורה, הקשו עליו קושיות. אחרי אחת מן הקושיות, ר׳ שלמה זלמן עצר את השיעור ואמר שאינו יודע את התשובה. בתום השיעור, ניגשו אליו כמה מהר"מים ותמהו לפשר העובדה שלא יישב את הקושי במהלך השיעור. ר׳ שלמה זלמן הסביר להם שאמנם היו לו באותם רגעים שלושה תירוצים שונים, אולם השאלה הייתה טובה יותר מתירוציו...
> הרב מרצבך טען כי ההתפעלות מר׳ שלמה זלמן לא הייתה מן העובדה שהיו לו שלושה תירוצים, אלא מכך שאמר בגלוי ׳איני יודע׳. היכולת של אדם לדעת שיש לו מה ללמוד מאחרים היא הגדלות האמתית, והיא קשורה בטבורה ליכולת לומר ׳איני יודע׳, או ׳טעיתי׳.
> הגמרא מספרת על רבא שהיו עשרים מקרים לפחות, שבהם חזר בו מעמדה שאחז בה בתחילה. לגבי כעשרה מקרים אחרים, הגמרא מציינת שחזר בו ומלווה את דבריה בתיאור מפורט של הודאתו של רבא בטעותו: ׳הדר אמר רבא: לאו מילתא היא דאמרי׳, כלומר: חזר ואמר רבא: מה שאמרתי, לא נכון הוא. או בנוסח דומה: ׳הדר אוקים רבא אמורא עליה ודרש: דברים שאמרתי לפניכם טעות הן בידי׳...

ישנו פער, כמובן, בין קושיה על מהלך שיעור לבין טעות בדבר הלכה, ובכל זאת - ברור היה לי שהדבר הנכון הוא לשתף את הקהילה כולה באמיתתה של תורה והאמנתי והתפללתי שאמון הציבור בי לא ייפגע.

המשך העיון בסוגיה ההלכתית לימד אותי שרבו השיטות והתשובות שחלקו על המסורת הזו - שמקורה בדברי הריטב"א למסכת קידושין - וטענו כי יש לעשות את הו׳ קטנה אך לא קטועה. לדעת אחרים יש לכתוב את האות ו׳ בשלמותה ולהוסיף קו עדין אחרי הפסק קל - כדי לייצר קטיעה מצד אחד אך אות ו׳ שלמה מצד אחר. יש גם שעמדו על כך שהרמב"ם וה׳שולחן ערוך׳ לא הביאו את

קטיעת הו׳ כדין להלכה. ואף על פי כן למדתי כי אי אפשר לפסול את ׳ספר הבנים׳ בקלות שכזו. העובדה שישנה מסורת מבוססת המכשירה את הספר הייתה משנה את הכרעתי - אילו הייתה עומדת לנגד עיניי.

פניתי לרב לביא שמעון, רב המושב שדי תרומות השכן לטירת צבי, וסופר סת״ם. כבקי ומומחה הוא שיתף אותי שיש אכן מחלוקת להלכה בין גדולי סופרי הסת״ם בימינו. מחד, הרב שלמה מועלם, מחבר הספר ׳יריעות שלמה׳ ופוסק מבית מדרשו של הרב מאזוז, סובר שאכן יש לכתוב את האות י׳ ותחתיה עוד קו. מאידך, הרב מנחם גרוס, ראש מכון ׳לשכת הקודש׳ בירושלים, וכמוהו הרב יוסף כהן, סוברים שיש לכתוב את האות ו׳ בשלמותה (קטנה מעט) ולהוסיף תחתיה קו קטן. הרב לביא סיים ואמר שלכתחילה יש לנהוג כרב גרוס והרב כהן, כי העושה כמותם בוודאי לא פוסל את הספר לאף שיטה, מה שאין כן מי שיעשה כשיטת הרב מועלם, אך בדיעבד - ׳דעבד כמר עבד ודעבד כמר עבד׳.

עיקרון הלכתי זה, שמקורו ביחס לזמני התפילה הנתונים במחלוקת בין רבי יהודה וחכמים, מלמד שלעיתים הכרעה כמו כל אחת מהדעות שבמחלוקת היא הכרעה לגיטימית. גם אם אני סובר כאפשרות אחת, אין בכך כדי לומר על פסיקתו של האחר שהיא איננה נכונה או איננה מוציאה אותו ידי חובה.

* * *

מחלוקות מלוות את התורה שבעל־פה מראשית מסירתה. אין כמעט פרק במשנה שאין בו מחלוקת, וכל שכן כאשר מדובר בתלמוד הבבלי ובתלמוד הירושלמי, המלאים מחלוקות כרימון. גם בספרי ההלכה משוקעות מחלוקות אינספור, ואפילו רבי יוסף קארו, שניסה לכונן את ספר ההלכה שיאפשר לפסוק הלכה בלי לגמגם, כפי שהוא כותב בהקדמת ה׳שולחן ערוך׳ בנוגע למטרתו:

> למען תהיה תורת ה׳ תמימה שגורה בפי כל איש ישראל. כי כאשר ישאלו לתלמיד חכם דבר הלכה, לא יגמגם בה, אלא

יאמר לחכמה אחותי את, כשם שברור לו שאחותו אסורה לו כך יהיה ברור לו כל דין שישאל עליו הלכה למעשה, בהיותו שגור בפיו ספר זה הבנוי לתלפיות, תל שהכל פונים בו.

ובכן, אפילו הוא מצטט לא פעם מחלוקות, מביא דעה אחת להלכה ואחריה 'ויש אומרים' שבפיהם דעה אחרת.

אומנם הרמב"ם ניסה לכונן ספרות הלכתית ללא אזכור המקורות והמחלוקות וכתב את ספר 'משנה תורה' באופן המשמיט כמעט לחלוטין דעות חלוקות ומציג הלכה אחידה; וזאת גם מתוך תפיסתו שהמחלוקת היא 'תקלה היסטורית', כפי שהוא כותב בהקדמתו לפירוש המשנה:

> [...] אבל מה שאמרו, משרבו תלמידי שמאי והלל שלא שמשו כל צרכם רבתה מחלוקת בישראל, עניין זה מבואר, שכל שני אנשים בהיותם שווים בשכל ובעיון, ובידיעת העקרים שיוציאו מהם הסברות, לא תיפול ביניהם מחלוקת בסברתם בשום פנים, ואם נפלה תהיה מעוטה כמו שלא נמצא שנחלקו שמאי והלל אלא בהלכות יחידות. וזה מפני שדעות שניהם היו קרובות זה לזה בכל מה שיוציאו בדרך סברה. והעיקרים כמו כן, הנתונים לזה כמו העיקרים הנתונים לזה.
>
> אבל כאשר רפתה שקידת התלמידים על החכמה, ונחלשה סברתם נגד סברת הלל ושמאי, ובם נפלה מחלוקת ביניהם בעיון על דברים רבים, שסברת כל אחד ואחד מהם הייתה לפי שכלו, ומה שיש בידו מן העיקרים. ואין להאשימם בכל זאת. שלא נכריח אנחנו לשני חכמים מתווכחים בעיון להתווכח כשֵׂכֶל יהושע ופנחס. ואין לנו ספק כמו כן במה שנחלקו בו [...] ועל הדרכים האלו נפלה המחלוקת, לא מפני שטעו בהלכות, ושהאחד אומר אמת והשני שקר. ומה מאוד מבואר עניין זה לכל המסתכל בו. ומה יקר וגדול זה העיקר במצות.

אך בפועל, מהלכו של הרמב"ם לא צלח. כבר בתחילת המאה ה־16 נדפס ספרו עם השגות הראב"ד, שחלק עליו עוד בחייו על כל צעד ושעל; ויתרה מכך - עם נושאי הכלים מצדדיו שמביאים אל תוך הדף את הדעות השונות בקרב הפוסקים החלוקים על הרמב"ם.

בניגוד לעמדת הרמב"ם, נראה כי ניתן לראות את המחלוקת לא כתקלה אלא כרכיב לכתחילאי ומהותי בהתפתחות ההלכה. הדברים נוגעים הן למהותה של התפיסה והפסיקה האנושיות, הן לאופייה הגמיש והמשתנה של ההלכה.

הדברים הפיוטיים של רבי יחיאל מיכל עפשטיין בהקדמתו לחיבורו 'ערוך השולחן' מוצאים את המחלוקת כמכוננת הרמוניה:

> וכל מחלוקת התנאים והאמוראים, והגאונים והפוסקים באמת, למבין דבר לאשורו - דברי אלקים חיים המה, ולכולם יש פנים בהלכה. ואדרבה: זאת היא תפארת תורתינו הקדושה והטהורה. וכל התורה כולה נקראת 'שירה', ותפארת השיר היא כשהקולות משונים זה מזה, וזהו עיקר הנעימות. ומי שמשוטט בים התלמוד - יראה נעימות משונות בכל הקולות המשונות זה מזה.

וברוח זו כתבו שני האחים בני בצלאל - רבי חיים ורבי יהודה ליווא (המהר"ל מפראג), במאה ה־16. המהר"ל התייחס בדבריו לגמרא במסכת חגיגה (דף ג ע"ב), המתארת את החכמים וכותבת:

> בעלי אסֻפּוֹת - אלו תלמידי חכמים שיושבין אסופות אסופות ועוסקין בתורה, הללו מטמאין והללו מטהרין, הללו אוסרין והללו מתירין, הללו פוסלין והללו מכשירין. שמא יאמר אדם: היאך אני למד תורה מעתה? תלמוד לומר: 'כולם נתנו מרֹעֶה אחד' - אל אחד נתנן, פרנס אחד אמרן, מפי אדון כל המעשים ברוך הוא, דכתיב 'וידבר אלוהים את כל הדברים האלה'. אף אתה עשה אזניך כאפרכסת, וקנה לך

> לב מבין לשמוע את דברי מטמאים ואת דברי מטהרים, את דברי אוסרין ואת דברי מתירין, את דברי פוסלין ואת דברי מכשירין.

בעיני המהר"ל, הצדדים השונים שבכל דבר הם חלק ממהותו של העולם. למעשה, אי אפשר שלא תהיה מחלוקת - משום שאי אפשר שלא יהיו צדדים שונים לכל דיון. המחלוקת היא ביטוי להיבטים השונים שברא ה' בעולמו:

> ואמר בעלי אסופות, פירוש כי אי אפשר שיהיה דעת החכמים על דרך אחד, ואי אפשר שלא יהיה חלוק ביניהם כפי מה שהם מחולקים בשכלם. כי כל דבר ודבר אי אפשר שלא יהא בחינה יותר מאחת לדבר אחד. שאף אם הדבר טמא, אי אפשר שלא יהיה לו צד בחינה אל טהרה של מה, וכן אם הדבר טהור, אי אפשר שלא יהיה לו בחינה מה של טומאה [...]
>
> ועל זה קראם בעלי אסופות, ר"ל שיושבים אסופות ועוסקים בתורה שאף שהם מחולקים בשכלם, מכל מקום הם מתאספים יחד, וכאשר הם מתאספים יש בהם כל הדעות המחולקות. ואמר שמא תאמר א"כ האיך אני לומד תורה מעתה, על זה אמר כלם נתנו מרועה אחד אל אחד נתנן פרנס אחד אמרן מפי אדון כל המעשים.
>
> וביאור זה, כי ה' יתברך כאשר נתן תורה לישראל נתן כל דבר ודבר בתורה כפי מה שהוא. ואמר שדין זה יש בו בחינה לזכות ויש בו בחינה לחובה, ודין של איסור והיתר יש בדין זה בחינה להיתר ויש כאן בחינה לאסור, וכן כשר ופסול יש בחינה אחת הפך האחרת. כמו שבעולם נמצא דבר מורכב מהפכים, ותוכל לומר על העץ שהוא מתיחס אל יסוד המים וכן הוא האמת שיש בו מן המים, ותוכל לומר שיש בו מן יסוד האויר וכן הוא האמת שיש בו יסוד האויר, ולא תמצא דבר פשוט לגמרי. וכן בתורה אין דבר אחד טמא לגמרי שלא

> יהיה בו צד טהרה, ויש בו צד טומאה ג"כ. וכאשר אחד למד על דבר אחד טהור ונתן טעמו ושכלו לטהרה, הרי אמר בחינה אחת כפי מה שהוא, והאומר טמא ואמר טעמו זה אמר ג"כ בחינה אחת.
>
> והיינו דאמר שכולם הם מפי אדון המעשים, ולמה הוצרך לומר כאן מפי אדון כל המעשים ומה ענינו לכאן, אלא ר"ל [=רצונו לומר] כמו שה' יתברך אדון כל המעשים וממנו נמצא עולם המורכב שיש בו דברים מתחלפים ויש אחד הפך השני, וכך הוא דבר זה שכל דבר יש לו בחינות מתחלפות שאין העולם פשוט שלא יהיה בו חילוף בחינות, א"כ המטמא והמטהר זה למד תורה כמו השני כי לכל אחד ואחד יש לו בחינה בפני עצמו, וה' יתברך ברא את הכל והוא ברא הדבר שיש בו שתי בחינות [...] ולפעמים הבחינות שוים לגמרי בצד עצמו ואז שניהם מן ה' יתברך בשוה ואין מכריע. וזהו מחלוקת הלל ושמאי שיצא בת קול אלו ואלו דברי אלקים חיים (עירובין יג ע"ב), ר"ל ששניהם שוים בבחינות שזה כזה, וכיון שהבחינות שוה שניהם דברי אלוהים חיים.

ואילו אחיו, הרב חיים, גוזר מעיקרון השונוּת והנבדלוּת שבין בני האדם את החופש היצירתי שלפני הרב - להורות כך או אחרת (מתוך ההקדמה לספרו 'ויכוח מים חיים'):

> וכמו שטבע היצירה עושה עד היום שפני כל אדם משונות זו מזו, כך יש להאמין שהחכמה נחלקת עדיין בלב כל אדם זו משונה מזו [...] לכך ראו להניח שתי הדעות לפני הרב המורה והוא יבחר כאשר יורו לו מן השמים כי אליו נתנה התורה רשות להורות [...] ואין בזה שום השתנות או חסרון לומר שנעשית התורה כשתי תורות. אדרבה, כך היא דרכה של תורה ואלו ואלו דברי אלוקים חיים.

למעשה, היכולת לפסוק כך או אחרת מופיעה כבר בדבריו של רש"י בפירושו למסכת כתובות, וגם הוא רואה את החשיבות שבאזכור דעות שונות כדי לאפשר לפסוק את הגמישות, בשל אופייה של ההלכה 'שהטעם מתהפך לפי שינוי הדברים בשינוי מועט'. אתרגם דבריו לעברית:

> כשחולקים שניים בנוגע לדעתו של אחר, אחד אומר 'כך הוא אמר' ואחד אומר 'כך הוא אמר' הרי שאחד מהם משקר, אבל כאשר חולקים שני אמוראים בדין או באיסור והיתר כל אחד אומר 'כך מסתבר הטעם', אין כאן שקר. כל אחד ואחד סברא שלו אומר. זה נותן טעם להיתר וזה נותן טעם לאיסור, זה מדמה דבר לדבר כזה והשני מדמה אותו לעניין אחר, ויש לומר 'אלו ואלו דברי אלוהים חיים הם', פעמים ששייך הטעם הזה ופעמים ששייך הטעם ההוא, מפני שהטעם מתהפך לפי שינוי הדברים בשינוי מועט.

כאמור, הרב לביא השתמש בביטוי 'דעבד כְּמר עבד ודעבד כמר עבד' (ובעברית: מי שעשה כדעה זו - עשה, ומי שעשה כדעה זו - עשה. כוונת המילה 'עשה' היא 'יצא ידי חובה'). פירושו של דבר הוא שהמחלוקת כאן כדי להישאר, ולמעשה אין בה הכרעה חד־משמעית; וזאת לא רק כבסיס לפסיקה המשתנה לפי שינויי הדברים (כדברי רש"י), אלא יותר מכך - ההלכה מכילה פסיקות שונות וסותרות, כל עוד לכל אחת יש היגיון הלכתי ועיגון במקורות.

הדברים מוכרים לנו ממנהגי עדות, כאשר כל אחד נוהג כמסורת הפסיקה שלו, וברור לנו שכולם עושים 'כהלכה', על אף המחלוקת המעשית, וגם מאפשרים יחס מכיל לפסיקות או למנהגים שלכאורה אינם כהלכה אך יש להם בסיס.

כך כותב הרב משה פיינשטיין ביחס לספר תורה שהוצא מהארון והתגלה אחר כך שאינו במקומו:

> ולכן לדינא כיון שאיכא [=שיש] ב׳ שיטות ויש טעם נכון לכל אחד מהשיטות, דעביד כמר עביד ודעביד כמר עביד. ואם הקהל אינם מקפידין על כבודם וטרחתם ודאי אין להחזירה כדסברי ה׳יש אומרים׳. ורוב קהלות אינן מקפידין בזמננו במקומותינו. ואם הורה אחד להחזירה ויש לחוש למחלוקת ולבזיון הוא כמו במקפידין שרשאין להחזירה.

בתשובה אחרת ומוקדמת שלו דן ר׳ משה פיינשטיין במקרה של יהודי ברוסיה בתחילת שנות השלושים של המאה ה־20, היוצא לעבודה לפני עלות השחר ושואל על היכולת להניח תפילין טרם צאתו לעבודה. ר׳ משה מכיר כמובן את פסיקת ההלכה שלפיה הלילה אינו זמן תפילין, אבל הוא מסתמך על עמדת רבנו פרץ (מאחרוני בעלי התוספות, מהמאה ה־13), שלפיה אפשר גם לברך על הנחת תפילין בשעה כזו.

עמדה זו איננה העמדה המקובלת ב׳שולחן ערוך׳, אך ר׳ משה שיודע שהיהודי אנוס הוא (מבחינת ר׳ משה ׳אין לחייבו להפסיד עבודתו [...] בשביל מצוות עשה, וכל שכן במדינה זו שאי אפשר להשיג עבודה אחרת כי הכל הוא בידם ולא יתנו לו׳), מכריע כאן כעמדת רבנו פרץ - שאדם כזה גם יברך על התפילין.

זוהי דוגמה לפסיקה המודעת היטב להשפעתה על חייו של היהודי (במשפט הבא כותב ר׳ משה שאם מדובר בתלמיד חכם, ׳טוב שיניח בלא ברכה שספק ברכות להקל׳, כלומר הוא מודע היטב לכך שהפסיקה לברך היא פסיקה לא ׳חלקה׳, ועדיין - כשמדובר ביהודי פשוט ׳כדי שלא יפסיד מצוה חביבה זו יכול להניח אף בברכה כי להניח בלא ברכה לא יבין איש שאינו ת״ח ויבא להקל ולזלזל בהנחתם׳). משיקולי חינוך וחשיבה רחבה ר׳ משה רוצה לפסוק שעל היהודי לברך. הכלי ההלכתי שמאפשר לר׳ משה לאפשר ליהודי לברך על התפילין הוא ההסתמכות על דעת רבנו פרץ המופיעה ב׳טור׳, הגם שהיא דחויה מההלכה המקובלת בדרך כלל.

אם נחזור להתבונן בספר התורה הפסול, נוכל לראות ששני פוסקים השתמשו בהיגיון הזה הלכה למעשה.

ראשית, ה'בית יוסף' טוען שכשספר תורה נמצא פסול, אין צורך לחזור ולקרוא את הפסוקים שכבר נקראו, לאור הסתמכות על שיטת הרמב"ם שכתב ש'מברכים על ספר תורה פסול ושכן נהגו בפני גאוני עולם'. סברתו של הרמב"ם היא שהתורה שעליה אנחנו מברכים היא זו הנשמעת במילות הקורא, ולא הכתובה בספר, ולכן אין מניעה לברך גם על ספר פסול אם ההגייה כתיקונה. ה'בית יוסף' פוסק כרוב הפוסקים אחרת מהרמב"ם, ועל כן מצריך להחליף ספר כשמגלים טעות. עם זאת, עמדת הרמב"ם היא משענת יציבה דייה כדי לסמוך עליה ביחס לחלק שכבר קראו.

שנית, ה'משנה ברורה' פוסק שאם מוצאים טעות בספר תורה שקיימת לגביה מחלוקת פוסקים (אם היא פוסלת את הספר) - אין להוציא ספר אחר וניתן להסתמך על אותם הפוסקים המקילים לקרוא בספר.

* * *

הודיתי לרב לביא וחשתי הקלה גדולה. אומנם טעיתי - טעות שלא ניתן להתבלבל בה, לעיני כל הציבור, בשבת ובפני בית כנסת מלא - אך שמחתי לגלות שטעיתי, בעיקר בגלל מרים גלזר... הטעות, עם כל המבוכה שבה, עלולה להתרחש לכל אחד וגם ממנה למדתי הרבה.

למחרת הזדרזתי לעדכן את מרים במה שהתחדש לי במוצ"ש ואף הכנתי שיעור לקהילה שבו הצגתי את הסוגיה, את הפרשנויות והמחלוקת ההלכתית ואת טעותי בשבת שחלפה. עוד קודם לכן, קראנו את פרשת 'מטות' בספר הבנים ותחושתי הייתה שהשלום חזר במשהו לבית הכנסת.

ברכת כוהנים:
על רגעי השראה

יש פעמים שלא צריך לשאול כדי לקבל תשובה... כזו הייתה התשובה לשאלה שלא שאלתי בנוגע לברכת כוהנים.

במהלך שנתי הראשונה כרבה של טירת צבי, צברתי לעצמי שאלות מתחומים שונים והתלבטויות שלא מצאתי להן פתרון - שתכננתי לשאול את הרב אברהם דב אויערבך, רבה של טבריה. עוד כילד שגדל בגולן שמעתי על הרב אויערבך מאנשי חינוך שהתייעצו איתו ומרבני היישובים והמושבים שהיו קרובים אליו מאוד. הכרתי סיפורים רבים על הרב אויערבך - על גאונותו, חריפותו ושנינותו; על החיבה שרחש כלפי רבני המושבים והקיבוצים הדתיים העוסקים במצוות התלויות בארץ; ועל חוכמת החיים הירושלמית שלו, שאִפשרה לו לייעץ גם בשאלות שנגעו לבני עקיבא או לעולם ציוני־דתי גם אם אלו היו רחוקים מעולמו.

בעבר, כשלמדתי בישיבת מעלות, נסעתי אל הרב אויערבך עם החברותא שלי כדי לשאול אותו שאלה בהבנת סוגיה קשה בגמרא. הפעם, כבר הגעתי כרב קהילה - בציפייה מהולה בחשש קל מהמפגש עם האיש המיוחד. בדיעבד, אני יכול לומר בוודאות ששנותיי כרב קהילה זימנו לי אפשרות להיפגש עם רבנים גדולים רבים, ויותר משקיבלתי מהם תשובות לשאלות המסוימות ששאלתי - למדתי מעצם המפגש עימם, מהמידות והאישיות, ממאור הפנים והלך הרוח והמחשבה. הכנתי דף עם השאלות ונסעתי לבית הכנסת של הרב

אויערבך בטבריה - שם התפלל ושם ניגשו אליו שואלים שונים, בעלי בתים ורבני קהילות, ושאלותיהם, קטנות כגדולות, היו נענות מיד.

חלק מהשאלות נגע לשמיטה שהתקרבה ושהייתי עסוק בהכנות אליה הלכה למעשה. חלק אחר נגע בדיני אבלות שנפגשתי בהם במהלך חודשי כהונתי הראשונים כרב הקיבוץ והמבוססים במקרים רבים על מנהגים שלא היה ברור לי כיצד להתייחס אליהם. חלק אחר היה אוסף של התנהגויות שנראו לי 'לא הלכתיות' במבט ראשון ושלא מצאתי להן מקור. חלקן היו התנהגויות מקילות, כמו למשל אי־הקפדה על נוכחות של מניין מבוגרים בזמן העלייה לתורה במניינים המקבילים בשמחת תורה. חלקן היו התנהגויות מחמירות, כמו למשל ההקפדה ללבֵּן בליבון קל את המזלגות לפני הפסח ולא להסתפק בהגעלה. חלקן נגעו לאופי קיום המצוות, למשל דרך נענועי הלולב בהלל שבסוכות.

הייתה זו הפעם הראשונה שבה עמדתי להגיע כרב מקומי ולהיפגש עם הרב אויערבך. תהיתי כיצד יתנהל השיח איתו ואם יהיה לו די זמן ונחת להשיב לי על כל השאלות שעימן הגעתי.

אחת השאלות שתכננתי לשאול נגעה לברכת כוהנים. בקיבוץ (כמו בקהילות רבות אחרות) נהגו כמנהג אשכנז הקדום, הידוע גם כ'מנהג הגליל', שלפיו הכוהנים אינם נושאים את כפיהם אלא במוסף בשבתות וימים טובים בלבד - ולא בימות החול או חול המועד.

התלבטתי אם לנסות ולהיכנס לעובי הקורה ולהוביל מהלך עם הכוהנים בקיבוץ, בלימוד והבנת חשיבותה של ברכת כוהנים וברווח הגדול שיכול להיות להם, ובעיקר לקהל, אם הברכה הזו תהפוך להיות ברכה של קבע בקהילתנו - או שמא להרפות, לכבד את המנהג ולהותירו על כנו.

עם הגעתי לבית הכנסת של הרב אויערבך בטבריה, שמתי לב למודעה גדולה שתלויה הייתה ליד דלת הכניסה. במודעה הודפסו אותיות קידוש לבנה שלא השתמעו לשני פנים: 'ע"פ הוראת רבני

טבריה [...] מנהג המקום כאן הוא כמנהג האשכנזים הקדום בחו"ל ובכל הגליל בארץ ישראל **שלא נושאין כפים בתפילת שחרית** לא בימי חול ולא בשבת ויו"ט אלא אך ורק בתפילת מוסף'. הייתה זו מודעה חד־משמעית שנחתמה בשורה נחרצת: 'אין לשנות ממנהג המקום בשום פנים ואופן'.

הבנתי שאת התשובה לשאלה הזו כבר קיבלתי וחסכתי אותה מעצמי ומהרב אויערבך. הבנתי עוד שרבים תמהים על הנהגה זו בבית הכנסת בטבריה וכנראה רבו כל כך המבקרים והמעירים, עד שהגבאים מצאו לנכון לתלות את השלט בכניסה ולמנוע את המחלוקת - וגם לנסח אותו באופן בהיר ובלתי מתפשר. שאלתי את עצמי מה הניע את אותם אנשים לאתגר את בית הכנסת של הרב אויערבך ולדרוש גם ממנו להקפיד על ברכת כוהנים בכל יום, עד שהגבאים נאלצו לתלות את השלט בכניסה.

בעודי מחכה לרב שיסיים את תפילתו, חשבתי שלא מדובר כאן רק בתביעה לממש את ההלכה כפשטה (המנוגדת למנהג), אלא שברכת כוהנים משַמרת בעולמנו איכויות שכמעט שאינן קיימות כשהכוהנים כ'שלוחי דרחמנא', שלוחיו של הקב"ה, מברכים את הציבור ומנכיחים איזשהו רושם של התגלות אלוהית העוברת דרכם. דמיינתי את הפונים אל הגבאים ומבקשים לזכות לברכת כוהנים לא כ'שומרי הסף' של ההלכה, המקפידים על כל תג ותג, אלא דווקא כיהודים הצמאים לרגעי החסד והשפע של הברכה, החווים בברכת הכוהנים משהו מהעולם שמעבר ומתחננים לזכות לכך גם בבית הכנסת הזה.

* * *

בימי הבית בירכו הכוהנים את העם והשתמשו בשם ה' המפורש, דבר שגרם לכוהנים והעם ליפול על פניהם. הגמרא במסכת חגיגה (דף טז ע"א) מלמדת שמי שמסתכל בכוהנים בזמן שהם מברכים את ישראל - עיניו כהות, משום ש'שכינה שורה על קשרי אצבעותיהם' (כך ברש"י שם). מקורו של ביטוי מיוחד זה במדרש תנחומא לפרשת נשא, שבה מופיעה ברכת הכוהנים, וכך מובא במדרש:

> אמרה כנסת ישראל לפני הקדוש ברוך הוא: רבש"ע לכהנים אתה אומר לברכנו, אין אנו צריכין אלא לברכתך, 'השקיפה ממעון קדשך מן השמים'.
> אמר להם הקדוש ברוך הוא: אף על פי שאמרתי לכהנים שיהיו מברכין אתכם, אני עומד עמהם ומברך אתכם.
> לפיכך הכהנים פורסין כפיהם, לומר שהקב"ה עומד אחרינו, וכן הוא אומר 'הנה זה עומד אחר כתלנו משגיח מן החלונות מציץ מן החרכים': משגיח מן החלונות - מבין אצבעות של כהנים; מציץ מן החרכים - בשעה שפושטין את כפיהם...

המדרש שם בפיה של כנסת ישראל את הבקשה לברכה ישירה של הקב"ה את ישראל, ואת המענה שלו - אני הוא העומד אחר הכוהנים ו'מציץ' מבין אצבעותיהם. בימינו, אין השכינה שורה לכאורה ואין הכוהנים משתמשים בשם המפורש, ובכל זאת נפסק שאין להסתכל בפני הכוהנים בזמן שהם מברכים אך מטעם אחר - שלא ליצור הסחת דעת ובלבול בזמן הברכה. לפי רוב הראשונים, זהו גם הטעם לכיסוי הכוהנים את עצמם בטלית, כך שלא ייראו על ידי הציבור וכולם יוכלו להיות מרוכזים בברכה שנאמרת מפיהם.

ה'שולחן ערוך' מציין שיש לעמוד מול הכוהנים פנים אל מול פנים, ובכל זאת לא להסתכל בהם. הדרישה לעמידה נוכח פניהם קשורה לאופייה של הברכה, שעליה נכתב 'אמור להם', ובגמרא - 'כאדם האומר לחברו'. כדי לברך צריך לדבר, לפנות כלפי המתברך, פנים אל מול פנים. אך מהו הטעם שבגינו אסור להסתכל? הט"ז על אתר מזכיר לנו שהסיבה לדבר אינה זהה לטעם המופיע בגמרא ולחשש שעיני המתבונן יכהו ממבטו בשכינה - משום שטעם זה שייך רק לבית המקדש ולברכה בשם המפורש, ולכן הוא מנמק את ההלכה בחשש הסחת הדעת.

ה'מגן אברהם', בר־הפלוגתא הגדול שלו, החונה מצידו השני של ה'שולחן ערוך' מאז נדפסו שניהם כנושאי כליו הגדולים לחלק 'אורח חיים', מעיר שתי הערות, משני כיוונים שונים. ראשית, הוא

מציין שהאיסור הזה הוא 'להסתכל הרבה', לנעוץ מבט - שבהחלט יכול להסיח את הדעת מהברכה. אבל 'ראיה בעלמא', כלומר ראייה רגעית, סתמית, לא נאסרה. ניסוח זה מלמד שאין בעיה מהותית במבט בכוהנים, לא איסור עצמי וגם לא סיכון או חשש מפני מבט בשכינה שעל אצבעותיהם. האיסור הוא פונקציונלי ונועד למנוע הסחת הדעת - וממילא מבט מזדמן לא נאסר.

אלא שה'מגן אברהם' מוסיף מיד שנוהגים שלא לראות כלל, כלומר לתפוס את האיסור כאיסור חמור יותר, כ'טאבו', שאף מבט חטוף מפר את גבולותיו. הוא ער לכך שזהו מנהג שאינו מבוסס ומציע פרשנות להיווצרותו: 'ואפשר דעבדינן זכר למקדש'. הצעה זו מבארת את המנהג שרווח עד ימינו, שלא להתבונן בכלל בפניהם של הכוהנים (אף שהם מכוסים בטלית בעצמם, כאמור), ואולי גם להסתיר את פנינו שלנו בטליתות (כמו שנוהגים רבים מבני עדות המזרח אך לא רק הם) - כמנהג שמְשַמר ולוּ במשהו את חוויית ברכת הכוהנים של המקדש.

בדרך כלל נוטים להבין את המושג 'זכר למקדש' כמכוון לכך שאנו עושים משהו שנועד להזכיר לנו את אופן עשייתו בזמן שבית המקדש היה קיים, וממילא להזכיר לנו את המקדש עצמו. אך נראה שהמובן של 'זכר' כאן איננו כזה. לדעתי, רוב מי שנמנעים מלהתבונן בפניהם של הכוהנים לא יודעים את הפלפול של הט"ז וה'מגן אברהם' ולא מכירים גם את הגמרא במסכת סוטה שמלמדת ששכינה שרויה בין אצבעותיהם של כוהנים רק במקדש ורק כשהם משתמשים בשם ה' המפורש. מובנו של ה'זכר' כאן דומה למה שתיאר מו"ר הרב שג"ר כשארית והִנְכחה:

> ה'זכר' אינו רק אמצעי שנועד לעורר את זיכרון העבר, אלא הוא עצמו [...] מה שנשאר ממנו. אנו מקיימים היום זכר למצוות המקדש מתוך רצון לכונן שאריות ועקבות שלו [...] ההווה כקיום קלוש של העבר. בצורה כזו יש להווה חיוניות משל עצמו [...]

בהקשרים אחרים דיבר הרב שג"ר על 'יארצייט' כיום שבו לא רק נזכרים בדמותו של האדם שהסתלק אלא מנכיחים אותה - ובמובן מסוים מתקשרים אליה ומצליחים לדבוק בה. בדרשה נפלאה ליום הזיכרון לחיילי צה"ל כתב הרב שג"ר כי 'היזכרות, לימדו בחסידות, פירושה הידבקות בנוכחות' וגם 'את המתים אנו נושאים בקרבנו. הם אינם זיכרונות, או ליתר דיוק, הזיכרונות אינם רק זיכרונות, אלא, כאמור, נוכחות - נוכחות של הנצח בזמניות'.

מסתבר אם כן כי אף שמבחינת העובדות והפרשנות הפשוטה של המקורות, שכינה אינה שורה בין אצבעותיהם של הכוהנים, בתודעת הציבור - ההופכת למנהג ומתוך כך גם להלכה - יש ויש שכינה בין אצבעות הכוהנים. זהו 'זכר למקדש', שארית של הנוכחות האלוהית שחוו אנשים בימי הבית. אך את ההד הזה מרגישים גם יהודים בני זמננו בבית הכנסת שלהם, ועל כן הם נמנעים מלהסתכל בפניהם של הכוהנים, אף שאלו מכוסים היטב בטליתם.

* * *

מדוע אפוא נמנעו הכוהנים האשכנזים בימי הביניים מלברך את העם בכל יום?

שאלה זו זכתה לתשובות רבות מאוד, מה שבדרך כלל מעיד על כך שהסיבה המקורית עלומה מאיתנו. כך לימד אותי ר' דוד פוקס פעם, כשאמר בחיוך שהוא מכיר טעם אחד לקריאת מגילת אסתר בפורים ושמונה טעמים לקריאת מגילת קהלת בחג הסוכות. 'מכאן אתה יכול ללמוד את מידת הקשר של מגילת אסתר לפורים, ואת זו של קהלת לסוכות', אמר הרב פוקס - וחיוכו הדק על פניו.

באותם רגעים בכניסה לבית הכנסת של הרב אויערבך, חשבתי לעצמי שאולי אותה התרחשות ייחודית ועתיקה, שאותה חיפשו מבקשי ברכת הכוהנים, היא זו שהקשתה על הכוהנים באשכנז לברך ברכת כוהנים בכל יום. משהו בנוכחות האלוהית, באינטנסיביות של חוויית הקדושה, היה 'גדול עליהם' והם העדיפו להימנע מכך ולהותיר את הרגעים הללו לשבתות וימים טובים בלבד.

טעמים שונים המופיעים בספרות ההלכתית לאורך השנים יכולים

להשתלב עם מחשבה זו ולתת טעם לביטולה של ההלכה המפורשת ב׳שולחן ערוך׳.

למשל, רבי יעקב מולין (הידוע בכינויו ׳מהרי״ל׳) מבאר את מנהגם של הכוהנים להימנע מברכת כוהנים בכל יום כנובע ממנהג אחר שנהגו בו - לטבול לפני כל ברכה שכזו. ממילא, בזמנים שבהם היו הכוהנים מתקשים לטבול, הם היו נמנעים מלברך ומכאן ועד ביטול ברכת כוהנים בכל יום הדרך קצרה.

המהרי״ל כותב את הדברים בספר המנהגים שלו, המְרַכֵּז את מנהגי יהדות אשכנז במאות ה־14-15, ספר שהשפיע רבות על יהדות אשכנז ומערב אירופה. כפי שציינתי, ייתכן שהדרמטיות של ברכת הכוהנים היא שהביאה אותם להקפיד ולטבול לפני כן, דבר שבסופו של חשבון הביא לביטולה המעשי של הברכה בכל יום.

ה׳בית יוסף׳ מתקשה בהבנת ההחלטה הזו, שהרי הטבילה אינה חובה כלל ואילו הברכה בכל יום היא מצוות עשה (השקולה כשלוש מצוות; כך על פי הגמרא) ואם כן, החשבון ההלכתי אמור להביא למסקנה הפוכה:

> ואינו מספיק כי מה שכתב מפני שנוהגים לטבול קודם האי חומרא דאתי לידי קולא היא [=זוהי חומרה שמביאה לידי קולא] ותלי תניא בדלא תניא [=ותלה דבר מפורש בדבר שאינו מפורש] שהרי טבילה לנשיאת כפים לא הוזכרה בתלמוד ואם הם נהגו להחמיר ולטבול, למה יבטלו בשביל כך שלש עשה בכל יום ואף על פי שאינו עובר אלא א״כ נקרא מכל מקום מוטב להם שיקיימו שלש עשה בכל יום ולא יטבלו כיון שאינם מחוייבים משיטבלו ועל ידי כן יניחו מלקיים שלש עשה בכל יום ויישר כחם של בני ארץ ישראל וכל מלכות מצרים שנושאים כפיהם בכל יום ואינם טובלים לנשיאת כפים.

אך נראה שטעמם של האשכנזים הוא דוגמה לחריגות שקיימות

לפעמים בתוך השיח ההלכתי ונובעות מתוקפם של דברים החזקים מהחשבון הקר של 'הלכה דאורייתא' מול 'מנהג שאין לו מקור בתלמוד'. בוודאי שיש כאן יחס המְבַכֵּר מנהג על פני הלכה, יחס שרווח בקרב הפוסקים האשכנזים באותה תקופה, אך נראה לי שהטבילה אכן נתפסה על ידי הכוהנים כמהותית ומחויבת בשל אופייה של הברכה לפי תפיסתם.

טעם אחר, המופיע בדברי הרמ"א, יכול גם הוא להשתלב עם אותו קו מחשבה. הרמ"א טוען שהמצב הכלכלי בגלות מביא לעצב וטרדה וממילא אין ביכולתם של הכוהנים לברך את העם בשמחה ובנחת:

> ואני אומר כי הטעם [...] שהכהנים והעם טרודין במחייתן בגלותן ואין להם לפרנס בני ביתם כי אם הלחם אשר ילקטו בזיעת אפם דבר יום ביומו [...] ואינם שרויים בשמחה, לכן אין נושאים כפיהם ביום שיש בו ביטול מלאכה לעם ואף בשבת אינן נושאים כפיהם מפני שטרודים במחשבתם והרהורים על מעשה ידיהם שעברו ושעתידים להיות וינוח גופם קצת מעמלם. ואינם שרויים כ"כ בשמחה כמו ביום טוב שנאמר בו ושמחת בחגך. ולכן נשתרבב המנהג שלא לישא כפים כי אם בימים טובים כן נראה לי.

הדרישות הגבוהות הנתבעות מהכוהנים (להיות פנויים, להיות שמחים, להיות אוהבי המתברכים) מציבות רף גבוה שחוסר היכולת לעמוד בו הוא שהביא למנהג הרווח. דברים דומים במקצת יכתוב כ־300 שנים אחר כך רבי משה סופר, ה'חתם סופר', מגדולי הפוסקים באשכנז, כשיזהה את הקשר של ברכת כוהנים עם התפילה כדומה להקרבת הקורבנות וברכת אהרן את עם ישראל ביום חנוכת המשכן:

> אין ספק כשאין עבודה רצויה והיא פִּגּול ח"ו גם ברכת כהנים לא תחול על המתברכים אז. והיות בעוונותינו הרבים כל

ימות החול טרודים על המחיה והכלכלה ורוב התפִלות בלי כוונה וטרדה מרובה ותפלה בלא כוונה כקרבן שאינו רצוי, על כן מברכים ביום טוב שהעולם פנויים ומכוונים בתפלתם.

ברכת הכוהנים מגיעה על גבי התפילה, עם סיומה, והיא תלויה בכֵנותה ובדיוק כוונתה. כמובן, החת"ם סופר איננו קורא לבטל את התפילה בכל יום בגלל היעדר הכוונה, אך ברכת הכוהנים - המשקפת את היענותו של הקב"ה לתפילתנו ואת ברכתו עלינו - לא יכולה להתקיים במצב כזה של שפלות הרוח וטרדת המחשבה.

טעמים אלו להימנעות הכוהנים באשכנז מברכת כוהנים אינם הטעמים היחידים. במשך השנים הופיעו עוד טעמים רבים ומגוונים (ביניהם: טורח הציבור וביטול תורה, ייחוס הכוהנים, נוכחות גויים בבית הכנסת ועוד ועוד), במטרה להצדיק את המנהג. ועדיין, הטעמים של המהרי"ל, הרמ"א וה'חתם סופר' נראו לי כעולים בקנה אחד והתחברו לתפיסה המזהה באופן עמוק את איכותה המיוחדת והחריגה של ברכת הכוהנים - ואולי בשל כך את ההימנעות היומיומית ממנה.

* * *

אך הוויתור על ברכת כוהנים אחת עדיין נראה היה לי ויתור לא נכון והחמצה גדולה. כוונתי לברכת הכוהנים של תפילת הנעילה, שבמקומות רבים נחשבת לשיאו של יום הכיפורים כולו, ובתחושה הפשוטה שלי - ודומני שגם של יהודים רבים מאוד - יש בה חוויה עמוקה של התרגשות וברכה, וחבל היה לי שנפספס אותה בקהילתנו. שמעתי אף על מנהג של יהודי תוניסיה שבו המשפחה כולה, לרבות האֵם והבנות, מתאספת מתחת טלית האב או הסב ומתאחדת בזמן ברכת כוהנים זו. אף שלא ראיתי רבנים שצידדו במנהג הזה, אני חש שאפשר להבין אותו ואת התשתית העמוקה שבבסיסו.

לאחר שבשנתי הראשונה בקיבוץ ראיתי שהכוהנים לא נהגו לעלות לדוכן בתפילת הנעילה, רשמתי לעצמי לכנֵס אותם לקראת יום הכיפורים הבא ולבחון את הסכמתם לתוספת קטנה וחשובה זו.

שנה חלפה. ההכנות ליום הכיפורים היו בעיצומן ובעקבות

חילוקי דעות בנוגע לשליח הציבור בנעילה הציע אחד מחברי ועדת בית הכנסת שכדי למנוע מתח ומדון, כדאי שאני אעבור לפני התיבה בתפילת נעילה.

התהלכתי בקושי גדול עם ההצעה הזו. אינני בעל תפילה, גם בשל איכות הקול שלי וגם משום שבדרך כלל אני משתדל למעֵט במעבר לפני התיבה, בגלל הקושי שבנשיאת הציבור כולו בתפילתי. בטירת צבי כמעט שלא שימשתי כשליח ציבור בתפילות, והאתגר של תפילת נעילה במקום שמנהגיו, נעימותיו ושירי יום הכיפורים שלו כל כך מדויקים ועמוקים נראה היה לי גדול מאוד.

מאידך, חשתי כי ההצעה של אותו חבר ועדה הייתה ההצעה הנכונה ושכרב הקיבוץ עליי לא לחשוב על עצמי ועל חששותיי, אלא על הדבר הנכון לקהילה.

נערכתי לתפילת הנעילה ובין השאר כינסתי את הכוהנים בחדר הקטן שבירכתי בית הכנסת אחרי אחת מתפילות ערבית של עשרת ימי תשובה ושיתפתי אותם במחשבתי על ברכת כוהנים בתפילת הנעילה של השנה הקרובה. הכוהנים הקשיבו ולא ידעתי איך לקרוא את חתימת פניהם. מוישל׳ה פתח ואמר קצרות: ׳הרב, אין לנו בעיה לעלות בנעילה, רק תבטיח לנו שזה לא צעד ראשון בדרך להשית עלינו את חובת ברכת כוהנים בכל יום...׳.

מוישל׳ה הכיר היטב את המאמצים שנעשו בשנים שקדמו להגעתי להביא לאיחוד מנהגים בקהילות ישראל ולליישר את הקו של בתי הכנסת ששימרו את ׳מנהג הגליל׳ - הוא מנהג אשכנז הקדום - עם ההלכה ועם שאר בתי הכנסת. מי שהוביל את המאמץ הזה היה הרב שאר ישוב כהן, שהיה רבה הראשי של חיפה, שכתב מאמרים בנושא ובהם הציג הן את המנהג ואת טעמיו, הן את זיקתו לבני הגליל, ובעיקר את הצורך וההיגיון לשנותו בימינו - ולשם כך נועץ עם רבנים רבים וגדולים ואף ניסה לשנות את המנהג בפועל בקהילות בצפון הארץ.

חייכתי והתחייבתי שלא אנסה לשנות את מנהג המקום ולהילחם בהימנעותם של הכוהנים מלעלות לדוכן. הכוהנים נענו כולם,

ולקראת יום הכיפורים פרסמתי את לו״ז התפילות, ובתוכו ברכת הכוהנים של נעילה (כדי להכין את הציבור).

ההקפדה על ברכת כוהנים בתפילת נעילה יוצרת אתגר לשליח הציבור: את ברכת הכוהנים יש לברך טרם השקיעה, אך הצום יוצא בשעה מאוחרת באופן יחסי (בגלל חומרת יום הכיפורים), יותר מחצי שעה אחרי השקיעה. לפיכך במהלך חזרת הש״ץ בנעילה הזדרזתי מעט, כדי להגיע אל ברכת הכוהנים, ואילו אחריה ׳לקחתי את הזמן׳, בשירה וניגונים איטיים, עד לצאת הכוכבים ולצאת הצום. הדבר עורר תמיהה בקרב חלק מחברי וחברות הקיבוץ שלא היו רגילים בכך. נדרשו עוד כמה שנים כדי להפוך את ברכת הכוהנים לחלק טבעי מסדר יום הכיפורים.

לפני תפילת הנעילה דרשתי בקצרה, כמו בכל שנה. התבוננתי בפני הקהילה כולה והכרתי על פני לא מעט מהמתפללים על מה הם מתפללים ברגעים אלו. היה זה רגע מטלטל ומרטיט עבורי, שחשף את גודל האחריות שבהובלת תפילת הציבור, אבל לא פחות מכך את ההיכרות האינטימית שזכיתי לה עם רבים מבני הקהילה.

רב קהילה נמצא עבור בני קהילתו במקומות השמחים והעצובים והוא מודע לצורך שלהם ולמרחבי התפילה שלהם. דיברתי על כך עם הציבור בהתרגשות. שיתפתי אותם בכך שכמאמר המשורר ׳כולנו זקוקים לחסד׳, ורגעי נעילה אלו הם רגעים שבהם יכול כל אחד לזכות לחסד וגם להשפיע חסד. דיברתי על ברכת הכוהנים שבה כדי להתברך אנחנו זקוקים לאהבה, כדברי הזוהר שכוהן שאינו אוהב את עמו אינו יכול לשאת כפיו, ועל כך שהברכה ׳יָאֵר ה׳ פָּנָיו אֵלֶיךָ׳ היא ברכה גם לזכות להארת פנים שמימית, אך לא פחות מכך להיות בעצמנו מאירי פנים לשכנינו לספסל המתפללים, לבני משפחתנו ולחברי קהילתנו, שזקוקים לכך מאוד (ומי מאיתנו איננו זקוק לכך?!).

בברכת הכוהנים באותה שנה התרגשתי מאוד, וכשליח הציבור התפללתי שהמילים המופלאות ששם ה׳ בפיהם של אהרן ובניו יחולו על בני ובנות הקהילה כולה, יחד עִם כל עַם ישראל. ברכה ושמירה, נשיאת חן והארת פנים, ושלום - עלינו ועל כל ישראל.

סליחות והתגברות הדינים:
על הלכה וקבלה

׳הרב׳, פנה אליי עזרא אחרי תפילת ערבית, ׳אני באמת לא מבין איך אתה יכול לעשות דבר כזה׳. לא ידעתי מה בדיוק עשיתי, אבל הבנתי כמובן שעשיתי משהו שקרא תיגר על אמונתו של עזרא, שהיה יהודי חם ומבקש תורה ויראה. ׳לְמה כוונתך?׳ שאלתי ועצרתי את הליכתי, כדי לכבד אותו ולהיטיב להקשיב לו. ׳המניין של הסליחות המשולבות, שאני לא מתערב בעצם היוזמה הזו שבלייצר נוסח חדש שהוא גם ספרדי וגם אשכנזי; השעה שקבעתם אותו היא שעה מסוכנת מאוד. שעה שאסור בה לומר סליחות, שלא חלילה נפגע בעצמנו׳. הנהנתי והבנתי היטב את כוונתו. כמי שגדל במשפחה מעדות המזרח, היה עזרא מודע היטב לעמדת המקובלים ביחס לסכנה שבאמירת סליחות טרם חצות, והתיאורים השמימיים המופיעים בספרי הקבלה הופנמו בנפשו - עד כדי חשש ממשי מתוצאותיה של אמירת סליחות בזמן שאיננו מתאים.

התלבטתי כיצד לענות לו ובאיזו שפה להשתמש. סביבנו עמדו באותה שעה חברים נוספים וידעתי שחלקם לא מזדהים עם המסורות הקבליות ולא מאמינים בקיומם של מלאכים ורוחות רעות. הכרתי אותם וידעתי שנימוק כמו זה המופיע ב׳מגן אברהם׳ לכך שזמן הסליחות המיטבי הוא דווקא באשמורת הבוקר - ׳מפני שהקב״ה שט בי״ח אלף עולמות ובסוף הלילה שט בעולם הזה והוא עת רצון׳ - יהיה זר לאוזניהם ואפילו עלול להוציא מחלקם תגובות ציניות שונות.

׳אני נשען כאן על תשובה של ר׳ משה פיינשטיין׳, עניתי לעזרא, ובכך - ידעתי - הנחתי את דעתם של הנוכחים כולם. ׳התשובה שלו מביאה בחשבון את החשש הקבלי מאמירת סליחות לפני חצות, אבל מכריעה אחרת. בעזרת ה׳ נלמד את התשובה מחר אחרי ערבית וננסה לראות את האופן שבו ר׳ משה מתמודד עם ההנחיה הקבלית, כשזו לא מגובה לכאורה במסורת הפסיקה ומאתגרת את צורכי הציבור והשעה׳. עזרא חייך - נראה לי שבהבנה - והבטיח להגיע גם מחר לתפילה, אם כי ברור לי שהיה מגיע בכל מקרה.

* * *

ככלל, אמירת סליחות היא מנהג קדום (המתחיל מראש חודש אלול, לפי מנהג עדות המזרח, ובשבוע הסמוך לראש השנה, לאשכנזים). במקורות הקדומים מתוארת אמירת הסליחות בלילה (רמב״ם) או באשמורת הבוקר (שולחן ערוך).

המקובלים זיהו את הזמן שאחרי חצות הלילה כ׳עת רצון׳ ואף הוסיפו וכתבו כי אמירת סליחות לפני חצות היא מעשה שלא ייעשה וכי מי שנוהג כך הוא ׳קרוב להיות מקצץ בנטיעות׳ והמנהג הזה ׳הוא מנהג רע ומר [...] כי מנהגם זה בטעות יסודו׳ כדברי רבי משה זַכּות, מגדולי המקובלים במאה ה־17, שגם שימש ברבנות בקהילות ונציה ומנטובה. המקובלים זיהו את החצי הראשון של הלילה כזמן של ׳התגברות הדינים׳, כלומר כזמן שבו כוחות הדין (שאולי נכון להסבירם ככוחות ביקורתיים ושליליים) שולטים בעולם, וממילא טענו כי מי שאומר בזמן זה את הסליחות ושלוש עשרה מידות הרחמים נראה כמתגרה במידת הדין, כמבקש למנוע את פעולתה וכמעורר קנאה נגדנו - ובכך משיג מטרה הפוכה מזו שהוא מבקש להשיג.

גם הרב עובדיה יוסף, שבמקרים רבים פוסק בניגוד לפסיקה שהושפעה מהקבלה, נוטה בסוגיה זו לדעת המקובלים ויוצא־חוצץ כנגד האפשרות של אמירת סליחות לפני חצות. הוא אף מציע חלופה לכאלו המתקשים לקום באשמורת הבוקר או ללכת לישון מאוחר אחרי חצות: לומר סליחות בתפילת מנחה.

אמירת הסליחות המשולבות בקיבוץ משכה ציבור רחב: גברים ונשים, צעירים ומבוגרים, ספרדים ואשכנזים. הכרתי היטב את ההנחיה להקפיד על אמירת סליחות רק אחרי חצות, אך הערכתי שעיתוי כזה יפגע בסליחות המשולבות פגיעה אנושה.

הגם ששפתה של הקבלה איננה 'שפת האם' שלי, אין אני מְבַטלהּ או מתעלם ממנה; בוודאי כשיהודים שהקבלה היא נר לרגליהם נמצאים בין שומעי לקחי. על אחת כמה וכמה הדברים אמורים במקומות שבהם ההלכה או המנהג הושפעו מהקבלה וממילא היא הופנמה לתוך השיח ההלכתי עצמו. לצד זאת, היה לי ברור שבשיקול הדעת המורכב שבין ההנחיה הקבלית לבין האופק הרוחני שנפתח בקהילה בסליחות המשולבות, עליי למצוא פתח להתיר את אמירתן בשעה סבירה - שתביא כמה שיותר מבני ובנות הקהילה לומר סליחות כפי שראוי לאומרן ולאפשר להם לעבור את התהליכים הנכונים לקראת ימי הדין והרחמים.

* * *

מפגש ההלכה והקבלה הוא מפגש מרתק ומאתגר. בבסיסה של ההלכה עומד הרצון למלא את צו ה' ולעשות את רצונו, אך כליה של ההלכה נטועים בדרך כלל בארץ והיא מסורה לחכמים ולעיתים גם לציבור. ייתכן שעמידתו של רבי יהושע כנגד הוכחותיו השמימיות של רבי אליעזר, כפי שמתארת הגמרא במסכת בבא מציעא (דף נט ע"ב) בוויכוח המפורסם ביניהם בסוגיית תנורו של עכנאי, היא בדיוק קו פרשת המים בין ההלכה והקבלה.

רבי אליעזר פותח את דיונו כמובן בשיח של הוכחות וטיעונים, אולם כששער זה נסגר בפניו - כפי שמלמדת הגמרא ש'באותו היום השיב רבי אליעזר כל תשובות שבעולם ולא קיבלו הימנו' - הוא פונה להוכחות מן השמיים: למופתים ואחריהם גם לבת־קול שמימית שמודיעה לחכמים ש'הלכה כמותו בכל מקום'. זו יכולה להיות עמדה קבלית המתאימה לתיאור אחר של רבי אליעזר, ככזה שלא אמר מעולם דבר שלא שמע מפי רבו. אל מול קבלה שמימית זו, מתארת הגמרא ש'עמד רבי יהושע על רגליו ואמר: לא בשמים היא'.

העמידה על הרגליים מבטאת עמדה ארצית ורציונלית, המַתווה את דרכה של ההלכה, כך שאפילו ספרו של פוסק כמו רבי יעקב הלוי ממרויש (מבעלי התוספות בפרובנס, בראשית המאה ה־13), ספר ששמו 'שו"ת מן השמים', לא התקבל הלכה למעשה. רבי יעקב מתאר בספרו שאלות רבות ששאל את השמיים - ואחרי התבודדות והזכרת שמות קדושים נענה עליהן בחלום, במעין התגלות או חיזיון.

לכאורה, מי שמבקש את דבר ה' ראוי לו ללכת אחרי 'שו"ת מן השמים' בעיניים עצומות, אך בפועל פוסקי ההלכה לא עשו זאת. הרב עובדיה יוסף מתנסח בחריפות כנגד האפשרות לפסוק הלכה על פי השמיים. באחת מתשובותיו המוקדמות, העוסקת בעמדתו הקיצונית כנגד ברכת נשים בנות עדות המזרח על מצוות עשה שהזמן גרמן, הוא מאותגר על ידי פסיקתו של 'שו"ת מן השמים' וכנגדו הוא כותב:

> ואין חלום בלא דברים בטלים, והחלומות שוא ידברו. ואסמכתא בעלמא הוא [...] וזהו הטעם שנהגו הרבה דברים דלא כוותיה [=שלא כמותו], וכמבואר לעיל, ולא חששנו מעולם לשנות מנהגינו עפ"ד [=על פי דברי] שו"ת מן השמים [...] שאין הכרח לפסוק כדברי מהר"י ממרויש אלא כשהדברים נכונים בטעמן מצד עצמן [...]

זוהי דרך המלך ההלכתית. בחינת הטעמים מצד עצמם - והכרעה בסברה אנושית. התשתית לאופן ההתנהלות ההלכתית היא הכרה בכך שהתורה לא נמצאת עוד בשמיים אלא נמסרה לחכמים, ועל כן המבקש לכוון לאמיתה של תורה אַל לו לשאת עיניו לשמיים אלא עליו לשמוע בקול חכמים. הופעתה של הקבלה, ובפרט הזוהר ואחריו קבלת האר"י, אִתגרה את הנחת המוצא הזו. המקובלים לא עסקו רק בחזיונות מיסטיים או בתיאור המבנים האלוהיים שבשמיים, אלא כיוונו את דבריהם גם אל המציאות ואל המצוות ודרך עשייתן; אך נימוקיהם לאופן קיום המצוות נשענו לא פעם על תפיסה שמימית

מסוימת של פעולת המצוות - הגם שזו הייתה מנותקת ממקורות קודמים ולפעמים גם הפוכה מהם לחלוטין. אומנם רוב המקובלים לא טענו כ'שו"ת מן השמים' כי פסיקותיהם מבוססות על התגלות או חיזיון, אך התשתית להכרעותיהם ההלכתיות נמצאת לא פעם בעולמות עליונים ובתיאורים של התרחשויות שמימיות, ייחודים, מלאכים ושמות קדושים.

דוגמה מפורסמת לדבר נוגעת להנחת תפילין בחול המועד. מפשטם של המקורות הגלויים (משנה וגמרא) נראה שיש להניח תפילין גם בחול המועד, אם כי בעלי התוספות (על הסוגיה בעירובין דף צו ע"ב) עוררו שאלה בנושא זה הקשורה להגדרת חול המועד כחלק מהחג - ובסופו של דבר דחו את האפשרות שלא להניח תפילין בחול המועד וסיימו שהמנהג הוא אכן להניחם. בתשובות הרא"ש מובאת עמדת גאונים שסברו שאין להניח תפילין בחול המועד, ובעקבותיה אזכור מנהג של כאלו המניחים בלי ברכה; אך הרא"ש עצמו מביע עמדה הפוכה, הנאמנת להכרעת בעלי התוספות ומחייבת הנחת תפילין בברכה בכבכל יום.

השינוי הגדול במנהג ובהלכה מושתת על מאמר המופיע ב'זוהר חדש' ולפיו מכיוון שימי חול המועד הם התפילין של יד שאותם מניח ריבונו של עולם, אסור לנו להניח תפילין בימי חול המועד. הזוהר ממשיך ומתאר אדם המניח תפילין בחול המועד כעבד הנושא עליו את חותם המלך ובוחר להסיר את חותם המלך ולהעדיף חותם שעשה בעצמו - דבר שבעיני הזוהר הופך את העבד ל'בן מוות'. ניסוח זה אופייני לספרות הזוהר ונודעת לו גם השלכה למעשה המנוגדת לכאורה למסורת ההלכתית ולמקורות הקדומים.

רבי דוד בן זמרא עונה בצפת במאה ה־16 לשואלים המתארים מצב מורכב מאוד:

> כי ראיתי בזה כל העם פוסחים על שתי הסעיפים לפי שהרא"ש ז"ל כתב בתשובה שחייב להניח וכתב גדולה מזו שאותה תשובה מותר לכותבה בחול המועד משום דבר האבד

ומקצתם יראים לעצמם לפי שנמצא כתוב בספרי הקבלה שהמניח תפילין בחול המועד נענש ואנחנו לא נדע מה נעשה.

הסתירה בין ספרי ההלכה לספרי הקבלה מערערת את עולמם של היהודים באותה תקופה. מחד, הם כמובן מחויבים להלכה הפסוקה. ליהודי שרגיל להניח תפילין בכל יום, מדובר ביותר מאשר חובה או חוק. זהו חלק מהמובן־מאליו היומיומי שלו, שהימנעות ממנו - יש בה שמיטת הקרקע היציבה של התנהלותו. מאידך, אותם יהודים נאמנים למסורות הקבליות ומאמינים כפשוטו לַמשל המובא בזוהר וממילא חוששים מעונש המוות המוטל על העבד המעדיף את חותמו שלו.

הרדב"ז (שהיה מצוי היטב בעולם הקבלה) בתשובתו מודע לכך ש'חכמי האמת [=כינוי לחכמי הקבלה] מרחיקין זה מאוד', אך הוא לא ממהר להכריע כמותם, אלא מתאר בשמחה שמדובר בספק גם בעיני פוסקי ההלכה, התלוי בשאלה אם ימי חול המועד נאסרו בעשיית מלאכה, ומכאן הוא מגיע למסקנתו: 'כיון שהיא פלוגתא, דברי הקבלה יכריחו ואתה אל תניח'.

תגובה סוערת של רבי שלמה לוריא, מגדולי הפוסקים בפולין במאה ה־16, ממחישה את האתגר ואת עמדתו המתפלמסת עם התהליכים שהוא מזהה כשינוי שאין להשגיח בו:

דע אהובי, חדשים מקרוב באו ורוצים להיות מִכַּת המקובלים וממדרשי הנעלמים ומחלשי הראות, לא יביטו באור הזוהר ולא ידעו מוצאו ומבואו וכוונתו, אלא שכך מצאו בספרי רשב"י.

ודע אהובי שכל רבותי ואבותי הקדושים ששמשו גאוני עולם ראיתי מהם שלא נהגו כך אלא כדברי התלמוד והפוסקים ואם היה רשב"י עומד לפנינו וצוח לשנות המנהג שנהגו הקדמונים, לא אשגחינן ביה כי ברוב דבריו אין הלכה כמותו [...] גם הוא כתב המניח תפילין בחול המועד חייב מיתה

> ואנחנו מניחים ומברכין עליהן ואף שבני א״י אינן מניחין תפילין כלל [...]
>
> ולא תאמר שהזקנים שהיו לפנינו לא ידעו מהספרים החצונים שנמצאו לעת עתה ביד הלומדים [...] וכל הקדמונים למדו ודקדקו הרבה בספר ההוא ואפילו הכי לא חשו לזה [...] ועתה פקח עיניך וראה אם היה בזה ממש, אי אפשר שלא הזכירו שום מחבר אחר; גם לא אישתמיט [=נמצא] רמז בתלמוד בבלי וירושלמי ספרא ופסיקתא ושאלתות [...] ומי שבא לדרוש ידרוש אבל האמת יורה דרכו ומי שלא ידע להשיג סודה על הנכון בקל יבא לקצץ בנטיעות [...]
>
> לכן אהובי אל תלך בדרך אתם ואין לך עסק בנסתרות המתיהרים בחידושים כאילו הן יודעים ומבינים רז תורה וצפוניה והלואי שידעו הגלויים [...] על כן נהוג כדרכך ויהיה להם מה שלהם אבל דע שכל המשַׁנה ידו על התחתונה וידינו על העליונה.

המהרש״ל מזהה את הקבלה כמסורת שהייתה מוכרת ואף על פי כן לא השפיעה על ההלכה, וממילא איננו סבור שישנה סיבה לשנות את הפסיקה המעוגנת בספרים הקלאסיים ונשענת על מקורות ההלכה הגלויים. הוא מציין ברמז שהנהייה אחרי הקבלה איננה מתאימה לציבור הרחב, שהוא 'חלש הראות', אלא ליודעי ח״ן בלבד. לא זו אף זו: את מי שפוסקים כפי שכתוב בזוהר הוא מאשים ביהירות ובחשש קיצוץ בנטיעות, כלומר בחתירה תחת עיקרי האמונה.

בסופו של דבר, התפשטות הקבלה הביאה איתה שינוי הלכתי וגם בקהילות האשכנזיות החלו מאמצים את הנוהג הזוהרי להימנע מהנחת תפילין בחול המועד. אומנם היו ששימרו את ההלכה הפשוטה שרווחה טרם הופעת הזוהר, אך רוב הקהילות בימינו נמנעות מהנחת תפילין בחול המועד.

זוהי דוגמה קלאסית לאופן שבו חידוש קבלי שאינו מעוגן במקורות התורה שבעל־פה ובמסורת הפסיקה, הגם שיש לו מקור

להישען עליו, מוצא את מקומו בתוככי ההתנהגות היהודית ההלכתית ומעצב את ההלכה מחדש. לתהליך זה (ולהתמודדות מורכבת של פוסקים שונים איתו) ישנן דוגמאות רבות. יש מן הפוסקים שהקבלה היא נר לרגליהם, הלכה למעשה, ואילו אחרים נמנעים מכך ומציינים ׳אין לנו חלק בנסתרות׳.

* * *

בערב לאחר מכן, בשיעורי שלאחר תפילת ערבית, הצגתי בפני הציבור בקצרה את תשובתו של ר׳ משה פיינשטיין בשאלה זו בדיוק, שאלה ששאל רב בית כנסת בברוקלין לפני כשישים שנה. כמו במקרים רבים אחרים, ר׳ משה משתף את הקורא בתהליך החשיבה שלו, ב׳סדנה׳ שלו לפסיקת ההלכה, ופותח פתח גם עבור רבנים ואנשים מן היישוב להבין את מערכת השיקולים שלו.

בכתיבתו מתייחס ר׳ משה להנחות המוצא הקבליות ברצינות גמורה. הגדרת אשמורת הבוקר כ׳עת רצון׳ היא מבחינתו שיקול להעדפת הסליחות בשעות אלו, אף שהגמרא במסכת ברכות טוענת שכל שעה שבה הציבור מתפללים היא ׳עת רצון׳. עם זאת, ר׳ משה פותח פתח של ׳הוראת שעה׳ לנהוג אחרת, בין השאר בגלל תוקפה של הדרישה ההלכתית הזו - שמקורה בדברי קבלה ולא בגמרא:

> אך אם הוא באופן שאי אפשר מחצות ולהלן, ויתבטלו אותו הציבור מסליחתו, יש להתיר בגדר הוראת שעה גם מתחלה, כי בדברים אלו אין מקור מגמרא אלא הם מדברי רבותינו האחרונים ע״פ ספרי הקבלה שמסתבר שאין בזה ענין איסור אלא שאין מועילין בכח י״ג מדות שיש הבטחה שלא יחזרו ריקם אלא כסתם תפלה, ולכן כדי שלא יתבטלו מלומר סליחות שלא יהיה להצבור שום התעוררות לתשובה טוב יותר לומר אף מתחלה הוראת שעה [...]

ר׳ משה מתבונן בהלכה הזו ושוקל היטב את משמעותה. מחד, הוא מודע למקורה שהוא מספרי קבלה - ולכן בעיניו תוקפה פחות מזה

של הלכה שלה מקורות מחייבים בגמרא. לצד זאת, הוא מבין שמחיר ההקפדה על הדרישה הקבלית יהיה פגיעה בהתעוררות התשובה של הציבור. אל מול המאזניים הללו, מכריע ר׳ משה כהוראת שעה - ועם הנחיה לבחון כיצד ניתן לשנות זאת לקראת השנה הבאה - שיש להקל ולקיים את מניין הסליחות גם טרם חצות.

מהלכו האחרון הוא לפרש גם את ההנחיה הקבלית לא כ׳איסור׳ אלא כ׳פגיעה בתועלת׳, וממילא גם אם התועלת של אותן תפילות שקודם חצות תהיה פחותה ורגילה, כתפילה שגרתית, יש בכך ערך וכדאי לומר סליחות טרם חצות. בכך חורג ר׳ משה מהשיח הקבלי שראינו לעיל, המזהה את אמירת הסליחות קודם חצות כמעשה שלא ייעשה וכאיסור ממש.

לימדתי את תשובת ר׳ משה וראיתי את עזרא מניד ראשו משמאל לימין בחוסר הסכמה, בעיקר במהלך האחרון. לאחר סיום השיעור הקצר ואמירת ׳קדיש דרבנן׳, הוא ניגש אליי שוב והפעם העביר את ביקורתו לא רק עליי אלא גם על ר׳ משה פיינשטיין. ׳עם כל הכבוד, איך הוא יכול להגיד שאין איסור?׳, הוא תמה.

השבתי לעזרא ששלושה דברים מאפשרים לו לומר זאת. הראשון שבהם הוא הצורך של הציבור. ההבנה העמוקה שלו את ההשלכה של הימנעות מאמירת סליחות, או הקפדה על סליחות אחרי חצות, מביאה אותו לחדש ולהעמיד את ההנחיה הקבלית לא כ׳איסור׳ אלא כ׳פגיעה בתועלת׳. שנית, היעדר המקורות בגמרא הופך את האיסור הזה בעצמו מבחינת ר׳ משה לאיסור רופף, שבנקל אפשר להגמישו לנוכח הצורך הקהילתי. ולבסוף - וכאן הערכתי שלא יהיה לעזרא קל לקבל את דבריי - ר׳ משה איננו מחויב לספרות הקבלית באשר היא, וגם כאשר הוא מצטט את ההנחיות והאיסורים הקבליים, הוא שואב אותם מכתיבתו של ה׳מגן אברהם׳ ולא מכלי ראשון.

המשכנו עוד לדבר על פוסקי הלכה ומקובלים, ובסופו של דבר, הגם שלא נחה דעתו של עזרא, הוא הבין היטב את פסיקתי ומניעיה.

חשבתי שזו הזדמנות לשתף את הציבור הרחב בשיקולי הפסיקה שלי ביחס לעיתוי הסליחות המשולבות ופרסמתי את התשובה

ברבים. מפעם לפעם הייתי כותב דף הלכתי ובו התייחסות לשאלה שעל סדר היום ומפיץ אותו בתיבות הדואר בקרב חברי הקהילה. קראתי לדפים הללו 'בלכתך בדרך' והשתדלתי שלא להעמיס עליהם פרטים הלכתיים ודיונים מפולפלים, אלא להציג בשפה השווה לכל נפש את הרקע לשאלה ואת הבסיס ההלכתי, הדעות השונות והמסקנה שאליה הגעתי.

כך סיכמתי את הדף שעסק בנושא עיתוי אמירת הסליחות, לאחר הצגת השיטות השונות ומשמעויותיהן:

> מי שיכול לומר סליחות באשמורת הבוקר (לפני המניין הראשון) - הרי זה מובחר ונכון לפי כל השיטות.
> מי שמסיבות שונות לא יוכל לומר סליחות באשמורת הבוקר, או שאמירת הסליחות בערב תעורר אותו לתשובה יותר (בגלל השעה או הנוסח) - יכול להסתמך על המתירים ולומר סליחות בשעה זו.
> 'ויהיו נא אמרינו לרצון לפני אדון כול'.

מניין משתֵף:
על הלכה ומקומן של נשים בבית הכנסת

יש שאלות שאתה יכול לצפות את בואן. לקראת החגים (ובעיקר לקראת פסח), מתדפקות על דלתו של הרב שאלות הלכתיות רבות. זוג שבונה בית חדש צפוי להגיע ולשאול בענייני מזוזה או בהלכות פרגולה ובניית סוכה. משפחה המלווה את הסבתא בימיה האחרונים - מסתבר שתשאל שאלות הנוגעות לרגעי יציאת הנשמה ואף בהלכות אבלות.

אבל יש שאלות שקשה לצפות אותן, והגעתן מלמדת על אירוע או טלטלה בעולמו של השואל - וכשהן מגיעות מכמה שואלים במקביל, האירוע הוא קהילתי ולא אישי. כך אירע לי באחד הימים שבהם לא שהיתי בקיבוץ אלא בישיבה. סיימתי שיעור וכאשר פתחתי את מכשיר הטלפון, הופתעתי לגלות הודעות רבות מאוד מחברי וחברות הקהילה.

עד מהרה עמדתי על המכנה המשותף לכולן. השואלים כולם העבירו אליי צילום מסך של מודעה שפורסמה במהלך הבוקר בקבוצת הווטסאפ הקיבוצית - והשוני בין הפניות היה בתוספת השאלה מתחת לתמונת המודעה. היו ששאלו: ׳הרב, אתה אישרת את זה?׳. היו שבאו בטרוניה: ׳הרב, איך הסכמת לדבר כזה?׳. והיו כאלו שהסתפקו בצילום המודעה ובתוספת ׳מכיר?׳ או ׳חשבתי שכדאי שתכיר׳.

מכמות השאלות ומשונות ההתייחסויות, הבנתי שלפניי אירוע מורכב מבחינה קהילתית וחישבתי את תגובתי בזהירות.

המודעה המדוברת כללה הזמנה לתפילת בת מצווה שעתידה הייתה להתקיים בראש חודש אדר שהלך והתקרב, באחד ממבני הקהילה בטירת צבי. הילדה בת המצווה לא הייתה בת המקום והתפילה תוכננה להתקיים כ׳מניין משתף הלכתי׳.

בפועל, מדובר היה בתפילה שהגדירה את ׳ציבור׳ המתפללים בהצטרפות מינימלית של עשרה גברים ועשר נשים, נתנה מקום לנשים להוביל את התפילה בקטעים שאין בהם ׳דבר שבקדושה׳ (כגון פסוקי דזמרה והלל) וכן אִפשרה לנשים לקרוא בתורה ולעלות לתורה - כשהבימה הונחה במרכז בית הכנסת, עם גישה אליה משני צידי המחיצה. הוריה של הילדה היו שותפים בקבוצת לימוד שהתקיימה בחודשים האחרונים בעמק בהובלת אחד מרבני הקיבוצים. הרב והחבורה שעימו עסקו בלימוד הלכות תפילה וקריאה בתורה - תוך ניסיון להביא למניין שנשים ישתלבו בו באופן שוויוני ככל שניתן במגבלות ההלכה. לאחר סיום תקופת הלימוד, החלו המשתתפים לקיים מניין משתף שכזה, בכל ראש חודש, כל פעם במקום אחר.

אני, לכשעצמי, לא לקחתי חלק בקבוצת הלימוד הזו, ומסקנותיו ההלכתיות של עמיתי הרב השכן לא היו מקובלות עליי ונראו לי לא נכונות. עד אותו יום, נשאלתי ממעט אנשים ונשים לדעתי על התהליך הזה והבעתי אותה בפניהם אך לא בפומבי.

ידעתי כמובן שחלק מחברי וחברות קהילתנו לוקחים חלק בקבוצת הלימוד ובמניינים המשתפים הללו; ומאידך שיש כאלו שחידושים מעין אלה הם לצנינים בעיניהם. זוהי קהילה מגוונת - צעירים וותיקים, מחדשים ומשמרים - והרגשתי שכרב בקהילה מגוונת, עליי להישאר הרב של כולם.

אומנם, בכל הנוגע לבית הכנסת ולמנהגי הקהילה, ברור היה שהדברים יתבצעו על פי מה שיסוכם בוועדה שנבחרה על ידי הציבור, ועל דעתי ועמדתי ההלכתית, אך מכיוון שמדובר היה באירוע

פרטי, לא מצאתי לנכון לחתור לכך שהקיבוץ יאסור את קיומו או לקרוא לאנשים שלא להשתתף בו. מלכתחילה העדפתי להנמיך את הלהבות, להבהיר למי שיתייעץ איתי שעמדתי ההלכתית מנוגדת למסקנותיו של המניין המדובר וליצור פחות חיכוך והתלהמות שנוצרים לפעמים במחלוקות קהילתיות מעין אלו.

השאלות הרבות והדיון הציבורי הביאו אותי להבנה שאין מנוס מלהגיב, אך העדפתי להמתין ולנשום עמוק. העולם הדיגיטלי שאנו חיים בו מביא לא פעם תגובות מהירות, המזכירות את דברי חז"ל על לשון הרע כחֵץ היוצא מיד היורה, שברגע שהוא נורה מן הקשת, אין כבר יכולת להחזירו. המתינות מאפשרת לחלק מהתגובה האמוציונלית לשקוע, ולדברים - להתבהר ולהתחדד, והיא מזקקת את התגובה הנכונה שתהיה הפורייה ביותר אל מול המקרה המדובר. לא הייתה משמעות לתגובה מיידית והמתנה של כמה שעות עד שאגיע הביתה בערב נראתה לי הצעד הנכון. 'הלכתי עם השאלה' וגלגלתי בראשי את מכלול ההיבטים הנוגעים אליה: היבטים הלכתיים, היבטים אישיים הנוגעים לדמויות מסוימות בקהילה, היבטים חברתיים פנים־קהילתיים והיבטים רחבים יותר.

ההמתנה הזו זיכתה אותי בשתי הבהרות חשובות. ראשית, התקשר אליי הרב שהוביל את הקבוצה כדי להתנצל. היינו מכרים מקדמת דנא והוא שמע על ההתרחשויות ומיהר ליצור קשר. 'רציתי שתדע שאמרתי מפורשות לקבוצת הלומדים והלומדות איתי שבכל מקרה כאשר מתעתדים לקיים את המניין המשתף ולהתארח בקיבוץ מסוים, יש לברר קודם ולקבל את ברכתו והסכמתו של הרב המקומי', פתח ואמר.

'תודה', אמרתי. 'זה באמת נראה לי מהלך נכון והכרחי, ואני מבין שהעובדה שהפעם לא נשאלתי מראש היא טעות'. 'אכן', השיב הרב השכן. 'יתרה מכך, אבין מאוד אם תחליט שמכיוון שגבולותיך ההלכתיים שונים משלי, לא תאפשר את קיומו של המניין בקהילתך'. עניתי לו שאני נוטה אכן להבהיר את עמדתי בציבור אך לא לנסות ולהטות את עמדת האחראים בקיבוץ לאסור את קיום המניין. 'בכל

מקרה, אני עצמי לא אגיע', הוסיף הרב השכן, 'חשוב לי שלא ייראה כאילו יש כאן מלחמות רבנים או שאני נכנס לתחומך ולאזור האחריות שלך'.

אלו היו מילים חשובות וצעד מכֻבד ועניינִי בעיניי. הודיתי לו על כך והבעתי את הערכתי. ברור היה לי שהוא מאוד רוצה לקחת חלק בתפילה זו ולהוביל את הקו ההלכתי והרוחני שהִתווה בעבר - אך האחריות הציבורית שלו הביאה אותו להחלטה שלא להגיע.

נפרדנו בטוב, תוך מחשבה שאולי נקיים בעתיד מפגש ודיון בשאלות ההלכתיות הקונקרטיות שכרוכות במניין משתף שכזה - ואולי אפילו נערוך את הדיון הזה בפני הציבור כולו.

כשהגעתי הביתה ופתחתי את מחשבי, ראיתי שקבוצת הדיון הקיבוצית בדוא"ל פעילה גם היא - ושתי דעות שונות וחשובות הופיעו בה.

האחת הייתה דעתו של מרק. מרק היה נצר למשפחת רבנים אמריקנית ושימש שנים רבות כמשגיח כשרות במפעל הבשר של טירת צבי. בכתיבתו היוצאת מן הלב הוא כאב את הפגיעה בכבודי (דומני שיותר מאשר אני חשתי...) והתקומם כיצד מתקבלת החלטה בנושא כה מהותי כמו סדרי התפילה ומקומן של הנשים בה בלי להתייעץ עם הרב, 'מרא דאתרא'.

הדעה השנייה הייתה דעתו של אמנון, מוותיקי הקיבוץ ומגדולי ההוגים של תנועת הקיבוץ הדתי. אמנון טען (כדרכו, בלהט ובבהירות) כי החלטה משמעותית שכזו צריכה הייתה להיות מובאת בפני האסֵפה - ורק אם החברים והחברות היו מקבלים אותה ברוב קולות, ניתן היה לאפשר למשפחה לחגוג את בת המצווה בתוככי טירת צבי.

פרסומן של העמדות הללו בקבוצת הדוא"ל הקהילתית העביר כמובן את המסר שיש כאן צעד שאיננו מובן מאליו וגם אם השאלה מיהו בעל הסמכות שאמור להחליט במקרים כאלו (הרב או הציבור) נותרה במחלוקת, ניכר היה שקיומו של המניין המשתף כבר חרג מאירוע פרטי שמתרחש בחצר משפחתית.

המתנתי עוד קצת וישבתי לנסח את דבריי לקהילה. דמיינתי את הציבור שקורא אותם - הן את משתתפי ומשתתפות המניין, הן את המתנגדים והמתנגדות, הן את הציבור הרחב שעוד יושב על הגדר ושואל את עצמו היכן הגבולות שלו בתחום שיתוף הנשים בתוככי בית הכנסת, והן את הצעירים שידונו בשאלות שונות ועתידיות שייגעו באופן כלשהו לדיון המתרחש כרגע.

כך פרסמתי באותו ערב בקבוצת המייל הקיבוצית:

שלום לכל חברי וחברות הקהילה

במהלך היום האחרון נשאלתי לא מעט על אודות תפילת ראש חודש העתידה להתקיים במועדון ההרצאות ועל עמדתי ביחס אליה (להבהרה - קיום התפילה לא נדון עִמי או עם ועדה אחרת בקיבוץ ותואם בתמימות כאירוע פרטי במועדון ההרצאות).

ראשית, אציין כי העובדה שישנו חיפוש אחרי פתחים לתפילה משמעותית - משמחת אותי. ראוי לכל אדם, גבר כאישה, ולכל קהילה וציבור לשאול את עצמם כיצד להתקדם בתפילתם וכיצד לעמוד נכון לפני ה'. גם החיפוש אחרי פתחים חדשים בכלל וכאלו שמביאים בחשבון את מקומן של הנשים בתפילה מבורך בעיניי, כתנועה עמוקה של עבודת ה'.

שנית, זה כמה חודשים שאני מכיר (מרחוק ובאופן כללי, מתוך פרסומים ברשת ומתוך שאלות של בני ובנות הקהילה) את התהליכים הנוגעים למניין המשתף המתכונן בעמק ואת אופיו וגבולותיו.

עד כה נמנעתי מהבעת עמדה בפומבי, מכיוון שאיני חושב שהדרך הנכונה ללבן עניינים שכאלו היא בפורומים אינטרנטיים ציבוריים. יחד עם זאת, בעקבות הגעתו של המניין לקיבוצנו, ומכיוון שיש התוהים (ויש הטועים) בנוגע לעמדתי, נראה לי שנכון שאציגנה בקצרה, והמעוניינים בהרחבות, בשיחה ובדיון - מוזמנים בשמחה.

עמדתי ההלכתית בחלק מהסוגיות שנוגעות למניין המשותף שונה מזו של מוביליו, ולוּ היו שואלים את דעתי, הייתי מציע לנהוג אחרת ולא לחצות כמה מהגבולות ההלכתיים והמסורתיים שנחצים במניין זה.
כפי שפורסם בקבוצות הווטסאפ, נראה לי שנכון לקיים שיח קהילתי בנוגע לאירוח עתידי של תפילות מעין אלו, אם אכן יש רצון שכזה.
משנכנס אדר מרבים בשמחה, והאמת והשלום אהבו.

לשמחתי, הדברים הללו הדהדו כפי שציפיתי. הם הנמיכו את להבות המחלוקת, כיבדו את החפצים במניין והבהירו את עמדתי שלי. היו אף כאלו שאמרו לי מפורשות שבעקבות הדברים החליטו לא ללכת לתפילה השוויונית, כשהבינו שזו עמדתי ההלכתית.

לשמחתי הרבה־יותר, היו שביקשו ממני להרחיב ולהבהיר את עמדתי ההלכתית והעקרונית בשאלה הזו, ונפתח דיבור משמעותי על הלכה, על תפילה, על מסורת ועל שינוי. כעבור כמה שנים העברתי סדרת שיעורים שכותרתה הייתה 'שיודע לשאול' ובה עסקנו בשאלות רוחניות הנוגעות לשורשי העולם הדתי שלנו, שאלות שהעסיקו את הקבוצה הגדולה של החברים והחברות שבאו לשיעורים הללו. בין שאר הנושאים עמדנו גם על שאלת מעמד האישה ביהדות בכלל, ועל שינויים ותמורות בהיבטים הלכתיים הנוגעים לכך.

* * *

הדיון ההלכתי על גבולות השינוי של בית הכנסת הוא סבוך ונוגע בנקודות יסודיות, קשות ועמוקות בעולם הדתי.

ישנם רכיבים הנוגעים לכאורה לדיון פורמלי; כך למשל בנוגע לאי־יכולתן של נשים להצטרף למניין עשרה לעניין אמירת 'דבר שבקדושה' או להוצאת גברים ידי חובה במצוות שהן לא מצוות בהן בעצמן. על הנחות מוצא הלכתיות אלו אפשר כמובן לערער (ואכן היו שעשו זאת...) בטענה שמדובר בהנחות המושתתות על מבנה חברתי שמתייחס לנשים ככאלו שאינן שוות ערך לגברים

ומדיר אותן מהשתתפות בריטואלים ההלכתיים - וממילא עם שינוי הזמנים ומעמדן של הנשים בחברה בכלל, גם הנחות המוצא צריכות להשתנות. מכאן נובעת העמדה הרפורמית העוקרת את ההלכה הזו משורשה ומאפשרת לנשים כמו לגברים להוביל את התפילה ולהיות שליחות ציבור.

לעומת עמדה רפורמית זו, חלק מהאוחזים בעמדה האורתודוקסית והמסורתית נאחזים לא רק בשמרנות ההלכתית אלא גם בהבחנה המהותית העולה ממנה. חלקם יטענו לאי־שוויון מהותי בין נשים לגברים שנותר בעינו, וממילא ההתנגדות לשינוי ההלכתי תהיה שיקוף מבחינתם להתנגדות לשינוי במבנה החברתי, באופייה של המשפחה, בתפקודים הנשיים בציבור ועוד.

בתווך ניצבים אנשים ונשים המחויבים להלכה ולהשלכותיה, ובה בעת חיים ונטועים עמוק בתוך המציאות בת זמננו, שבה נשים שוות לגברים לחלוטין במקומות העבודה, הלימודים ובכל מרחבי החיים. יתרה מכך, הללו רואים את השינוי המתחולל במעמד האישה לאורך השנים כשינוי שיש בו ברכה, גם אם הוא איננו מתחולל תמיד בצורה אידיאלית; ובניסוחים מסוימים כחלק מהתעלות העולם והתפתחותו או כלשונו של הרב יהושע שפירא - כחלק מתהליך הגאולה:

> בתופעות תרבותיות רבות, בפרט בדורנו, אור וחושך משמשים בערבוביה. אין ספק כי שינוי מקומה של האישה הביא לבעיות פריצות חמורה ברשות הרבים, לקשיים ולזעזועים בתא המשפחתי [...] עם זאת יש מקום להסתכלות רחבה הרואה בשינוי מעמד האישה חלק מתהליך חובק עולם. בתקופתנו אנו עדים למהפכות עצומות בתחומים רבים, המטלטלות את האומה הישראלית ואת האנושות כולה. אם נחדד את מבטנו נוכל להבחין בקו מרכזי השוזר את כל המהפכות ומובילן אל מטרה אחת: **גאולה** [...]
>
> בעטיו של החטא נתקללה האנושות בשתי קללות של עמל וסבל חומרי - 'בזעת אפך תאכל לחם' ו'בעצב תלדי בנים',

> ועוד קללה נוספת המתייחסת לאופי הזוגיות, ׳והוא ימשול בך׳. בעת החדשה המהפכה התעשייתית מפוגגת את העונש הוותיק ׳בזעת אפך תאכל לחם׳. הטכנולוגיה משחררת את האנושות מן העמל והשעבוד לטבע הגס, ומציגה עולם ׳ידידותי׳ הנענה יותר ויותר ללחיצת כפתור. כמו כן ההתפתחות המדעית מקילה מאוד על כל תהליכי הלידה וגידול הילדים [...]
>
> כך גם הקללה השלישית ׳והוא ימשול בך׳ נעלמת והולכת, וזוגיות חדשה עולה וצומחת. נדמה שזהו השינוי המשמעותי ביותר. אין כאן עונש של עמל או סבל, אלא של קשר שעננה כבדה העיבה עליו והחשיכה את אורו. במקום אהבה שהיא סם החיים נכנסה ממשלה וחלוקת מעמדות. לא רק עולמה של האישה נחשך בעונש זה אלא גם עולמו של האיש. עתה הגיעה העת שהעולם הולך ומיתקן כחלק מפעמי הגאולה [...]

לצד זאת, כשבוחנים כיצד אמורים השינויים הללו להשפיע על ההלכה, הרי שמדובר בהשפעה איטית ומדורגת, התפתחות ולא מהפכה, אבולוציה ולא רבולוציה.

* * *

שינויים אכן מתרחשים, בקהילות שונות, בקצבים שונים - אבל מתרחשים. למשל, בטירת צבי יזמתי להוסיף ל׳חתן תורה׳ ו׳חתן בראשית׳ בשמחת תורה, גם ׳כלת קהילה׳. הייתה זו הזדמנות לא פולמוסית או לעומתית, ללא מהמוּרה הלכתית או מסורתית, לייקר נשים משמעותיות בחיי הקהילה ולאפשר לנשים לקחת חלק (בבחירה, בהכרזה ובהיבחרות) בטקס שכזה, שנערך אז בפתח בית הכנסת.

שינוי נוסף שאִפשר לנשים להיות מעורבות יותר בתפילת הציבור נגע לאמירת קדיש על ידי אישה שאחד מהוריה נפטר. ההיתר נסמך על פסיקותיהם של שניים מגדולי הדור הקודם, הרב עובדיה יוסף והרב סולובייצ׳יק, והוגבל בשתי הגבלות - כל אחד מהם והגבלתו.

הרב עובדיה התיר אמירת קדיש על ידי בנותיו של נפטר ובלבד שהדבר לא נעשה בבית הכנסת. בפסיקתו הוא הביא מקורות לכך שלמעשה אמירת הקדיש שייכת גם לבנות ואף ציין למקורות שתומכים בעמדה זו ומתארים נשים שאמרו קדיש בדורות קודמים. הוא התלבט אם אין בכך משום פריצת גדר שעלולה להביא לעקירת התורה (כמו בכל מנהג חדש, ובפרט כשהאנרגיות המטעינות אותו מעורבות ברוחות מודרניות של שוויון ומאבק של נשים על מעמדן), אך בסופו של דבר הכריע שהדבר אפשרי - כאמור, כל עוד הקדיש לא נאמר בבית הכנסת.

הרב סולובייצ׳יק התיר אמירת קדיש גם בבית הכנסת, אם יש גבר שאומר קדיש במקביל לאישה וקולה מצטרף לקולו. בכך ביקש הרב סולובייצ׳יק להימנע מסיטואציה שאישה תוביל את התפילה בפועל (גם אם לשניות קצרות), ומעזרת הנשים תהיה ׳חזנית׳ שקולה יישמע ברמה. במסורת שמביא אחד מתלמידי הרב סולובייצ׳יק, הוא טוען שהרי״ד אמר לו שגם אם אין מי שאומר קדיש בעזרת הגברים, ׳זה בסדר גמור׳.

בעקבות פסיקות אלו היו אכן נשים שנהגו לומר קדיש בטירת צבי - מי מעזרת הנשים במקביל לאמירת הקדיש על ידי גבר (או גברים) בעזרת הגברים, ומי במניין ערבית שהתקיים בהרחבה הקהילתית, ׳מניין פנס׳, גם ללא אמירה של גבר.

דוגמה נוספת היא קריאה בתורה של נשים לנשים. מנהג זה החל עוד לפני שהגעתי לטירת צבי, וכבר לקראת שמחת תורה הראשון שלי כרב הקהילה, הגיעו אליי שתי נשים, ממובילות הקריאה, וביקשו את ברכתי והדרכתי.

מבחינה הלכתית, אף שבהיעדר מניין גברים אי אפשר לומר חלקים ממעמד העלייה לתורה (כמו הקריאה ׳ברכו את ה׳ המבורך׳), מעשה הקריאה עצמו מתוך הספר אפשרי בהחלט. אלא שבשיחה עם שתי הנשים הרציניות הללו, הרגשתי את המלכוד שאנו נתונים בתוכו. לפוסק ההלכה קל יותר להתיר מעשה קריאה בתורה שאין לו היבטים ׳דתיים׳ מלבד עצם הקריאה. לוּ יצויר שהנשים היו רוצות

רק לקחת את הספר ולקרוא מתוכו את פרשת השבוע, לא הייתה בכך כל בעיה הלכתית; אך הן רצו שהקריאה תהיה כמה שיותר ׳רצינית׳ או ׳מחייבת׳ ובאופן עמוק - דומה ככל שניתן לקריאה ההלכתית בבית הכנסת. כאן מתחיל האתגר ההלכתי, שהרי רבים מהרכיבים הסובבים את הקריאה בתורה לא יכולים להיות מועתקים או ממומשים בקריאת נשים.

מבט ציני יטען כי כאן נחשף המניע שלהן שהוא הרצון להידמות לגברים והשאיפה לשוויון. חשבתי אז - ואני חושב גם היום - שני דברים על מבט ציני זה. ראשית, בעומק הדברים אין פסול ברצון לשוויון בתחום קיום המצוות, גם אם לרצון חיובי זה נלוות לעיתים מעטפת וקליפות שאינני מזדהה איתן. שנית, נדמה לי שמבט זה מחמיץ את הכוונה והבקשה של אותן נשים. בהיכרותי איתן זיהיתי שהרצון בקריאה בתורה שיש לה ערך ומשקל מסורתי (בנוסח, במבנה ואפילו ב׳מי שבירך׳ שעושים לעולה לאחר הקריאה) הוא רצון כן ועמוק, שמבקש חוויה דתית פשוטה, הנשענת דווקא על המוכר וההלכתי.

דומה הדבר לתלמיד שהתקשר אליי ושאל אם יוכל לברך שהחיינו משום שהוא נוסע במקטע חדש של כביש 6. אמרתי לו שאני מבין את התרגשותו ובדרך כלל נוקט את העמדה ההלכתית שלפיה בברכת שהחיינו לא קיים הכלל ׳ספק ברכות להקל׳, ואם אדם שמח ומתרגש - עליו לברך שהחיינו; אבל במקרה זה לא מצאתי אפילו ספק ולא נראה לי שיש מקום לברך על כך. אמרתי לו שהוא יכול כמובן לשבח את הקב״ה ולהודות לו על בניית הכביש החדש - על החוכמה שנתן למהנדסים, על הכוח שנתן לבנאים ועל השפע שנתן למשקיעים - אך לא בשם ומלכות.

חשבתי אז על הדברים המופיעים בספר ׳כפתור ופרח׳ שכתב רבי אשתורי הפרחי שעלה לארץ בתחילת המאה ה־14, שימש כרופא בבית שאן וכתב ספר מקיף בענייני מצוות התלויות בארץ, גבולותיה, צמחיה ופירותיה (ונושאים נוספים) - אחרי שחקר אותה ברגליו לאורכה ולרוחבה. בפרק ז׳ של ספרו הוא עוסק בהלכה

הנוגעת לאדם הרואה מקום שנעשו בו ניסים לישראל, שעליו לברך על כך, והוא מדייק כי 'אין המברך מברך עד שיראה בפרט מקום הנס, כמו שהרואה ים סוף לא יברך אם לא ראה מקום שעברו, וכן הרואה הירדן עד שיראה מקום שעברו'. זוהי כמובן הגבלה וצמצום הברכה, ואולי אפילו הכרעה שאין לברך אותה - שהרי כיצד נדע היכן בדיוק עברו בני ישראל את ים סוף או את הירדן.

עם זאת, רבי אשתורי מוסיף מיד: 'ומיהו בכל מקום שיראה חלק מן הים ומן הירדן ומן הנחל, ראוי לו להזכיר חסדי השם יתברך והשגחתו עלינו, ויודה וישבח כפי כחו'. הוא אף מתאר את נוסח השבח שהיה נהוג בימיו בראיית הירדן: 'ואנחנו הרגלנו לומר בראותינו הירדן כך, על יד הירדן לך אלקי אברך אהלל אשבח ואודה שמך'.

הצעתי לאותו תלמיד לשבח את הקב"ה אך לא בנוסח הברכה. התלמיד השיב כי זה רעיון טוב אבל 'זה לא זה'. השימוש בנוסח ההלכתי משַווה למעשה הברכה משמעות אחרת בעיני האדם הדתי והופך את מילותיו בעיני עצמו למילים מקודשות, מילים טעונות החורגות מהסתמיות של הדיבור הרגיל בעולם.

הקשבתי לבקשתן של הנשים. אמרתי להן שאני מכבד מאוד את רצונן ואת בקשתן למפגש בלתי אמצעי עם התורה, בפרט בחג שמחת תורה, ושננסה לעבור יחד על הפרטים ולבחון מה אפשרי ומה מעבר ליכולות ההיתר שלי. חשוב היה לי - והן הצטרפו אליי בכך - שההתכנסות בבית המדרש תיקרא 'קריאת נשים' ולא 'מניין נשים'.

אחד האתגרים הוא 'ברכת התורה' שמברכים בעלייה לתורה ('אשר בחר בנו מכל העמים ונתן לנו את תורתו'). חלק מהפוסקים הציעו לנשים הקוראות בתורה להימנע מברכה זו כחלק מברכות השחר והשכמת הבוקר ולברך אותה בסמוך לקריאתן בתורה. זהו פתרון אלגנטי, המוצא היתר לברכה הזהה לברכת התורה של הגבר העולה לתורה בבית הכנסת, אך מאפשר אותה מטעם אחר - באמצעות השהייתה מהבוקר ועד הקריאה. פוסקים אחרים הציעו להימנע מברכה זו בכלל ולהסתפק במילות הודיה אחרות או פסוקים העוסקים בשבחה של תורה.

בקריאת הנשים בקיבוץ נהגו הגבאיות לשאול את הנשים הקרבות לקרוא בתורה אם בירכו ברכת התורה בבוקר. אם השיבו שטרם בירכוה - הן הוזמנו לברך את ברכת התורה של כל בוקר; ואם השיבו שבירכוה - היה להן נוסח שהמליץ עליו הרב משה שקדם לי ברבנות הקיבוץ, נוסח המבוסס על תפילת 'והערב נא' הנאמרת בסמוך לברכת התורה. הנוסח נחתם בפסוק 'בָּרוּךְ אַתָּה ה' לַמְּדֵנִי חֻקֶּיךָ', פסוק מתהילים המתאים מאוד כברכה בשם ה' הנוגעת ללימוד התורה - אך אין בה חשש של 'ברכה שאינה צריכה' ונשיאת שם ה' לבטלה וגם יש בה הבחנה ברורה מעליית גברים לתורה בבית הכנסת.

כעבור כמה שנים הגיעו שתי הנשים אל ביתי שוב ותהו אם אפשר למצוא נוסח אחד שיתאים לכולן, מכיוון שהשאלה הזו מביכה לא פעם, מבלבלת את הנשים שבכל מקרה אינן רגילות לדבר ומתרגשות מאוד מהקריאה בתורה - ויוצרת אי־נחת ואי־נעימות.

שקלתי את הדברים. פתרון רדיקלי אחד היה להתיר להן לברך את ברכת העלייה לתורה בנוסח הרגיל מבית הכנסת. יש פוסקים שבוודאי התירו זאת אפילו במניין גברים (ב'שולחן ערוך' פסק כך רבי יוסף קארו, אלמלא הטעם של 'כבוד הציבור' שלא שייך בקבוצה נשית). אומנם היה מי מן הפוסקים (רבי משה מקוצי, בן צרפת במאה ה־13) שבספרו 'ספר מצוות גדול' טען שנשים לא יכולות לברך כשהן עולות לתורה משום שהן לא מצוות על תלמוד תורה, אך פוסקים אחרים ראו את ברכות התורה כברכות שנתקנו כברכות של 'כבוד התורה' - ולא כברכת המצוות - ואם כך מסתבר שגם נשים יברכו אותן. לסברה זו ניתן להוסיף שבמסכת סופרים, אחת 'המסכתות הקטנות' הכוללת הלכות הנוגעות לספר התורה ולסדרי התפילה והברכות, מופיע שהנשים חייבות לשמוע קריאת ספר תורה כאנשים, וה'מגן אברהם' הביא דברים אלו הלכה למעשה. חיזוק לדבר אפשר למצוא בכך שנשים אשכנזיות מברכות על מצוות שהן מקיימות אף שאינן חייבות בהן, בעקבות פסקו של רבנו תם.

מאידך, הדבר אינו פשוט, בעיקר לאור ההנחיה ההלכתית שלא לקרוא בתורה שלא בציבור. ללמוד מן התורה - מותר גם ביחיד; אך לקרוא בתורה - מותר בציבור בלבד. ממילא, חוויית הקריאה של הנשים בספר התורה כשאין מניין גברים נתפסת מבחינה הלכתית כ'לימוד' ולא כ'קריאה'. בכך נשמר הפער הסמלי בין הקריאה בבית הכנסת לאירוע הנשי בבית המדרש, פער שמונע גם את היכולת לברך את הברכות הרגילות של העלייה לתורה.

הרגשתי שחייב להיות מוצא אחר, שמצד אחד ישמור את הפער המדובר ומצד שני יאפשר לנשים הקוראות בתורה לברך ברכה ממשית, בגיבוי הלכתי ובלי לחרוג מהפסיקה המקובלת. אחרי לימוד וחיפוש מצאתי את אשר חיפשתי. במסכת סופרים מופיע נוסח מיוחד המיועד ליחיד הקורא בתורה. כך מופיע שם, בפרק יג, הלכה ו:

והיכי [=ואיך] מברך?
בעשרה אומר: ברכו את ה' המבורך.
ביחיד כשהוא משכים לקרוא, אומר: ברוך אתה ה' אלוהינו מלך העולם הנותן תורה מן השמים חיי עולמים ממרומים, ברוך אתה ה' נותן התורה.

התרגשתי לראות את הנוסח הזה, שהיה גם יפה וגם שונה מהמוכר והיומיומי. הרגשתי שיש כאן פתרון שיכול לתת מענה לבקשתי ולבקשת הנשים. זהו נוסח המיועד ליחיד וממילא מבהיר שאין כאן קריאה בציבור ולא מניין. זהו נוסח שיכול להיות אחיד לכל הנשים. הוא דומה לנוסח הרגיל, אבל שונה ממנו במידה - ובעיניי הוא גם פתרון הלכתי ראוי וגם פתרון מתוך מבחינת השמירה על האיזון שבין הלגיטימציה למהלך והגדרת גבולותיו.

הקושי ההלכתי שעמד בפניי הוא שמדובר בברכה שלא נוהגת בפועל אלא מקורה במסכת סופרים, שבגלל איחור עריכתה לא נתפסת כמחייבת כמו הגמרא. ראיתי את הופעתה בספרי פוסקים שונים (למשל בספר 'האגודה' שכתב הרב אלכסנדרי זויסלין

הכהן בגרמניה, במאה ה־14) והכרתי פסיקות הלכה ונוסחי ברכה בעקבות מסכת סופרים (למשל ברכה על קריאת מגילה בחגים, או נוסח 'הנרות הללו' הנהוג אחרי הדלקת נרות). אך לא ראיתי מישהו שקובע בפירוש שיש נוסח לברכה של יחיד הקורא בספר תורה.

שלחתי את מחשבותיי בקבוצת הווטסאפ של רבני הקיבוץ הדתי. כבר הזכרתי את החבורה הנהדרת הזו שהייתה מקור לא אכזב לשיתוף ועצה וגם ללמידה בין עמיתים. היה מי מהרבנים שטען כי הציבור שמרן ולא אוהב חידושים; ואילו רב אחר טען שהנוסח הזה הוא נוסח אלטרנטיבי לברכת התורה המוכרת לנו וממילא לא הרווחתי כלום במהלך הזה. שמחתי על הביקורות גם אם לא הסכמתי עימן וחיפשתי עוד - ובסופו של דבר מצאתי.

הרב אלעזר סגל לנדא, נכדו של ה'נודע ביהודה', כתב בתחילת המאה ה־19 חיבור על ספר 'משנה תורה' לרמב"ם בשם 'יד המלך'. בדבריו על פסיקת הרמב"ם בהלכות תפילה, הוא כותב במפורש שיש ברכה לקריאה בתורה ביחיד. גם הוא מודע היטב לכך שזהו פירוש מחודש וגם עבורו מסכת סופרים היא מקור להיתלות בו:

> [...] והכוונה הוא דבפחות מעשרה אין העולה לתורה אומר ברכו את ה' המבורך [...] והנה נא ידעתי כי בדורות האחרונים האלה קשה עלינו למלאות את ידינו לחדש פירוש חדש והלכה חדשה אשר לא נמצא בשום מפרש ופוסק ברבותינו הראשונים. ואולם מצאתי במסכת סופרים פרק י"ג הלכה ח' דמייתי [=שמובא] שם קרא ד'ויברך עזרא את ה' אלקים הגדול' (נחמיה ח, ו). במה גדלו? רב אמר: גדלו בשם המפורש. רבא אמר: בברכה גדלו. והיכי מברך? בעשרה אומרים ברכו את ה' המבורך. ביחיד כשהוא משכים לקרוא אומר בא"י אמ"ה אשר בחר בנו כו'. הרי לנו בפירוש [...] כל קריאת התורה בלא ענית ברכו קודם לכן קריאה ביחיד קרי ליה.

אומנם הנוסח של מסכת סופרים שרציתי לאמץ לא מופיע במפורש בדבריו של 'יד המלך', אבל העיקרון שלפיו יש משקל לקריאה מספר תורה גם בלי מניין ויש לברך על קריאה שכזו אכן מופיע בדבריו - כשמסכת סופרים היא הבסיס שהוא נשען עליו. בכתבי הפוסקים מופיע לא פעם הביטוי 'לולי דמיסתפינא' שפירושו 'אם לא הייתי חושש'. זוהי פתיחה לחידוש שפוסק מעוניין לחדש, אך מהסס לעשות זאת לאור חוסר עיגונו המוצק במקורות. חשבתי לעצמי שלולי דמיסתפינא הייתי אומר ש'יד המלך' היה מקבל את חידושי גם ביחס לנוסח הברכה ליחיד ושהאופן שבו ציטט את הברכה ממסכת סופרים (בצורה תמציתית וחלקית) מלמד שהוא לא דייק בהעתקת המקור, מאחר שלא זה היה עיקר חידושו.

* * *

מדוע אם כן התנגדתי למניין המשתף?

האמת צריכה להיאמר שבנקודות מסוימות אפשר למצוא גיבוי הלכתי למהלכי המניינים המשתפים או השוויוניים לסוגיהם - ויש גם היגיון העומד מאחוריהם. אף שאין שוויון בין גברים לנשים בתחומים פיזיים שונים (ועל פי מחקרים רבים, גם בתחומים נוספים, הנוגעים לנטיות נפשיות ועוד), אנו חיים בעולם שבו החברה מאפשרת לנשים להיות בכל עמדה שהיא, כשוות בין שווים - כמחנכות ומנהלות בתי ספר, חברות כנסת ועורכות דין, פסיכולוגיות ונהגות אוטובוס.

אין בכך כדי לטעון כי אין הבדלים בין גברים לנשים או שאִמו של תינוק בן יומו זהה לגמרי לאביו מבחינת מצבה הפיזי, הנפשי, הזיקה שלה אל הילד והצורך שלה בחופשה. ועדיין, על אף השונות, בפועל העולם מתנהל עם שוויון הזדמנויות כמעט מלא. בעולם הדתי המודרני נשים יכולות להיות גם תלמידות חכמים, מורות רוחניות, טוענות רבניות ודמויות מופת במוסר, תפילה ותלמוד תורה.

המשותף לדוגמאות שהבאתי - 'כלת הקהילה', קדיש על ידי יתומה וקריאה בתורה של נשים - הוא כפול. ראשית, אלו הלכות המעוגנות היטב בספרות ההלכתית. הן יכולות לקבל גיבוי של מקורות קודמים (או להימנע מלסתור אותם) ושיח הלכתי מסורתי.

שנית, הן לא משנות באורח מהותי את מבנה בית הכנסת ואת חלוקת התפקידים בתוכו.

באשר למכנה הראשון - המצדדים במניין המשתף ההלכתי תמכו גם הם את הכרעותיהם בטיעונים הלכתיים המושרשים בספרות ההלכתית. למשל, ה׳שולחן ערוך׳ טוען שאפשר שאישה תקרא בתורה ותוציא גברים ידי חובה, אך הלכה למעשה הוא אוסר זאת מפני ׳כבוד הציבור׳. כאן נפתח פתח רחב יותר לכאורה להיתר, אם מושג ׳כבוד הציבור׳ הוא אכן מושג שיכול להשתנות ולהיקבע על ידי הציבור בדורות או במקומות שונים. הרב דניאל שפרבר - שידיו רב לו בתורה, חינוך ומחקר, ומלבד רבנותו הוא גם פרופסור לתלמוד - הקדיש ספר שלם לסוגיה זו ובכלל למדיניות פסיקת ההלכה, ל׳עקרונות־על׳ הלכתיים ולמה שהוא מכנה ׳פסיקה ידידותית׳.

בספרו מציע הרב שפרבר שאכן ׳מניעת נשים מעלייה וקריאה בתורה מפני "כבוד הציבור" אינה רלוונטית כאשר הציבור יודע לקרוא או כאשר שוב אין הוא רואה בקריאה על ידי נשים אות גנאי עבורו, מסיבות שונות׳. עם זאת, הוא טוען כי ׳מחויבות עמומה זו למניעת קריאת נשים לתורה על פי העיקרון של "כבוד הציבור", די בה כדי להעמיד את המצב ההלכתי המקובל כיום על תילו ולמנוע מנשים את הקריאה בתורה, כל עוד לא עומד מולה עקרון הלכתי אחר׳. בספרו הוא מציב אל מול ׳כבוד הציבור׳ את ׳כבוד הבריות׳ כ׳עקרון־על׳ הלכתי מכונן ויוצק לתוכו את צערן של הנשים שאינן יכולות לעלות לתורה ולקחת חלק פעיל ורוחני בחיי הקהילה - ועל כן מתיר עליית נשים לתורה במניין, בקהילות שבהן מניעתה תהיה מקור לכאב ולצער.

באופן דומה, דיוק במושגי ׳דבר שבקדושה׳ (שאותם לא יכולות נשים להוביל משום שאינן יכולות להוציא גברים ידי חובה ברכיבים שהן עצמן אינן מצוות בהם) פותח פתח לאותן קבוצות אורתודוקסיות להתיר לאישה לעבור לפני התיבה בפסוקי דזמרה או חלקים אחרים בתפילה שאין בהם אמירת ׳דבר שבקדושה׳ או

'מצווה חיובית' (להבדיל מ'מצווה קיומית' שאפשר לקיימה ואפשר שלא) בהתאם לדרישות ה'שולחן ערוך'.

צד זה משותף למניין המשתף ההלכתי ולפסיקת ההלכה שלי - בעניין קדיש יתומה או קריאת נשים לנשים.

אלא שההיבט השני שציינתי הוא שהביא אותי לחלוק על הרב השכן ועל קבוצת הלומדים והלומדות שצעדה איתו בדרך אל המניין המשתף. הרגשתי שהשינויים שהם מבקשים להביא אינם 'עוד צעד' של התפתחות ההלכה, אלא צעד אחד יותר מדי, פסיעה רחוקה שמאבדת את הקישור אל הצעדים הקודמים, אל המסורת.

בדבריי אלו אני מסתמך על מושג שטבע רוברט קאבר, הוגה המשפט האמריקני, שהעמיק בהתבוננות על משמעותו של החוק או במושגים שלנו - ההלכה. קאבר מסביר בצורה מאירת עיניים שהחקיקה היא גשר בין המציאות הנוכחת בהווה לבין האופק העתידי שאליו אנחנו רוצים לצעוד, והיא כמובן טעונה במשמעות וערכים. דימוי זה של פסיקת ההלכה כגשר אל העולם שאנו חולמים עליו אוצֵר גם תשומת לב הכרחית ליציבות הגשר. גשר שיונח מההווה אל העתיד ויהיה רחוק מדי, צר מדי ובעיקר רופף מדי בחיבורו אל העולם העכשווי - עלול להתנתק או לקרוס חלילה.

'הגשרים היציבים', כפי שכינתה אותם פרופ' תמר רוס, הם מה שמאפשר להלכה לעשות את צעדיה קדימה ולהתפתח עם התפתחות הרעיונות והעולם. מה מייצב את הגשרים? רוס מנתה שלושה עוגנים:
(1) הזיקה לממסד ההלכתי הקיים ולמסורת הפרשנית הפנימית;
(2) הזיקה לציבור מחויבי ההלכה ולמטעניו התרבותיים הנלווים;
(3) הזיקה לשפה הדתית של ההלכה ולפנייתה לממד טרנסצנדנטי.

נראה כי ביסוס החידוש על השפה ההלכתית עצמה הוא מבחן ראשון ליציבותו של הגשר, ולעיתים הוא המבדיל בין פסיקה רפורמית לפסיקה אורתודוקסית. השפה, כפי שלמדתי ממורי ורבי הרב שג"ר, היא התשתית שמכוננת את העולם הדתי ואת הזהות שלנו.

אלא שכאן אנו למדים שזהו אינו העוגן היחיד לגשר היציב.

גם פסיקה ישרה, הקוראת את המקורות קריאה כנה ומבססת טיעון הלכתי לגיטימי, יכולה להיות מנותקת מהמקום שבו נמצאות המסורת הפרשנית וקהילת הפוסקים - ויתרה מכך, מנותקת מהמקום שבו נמצא הציבור בכללו על מטעניו התרבותיים.

הגדרות אלו הן הגדרות חמקמקות. הציבור מגוון ורחב; הרבנים שונים ונבדלים זה מזה; ושינויים אכן מתרחשים. לעיתים, שינוי שנתפס בדור מסוים כפריצת גדר יכול להפוך תוך שנים ספורות לדרך המלך וקשה לדעת היכן בדיוק עובר הגבול.

ועדיין, האינטואיציה שלי ביחס לשינויים שביקשו מכונני המניין המשתף ההלכתי הייתה שאף שהם מבססים את דבריהם על מקורות כאלו או אחרים, הצעד שהם עושים הוא יותר 'מהפכה' מ'התפתחות'; הוא צעד המערער על הקיים ולא ממשיך אותו. הוא מייצר נתק מההקשר ההלכתי של בית הכנסת, באופן שהוא נחווה על ידינו היום ובמשך מאות שנים, ומקעקע יסודות שלא ניתן לשנותם; לפחות לא כעת.

זאת ועוד. דווקא בית הכנסת הוא מרחב שבו השינויים הללו איטיים באופן מהותי, משלוש סיבות.

ראשית, בית הכנסת איננו שייך רק לקהילה המסוימת המתפללת בו. באופן מעשי ורוחני גם יחד, הוא שייך גם לכל יהודי ויהודייה שעשויים להיקלע לשכונה או למקום היישוב ולרצות להצטרף לתפילה במניין, לומר קדיש או להיות חלק מציבור מתפללים. האחריות על קצב השינויים ועל שימורם של גשרים יציבים לקהל רחב ככל שניתן מהותית בבית הכנסת יותר ממרחבים אחרים.

שנית, בית הכנסת הוא מרחב מקודש, שנאספים אליו במהלך היום - וחלק מהציבור בשבת, כציר מרכזי בשבוע - כדי להתנתק מהיומיום המחולן ולגעת במשהו מהעבר, מהנצח והאינסופי המשוקע בכתליו, בסידורים, בארון הקודש וספרי התורה וגם במבנה בן אלפי השנים. הדברים נוגעים לנוסח שלא ממהר להשתנות חדשות לבקרים (אף שיש תוספות לאור מאורעות הזמן), למנגינות - ולא פחות מכך להפרדה בין הגברים לנשים ולאופי ההתנהלות בתוכו.

הטענה כי ביומיום אנו רגילים בנוכחות של נשים וגברים באופן זהה במרחבי החיים, במכולת, בבית הספר ובמשרדי הממשלה איננה חודרת בקלות את סיפו של בית הכנסת - ולא בכדי. דווקא שם המסורת משַמרת איכות שהיא חלק ממה שמחפשים המתפלל והמתפללת.

ולבסוף, ייתכן שבית הכנסת במבנהו הישן, המבחין בין גברים לנשים, משמר היבטים ערכיים שיש בהם אמת גם כיום. דברים כנים ומרגשים בנושא זה ראיתי במאמרה של עינת רמון, שהייתה בעברה מנושאות הבשורה בתנועה הקונסרבטיבית ובמאמר אישי אך בהיר ומנומק שפורסם בכתב העת 'דעות' בשנת תשע"ו הסבירה את עזיבתה את התנועה הקונסרבטיבית והצטרפותה ל'שוליה של האורתודוקסיה המודרנית' (כלשונה).

רמון פורשׂת בדבריה טענות עקרוניות כנגד היחס של התנועה הקונסרבטיבית להלכה, שלא כאן המקום להעמיק בהן. בין השאר היא מבקשת עמדה הלכתית שיש בה 'ענווה בריאה בתהליך הפרשנות ההלכתית'. היא עומדת על ערכה הרב של החשיבה על כלל ישראל ועל האתגר הגדול והחשיבות הגדולה שבהצבת גבולות הלכתיים ברורים בעולם פוסט־מודרני, עולם שהביא לצניחה דרמטית בגודלן של הקהילות הרפורמיות והקונסרבטיביות בארה"ב, לדבריה. היא מזהה היטב שמסורת לא יכולה להתכונן על תפיסה המבטלת את העבר, וממילא 'אם ירווח בקהילות הללו המסר שמנהגי התפילה של אבותינו ואמותינו אינם מוסריים, כי הם אינם משתפים או שוויוניים דיים - אזי ייווצר עימות חריף שיביא, חלילה, לחיסולן ההדרגתי של הקהילות הללו'.

באופן ממוקד יותר לנושא דיוננו, רמון מוסיפה שאחד המאפיינים הבעייתיים של התנועה הקונסרבטיבית הוא התבטלות בפני הנאורות. היא קוראת לאורתודוקסיה המודרנית 'להקפיד על שיח הרואה באור חיובי את עולם התורה ולא מתבטל בפני ה"נאורות", שהיו בה ויש בה לא מעט פגמים', ומבהירה מה מפריע לה דווקא כאישה בבית הכנסת הקונסרבטיבי:

[...] בעולם הקונסרבטיבי, הסרת המחיצה הייתה השינוי הראשון שהונהג ביחס לנוהג האורתודוקסי [...] אולם כיום, דווקא בעידן שבו גורמים כוחניים תובעים את ביטולה המוחלט של ההבחנה בין גברים ונשים, המחיצה חשובה יותר מתמיד. ההכרה בהתפלגות הטבע, שבני האדם הם חלק ממנו, לשני מינים - זכר ונקבה - נחשבת בעולם הליברלי לגזענית ולהטרו־פטריארכלית, למרות שהיא תואמת לחלוטין את התגליות המדעיות החושפות עוד ועוד פרטים על ההבדלים שבין איש ואישה ומשמעותם. הנחת גבול מוחשי וסמלי בין נשים וגברים מגבילה את מערבולת השינויים המגדריים האין־סופיים, הנתבעים מן הכיוון הפמיניסטי שהעולם הדתי־ליברלי נקלע אליו [...]

רבים מן הכלים של הבינה הרגשית, הנשית, שבנתה את בית ישראל לאורך דורות, מתוך קיום הברית בין נשים וגברים במסגרת הנישואין, אבדו בדורנו, משום שהעולם הפמיניסטי דחה אותם כבלתי־שוויוניים דיים. אכן, גם העולם הקדם־מודרני לא היה טלית שכולה תכלת. ואולם הצער הגדול בדור זה, שבו עומדים לרשותנו משאבים חומריים בלתי מדומיינים, הוא שנשללת מאִתנו היכולת הפנימית־הרוחנית ליהנות מעושרם בשל הנהייה הבלתי־פוסקת אחרי 'קִדמה' ועוד 'קִדמה', כאשר ה'קִדמה' כרוכה תמיד בניפוצן של מסורת אבות ואמהות. התרבות שאנו חיים בה מטפחת חוסר שקט פנימי, ואינה מאפשרת לנו ליהנות מן השפע והטובה שבהם זיכה אותנו בורא עולם. דווקא בעולם האורתודוקסי נמסרים כיום לאישה ולאיש כלים רוחניים המסייעים בבניית איזון פנימי וביצירת קשרים משמעותיים ויציבים בין איש ואישה, מה שאין כן בעולם הקונסרבטיבי.

בית הכנסת משמר, אם כך, קוטב של ערכי עבר שגם בעולמנו רווי התמורות המבורכות, עודם ניצבים כמוכיחים בשער ומשמרים אותנו מפני קליפותיה של הקִדמה.

כשקראתי את דבריה של עינת רמון על המחיצה, נזכרתי בסיפור ששמעתי בערך באותה תקופה. באותם ימים נפטר יעקב גרוס, מוותיקי הקיבוץ שזכיתי להכיר בשנותיי בעמק. יעקב היה לא צעיר כשהגעתי לטירת צבי, אך פקד את בית הכנסת בדבקות יום יום, עד שכבר לא היה יכול יותר. אז המשיך להתאמץ להתפלל בביתו, ואף זכיתי ללבן עמו כמה סוגיות הלכתיות שנגעו למצבו.

במהלך השבעה שמעתי סיפור מרגש על יעקב ורעייתו דבורה ע"ה, שנפטרה כמה שנים לפניו. עם בניית בית הכנסת בטירת צבי, קבעו יעקב ודבורה את מקומות הישיבה שלהם בבית הכנסת שהמחיצה בו הייתה לא אטומה ואף יותר מכך... אלא שהם השתדלו וחיפשו מקומות ישיבה כאלו שאת קו הראייה שביניהם יחצוץ אחד מעמודי הבטון התומכים את התקרה. כך ביקשו לוודא שלא יחפשו זה את זו במבטם במהלך התפילה...

* * *

בדברים שהבאתי כאן איני מנסה לדחות טענות ותחושות של נשים שאינן מוצאות את מקומן בבית הכנסת, כפי שהוא במצבו הנוכחי, וכואבות ומבקשות שינוי. הרב שג"ר הדגיש לא פעם שהכֵּנות הדתית היא המפתח החשוב ביותר - ובתחום זה חשובה הכנות פי כמה. אינני טוען שההלכה בנוגע לבית הכנסת ומקומן של נשים היום היא אופטימלית, אך אני סבור שהנזק שבשינויים דוגמת זה שהציע המניין המשתף גדול מהרווח - וכדברי הגמרא במסכת בבא בתרא: 'לא לסתור איניש בי כנישתא עד דבני בי כנישתא אחריתי [=לא יסתור אדם בית כנסת עד שיבנה בית כנסת אחר]' (דף ג ע"ב).

בזמן כתיבת שורות אלו, בסתיו תשפ"ג, פרסמה הרבנית כרמית פיינטוך דברים נוגעים ללב באתר 'צירופים חדשים' ובתוך דבריה כתבה בכאב:

> לפני כשנה התייצבתי לפני ציבור גדול במהלך ימי עיון בבית המדרש בו אני מלמדת. אמרתי שיש לי כאב גדול, אבל זה לא רק כאב אלא גם הכרה דתית ערכית בשינוי שצריך

להתחולל. אמרתי שצריך לחתור אל עתיד שבו נשים ייספרו למניין, יוכלו להיות ציבור ולומר בו דברים שבקדושה. שנדמה לי שאחרת זה חילול ה׳, שזו האחריות שלנו כרגע להשמיע את הקול הזה בעולם. בבית המדרש הזה נאמר פעם שלימוד תורה לנשים הוא רצון גבוה ׳לשחק על המגרש׳, ולא להיות מתבוננת מהיציע. הן לא רוצות להסתכל עוד על הגברים הלומדים, המתפללים, הרוקדים. בבית המדרש הזה נשים לא נחשדות יותר במניעים ׳זרים׳ כאשר הן מביעות רצון כזה, להפך - זו נחשבת מעלה, רצון כן להיות חלק מעבודת ה׳ פעילה ותוססת. אני יודעת שהלכתי פה צעד נוסף, אל מחוץ לכותלי בית המדרש. כן, גם במחוזות קדושה אחרים, ובראשם התפילה, אני רוצה להיות על המגרש ולא לצפות מהיציע.

ברור לי שהדרך עוד ארוכה. ההלכה עוד רחוקה מזה מאד, ואני לא מתכוונת לעבור עליה. מדובר על שינוי גדול, שינוי קונספטואלי, ולכן זו פסיקה שלא נכון שתהיה של אנשים בודדים, אלא של קבוצה גדולה שתצטרך לעשות זאת יחד. ועדיין נראה לי שמותר לשרטט את הכיוון, גם כשהדברים נשארים כרגע רק מילים ורעיונות. זה נוקב, זה כואב, וזה גם דורש מאיתנו להרחיב את מעגלי הכאב הזה, לזעוק את הזעקה הזו יותר ויותר חזק, וגם לבדוק מי איתנו, שלא נהיה בזה מתי מעט משונים, דווקא אם אנחנו רוצים להשפיע. זה התפקיד שלנו לזעוק את זעקת השוויון הפשוטה הזו, כדי שעוד אחרים יצטרפו אלינו להבנה הזו ולתהליך הזה.

דבריי עוררו מהומה גדולה בבית המדרש, גם בעת ההתרחשות וגם עוד הרבה אחריה. מילים קשות מאד הוטחו בי, מילים שעסקו ב׳הפרת הברית׳ ובחציית גבול. הן כאבו מאוד וגם נותרו כשאלות בתוכי. זה לא קל לי, כי אני שייכת לשם במובנים רבים ועמוקים; רוצה להמשיך ולהחזיק בשלשלת המסירה ולפעול מתוכה. יש לי אמון מלא בכלי העבודה

של התורה שבעל־פה וביכולתם לאפשר התפתחויות, אמון מלא בהיותה של ההלכה אכן 'הולכת'. איני מצטערת על סימון הכיוון הזה. ימים יגידו מה היה ערך העניין. ובינתיים - תפילות על ענווה, אומץ ויראת שמיים. מבחינתי, ההתנסות הזו על כל חלקיה היא המחויבות המוצהרת שלי לעמדה מורכבת, שיש בה גם תביעה לשינוי וגם הכרה בקצב הנכון למימושו.

אומנם הרבנית כרמית עוסקת כאן בשאלת צירוף נשים למניין (שלא עלתה על השולחן בקרב אנשי ונשות המניין המשתף שעליו סיפרתי), אך בעיניי הכאב הוא אותו כאב, וההכרה בחוסר היכולת לממש את הפתרון המוצע במסגרת ההלכה היא אותה הכרה. איני יודע מה יֵלד יום וכיצד תתנהג בת נינתי בבית הכנסת בעוד מאה שנים. קשה לצפות את תהפוכות ההיסטוריה, והנבואה ניתנה לשוטים ולתינוקות. אך 'חכם עדיף מנביא' ובינתיים, בעיניי, ההלכה היא שביל החכם מההולכים בו ודרך המשַמרת את הגשרים היציבים אל שינויים שאולי יתחוללו.

* * *

ראש חודש אדר הגיע.

היה זה יום שישי והגעתי להתפלל במניין המאוחר, בשעה 8:00. ידעתי שבמקביל, במועדון ההרצאות, מתחילים להתפלל במניין המשתף ושאלתי את עצמי מי ומי ההולכים וההולכות מתוך הקהילה למניין ההוא.

בעודי מוציא את התפילין מקופסאותיהן, ניגש אליי אחד מצעירי הקהילה ובדיבור מהוסס פנה אליי וביקש לשאול. 'בשמחה', השבתי, 'במה אוכל לעזור?'. 'תראה הרב', הוא אמר, 'קצת לא נעים לי, אני יודע שפרסמת שאתה מתנגד למניין המשתף'. 'לא מתנגד', דייקתי. 'אמרתי שבעיניי הוא חוצה כמה מגבולות ההלכה והמסורת'. 'כן, כן', אמר השואל. 'לזה אני מתכוון'. הרגשתי שהוא מרגיש לא בנוח ולא ידעתי מדוע. הנחתי יד על כתפו ושאלתי 'מה השאלה?'. 'אשתי

רשמה אותי כאחד הגברים לצורך המניין. לא ידעתי שאתה מתנגד, כלומר חושב שהוא חוצה גבולות, והיום הבנתי שבונים עליי שם כעשירי למניין׳.

כפי שהערכתי, היו יותר נשים מגברים שחפצו בתפילה הזו, ואותו צעיר שעמד מולי היה נחוץ לטובת המניין שם. ראיתי על פניו שהוא באמת לא מרגיש בנוח לשאול אותי. פניתי אליו ושאלתי אותו: ׳ומכך שאתה פונה אליי חמש דקות לפני תחילת התפילה, אני יכול ללמוד שאין באמת חלופה אחרת?׳. ׳נכון׳, הוא ענה.

׳ראה׳, אמרתי לו. ׳הקב״ה מוכן היה שיימחה שמו על המים כדי לעשות שלום בין איש לאשתו. קטונתי. לך לתפילה שם ותשמור על שלום הבית עם רעייתך, ואל תחשוש לכבודי או לנעימות שלך ממני. אחרי התפילה, כדאי שתדברו שניכם על הנושא בנחת׳.

חטיבה שנייה:

שבתות וחגים

הפסד מרובה:
על הלכה נוכח מצוקה כספית

מרַכּזי הענפים החקלאיים היו מהמורים החשובים שלי בתקופת שהותי בקיבוץ. למדתי מהם הרבה על עולמם המקצועי־חקלאי, תחומים שבדרך כלל לא גלויים למי שאיננו מתעסק יום יום בגידול תמרים או בשתילת אבטיח. למדתי מהם גם על ניהול והנעת עובדים, לפעמים בתנאים לא פשוטים של חום קיצוני או גשם שוטף, וגם למדתי מהם הרבה הלכה, באמצעות שאלותיהם שאתגרו אותי פעם אחר פעם.

אחת השאלות הללו הייתה שאלה שהגיעה מהמִדגה של טירת צבי, שאלה שגרמה לי לעיין לא מעט ולחפש כיווני תשובה בספרי השאלות והתשובות, ומשלא מצאתי - לפנות אל הרב שלמה משה עמאר בבקשה שיסייע לי לדייק את תשובתי.

בשטח המדגה 14 מאגרי מים. הקיבוץ קונה דגיגים קטנים, מגדל אותם ובסופו של דבר משווק אותם (כשהם חיים) למפעל אחר. אחד הדברים החשובים הוא אספקת החמצן הסדירה לבריכת הדגים, שהרי ללא חמצן - הדגים עלולים למות ושיווקם יֵרד לטמיון. הקיבוץ מחזיק בשבת שומר שאינו יהודי שתפקידו לוודא שהכול מתנהל כשורה בבריכות הדגים; ואם ישנה בעיה - הוא אמור לתת לה פתרון. פעמים רבות, כשקיימת בעיה ב'חמצניות', תיקון התקלה דורש הפעלה של המנוע החשמלי בשבת מחדש. במקרים שבהם השומר איננו מצליח להתמודד עם הבעיה בעצמו, הוא קורא

לחשמלאי מהקיבוץ (שהוא כמובן יהודי) שאמור לתת את הפתרון המקצועי לאספקת החמצן לבריכה. כאן כמובן מתעוררת שאלה הלכתית הנוגעת להיתר לעבור על איסורי שבת (איסורים שאינם מן התורה אלא מדברי חכמים בלבד) כדי למנוע הפסד מרובה, של הדגים בבריכה.

השאלה שהטרידה אותי הייתה כיצד להגדיר את ההפסד המרובה. באותה שנה שבה נשאלתי את השאלה הזו, מחיר הדגים בכל מאגר בעת שיווקם היה כ־150,000 ש"ח. מתוכם, הרווח נטו על כל מאגר היה כ־40,000 ש"ח (בניכוי ההוצאות, השכר לעובדים וכו'). הרווח של הענף כולו - כשבע"ה הוא מצליח ואין פגעי טבע וכיוצא בהם - מסתכם בכחצי מיליון ש"ח בשנה. התלבטתי היכן עובר הגבול של ההפסד המרובה, וליתר דיוק - כיצד נחשב את ההפסד המרובה: האם ביחס לבריכה עצמה (הפסד של כל הדגים)? ביחס לרווח הצפוי? ביחס לעלות ההשקעה? ביחס לכלל הבריכות? ביחס לרווח השנתי של הענף? ואולי ביחס למחזור הכספים של טירת צבי בכלל, מחזור שבו המדגה הוא אחד הענפים הזניחים ברווחיו, שהרי הקיבוץ הוא הבעלים של המדגה? האם לעובדה שאילו המדגה יסיים שנה בהפסדים ייתכן שהענף ייסגר, מה שיביא לפיטורי העובדים, יש משמעות לעניין זה?

בתוך השיח ההלכתי קיימות מדרגות שונות ביחס לעלויות והפסדים - למשל 'חומש', 20 אחוזים, הגבול להוצאה של האדם מכספו על מצוות עשה; או 'שתות', שישית, נתון הלכתי בעניין ביטול מקח במקרה של אונאה - אך אלו לא הניחו את דעתי כפרמטרים להגדרת הפסד מרובה במקרה הזה.

בשמו של הרב יעקב אריאל שמעתי כי עבור זוג צעיר שתי חבילות של פסטה הן הפסד מרובה. דבריו נאמרו ביחס למכירת חמץ לפני הפסח, שהותרה במקרה של הפסד מרובה. משמעות דבריו היא שחישובו של ההפסד המרובה איננו פונקציה של כמות הכסף ואף לא של אחוז מסוים מהנכסים או ההכנסות, אלא מדובר בתחושת הפסד שהיא במהותה אינדיבידואלית וסובייקטיבית.

כאמור, פניתי לרב עמאר, הראשון לציון והרב הראשי לישראל לשעבר, וזכיתי לתשובה ארוכה ומפורטת, שאף ראתה אור בספר השאלות והתשובות שלו, 'שמע שלמה', בחלק השמיני. מסקנתו של הרב עמאר הייתה שבוודאי יש במקרה כזה חשש של הפסד מרובה - וכך גם הוריתי לאנשי הענף - אבל גם הוא לא הניח אַמַּת מידה אחת מוצקה להגדרת אותו הפסד מרובה.

* * *

בבסיס השאלה שנשאלתי עומדת המורכבוּת שבין ההלכה הפשוטה, האוסרת שימוש בחשמל בשבת, לבין המחיר הכבד של הקפדה על הלכה זו כפשוטה. למעשה, זהו דפוס נפוץ של שאלות שפגשתי לאורך השנים ושנשאלים רבנים לאורך הדורות, והוא נוגע למקרה שבו נראה שקיימת התנגשות בין שורת הדין ההלכתית לבין המחיר הכספי שייגרם בעטייה. לכאורה, מדובר בהתנגשות בין ההלכה שמקורה אלוהי ושמימי לבין הצורך האנושי והארצי. אלא שפוסקי ההלכה מלמדים ש'חס המקום על ממונם של ישראל', כלומר שני צידי המטבע נשענים על רצונו של ה', ואותו אלוהים שציווה לשמור את הלכותיו - ציווה גם לחוס על ממונם של ישראל.

זכורני שבשנת השמיטה ביקשו לראיין אותי לתחנת רדיו מקומית בצפון, כרב קיבוץ דתי המתמודד עם אתגרי השמיטה. המראיינת שאלה אותי על היערכות הקיבוץ לשנה השביעית ו'איך נראים חיי היומיום של החקלאים?'. עניתי מה שעניתי, ואז הגיעה השאלה האחרונה. 'האם יש ויכוחים בקיבוץ בין כאלו המעוניינים לשמור את ההלכות של השמיטה לבין אלו המעוניינים לדאוג למצב הכלכלי של הקיבוץ?'. חייכתי אל תוך הטלפון הנייד ועניתי לה ולמאזיני התוכנית שבקיבוץ אכן מתקיימים דיונים, וכמקובל בחברה דמוקרטית ושיתופית יש ויכוחים וניסיונות שכנוע, אך הם לא בין 'שומרי ההלכה' ל'מעדיפי הכסף' אלא בין יהודים מאמינים, שומרי מצוות המנסים לנהוג כרצון ה' ומתלבטים היכן עובר הקו המדויק שבין רצונו של בורא העולם שנשמוט את האדמה בשנה השביעית, לבין רצונו של אותו בורא שניישב את הארץ, נחיה בכבוד ונרוויח את לחמנו.

אחרי הכול, אלו דברים שכבר אמרו תנאים ואמוראים. התלמוד הירושלמי במסכת תענית (פרק ג׳) מספר על יהודי שהובא לפני רבי יהודה הנשיא משום שנחשד שהוא עובר על הלכות הנוגעות לפירות שביעית. רבי יהודה הנשיא העיר לאנשי ׳משמרת השמיטה׳ על הבאת אותו אדם ואמר להם (בתרגום לעברית): ׳ומה יעשה המסכן? בגלל חייו הוא עשה זאת׳. דבריו של רבי נסמכים בתלמוד הירושלמי על הלכה מופלאה, המחייבת לזעוק, להתענות ולהריע בחצוצרות בזמן עצירת גשמים גם בשנת השמיטה, ׳מפני פרנסת חשודים׳ כדברי רבי זירא, כלומר - כדי שיהיה גשם ויבול ליהודים עוברי עבירה (או בניסוח עדין יותר, החשודים לעבור עבירה...).

ההיתר בגלל הפסד מרובה רווח בספרות ההלכה וכאמור הוא מנומק במילים ׳חס המקום על ממונם של ישראל׳. רבנו בחיי מזהה, בעקבות חז״ל, את החמלה האלוהית הזו כבר בתורה גופה. כך ביחס לקורבן הפסח שלגביו מדגישה התורה ׳וְלָקַח הוּא וּשְׁכֵנוֹ׳ (שמות יב, ד), מכיוון שמוֹתר הפסח מיועד לשריפה; כך ביחס לחֵלב נבֵלה שניתן לעשות בו מלאכה (ויקרא ז, כד); כך ביחס לנבֵלה עצמה שניתנת לגר תושב או לנוכרי (דברים יד, כא); וכך גם ביחס לבית המנוגע (ויקרא יד) - התורה מַנחה לפנות את הבית לפני שכלי החרס והבגדים הצבעוניים ייפסדו.

אחד המקורות החביבים עליי ביותר בתחום זה הוא משל רבי יהודה החסיד, בן המאה ה־12, ששואל ב׳ספר חסידים׳ מדוע התורה מתנסחת בקיצור ולא מפרטת את כל הנלמד במדרשי ההלכה כך שלא ייווצר בלבול? לכאורה זהו פתרון מצוין לדיונים ארוכים, להתלבטויות ולמחלוקותיהם של חכמים בדבר כוונתה של התורה שבכתב. זוהי תשובתו הקצרה והמתוקה:

> אִלו היה מפרש כל דיבור ודיבור, היה צריך להרבות קלפים וכתיב ׳כי לא יחדל אביון׳ (דברים טו, יא) והתורה חסה על ממונן של ישראל ואין יכולין לקנות כולם קלפים וגם אין

> כולם יודעים לכתוב; ועוד לא היה כותב בכמה ימים; ועוד אדם עוסק במלאכתו - נמצא תורה בטילה.

תירוצו הראשון מופלא בפשטותו. הכנסת כל הפירושים ומדרשי חכמים לתוך התורה עלולה הייתה להפוך את התורה לארוכה עוד יותר, להגדיל עד מאוד את היקף הקלף הנדרש לכתיבתה - וצעד כזה היה מייקר אותה ופוגע בממונם של ישראל. תשובה תמימה זו מלמדת אותנו על תפיסת עולמו של רבי יהודה החסיד, שלפיה הקב"ה מוכן לשלם את מחיר הבלבול ואי־הבהירות של תורתו - ואולי גם להביא להבנה לא מדויקת או לא מוחלטת - וכל זאת כדי לא לפגוע בכיסו של היהודי הפשוט והאביון.

כמאה שנים אחריו, רבנו מנחם המאירי, מחכמי פרובנס במאה ה־13, בפירושו לגמרא במסכת חולין (דף מט ע"ב) מנסח תפיסה זו כעיקרון מנחה לפסיקת הרב:

> כל שבאה הוראה לפני חכם ואפשר לו להתיר בריוח בלא מחלוקת מי שראוי לסמוך עליו אין ראוי לו להתחסד ולחזר אחר החומרות יותר מדאי אלא יחוס על ממונן של ישראל שאף התורה חסה על ממונן של ישראל.

בדרך כלל, מסתמכים הפוסקים על שיקולי הפסד מרובה בדיני דרבנן. ההבחנה בין דין דאורייתא לדין דרבנן היא אולי ההבחנה החשובה ביותר עבור פוסק שנשאל שאלה - ובעקבותיה תשובתו יכולה להיות פשוטה הרבה יותר.

אם לפנינו דין דרבנן, מדובר באיסור שהתורה לא אסרה עלינו, ולחלופין בפרט בַּמצווה שהתורה לא הקפידה עליו. חכמים הם אלו שהוסיפו סייג, דין, תקנה, הידור או חומרה והם שאמרו לנהוג כך או להימנע ממעשה כלשהו. ממילא, כשנעמוד בפני הפסד מרובה (וגם בפני צרכים אחרים - צורך רבים, שעת הדחק, במקום מצווה, במצב של חולי), נוכל להתיר ביתר־קלות.

לעומת זאת, אם אנו עוסקים בדין דאורייתא, דין תורה - קשה יותר להתירו אל מול הפסד או צורך. אלא שגם במקרים כאלו יש פוסקים שמוצאים פתח להתיר. הרב יצחק יעקב וייס, שהיה אב"ד של העדה החרדית, פותח את ספר התשובות שלו, 'מנחת יצחק', בדיון ארוך שבו הוא מתאר את תפילתו שלא תארע תקלה על ידו בפסיקת ההלכה. החשש מלהיות 'מכלה ממונם של ישראל' מטריד אותו מאוד ומשמש נר לרגליו בנוקטו ש'כֹּח דהיתרא עדיף'.

את פסיקתו בדרך זו הוא מאתגר מדברי המהר"ץ חיות (מרבני גליציה במאה ה־19) שכתב שבאיסורי תורה לא אומרים 'התורה חסה על ממונם של ישראל', אך לאחר מכן הוא דוחה את דבריו במקום ש'נראה עיקר כמקילין רק דמחמירים כדעת החולקים'. הוא מוסיף ומצטט את הרב אפרים זלמן מרגליות (מחכמי ה'קלויז' בברודי, שחי במאה ה־18–19) 'דלהחמיר שלא כדין יש גם כן דררא דממונא [=נגיעה ושייכות לממון], דמפסיד להשואל'. חמור מכך - הוא מפנה לשולחן ערוך בהלכות יום הכיפורים, שם מפורש ש'עברות שבין אדם לחבירו אף יום הכיפורים אין מכפר עד שירצה את חבירו'. עד כדי כך חמורה בעיניו אחריותו של הפוסק לממונם של ישראל!

גם הרב אשר וייס, מגדולי דורנו, עוסק בשאלה זו בספר התשובות שלו ומתלבט בנוגע לאופייה של ההקלה במקום הפסד מרובה. מן הצד האחד, ישנם מקרים שבהם נראה שמדובר בתקנה של חכמים. אם כך, מעיר ר' אשר, תקנה כזו כוחה יפה רק לדיני דרבנן. מן הצד השני, יש מקום לומר שלא מדובר בתקנת חכמים אלא בסברה - 'דכיון שהתורה חסה על ממונם של ישראל, מסתבר להקל בספקות וכמו שמצינו בכמה מקומות שהקלו בשעת הדחק'. ואם אכן סברה יש כאן, 'יש מקום לומר דאף בספיקא דאורייתא יש מקום להקל בנטיית הלב כיוון דחזינן [=שרואים אנו] דהתורה חסה על ממונם של ישראל [...]'.

במשך שנותיי כלומד, מלמד ופוסק הלכה, נתקלתי בתשובות ודוגמאות רבות שבהן למצבו הכלכלי של השואל היה תפקיד משמעותי בהכרעה ההלכתית. הלומד את ה'שולחן ערוך' אינו

יכול שלא להתרשם מעמדתו העקבית של המגיה הגדול שלו, בעל ה'מפה', רבי משה איסרליש, הרמ"א, המורה להקל במקום הפסד מרובה פעם אחר פעם. תשובות מעין אלו נמצאות גם אצל פוסקים רבים אחרים. בין השאר התפעלתי מההשפעה של עיקרון זה על הכרעותיו של ר' משה פיינשטיין.

את תשובותיו של ר' משה פיינשטיין, גדול הפוסקים בארה"ב במאה ה־20 ומגדולי הפוסקים בכלל, לימדתי בטירת צבי במשך כחמש שנים - במסגרת שיעור קצר לאחר תפילת ערבית. עם הגעתי לקיבוץ, חשתי שההלכה אינה זוכה להארת פנים של חלק מהציבור, ולטעמי הדבר נבע בראש ובראשונה מחוסר היכרות עם דרכי פעולתה והתהוותה. חשתי שעבור רבים (הגם שהיו שומרי מצוות כמובן, וחלקן בהקפדה גדולה) המפגש עם ההלכה היה עם שורת הדין, שלעיתים נדמתה כשרירותית, לא מתחשבת בצרכים האנושיים, לא גמישה, לא תמיד רציונלית, כפייתית ודקדקנית.

חיפשתי דרך להפגיש אותם עם עולמה של ההלכה כפי שאני הכרתי אותו וחשבתי שלימוד תשובות הלכתיות יכול להיות פתח להיכרות מסוג אחר עם ההלכה והיווצרותה. בלימוד ספרות השאלות והתשובות ישנו רווח גדול שמוחמץ לעיתים כשלומדים הלכה רק מתוך 'שולחן ערוך' או ספרי פסיקה אחרים. השו"ת מביא אל הלומד את עולמו של השואל, את הסיפור הייחודי, את הרקע בקהילה המסוימת ובתקופה הקונקרטית, ובה בעת גם את עולמו של הפוסק, את דרך החשיבה שלו, את מקורות ההשראה שלו, את שיקוליו ההלכתיים והעקרוניים יותר, את המפגש של ההלכה והחיים.

בחרתי ב'אגרות משה', סדרה בת תשעה כרכים ובה תשובותיו של ר' משה פיינשטיין; סדרה הפותחת צוהר ל'סדנת הפסיקה' שלו, לצורת החשיבה, להתלבטויות, לטיעונים, להכרעות ולעצות הנלוות אליהן. סדרת תשובות החובקת את כל תחומי החיים וה'שולחן ערוך' ומשתרעת על פני למעלה משישים שנים - מליטא של שנות ה־20 ועד שנות ה־80 בארצות הברית, ובכלל זאת התייחסות לתמורות חברתיות, פוליטיות, טכנולוגיות ומדעיות.

וכך, אחרי תפילת ערבית בבית הכנסת, הייתי מלמד תשובה אחת של ר׳ משה, בכמה דקות קצרות. לא לימדתי את כל התשובות כמובן, ולא קראתי את תוכנה של כל תשובה שלימדתי. בחרתי תשובות שיותר משהיו רלוונטיות מבחינת נושאן אִפשרו להיפגש עם תפיסתו העקרונית של ר׳ משה ועם ׳בית היוצר׳ של ההלכה שלו.

פעם אחר פעם שמתי לב כיצד כספו של היהודי הפשוט הוא שיקול הלכתי מודע ומפורש מבחינת ר׳ משה וכיצד הוא מתאמץ למצוא פתחים הלכתיים להקל במקום צורך והפסד ממון, שמבחינתו נחשב כ׳אונס׳. למשל הוא מתיר לאלמנה ללכת ללא כיסוי ראש כשעבודתה במשרד מחייבת אותה לעשות כך; ואף לגבר הוא מתיר לילך בגילוי ראש לצורך פרנסתו. בשאלה מרתקת אחרת הוא נשאל לגבי מינוי אישה כמשגיחת כשרות - ומתיר. עיון בתשובה מגלה שאין זו תשובה על ׳נשים כמשגיחות כשרות׳ (אף שבהחלט אפשר לחלץ מהתשובה עקרונות רבים וחשובים בעניין זה) אלא היא עוסקת במקרה ייחודי מאוד:

> הנה בדבר האלמנה אשת תלמיד חכם אשר היה משגיח על כשרות ונשארה בלא כלום ואין לה במה לפרנס את בניה היתומים ובאשר היא אשה צנועה ויראה את ה׳ באמת והיא גם חכמה ונבונה ובעלת אחריות אשר יש לסמוך עליה שהיא תהיה תחת בעלה להשגיח ויהיה לה מזה הפרנסה עבורה ועבור בניה ורצון כתר״ה לידע דעתי בזה.

כבר בניסוח השאלה, ר׳ משה מעלה על נס את מעלותיה של האישה, ולא פחות מכך את עניותה ואת האופק הכלכלי שייפתח עבורה אם רק יותר לה להשגיח על הכשרות במקום בעלה. ר׳ משה מאריך בתשובתו ואחרי שהוא מביא את עמדת הרמב״ם שממנה משתמע שלא ניתן למנותה, הוא מסכם: ׳ולכן לצורך גדול בשביל חיות האלמנה ובניה היתומים יש לסמוך על החולקים על הרמב״ם ולמנותה תחת בעלה להשגחה׳.

יש עִמי עוד דוגמאות רבות לשיקולי פסיקה מעין אלו אצל ר׳ משה. היפות שבהן כוללות תחומים הלכתיים שבהם פסק לחומרה כשנשאל לעצם העניין, אך בתשובה אחרת הקל - כשהשתלב בה צורך פרנסה או הפסד ממון.

* * *

כמה שנים לאחר מכן נתקלתי בשאלה במוצאי השבת. אחד מאנשי הצוות החינוכי של הישיבה התיכונית ׳רגבים׳, שהשתכנה באותם ימים בדירות הקיבוץ, התקשר אליי ובפיו שאלה.

הישיבה הזמינה לתלמידיה ששהו בשבת בפנימיות כמות נכבדה של מגשי פיצה לארוחת הערב. רק לאחר רכישת הפיצות והגעתן לידי התלמידים הסתבר כי לפיצרייה אין תעודת כשרות בתוקף והיא לא מושגחת על ידי משגיח מקצועי. השואל ביקש לדעת מה לעשות עם הפיצות ואם ניתן בדיעבד להתיר את אכילתן או שיש לזרוק אותן - דבר שכמובן כרוך בהפסד מרובה (ובתחושה לא נעימה הגובלת במעבר על איסור ׳בל תשחית׳, האיסור להשחית אוכל וחפצים לחינם).

התלבטתי כיצד לענות לו.

מחד, הערכתי כי אין בעיה הלכתית של ממש באותן פיצות. מדובר היה בפיצרייה שמכרה פיצות בלבד (ללא מוצרים אחרים, ובוודאי ללא מוצרי בשר), וקרוב לוודאי שרכיבי היסוד של הפיצה (קמח, גבינה, רסק עגבניות) נקנו ממשווק גדול ושומר כשרות.

מאידך, חששות ושאלות יכולים תמיד להתקיים - למשל בנוגע לבדיקת הקמח מתולעים, למקרים שבהם יש חיוב הפרשת חלה, לספק בנוגע לכשרות רכיבי היסוד (למרות האמור לעיל), לאפשרות שבמטבח לא מושגח אין מקפידים שעובדי הפיצרייה יימנעו מלהכניס אוכל משלהם למטבח ולכלים (ואולי אף הוכנו דברים בשבת).

יתרה מכך, הקפדה על תעודה או אישור כשרות היא ׳סטנדרט׳ שאנחנו מחנכים אליו, לא רק משום שלא תמיד אפשר לסמוך על בעלי חנות האוכל, ולא רק מפני שלא תמיד הם יודעים על מה

צריך להקפיד גם אם הם רוצים לעשות זאת, אלא גם כמדיניות ציבורית כללית המבקשת לחזק את המקומות השומרים על ההנחיות ההלכתיות ולהבטיח לציבור רחב ותמים אוכל כשר ומושגח.

אל מול חששות ומחשבות אלו, זכרתי כי החמרה כאן פירושה באמת הפסד מרובה. הערכתי את עלות הפיצות שנקנו בסכום של למעלה מ־1,000 שקלים וידעתי כי מוסד חינוכי כמו 'רגבים' מתנהל בחסכנות ולא יוציא הוצאה שכזו בנקל.

מבחינה הלכתית צרופה ניתן להקל בדיעבד גם בשאלות ששאלתי את עצמי קודם לכן, מתוך מערכת שיקולים הלכתיים הכוללת היתרים של ביטול מיעוט או טעם של איסור ברוב היתר (ביטול בשישים), הסתמכות על ניקיון הכלים והנחה שהטעם האסור אילו היה - הוא טעם פגום, והסתמכות על דעות מקילות של פוסקים במקרי צורך ובדיעבד.

אך למרות ההפסד המרובה והגם שהיו ברשותי הכלים ההלכתיים להקל במקרה זה, הכרעתי אחרת.

לנגד עיניי עמדה פסיקת ההלכה של הרב משה פיינשטיין ב'אגרות משה' בשאלה דומה. הרב פיינשטיין נשאל בנוגע להיתר שתיית חלב שמיוצר במחלבות בארצות הברית. לפני שאציג את תשובתו ואת השפעתה על הכרעתי במקרה הפיצות, ארחיב מעט בנוגע לשאלת שתיית החלב עצמה - ואז אשוב לענייננו.

חז"ל אסרו אכילת מאכלים שונים שהוכנו על ידי גויים. החמור ביותר הוא יין של גויים, ולצידו נאסרו גם לחם, חלב, שמן ותבשילי גויים באשר הם. טעמו ועוצמתו של האיסור שונה מאב־מזון אחד למשנהו. איסור היין הוא החמור ביותר והוא משיק לאיסורי הנאה מעבודה זרה, כיוון שהיין שימש רכיב פולחני בניסוכו בבמות של עבודה זרה וכחלק מטקסי הקורבן השונים. בקוטב השני נמצא השמן, שאומנם נגזרה עליו גזירה אבל היא בטלה - משום ש'לא פשט איסורו בכל ישראל' (סיבה מעניינת בפני עצמה). בתווך נמצאים החלב, הפת ותבשילי הגויים; לכל אחד מהם דינים משלו.

טעמו של האיסור נתון במחלוקת. מחד, יש חשש ממשי וריאלי

לבעיות כשרות אם לוקחים תבשיל או לחם מן הגויים. כך גם בנוגע לחלב; החלב עלול להיות חלב חיה טמאה שאסור בשתייה, או חלב של בהמה חולה המוגדרת מבחינה הלכתית כ'טְרֵפָה' וגם הוא אסור בשתייה. לצד זאת, ישנן גישות שרואות את איסור חלב הגויים כאיסור בלתי תלוי, הנובע מטומאת הגויים ומהרצון להתרחק מהם ולמנוע קִרבה שמתרחשת באכילה ושתייה משותפות ועוד.

השאלה מתחדדת במדינות שבהן הרגולציה מתקדמת והמחלבות מפוקחות באופן הדוק משיקולי בריאות ואיכות הסביבה. בארצות הברית, למשל, ישנו מערך פיקוח שמציין איזה סוג חלב נמצא בכל אריזה ונשאלת השאלה אם קרטון חלב שמצוין עליו כי הוא 'חלב פרה' - מותר בשתייה. עמדתו של ר' משה פיינשטיין בשאלה זו איננה נחלת כל הפוסקים אך הוא מתיר את החלב.

למרות זאת, בשאלה שנשאל ר' משה בעניין זה בשנת תש"ל, על ידי ראשי ישיבה בארצות הברית, הוא פסק לחומרה:

> ואף שהוא ביוקר מעט שלהישיבות עולה זה סך גדול במשך השנה והמצב של הישיבות דחוק בשנים אלו שבשביל זה מקילים באיזו ישיבות, מכל מקום כדאי להחמיר כי גם זה הוא מעניני חינוך ולמוד שידעו שכדאי וראוי לבני תורה להחמיר אף כשיש רק חשש איסור, דמזה יתבוננו לראות איך לירא מאיסורין, וכל הוצאות הישיבה הרי הוא כדי לחנך דור נאמן לה' ולתורתו, ומעניני חינוך אין לצמצם.

נימוקו של ר' משה מרתק. אף שהיה ביכולתו להתיר לישיבה להשתמש בחלב המקומי, לא מדובר להבנתו ב'הפסד' אם ישקיעו כסף ומאמץ בהבאת חלב ישראל, וזאת בגלל מהותו החינוכית של המוסד הישיבתי.

אעיר כי זוהי עמדתו העקרונית של ר' משה בנוגע לחינוך: המעשה החינוכי מתבצע 'דרך הרגליים', בהקפדה על פרטי ההלכה כראוי, ולא בדיבורים או בשיעורים. למשל, בתשובה הנוגעת לחינוך ילדים

במצוות אתרוג הוא מציין לעמדת הראשונים הסבורים שניתן לתת לילד אתרוג במהלך החג הראשון של סוכות כדי שיתחנך במצוות, אף שלא ניתן להקנות לו את האתרוג בחג מבחינה פורמלית ואין הוא יכול באמת לצאת ידי חובה באתרוג שאינו שלו. אלא שמבחינת ר' משה לא כך מחנכים. חינוך שיש בו זיוף ועשייה שאיננה תקפה מבחינה הלכתית הוא לא חינוך למצוות. לדבריו, 'חיוב החינוך הוא דוקא באופן שהוא חיוב אם היה גדול'. לכן, מסקנתו היא ש'יש לכל אחד להחמיר כמו שראוי להורות לדינא ולקנות בעד כל קטן וקטן אתרוג ומיניו ביחוד שיהיה שלו ממש ויקיים האב מצות החינוך שעליו כדין'.

אומנם, כפי שראינו לעיל, ר' משה מתחשב בשיקולי הפסד ממון בדיונו ההלכתי - וגם כאן הוא חותם: 'אבל במקומות הרחוקות שאין שם קאמפאניעס מחלב שישראל רואהו, והוא דבר קשה מאד להשיג חלב שישראל רואה בשעת החליבה, אף ליחידים אין להם להחמיר'. ועדיין, העיקרון ביחס לחינוך נראה היה לי נכון גם כאן.

לאור זאת, הצעתי לצוות של רגבים להעביר את הפיצות למגורי התאילנדים בקיבוץ ולהימנע מאכילתן. הבהרתי להם שלא החשש ההלכתי מפני אכילת אוכל לא כשר הנחה אותי אלא ההבנה שבמקרה זה נכון לשלם את המחיר בשביל הרווח החינוכי כלפי התלמידים. ערכם של ההחמרה וההידור כאן עולה על הנזק הכספי. את השיעור הזה בהקפדה על דקדוק הלכתי ומדיניות ציבורית אחראית אף 1,000 שקלים אחרים לא היו יכולים לקנות.

מבשל ומבשל:
על הלכה ומדע

שבת בבוקר, תפילת השחרית הסתיימה וגם תפילת הילדים. הציבור מתקדם באיטיות שבתית אל 'מועדון ההרצאות' לשיעורו של המרצה האורח. זהו אחד המפעלים היפים בקהילת טירת צבי: מסורת ארוכת שנים, של מרצה אורח (או אורחת) שמגיע לשבת לקיבוץ ומעביר שיעור לציבור הרחב. מספרים שבעבר הרחוק הגיעו מלומדים ידועי שם ושומרי מצוות מהאוניברסיטה העברית להעביר שיעורים אצל החלוצים הדתיים שבעמק. גם רבנים מרבנים שונים ואנשי ונשות חינוך מגוונים פקדו את מועדון ההרצאות והוסיפו נופך של תורה שבעל־פה לחיי הקהילה.

נכנסתי למועדון ההרצאות, בדיוק בזמן הקידוש הקצר שנעשה בפתיחת השיעור, קידוש שאחריו פונים כולם לאכילת מעט מיני מזונות - ובעיקר להכנת קפה כ'צידה לדרך' לקראת השיעור. פניתי גם אני להכין קפה, אלא שבתור למיחם הופתעתי לראות שרבים מבני הקהילה מכינים את הקפה שלהם תוך שהם שמים את אבקת הקפה בכוסם ופונים אחר כך אל המיחם ומערים ממנו מים רותחים על הקפה.

בתחילה חשבתי שמדובר באדם אחד שאולי התבלבל או שכח, אך כשראיתי שמדובר בתופעה רחבה יותר, הנחתי שמדובר בשגגה שמקורה בחוסר ידיעה והתלבטתי כיצד לנהוג. הכנת הקפה באופן כזה מנוגדת להנחיה ההלכתית שאין לבשל בכלי ראשון (כלי העומד על האש או מיחם שיש בו גוף חימום פועל) ואף לא לערות על

מאכלים מכלי ראשון. את הקפה יש להכין בכלי שני - כלומר למזוג תחילה את המים ואז להכניס לתוכם את אבקת הקפה.

באותו שבוע שוחחתי עם אחד מחברי הקיבוץ שדיבר איתי באופן עקרוני וכללי על היחס להלכה ועל כך שלדעתו רבים מהאנשים והנשים אינם בקיאים בהלכות בסיסיות מסוימות. אותו חבר הגיע לפני שנים רבות עם מטען משפחתי הלכתי יותר ונשא באמתחתו דוגמאות רבות ומגוונות לפרטי הלכות שלא הכול מכירים ומקיימים. למשל, הוא ציין בפניי שרבים לא מניחים את התפילין של ראש במקומן, על קו השערות, אלא נמוך הרבה יותר, ועוד דוגמאות מדוגמאות שונות.

חשבתי שזו הזדמנות לעורר את הציבור להקפדה בהלכות שבת ולכן פרסמתי בדף השבועי, בשולי דברי התורה שכתבתי לפרשת השבוע, קטע קצר תחת הכותרת '**זהירות, בישול בשבת!**'. כך כתבתי אז:

> בעקבות פנייה שקיבלתי, אני מעורר את כולנו לשים לב לכך שלהלכה נפסק ששפיכת מים ממיחם רותח על קפה או תה יש בה משום בישול והיא אסורה בשבת (המונח ההלכתי המדויק הוא 'עירוי מכלי ראשון מבשל כדי קליפה'). כדי להמשיך וליהנות מהמשקה החם יש להקפיד על שפיכת המים אל הכוס הריקה, טרם הכנסת הסוכר והקפה. כשמדובר בשקיק תה (שהינו מ'קלי הבישול') יש לשפוך את המים מהכוס לכוס אחרת ('כלי שלישי'), ורק אז להכניס את השקיק.
> 'לְכוּ אִכְלוּ מַשְׁמַנִּים וּשְׁתוּ מַמְתַקִּים... כִּי קָדוֹשׁ הַיּוֹם לַאֲדֹנֵינוּ וְאַל תֵּעָצֵבוּ כִּי חֶדְוַת ה' הִיא מָעֻזְּכֶם' (נחמיה ח, י).

נעצתי את דבריי ב'פנייה שקיבלתי', הגם שהיא לא נגעה ישירות להכנת הקפה, כדי להציג את דבריי כמענה לצורך שבא מהציבור ולא כהנחתה מלמעלה - ובכל זאת, בדיעבד, הדברים היכו גלים ועוררו אי־נחת בקרב חלק מהאנשים.

רובם לא פנו אליי כמובן; אבל קדיש גולדברג פנה אליי. קדיש היה מאנשי הרוח של הקיבוץ, מורה ואיש תיאטרון כשרוני, בעל חוש הומור יהודי דק ועין טובה ונבונה. כשכן לאותה שורת בתים בקיבוץ, היינו חוזרים לא פעם מתפילות ערבית ביחד, כשאיתנו חברו ושכננו המשותף איצ'ה פוקס, והייתי שומע מפיו סיפורים על נערותו בארצות הברית (כבנו של רבה של ניו אורלינס, הרב משה יששכר גולדברג), על ימיו הצעירים בקיבוץ של לפני 50 ו־60 שנים, על סוגיות הגמרא שלמד ועל מאמרים מעניינים שקרא באדיקות בעיתון 'הארץ'. קדיש היה איש של 'תורה ודרך ארץ' במובן המלא והפשוט של המילה, ולימים כאשר עזבנו את הקיבוץ, השאיר לי כמתנה קלף ועליו כיתוב ובו עיבוד לעברית מודרנית של מימרה המיוחסת לרבי מקוצק: "ואנשי קודש תהיון לי - יהי הקודש שלכם אנושי, סביר ומקובל על הבריות'. כזה היה ולכך חינך.

קדיש ניגש אליי ואמר לי שברצונו לספר לי סיפור. סיפורו של קדיש היה על אחד מגדולי ישראל שהגיע לקהילה בארצות הברית בתחילת המאה ה־20 וסמוך להגעתו נשאל על כשרות העירוב המקומי. אותו רב נטה להחמיר ולאסור את העירוב, אך המתין עם פסק ההלכה כדי שלא ייווצר מצב שהפסק הראשון שהוא מפרסם הוא פסק שכותרתו 'אסור'. קדיש ידע לספר סיפור, והסיפור היה מתובל בפרטים, רצוף חיקויים של בני הקהילה ושל הרב ומשכנע בטיעונו. הבנתי היטב את המסר והודיתי לקדיש על הסיפור ועל המחשבה הטובה. אמרתי לו שאקח את הדברים לתשומת ליבי ואחשוב עוד.

אחרי השיחה עם קדיש פתחתי את מחשבי ומצאתי בו מייל ארוך מאחת מנשות ההרחבה הקהילתית. בעקבות שיחה ארוכה שיזמה איתי, לגבי הלכה והחינוך לקיום פרטיה, היא כתבה מכתב ארוך ובו שיתפה אותי שהיה מי שאמר לה 'האם עכשיו נתחיל לחטט בכוסות קפה? בשביל זה התכנסנו כאן?', כחלק מהתכתבות ארוכה על מקומה של ההלכה בקיבוץ בכלל ועל תהליכים שעוברים על הקהילה לאחרונה בפרט.

תחושתי הייתה כפולה. מחד, שמחתי על כך שהדברים נוגעים באנשים, גם אם 'דוקרים' מעט. המחויבות ההלכתית מבוססת קודם כול על נאמנות לעשייה הבסיסית והפשוטה, לפרטי ההלכה שרבי נחמן מברסלב המשיל ל'תהלוכות הדמים'. הקפדה על פרטי ההלכה היא הדם הזורם בעורקיו של שומר המצוות.

יתרה מזו, בעקבות השיחה עם אותה אישה, הבנתי שהיו אנשים שההקפדה ההלכתית שהשתקפה בדבריי לא הסתדרה עם איזשהו דימוי אחר שהיה להם ביחס אליי (דימוי שנבע אולי מסגנון הדיבור והעמדה הרוחנית שהשתקפה בשיעורים, בדרשות ובפסיקות קודמות שלי). נזכרתי בדברים שסיפרה לי אִמי פעם כשציטטה חברה לא דתייה שחיפשה רב אורתודוקסי שיערוך את חופת בנה. אמי הציעה לה שם של שכן, רב מוסמך שכיהן בעבר כיו"ר מועצה דתית וערך חופות רבות מאוד של זוגות דתיים ושאינם דתיים. החברה אמרה לה: 'אני מכירה את הרב יהושע, הוא לא רפורמי? הייתי פעם בחופה שהוא ערך, והוא היה כל כך נחמד...'. אחרי שאמא שלי הסבירה לה שהוא נחמד ולא רפורמי, התרצתה החברה בשמחה והזמינה את הרב יהושע לערוך את החופה.

גם אני שמעתי דברים בהקשר דומה, כשהתבקשתי לדבר בטקס יום הזיכרון לחיילי צה"ל של המועצה האזורית עמק המעיינות. מדובר בטקס קצר שמתקיים בבוקר יום הזיכרון, מתוך רצון לכבד את זכרם של הנופלים ולחבק את המשפחות השכולות, ועם זאת לאפשר להן להתפנות להמשך היום - כל אחת לטקסיה והתייחדותה. הוקצבו לי שתי דקות ואמרתי דברים קצרים שנגעו לזיכרון, לאבל ולזיקה של יום הזיכרון ויום העצמאות. בהמשך היום פגשתי במשפחת גולומב בבית העלמין בניר דוד; שם טמון בנם, רס"ן עודד גולומב, שהיה מ"פ בגדוד המילואים שבו שירתי גם אני ונפל בקרב במבצע 'חומת מגן' במחנה הפליטים בג'נין.

אבא של עודד ניגש אליי, לחץ את ידי ביד קיבוצניקית, שרירית ושזופה ואמר לי בקול נמוך: 'דיברת יפה בטקס הבוקר, לא כמו רב'. מחד, שמחתי שהדברים מצאו מסילות לליבו ופתחו אצלו

משהו. מאידך, צרם לי הזיהוי של 'דיבור יפה' - שכוונתו דיבור מדויק ונוגע ללב - עם 'לא כמו רב'. הביקורת שלי כמובן איננה על אליהו גולומב, אלא ביקורת עצמית, קולקטיבית, על עולם הרבנים והרבנות, שלפעמים כורה לעצמו בור ומרחיק עצמו מהציבור הרחב.

אלא שבהקשר פרסום האזהרה מפני הבישול בשבת, שמחתי על הפן הזה שהתווסף לעולמם של חברי הקהילה. אכן, הרב שמנסה להיות קשוב, שמשתדל להאיר פנים בשבילים, שמֵקל במקום צורך, שיכול להיות כתובת לשאלות אישיות ולסייע במידת יכולתו הוא אותו רב שמלמד לא לבשל בשבת ומקפיד על כך שהמים ייִנתנו בכוס לפני הקפה.

זו הייתה תחושה אחת. לצידה, שאלתי את עצמי אם לא טעיתי בכך שלא הצגתי תמונה רחבה ושלמה יותר של ההלכה בעניין הכנת הקפה בשבת. הבישול אומנם נאסר, אך לגבי הכנת קפה בשבת נחלקו הפוסקים, מכיוון שהקפה עובר תהליך ראשוני של קלייה עוד טרם הגעתו לספלינו. התהלכתי עם ההתלבטות הזו במהלך השבוע ובסופו של דבר החלטתי לפרסם עוד פרק בהנחיות ההלכתיות שלי, בדף של השבת הבאה. כך כתבתי שבוע אחר כך:

> בשולי הקפה
>
> בעקבות הערתי בשבוע שעבר, אציין שהרב עובדיה יוסף (ה' יאריך ימיו בטוב) מתיר לבני עדות המזרח לערות מים ממיחם רותח על קפה שחור, מהטעם שהקפה נאכל כמות שהוא, ושלשיטת הספרדים אין בישול אחר קלייה. על אף שכמובן ספרדי שיקל בדבר יש לו על מי לסמוך, לעניות דעתי, הצדק עם פוסקים רבים שטוענים כי בימינו קשה לראות בקפה השחור דבר שנאכל כמות שהוא, וממילא יש כאן גמר מלאכה והדבר אסור (ויש לתת את הקפה לתוך המים הרותחים לאחר שהם נמזגו לכוס).
>
> בנוגע לקפה הנמס - הרב עובדיה טוען שגם לאשכנזים הדבר יכול להיות מותר. יחד עם זאת, בספר ההלכה 'ילקוט יוסף'

(שהוציא בנו, הרב יצחק יוסף) הוא מכריע שטוב להוסיף את הקפה הנמס ואת הסוכר אחרי המים החמים, שהרי אין בכך טורח או הפסד, ולעניות דעתי, אכן כך יש לנהוג.

אינני יודע אם - וכיצד - שינה הפרסום הזה את מעשיהם של אותם אנשים שהכינו קפה בעירוי מכלי ראשון וגם לא אם שינה את עמדתם ביחס להלכה, ביחס לעצמם או ביחס אליי. בכל זאת, נראה היה לי שלהלכה שמור תפקיד בעיצוב עולמנו היומיומי, בוודאי כשהיא מתממשת הלכה למעשה, אך גם כשהיא מוצבת כתביעה וכאופק התנהגות רצוי. יש בה כדי לארגן את תמונת העולם שלנו ולהוציא אותה מחילוניותה והבנאליות שעלולות להיות מנת חלקה.

* * *

ההבחנה ההלכתית בין כלי ראשון לכלי שני איננה טריוויאלית או מובנת מאליה. היא פותחת פתח לא רק לשאלה ההלכתית המעשית הנוגעת להכנת קפה בשבת אלא לדיון עקרוני על היחס שבין קביעות הלכתיות לעובדות מדעיות.

ההנחה ש'כלי ראשון מבשל' ו'כלי שני אינו מבשל' מבוססת על הגמרא במסכת שבת (דף מ ע"ב), המספרת על רבי יצחק בר אבדימי שנכנס אחרי רבי יהודה הנשיא לבית המרחץ ולומד ממנו הלכה כשהוא רוצה להניח פך של שמן באמבטיה ורבי עונה לו 'טול בכלי שני ותן'. זוהי דוגמה נפלאה לאופן שבו מתפתחת הלכה - כשנקודת המוצא שלה היא סיפור והנחיה מקומית של רב לתלמידו המחוללת אדוות מושגיות מרחיקות לכת.

האדווה הראשונה מופיעה בדברים של בעלי התוספות על אתר. הם תוהים מדוע יש שוני בין כלי ראשון לכלי שני, הלוא השאלה הרלוונטית היחידה לכאורה היא שאלת חום המים (ובמונחי ההלכה: האם היד סולדת בהם או לא?). תשובתם של בעלי התוספות מוסיפה פרמטר נוסף המבחין בין הכלי הראשון והכלי השני:

> ויש לומר לפי שכלי ראשון מתוך שעמד על האור דופנותיו חמין ומחזיק חומו זמן מרובה ולכך נתנו בו שיעור דכל זמן שהיד סולדת בו אסור, אבל כלי שני אף על גב דיד סולדת בו מותר שאין דופנותיו חמין והולך ומתקרר.

על פי בעלי התוספות, דופנותיו של הכלי השני אינן חמות וזהו מקור ההבדל בין הכלי הראשון לכלי השני. האם זוהי קביעה מציאותית? האם הדין יהיה שונה בכלי עם דפנות חמות? או כשהמים ממשיכים לרתוח בתוך הכלי השני? רבי יוסף קארו מתייחס להיבט זה ב׳בית יוסף׳ וכותב:

> ונראה לי דאפילו מעלה רתיחות בכלי שני כעין שהיה בכלי ראשון אינו מבשל דכלל גדול הוא דכלי שני אינו מבשל בשום פנים, שאם לא כן, לא היה לו לתלמוד לסתום ולומר כלי שני אינו מבשל.

כלומר הקביעה היא קביעה מוחלטת וכלל לא תלוית טמפרטורה.

מהעבר השני נמצא ׳ערוך השולחן׳, חיבור הלכתי מקיף שחובר על ידי הרב יחיאל מיכל עפשטיין, שכיהן כרבה של העיירה נובהרדוק בתחילת המאה ה־20. הרב עפשטיין טוען ששאלת הכלי לא רלוונטית לדיון ההלכתי ובישול יכול להתבצע גם בכלי שני, ואף בכלי שלישי, וההלכה מבוססת על המציאות הממשית:

> לפי זה העשב שקורין טֵה שמערין עליהם חמין ודבר ידוע שבישולן קל ואפילו בכלי שני מתבשלים כמו שעינינו רואות המערה עליהן חמין בשבת אפילו ע״י כלי שני חייב חטאת ורבים נכשלים בזה בטענות של הבל [...] ובפרט שעינינו רואות שמתבשלים בכלי שני ובכלי שלישי שבישולן קל.

כאמור, השאלה ההלכתית חושפת שאלת עומק על יחסי הלכה ומדע. 'ערוך השולחן' מניח שהאיסור ההלכתי לבשל מבוסס על המושג החושי והמדעי של בישול. ממילא, ככל שאנחנו רואים שעלי התה מתבשלים - הדבר יהיה אסור בשבת. לעניין זה, קביעתם של חז"ל 'כלי שני אינו מבשל' איננה נכונה ואף איננה רלוונטית. המדע והחושים הם המלמדים אותנו אם לפנינו בישול וההלכה מניחה כמובן מאליו שאלו הקריטריונים להיתר או לאיסור.

קו מחשבה דומה מאמצים פוסקים בני זמננו הטוענים כי אין בליעה בכלי מתכת בימינו, וממילא הלכות הנוגעות לבליעה בכלים (בשריים וחלביים למשל) לא רלוונטיות היום, על כל המשתמע מכך.

לעומת זאת, מדברי ה'בית יוסף' ואולי אף מדברי בעלי התוספות, ניתן להבין שההגדרה 'כלי שני אינו מבשל' היא הגדרה גורפת שאינה תלויה בשינוי הטמפרטורה. אך כיצד נסביר קביעה זו? האם חכמים אומרים משהו על טיבה של המציאות במשפט הזה?

בקרב הפוסקים קיימת עמדה קיצונית המתכחשת לעובדות המדעיות וטוענת באופן מוקצן כי גם את המידע המציאותי עלינו ללמוד מדברי חכמים, ולא מחכמי הטבע למיניהם.

כך כותב הרב הלברשטאם, האדמו"ר מצאנז־קלויזנבורג, שניצול מהשואה (לאחר שאשתו ו־11 ילדיו נספו) והעלה את קהילתו לארץ, בעל שו"ת 'דברי יציב'. הוא עוסק בדוגמה שמקורה בהלכות איסור והיתר, הנוגעת לעירוב בשר וחלב ולהכרעה ההלכתית התלויה בהנחה ש'תתאה גבר', כלומר שרק אם הרכיב התחתון היה רותח - שני המאכלים נאסרים. בעל 'ערוך השולחן', נאמן לשיטתו, מתקשה בכך - שהרי מבחינה מציאותית ומדעית אין הבדל מי מהשניים רותח, העליון או התחתון, והשאלה היא תלוית כמויות, אלא שהאמירה הזו מקוממת את ה'דברי יציב' והוא מבטא את עמדתו בחריפות רבה:

> וברור שהכימאים בחכמותיהם אין להם שיח וסיג בענינים אלו אשר חכמינו הקדושים קבלו והגידו לנו, והרבה דינים

> יש שאין להם הסבר על דרך ההגיון ואין בידי חכמי הטבע להכריע [...]
> ועילאה גבר או תתאה גבר, עיין ערוך השולחן סימן צ״א סעיף י״א וי״ב שתמה שהוא נגד המציאות אם יפול הרבה [...] וכו׳ והעלה דרק בשוין בכמות עיין שם, אמנם בשו״ע ושאר פוסקים לא חילקו בזה כי דעת תורה מכרעת לנו אפילו במה שהמציאות מכחשת לפי שכלנו, ואף אם יקבעו חכמי הטבע בהוכחות שלהם שאין זה כך, הבל יפצה פיהם ובטלה דעתם נגד דעת חכמי התורה הקדושה שתורת אמת הייתה בפיהם וכל רז לא אניס להו [...]
> והגע עצמך בהרבה גופי הלכות שקבעו חז״ל בדרכי הטבע, וכגון בעניני קביעות וסתות וכדו׳, שאם נחקור תמיד בדעת הטבעיים בטלה תורה ח״ו [...]

במישור העקרוני, ה׳דברי יציב׳ רואה את דברי חכמים ופסיקת ההלכה כשיקוף אותנטי של המציאות ומכחיש את מה שעבורנו נראה מובן מאליו - שה׳כימאים בחכמותיהם׳ יודעים דבר או שניים על המציאות.

בין שתי העמדות הללו ניצבות גישות הנותנות אמון במדעי הטבע מחד, ומאידך לא מכחישות את אמירתם של חכמים. ממילא, הן צריכות לפרש את האמירה ׳כלי שני אינו מבשל׳ באופן יצירתי שנותן פשר לדבריהם של חז״ל בעולם שבו קשה לגבות אמירה שכזו מבחינה מציאותית. גישה כזו לדוגמה נמצאת בדבריו של הרב יובל שרלו הטוען כי ׳ההלכה איננה מדעית ביסודה כי אם חושית׳. למיטב הבנתי את דבריו, ההלכה איננה מתיימרת לטעון טענה מדעית אלא לומר אמירה שאפשר לכנותה סוציולוגית. בחושי האדם, בדרכי התנהגותו, כלי שני אכן אינו מבשל.

גישה קרובה אך שונה במעט מציג הרב שמואל אריאל, הטוען כי אכן החלוקה בין כלי ראשון לכלי שני היא מציאותית, אבל ׳לא מוחלטת אלא כללית׳:

אין הכוונה לקבוע באופן מוחלט, שבכלי ראשון תמיד יתרחש בישול ובכלי שני תמיד לא יתרחש, אלא לקבוע בכללות, שבכלי ראשון מסתבר שיתרחש בישול ועלינו לחשוש לכך, ואילו בכלי שני לא מסתבר שיתרחש בישול ואין אנו צריכים לחשוש לכך. מכיוון שקביעה זו נאמרה בהכללה, אכן ייתכן בהחלט, שבמקרים פרטיים מסוימים חומו של כלי שני יהיה גבוה יותר ומתמיד יותר מאשר חומו של כלי ראשון. ואף על פי כן, קבעו חז״ל גדרים כלליים אלו, שבכלי ראשון יש לחוש לבישול ואסור לתת בו תבלין, ובכלי שני אין לחוש ומותר לתת בו תבלין, וכפי שיוסבר עוד להלן.

מדוע קבעו חז״ל קביעות כלליות אלו, ולא הגדירו בצורה יותר מדויקת מתי יתרחש בישול ומתי לא? נראה לענות על כך בפשטות, שלא ניתן להגדיר זאת בצורה מדויקת [...] תשובה מדויקת לשאלה האם יתרחש כאן בישול או לא, יכולה אולי להינתן בימינו על ידי פיזיקאי במעבדה, אך בוודאי לא על ידי אדם ממוצע הנמצא במטבח. אולם כל אדם נתקל במהלך השבת בשאלה זו, האם מותר לו לתת דבר בתבשיל או לא, האם עשוי להתרחש כאן בישול או לא, וההלכה צריכה לתת תשובה לשאלה זו, מתי מותר לתת דבר בתבשיל ומתי אסור. לשם כך, קבעו לנו חז״ל קביעות כוללות אלו, מתי עלינו לחשוש שיתרחש כאן בישול, ומתי אין אנו צריכים לחשוש לכך. כללים אלו אמנם אינם יכולים להיות מדויקים לחלוטין, אך הם תואמים למציאות במידה מספקת, והם ניתנים ליישום על ידי כל אדם בביתו ובמטבחו [...]

הרעיון שחז״ל קבעו באופן מודע קביעות מציאותיות שאינן מדויקות לחלוטין, נראה מוזר במבט ראשון, שכן אנו מצפים, שההלכה תתבסס על קביעות מדויקות לגמרי. אך יש לשאול לאידך גיסא - איזו אפשרות אחרת עמדה בפני חז״ל? הרי ודאי הוא, שהאדם הפשוט אינו יכול לקבוע בצורה מוחלטת,

אם בנתינת התבלין יתרחש בישול או לא. לא ניתן לתת בנושא זה גדרים מדויקים, ומאידך חייבים אנו לפסוק את הדין, מתי יש לחוש לבישול ומתי לא. הדרך היחידה היא, אם כן, לקבוע גדרים כלליים, שאינם קובעים במדויק מתי יתרחש בישול, אלא קובעים הערכה מסתברת, מתי מסתבר שעלול להתרחש בישול ואין לתת תבלין בתבשיל, ומתי מסתבר שלא יתרחש בישול ומותר לתת תבלין.

כיוון שלישי באותה סיעה הוא הרב אליעזר מלמד, הכותב בחלק ההרחבות ל'פניני הלכה' שהסיבה שהותר כלי שני היא שאין דרך בישול בכך וממילא אין בו איסור.

המשותף לכל שלושת הרבנים הללו הוא מודעותם לכך שבפועל ייתכן תהליך מדעי של בישול גם בכלי שני, ובכל זאת הם סבורים שדברי חז"ל 'כלי שני אינו מבשל' אמת הם. הסבריהם מציעים שחז"ל עסקו בתפיסה שאינה מדעית, אלא חושית, סוציולוגית, הסתברותית, כללית או תלוית 'דרך בישול'.

נראה לי שמעבר לתירוצים הללו, ניתן להבין שדברי חז"ל נאמרו על רקע מציאותי ותפיסה מדעית מסוימת, ואף שהמציאות השתנתה או שהידע המדעי שלנו התקדם, ההלכה נותרת בעמדתה והגדרותיה למותר ולאסור אינן משתנות באותה קלות שבה משתנה תיאוריה מדעית כזו או אחרת. התודעה ההלכתית בת זמננו היא שהאיסור איננו 'לבשל' אלא 'לעבור על איסור מבשל'. במובן הזה, ההלכה איננה רוכבת על המידע המדעי אלא מכוננת עולם משלה ומערכת מושגים חלופית.

הוא הדין בנוגע ל'טעם הבשרי' הבלוע בכלי. אין משמעות לבדיקה אם אכן נבלעים חלקיקי בשר בתוך הסיר, ואפילו לא לטעום את התבשיל ולשאול את עצמנו אם טעמו של הבשר שבושל בו לפני כמה שעות ונשטף עוד נוכח בו. 'הטעם הבשרי' הוא טעם הלכתי, הנובע מההגדרות ההלכתיות שלפיהן טעם בשר נבלע בקדירה.

אמת הדבר שחז"ל תפסו את הדברים באופן שונה ושלחו אדם

שבישל תבשיל בקדירה שבישלו בה בשר לבדוק אצל טבח גוי אם הטעם מורגש או לא, אבל השינויים בהלכה הביאו אותנו לא רק לפרטי הלכה שונים מימי חז"ל אלא גם לתודעה הלכתית אחרת. לכן, אפשר לומר שכלי שני אולי מבשל (במלרע, כאמירה מדעית) אבל כלי שני אינו מבשל (במלעיל, כמו שהוגים בעולם הישיבות הליטאיות את אב המלאכה האסור בשבת).

במובנים רבים, הבנה זו משחררת אותנו מהצורך בבדיקת נכונותם המדעית של דברי חז"ל ומעבירה אותנו לקיום הלכה שמכונן עולם חלופי לזה החולי והיומיומי. ממילא, השבתיות נוכחת גם כשאנחנו שותים קפה, שהרי זהו קפה שמוכן באופן שבתי, וטעמו הוא טעם השבת וטעמה של ההלכה.

והגדת לבנך:
על הקלה במקום צורך

כל מי שמצוי בסביבת רבנים יודע שהימים הסמוכים לחג הפסח הם ימים של עומס גדול. ההכנות לפסח מנקזות שאלות רבות מתחומים שונים, בעיקר סביב איסורי החמץ. הניקיונות, ההכשרות, המוצרים המותרים והאסורים, מכירת החמץ, ההגעלה והליבון - לכל אלו מתלווה לא פעם גם לחץ, חששות ונטייה להחמרה, מסורות ישנות שונות ודיונים הלכתיים חדשים... לכן, שמחתי מאוד להיתקל בשאלה שאיננה מאזורי האיסור והחמץ אלא דווקא מהצד של חובת הלילה: מצוות 'והגדת לבנך'.

לנרי ועפרה לוי נולדו תאומים סמוך לפסח. התאומים היו רכים ופגים ונשארו בבית החולים בעפולה אחרי הלידה, למעקב וטיפול בפגייה. האֵם, עפרה, התנהלה על הציר שבין הבית (שם חיכו לה חמשת ילדיה הגדולים יותר) לבין בית החולים בעפולה, שאליו הייתה צריכה לנסוע כדי להיניק את ילדיה הרכים.

פסח התקרב ובפיהם של עפרה ונרי שאלה: האם ישנה אפשרות שעפרה תשתתף בליל הסדר המשפחתי בטירת צבי, ואחריו תיסע חזרה לבית החולים, עם נהג שאינו יהודי?

נרי הקדים ואמר: 'נראה לי שאין מצב, אבל בכל זאת אני שואל...'. הוא הניח שהאיסור על נסיעה בחג מטירת צבי לעפולה יגבר על רצונה של עפרה להיות עם בני המשפחה בליל הסדר והיא תידרש להישאר בעפולה לכל אורך החג. רצונם היה ברור והגיוני,

וניכר היה שלא רק חיפוש אחרי סעודת חג מזינה יש כאן אלא בקשה אמיתית לחוות (ושהילדים יחוו) ליל סדר משמעותי. יתרה מכך, היה ברור לי שפסיקה לאיסור תתקבל על ידי שניהם בהבנה והזדהות מוחלטת, כשומרי מצוות המקבלים על עצמם את עול המצוות על מחיריו. עם זאת, ניגשתי לשאלה מתוך חיפוש אחר אפשרות להתיר את הנסיעה הזו, בהנחה שיימצא לה גיבוי הלכתי.

התבוננתי בשאלתם וניסיתי לשקול בעצמי את 'שיקול הכוחות' ההלכתי ולבחון מה יוכל להכריע את הכף ולאפשר לעפרה לקחת חלק בליל הסדר ולחזור אחריו לבית החולים. מהצד האחד, היה עליי ללבן היטב את חומרת האיסור שבנסיעה בחג. מהצד השני, הרגשתי שחשוב להבין עד תום את המשמעות ההלכתית החיובית שבהישארותה של עפרה בליל הסדר עם ילדיה. בסופו של דבר, היחס שבין שני הצדדים הללו הוא שיקבע אם יש פתח להתיר את הנסיעה בליל הסדר.

גיבשתי תשובה הלכתית מתירה, שהתבססה על כמה הנחות.

ראשית, בבואנו לנתח את איסור הנסיעה בחג, עלינו לבודד את רכיב הנסיעה ברכב (שכרוכה בפעולות אסורות כמו הבערה - בהנעת הרכב והפעלת המנוע), מעצם היציאה מחוץ לתחום שנאסרה גם כן (אפילו ברגל).

באשר לנסיעה ברכב - עפרה לא תכננה לנהוג בעצמה, כך שאיסור תורה של הבערה אין כאן. להיעזר בנהג יהודי - כמובן אסור היה לה, אך זהו איסור דרבנן המכונה 'מעשה שבת' (האיסור ליהנות מחילול שבת של יהודי אחר). עפרה רצתה להצטרף לנהג שאינו יהודי ובמצב כזה חומרת האיסור פחותה עוד יותר. הנהג שאינו יהודי כמובן אינו מצווה להימנע מהבערה בחג או בשבת, ועדיין, חכמים אסרו לחלל שבת באמצעות אמירה לגוי (דבר שהיה משנה ומערער את אופייה והלכותיה של השבת), ועם זאת התירו להיעזר בגוי במקרים מסוימים ובתנאים שונים. כך למשל הותרה אמירה לנוכרי לצורך חולה, לצורך רבים ועוד.

ועדיין, גם אם הישיבה בתוך רכב הסעות נהוג על ידי נהג שאינו

יהודי איננה איסור תורה, עפרה תכננה לעבור מרחק של עשרות קילומטרים בחג - ובכך לצאת מ'תחום השבת' שבו שהתה ברגע כניסתו. באשר לאיסור זה, קיימת מחלוקת גדולה בין הראשונים. הרמב"ם פסק שיציאה מתחום של 12 מיל (12 ק"מ פחות או יותר) היא איסור תורה, אך הרמב"ן ורוב הפוסקים סברו שהאיסור הוא מדברי חכמים (גם מעבר ל־12 מיל). עמדת ה'שולחן ערוך' התפרשה על ידי הגאון מווילנה כתואמת את השיטה האחרונה, ומכאן שיש מקום לראות את הנסיעה של עפרה לעפולה בליל הסדר כאיסור דרבנן בלבד.

חשוב לציין שגם משהגעתי למסקנה שיש כאן איסור דרבנן, אין זה אומר שאפשר במחי יד לבטלו. גם אכילת עוף בחלב היא איסור דרבנן, וכמובן איננו נוהגים לעשות זאת. עם זאת, כשלפנינו איסור מדרבנן, משמעות הדבר עבור הפוסק היא שבמצבים ותנאים מסוימים (כאמור לעיל: מקום חולי, צורך רבים, צורך מצווה, הפסד מרובה ועוד) אפשר יהיה להקל בו.

חשבתי עוד שגם אם מדובר באיסור דאורייתא, על פי שיטת הרמב"ם והבנת ה'משנה ברורה' בשיטת ה'שולחן ערוך' (ולא כמו הבנת הגר"א שהובאה לעיל), אפשר יהיה להקל בהנאה מנהיגת הגוי, אם נביא בחשבון את שיטת רבי יצחק, בעל ספר 'העיטור' (פרובנס, המאה ה־12). רבי יצחק התיר הסתייעות במלאכת גוי לצורך מצווה גם כשמדובר באיסור תורה.

את דבריו הוא לומד מהלכה בהלכות מילה, המתירה לחלל שבת (על ידי גוי) לצורך הברית, וכך הוא כותב:

> וכל מכשירי מילה עושין על ידי אינו יהודי [...] כפסקא דרבוותאי קמאי [=כפסקם של רבותינו הראשונים] הוא הדין כל מידי דמצוה עבדינן [=כל דברי מצווה עושים] על ידי אינו יהודי דמשום דלא ידחו מצוה. וקרוב אני לומר דהדלקת נר בשבת מצוה בשעת אכילה מדליקין על ידי אינו יהודי בשבת [...]

דבריו מרחיקי לכת, אך לא רק שהם מצוטטים על ידי הרמ"א בהגהותיו ל'שולחן ערוך', אלא שהם שימשו מקור לרבים שהקלו לומר לגוי להדליק להם נר בשבת בזמן הסעודה. אומנם הרמ"א מודע לכך שרוב הפוסקים אוסרים את הדבר ומגביל אותו ל'מקום צורך גדול', אך חשבתי שצירוף שיטה זו יכול לשמש נדבך נוסף בניסיון להתיר את נסיעתה של עפרה בליל הסדר, אם נחשוש לשיטת הרמב"ם שיש בנסיעה מחוץ לתחום בכדי לעבור על איסור תורה. כך ראיתי גם בשו"ת מראה הבזק, ספר תשובות שענו חכמי כולל 'ארץ חמדה' שייסד הרב שאול ישראלי, לשואלים מכל העולם. באחת התשובות משנת תשנ"ד הם עונים לרב קהילה מקולומביה המברר אם יש מקור להיתר שמקובל בקהילתו להגעתו של קשיש שאינו מסוגל להתנייד באופן עצמאי לבית הכנסת בעזרת נהג שאינו יהודי. התשובה מורכבת מעט, אבל בתוכה מובאת עמדת 'העיטור' כמקור אפשרי להתיר את הדבר, גם אם באופן לא קבוע, ומתוך החשש שהיהודי עלול להינתק מקשר עם תפילה ובית כנסת.

הדיון בדברי 'העיטור' פתח את השער להתבוננות בנוכחותה של עפרה בליל הסדר בביתה - לא רק כצורך אלא גם כמצווה. הסיבה לכך היא שאחת משתי המצוות היחידות מן התורה המקוימות בימינו בליל הסדר היא 'והגדת לבנך', מצווה שלרוב שיטות הראשונים גם האֵם מחויבת בה ולא רק האב.

ההתבוננות הזו שימחה אותי מאוד. הרגשתי שמצאתי את העוגן ההלכתי להתיר את הנסיעה, בפרט משום שהנסיעה המתוכננת הייתה של רכב הסעות של אחיות שנסע בכל מקרה להבאתן (בהיתר) לבית החולים. חשבתי עוד קצת: בפועל עפרה לא תיסע לצורך המצווה אלא לבית החולים כדי להיניק את ילדיה. עובדה זו היא בעצמה פתח להתיר איסור דרבנן, שהרי ההנקה מועילה לבריאותם ואיתנותם של התינוקות הרכים, וכבר פסקו פוסקים שונים בני זמננו כי אף שיש אפשרות לתינוקות להיזון מתחליפי חלב, להנקת האם יש משמעות רפואית עודפת וניתן להתיר איסורים מסוימים לצורך כך במקרים שונים. נרי הוסיף למחשבתי ואמר כי התינוקות הפגים כל כך קטנים,

שלא פחות מההנקה ישנו ערך משמעותי לעצם המגע הבלתי־אמצעי של האֵם בתינוקיה, לטובת חיזוקם ובריאותם.

המחשבה על אישה שומרת מצוות שחוזרת מבית החולים בערב החג לצורך סעודת החג וליל הסדר, ואחר כך נוסעת בחג ברכב לעפולה, איננה מחשבה אינטואיטיבית ליהודי דתי או לפוסק הלכה. חשתי שהצלחתי לסלול דרך בתווך המורכב מבחינה הלכתית אך עדיין לא הרגשתי שהיא יציבה דייה ומבוססת.

החלטתי לנצל את הווטסאפ ושלחתי את תקציר השאלה לרב דוד סתיו, רבה של שהם, ראש ארגון רבני 'צהר', תלמיד חכם גדול ופוסק מנוסה ומאיר פנים שהתייעצתי איתו לא פעם. לאחר שהצגתי את השאלה, הוספתי 'האם אפשר לומר כי...' ופירטתי את הצעתי לראיית האיסור כאיסור מדברי חכמים, את הנוכחות כמצווה ואת הנסיעה עם נהג שאינו יהודי כמותרת לאור זאת. הרב סתיו חזר אליי כעבור זמן לא ארוך בווטסאפ ובו מילה אחת. 'אפשר', הוא כתב.

תשובתו, ששימחה אותי וגם גרמה לי להיות בטוח יותר בעצמי בשאלות הבאות שנשאלתי, לימדה אותי שני דברים.

ראשית, למדתי כי אכן המהלך ההלכתי שלי מבוסס דיו, מוצק ומשכנע, ואכן כך פסקתי והוריתי לנרי ועפרה, לשמחתם הגדולה. שנית, ניסוחו הקצר - במילה 'אפשר' - השאיר את ההכרעה אצלי. הרב סתיו לא סמך את ידיו על דבריי ואף לא אמר לי שהוא מזדהה עימם. הוא הסתפק בלכתוב לי: אפשר לומר כך. זהו מהלך דיון שיכול להוביל למסקנה כמסקנתך אך מכאן ואילך, אתה תכריע.

גם מר' משה פיינשטיין למדתי שישנם דברים שאותם יודע הרב המקומי ורק הוא. בתשובה מאוחרת יחסית (משנת תשל"ח) הוא מתייחס לשאלה שנשאלה על ידי מנהלי קהילה באירופה, בנוגע לייסוד ישיבה תיכונית. ר' משה, שגישתו הבסיסית תמכה בלימודי תורה בלבד, הבין היטב שיכולה להיות סיטואציה שבה נכון להוסיף לצד לימודי הקודש גם לימודי חול - שאם לא כן התלמידים ילכו לבתי הספר המקומיים ויש חשש שיתרחקו 'לגמרי מעם ה' ומתורתנו הקדושה', בעוד החלופה של ישיבה תיכונית תאפשר להם להיות 'בני

תורה ויראי השי"ת', כדבריו. מאידך, הוא מציין שישנם מקומות שבהם אין צורך בזה, ואז לדעתו 'אין ליסד' מוסדות כאלה. בהקשר המסוים הוא מותיר למעשה את ההכרעה בידי הרב המקומי שידע להבין אל נכון את הסיטואציה:

> ולכן אין בידנו מרחוק המקום להורות בדבר הזה החמור מאד כדיני נפשות, ורק מרא דאתרא יודע להחליט בזה הוראתו, וגם המרא דאתרא שיודע מצב המקום והוא ראוי להורות בזה מצד גדלותו בתורה וגדלותו ביראת ה' טהורה, יש לו להתחשב עם מקומות הסמוכים שאין צריכים לזה שלא יסמכו על היתר מקום זה ויהיה הקלקול יותר מהתיקון.

בתשובה מאוחרת נוספת (משנת תש"ם) עונה ר' משה לשאלה מהעיר דטרויט הנוגעת לתיקון עירוב. ר' משה מתייחס לשאלת והגדרת ה'צורך' ומבין שהמצב מורכב וחלק מהציבור כבר מטלטל בלי עירוב. הוא כותב במפורש: 'ויש אולי מקומות ששייך להחשיב גם צורך גדול, ושייך להרב המקומי לידע זה'. הרב המקומי הוא זה שיודע אם קיים צורך, ואולי זהו צורך גדול, ובהתאם יוכל לפסוק נכונה אל מול המקרה הניצב מול עיניו.

מוזיקה בתשעת הימים:
על זיכרון וחורבן

שעת צהריים, עיצומו של ׳חום יולי־אוגוסט׳ ואני בדרכי למרכול בקיבוץ לקנות כמה מצרכים בסיסיים למקרר בבית. החום בעמק כל כך כבד עד שלפעמים בפתיחת הדלת מצאתי את עצמי תוהה אם מישהו הדליק תנור בחוץ, ובפעמים רבות אחרות כשחשבתי על הראשונים שעלו להתיישב במקום הזה, התמלאתי התפעלות והערכה. ימי הקיץ מאתגרים מאוד בעמק ומקשים על מבוגרים וצעירים כאחד. החום הכבד משתלב במנהגי והלכות האבלות של תשעת הימים המכבידים על הנפש ומקיימים את מה שנכתב במשנה במסכת תענית ׳משנכנס אב, ממעטין בשמחה׳.

הרב סולובייצ׳יק כבר תיאר יפה את היחס ההפוך שבין מבנה הלכות אבלות בפטירתו של אדם (מה שמכונה בפיו, בעקבות הגמרא ביבמות דף מג ע״ב, ׳אבלות חדשה׳) לבין מבנה הלכות האבלות על חורבן הבית (׳אבלות ישנה׳).

באבלות חדשה, האירוע הטראומתי של הפטירה הוא נקודת המוצא הטעונה ביותר והלכות האבלות הנוהגות אז הן החמורות ביותר. אט־אט האדוות המתפשטות במעגלי הזמן הופכות חלשות יותר, וכך הלכות השבעה קלות במעט, הלכות השלושים קלות יותר והלכות השנה קלות עוד יותר - כך שבסופו של דבר שגרת היומיום חוזרת לעצמה. לעומת זאת, באבלות ישנה, השגרה היא המובן־מאליו היומיומי וכך נבנות הלכות האבלות קומה על גבי

קומה: בי"ז בתמוז נעשה צעד ראשון; בראש חודש אב צעד נוסף; ובשבוע שחל בו הצום עוד צעד, עד להגעה לשיא - בתשעה באב עצמו. הדבר מסתבר, טוען הרב סולובייצ'יק, מפני שאת חורבן הבית איננו חווים כטראומה או כהיעדר בכל יום ויום, ולפיכך התודעה ההלכתית שלנו מתגבשת בתהליך איטי - מהרחוק והנמוך אל הקרוב והעוצמתי.

והִנה בדרכי אל המרכול אני פוגש את יפעת, מצעירות הקיבוץ, שבמבוכה קלה שואלת אותי אם יש לי כמה דקות ואם היא יכולה לשאול שאלה. 'רק בואי נעמוד מתחת לעץ', אני אומר ומחפש צל להסתתר בו מכבשן השמש. אני מכיר את יפעת ואת משפחתה וכבר שוחחנו פעם על עניינים הלכתיים שנגעו להלכות שבת ולטלטול מחוץ לעירוב.

היא משתפת אותי בְּאהבה ובהערצה (כדבריה) שהיא רוחשת ללהקת רוק בריטית, שצפויה להופיע בארץ בשבוע הבא, בתוככי תשעת הימים. אור עיניה כשתיארה את הלהקה ונימת קולה כששאלה 'האם מותר לי ללכת להופעה?' הבהירו לי שהיא כמעט מתחננת שאתיר לה. מדובר היה בנערה נפלאה וערכית, מ'טובות בנותינו', והתפעלתי מהאופן שבו הציגה את השאלה. ברור היה לה שמה שאגיד היא תעשה. ההלכה הייתה נר לרגליה והיא לא רצתה לעשות מעשה לא לגיטימי. ובכל זאת - היא הביעה בפניי את רצונה העז, את אהבתה את הלהקה זה שנים רבות, את עוצמת החוויה שיכולה להיות לה אם תלך להופעה - ואת הכאב והמחיר שיהיו מנת חלקה אם לא תלך.

הקשבתי לה ונדמה היה לי שהצלחתי להבין את המקום שממנו היא שואלת ובה בעת את התשובה שעליי לענות. אמרתי לה שלצערי הגדול, אף שאני מבין את רצונה, אינני חושב שמבחינה הלכתית נכון ללכת להופעה הזו בתשעת הימים. אלו ימים של מיעוט בשמחה, אמרתי, והליכה להופעה שכזו - שלפי תיאורה תהיה בה חוויה משמעותית ועוצמתית, עם המון אדם חוגג ורוקד - איננה משתלבת עם הדרישה 'למעט בשמחה' המופיעה ב'שולחן ערוך'.

יפעת הרכינה את ראשה ונראה היה לי שקיבלה את הדין בהכנעה ובאומץ.

׳אני חייב לומר׳, הוספתי, ׳שה״שולחן ערוך״ לא מתייחס ישירות להופעות, כך שהדברים אינם כתובים במפורש בהלכות תשעת הימים. ובכל זאת נראה לי שנכון לאסור ולראות בכך חלק מההשתייכות לקהילה ולמסורת היהודית האבלה בימים אלו על חורבן הבית, כשבמובן מסוים תחושת המועקה המתלווה לאיסור היא חלק מהמבוקש מבחינת ההלכה׳.

׳מבחינתי׳, היא אמרה, ׳מה שאמרת הוא ההלכה, ולא משנה לי איפה זה כתוב׳. היה זה משפט מרשים, כן ונוקב מאוד - בייחוד כשהוא נשמע מפיה של נערה צעירה. לימים, יאמר לי הרב שמואל ריינר, רבה הראשון של טירת צבי, שמבחינת הציבור לפעמים הרב הוא כמו אלוהים עצמו, ׳ובעיקר׳, הוסיף, ׳כשהוא אומר שאסור לעשות משהו׳.

איחלתי ליפעת שבעזרת ה׳ הלהקה תגיע שוב לארץ בקרוב; ׳או שבית המקדש ייבנה עד להופעה׳, היא הוסיפה בחיוך. בהמשך דרכה הלכה יפעת ללמוד מוזיקה בקונסרבטוריון בירושלים, לימודים שהובילו לכמה שאלות הלכתיות מאתגרות נוספות...

האיסור על הליכה להופעות, כפי שציינתי, אכן לא מופיע ב׳שולחן ערוך׳. עם זאת, נראה היה לי שרוח ההלכה אוסרת להשתתף בהופעות מעין אלו, גם אם הדברים לא נכתבו במפורש בספר בן 500 השנים שמשמש בסיס להלכה עד ימינו.

על דברי ה׳שולחן ערוך׳, המחייב ׳למעט בשמחה׳ ואוסר חתונות בימים אלו, מוסיף אחד מגדולי נושאי כליו, רבי אברהם גומבינר, ה׳מגן אברהם׳, הערה בלשון אפשרית: ׳ונראה לי דאסור לעשות רקודין ומחולות מי״ז תמוז ואילך׳. זהו ניסוח ספקולטיבי, הקשור לאינטואיציה של הפוסק. אין לו מקור מפורש או הוכחה אבל ׳נראה לו׳ - וזאת כנראה מהאופן שבו הוא מתרגם את האיסור של ה׳שולחן ערוך׳ למציאות מורכבת ומחודשת יותר. אם חתונות נאסרו ואם ההנחיה היא למעט בשמחה, מסתבר שאין לעשות ריקודים ומחולות

בימים אלו. מכאן הגעתי לפסיקה המחמירה בנוגע לשאלתה של יפעת. הופעתה של הלהקה הבריטית בוודאי הייתה אירוע משמח באופיו, שבדומה לניסוחו של ה׳מגן אברהם׳ יכלול ריקודים ומחולות, גם אם מדובר בריקודים שה׳מגן אברהם׳ לא הכיר בפולין של המאה ה־17...

המשכתי בדרכי אל המרכול ונשמתי לרווחה כשנכנסתי אל המבנה הציבורי הממוזג ונפרדתי מהשמש שקפחה על ראשי. מן המחשב של המוכרת בקעו צלילי שירה לועזית בת זמננו, אולי אפילו של אותה להקה בריטית. במרכול לא היו רמקולים והצלילים שבקעו מהמחשב לא היו בווליום גבוה מאוד, אך קולם נשמע היטב, לפחות לאלו שעמדו בתור.

כשהגיע תורי, התלבטתי אם נכון להעיר או להתייחס לכך שאנו בתשעת הימים, שמדובר במוזיקה קולנית ושמחה ושנראה לי שאין זה מתאים. ישנו הבדל משמעותי בין הליכה להופעה לבין שמיעת מוזיקה ממכשיר חשמלי אגב עשייה יומיומית אחרת. ה׳שולחן ערוך׳ מתח קו מ׳מיעוט השמחה׳ לאיסור החתונות, וה׳מגן אברהם׳ מתח קו מאיסור החתונות לאיסור המחולות והריקודים. המשכו של הקו עד איסור שמיעת מוזיקה באופן גורף איננו דבר מובן מאליו.

ר׳ דוד פוקס סיפר לי פעם שביום העלייה שלו ושל משפחתו לארץ ישראל, שחל בחודש תמוז, בתוככי שלושת השבועות, הוא נוהג כביום חג ושומע מוזיקה קלאסית - למרות שמנהגו לא לשמוע מוזיקה בכל שלושת השבועות. כראיה הוא הביא תשובה שענה לו הרב שלמה זלמן אויערבך כששאל אותו שאלה בעקבות פטירת אימו:

> הלכנו לשאול את ר׳ שלמה זלמן: ׳האם לא נשמע מוזיקה במשך שנה שלמה?׳. הוא ענה ואמר: ׳לא את זה חז״ל אסרו. מה שנאסר הוא מוזיקה של בתי משתאות, מוזיקה שמרקידה׳. אני זוכר שהוא חידד את כוונתו: ׳אסור לקרוא ספר טוב במהלך אבלות? או לראות שקיעה יפה? בוודאי שמותר, אלא

> אסורה מוזיקה מהסוג הגורם לרקוד׳. לא כולם מסכימים לזה, אבל כך הוא אמר. בכל אופן, בשלושת השבועות ובספירת העומר אני מחמיר גם בשמיעת מוזיקה קלסית. זו דרכי להשתתף באבלות הלאומית: חתונות - אין, זקן יש לי - ובכל מקרה אינני מתגלח, כך שהביטוי היחיד שלי להשתתפות באבלות הוא בהימנעות ממוזיקה. ברכה, אשתי, כבר שנים מעירה לי שבזמן הזה אני הופך להיות אדם אחר, יבש וחסר, ׳ולמה לא לסמוך על ר׳ שלמה זלמן?׳ היא שואלת. ומכל מקום, יום העלייה שלנו הוא יום חג. בו אנחנו שמחים, שומעים מוזיקה, ומתרגשים בכל שנה מחדש.

כמובן, ישנם הבדלים בין ההיתר שנהג ר׳ דוד בעצמו לבין המקרה שעמדתי בפניו בקופת המרכול. ר׳ דוד (בעקבות ר׳ שלמה זלמן) נהג לשמוע מוזיקה קלאסית ואילו מהמחשב במרכול בקעה מוזיקה מודרנית קלילה, וכמובן גם הפער בין תשעת הימים לשלושת השבועות הוא פער משמעותי.

לכשעצמי, נהגתי להתיר בשלושת השבועות לשמוע מוזיקה ולא להחמיר מעבר לשורת ההלכה האשכנזית - איסורי חתונות ו׳ריקודין ומחולות׳ - אך בתשעת הימים נהגתי לאסור שמיעת מוזיקה קצבית ושמחה, לאור ההיגיון של ׳ממעטין בשמחה׳ וההבנה שדווקא בגלל המקום שתופסת המוזיקה בשגרת היומיום שלנו, איסור זה יקרֵב אותנו עוד קצת לתחושות ההחמצה והיעדרו של בית המקדש ויביא אותנו להתבוננות בכך בואכה תשעה באב.

אלא שבאותם רגעים בחרתי שלא לומר דבר למוכרת הצעירה. נראה היה לי פשוט שהמוכרת לא התכוונה להשמיע את המוזיקה לרבים, אלא רק לעצמה, וגם זאת כנראה לא כדי לשמוח אלא כדי להפיג את השעמום או העייפות. חשבתי שהערה שכזו, בנוכחות אנשים נוספים, עלולה להיות בבחינת ׳דבר שאינו נשמע׳ (שהגמרא במסכת יבמות בדף סה ע״ב רואה ׳מצווה׳ בהימנעות מלומר אותו), ואולי אפילו להלבין את פניה, דבר שכמובן לא עלה על דעתי.

הרגשתי שתהום פעורה בין תשובתי ליפעת, ששאלה אותי באופן אישי ובנוגע לעצמה, ביחס להליכה להופעה, לבין חברתה שמכרה במרכול, שלא שאלה אותי וישבה בנוכחות אנשים אחרים ושמעה מוזיקה אגבית ממחשב.

עוד חשבתי לעצמי שעליי להוסיף לדף ההנחיות ההלכתיות שאני מוציא בכל שנה לפני כל מועד התייחסות לשמיעת מוזיקה במרחבים ציבוריים, ובנוסף רשמתי לעצמי לדבר באופן אישי עם מנהלת המרכול ולהפנות את תשומת ליבה למנהג ולהלכה, כך שהיא תהיה זו שתוודא שהמוכרים והמוכרות יימנעו משמיעת מוזיקה, ואם יחליטו לשמוע - יעשו זאת באוזניותיהם.

אך כפי שאומרים ביידיש, ׳דער מענטש טראַכט און גאָט לאַכט׳ - האדם מתכנן ואלוהים צוחק. תוכניות לחוד ומציאות לחוד.

תוך דקות ספורות קיבלתי שיחת טלפון מאחת מנשות הקהילה, אישה יראת שמיים ובפיה פליאה גדולה. ׳שלום הרב׳, היא פתחה את השיחה. ׳האם זה נכון שאתה מתיר לשמוע מוזיקה בתשעת הימים?׳. זו הייתה שאלה ישירה ולא הבנתי מהיכן היא מגיעה. ׳למה את חושבת כך?׳, שאלתי. ׳הייתי עכשיו במרכול׳, היא אמרה, ׳שמעתי מוזיקה ממחשבה של המוכרת וביקשתי ממנה להנמיך בגלל שאנחנו בתשעת הימים. המוכרת אמרה לי שהרב מתיר לשמוע מוזיקה. כששאלתי אותה מניין לה, היא אמרה שאתה היית כאן לפני כמה דקות ולא אמרת לה כלום׳... שיתפתי את השואלת, כמובן, בתמונה המלאה של עמדתי, אבל לעצמי למדתי שגם בהימנעות מהתייחסות יש פסיקה במובן מסוים - וגם זאת יש לשקול כשמכריעים אם להתייחס או לא להתייחס.

עוד זה מדבר וזה בא, והִנה טלפון מאלירז, הרכזת המיתולוגית של קייטנת איל״ן בטירת צבי.

בטירת צבי, כמו בקהילות רבות נוספות, נהגו מדי שנה לארח לשבוע קבוצה של ילדי איל״ן, לקייטנה מיוחדת. מדובר בפרויקט מפעים של הקהילה כולה. בני הנוער מובילים את העשייה ומתמסרים לצורך העניין בגוף ובנפש, ביום ובלילה, בפעילות ובמחויבות

שמעוררות פליאה והתרגשות. גם המבוגרים שותפים לקייטנה - מי בהכנת אוכל, מי בשמירת לילה, מי בהדרכה והעברת חוגים ועוד ועוד. אכן מרחיב את הלב להסתובב בשבילי הקיבוץ בשבוע הזה ולשאוב מלא חופניים של אהבת הֵרֵע ועשיית טוב (וגם של עין טובה על הצעירים של היום, שלפעמים זוכים לקיתונות של ביקורת מהמבוגרים...).

קיומה של הקייטנה בתשעת הימים הפך גם הוא למעין מסורת מקומית, הגם שהדבר כרוך באתגרים הלכתיים מסוימים כמו שחייה בבריכה, חלוקת חולצות חדשות ועוד; באופן כללי אפשר למצוא פתרונות או מענה הלכתי ראוי ונכון לאתגרים אלו. קביעתה של הקייטנה בתשעת הימים מלכתחילה נבעה מכך שזהו השבוע היחיד במהלך הקיץ שבו לא היו פעילויות לחניכים, ובקיבוץ ראו ערך גדול בעזרה להוריהם וביצירת אפשרות המנוחה עבורם.

׳שלום הרב׳, נשמע קולה של אלירז בטלפון. ׳יש לי שאלה הלכתית, והאמת, המציאות קצת מורכבת׳. התיישבתי בנחת על הכיסא הסמוך למזגן והקשבתי לשאלתה. הנחתי, עוד קודם שאמרה, שהשאלה קשורה לקייטנה ואכן לא התבדיתי. התברר שאלירז יזמה אירוע נפלא שבו ישולבו ילדי איל״ן עם כלל הקהילה, מתוך מגמה לספק להם תחושת ׳ציבור׳ והיות חלק מחיבוק חם ואוהב - ובה בעת לחבר את הקהילה כולה לעשייה המרגשת עם הילדים.

׳איזה יופי׳, אמרתי, ׳באמת נראה לי שחיבור של כלל הקהילה, צעירים ומבוגרים, ביחד עם ילדי קייטנת איל״ן הוא אירוע שיכול לעשות טוב לכל מי שישתתף בו, יישר כוחך וכוחם של כל החונכים׳, אמרתי וחשבתי גם על המתבגרים בביתנו שהיו מסורים מאוד בכל שנה לקייטנה וראיתי את השפעתה הברוכה עליהם משנה לשנה.

׳כן, אבל זה קצת יותר מורכב׳, אמרה אלירז. מסתבר שהאירוע - שכבר תוכנן ופורסם - היה למעשה שירת המונים, המוכרת בשם ׳קולולם׳, שתוכננה לאחד מימי תשעת הימים אחר הצהריים, ו׳ברוב עם הדרת מלך׳.

ההתייעצות איתי לגבי ה׳קולולם׳ הגיעה לאחר שהוא כבר

תואם אך לא התעמקתי בזה. הגם שלעיתים קיים פיתוי לשאול ׳למה לא התייעצתם איתי מראש, ומדוע מעמידים אותי בפני עובדה מוגמרת?׳, ככלל אני משתדל לאחוז בדבריו של רבי שמחה בונם מפשיסחא שפירש את הפסוק ׳סור מרע ועשה טוב׳ כהנחיה עקרונית לא ׳לחפור׳ במה שלא היה בסדר בעבר - אלא להפנות את האנרגיות והמאמצים קדימה, אל העתיד, ולעשות מה שנכון מכאן ואילך. מהיכרותי את הנפשות הפועלות ידעתי גם שלא מדובר ב׳תרגיל׳ חלילה אלא בחוסר תשומת לב, ושכעת מישהו מהצוות (ואולי אלירז עצמה) שם לב פתאום לעובדה שאנו בתשעת הימים וכנראה שירת המונים כזו איננה בדיוק הדבר הנכון מבחינה הלכתית.

הייתה זו שאלה לא פשוטה, שהזמינה התבוננות רחבה הן על מהותו של איסור השירה בתשעת הימים, הן על אופייה של קייטנת איל״ן ומשמעותה ההלכתית, הן על חוות דעת הלכתית לאחר שצעדים מסוימים כבר נעשו. ׳את פנויה לכמה דקות?׳ שאלתי את אלירז, ומשהשיבה בחיוב, החלטתי לפרוש בפניה את היריעה כולה ולא להסתפק בתשובה חדה וחלקה. שיתפתי אותה במחשבותיי הקצרות על מהותו של האיסור. אכן, אמרתי, אין איסור מפורש לשיר אלא חיוב ׳למעט בשמחה׳, וכפי שראינו בתוספתו של ה׳מגן אברהם׳ נראה שיש להימנע מריקודים ומחולות. פוסקים בני זמננו הקלו בשירים שיש בהם ׳עצבות׳ (בוודאי על חורבן ירושלים) או ׳רצינות׳ (כהגדרת הרב רבינוביץ׳), אך נראה לי ששירת ׳קולולם׳ כשירת המונים עשויה לחטוא גם להיתר זה.

מאידך, הוספתי, ברור שלא מדובר כאן בשירת המונים ציבורית גרידא. כל המהות של ההתכנסות הקהילתית וכל המטרה בהתרחשות הזו היא בראש ובראשונה - ילדי הקייטנה, שמחתם ותחושת הביתיות והחיבוק שהם זוכים לה. ישנם מקורות המתירים שירה ונגינה במקום מצווה גם בתשעת הימים (כבר ב׳שולחן ערוך׳, ואף בדברי הרב עובדיה יוסף) ואפשר לדמות את ה׳קולולם׳ הזה למקום מצווה, במובן רחב של המושג.

לצד שני היבטים אלו, הוספתי ואמרתי לאלירז שיש הבדל

בין מצב שבו היו מתייעצים איתי מבעוד מועד אם להזמין את ה׳קולולם׳, לבין המצב שבו אנחנו נמצאים, כאשר התוכנית קבועה והציבור כבר הוזמן אליה.

לאור כל אלו, הצעתי שאם אכן מקיימים את ה׳קולולם׳, לוודא שהשיר שיושר יהיה שיר שקשור במשהו לחורבן ירושלים, ושגם אם קשה שיהיה ׳עצוב׳ או ׳רציני׳, לכל הפחות ראוי שלא יהיה מעורר ריקודים ומחולות. אלירז קיבלה את דבריי והודתה לי ואף הוסיפה שבכוונתה לפתוח את הערב בהדגשת העובדה שמדובר בימים המציינים את חורבן הבית בשל שנאת חינם, ואת הקייטנה כצעד של אהבת חינם, צעד של תיקון עולם ובניית הבית.

סיימתי את השיחה עם אלירז ונותרתי עם המחשבות על הפערים בשאלות שנשאלתי לאורך היום, על הפערים בסיטואציה שהזדמנה לפניי ועל הפערים בתשובות ובאופיין.

נזכרתי ששנה קודם לכן עסקתי בשאלה שונה מאוד לכאורה, אך בעלת קווי דמיון מובהקים. מדובר היה באירוע זיכרון שקיימנו בגדוד המילואים שפיקדתי עליו, לציון 15 שנים למבצע ׳חומת מגן׳. בתחילת שנות האלפיים, השתתפתי כמפקד מחלקה צעיר בלחימה במחנה הפליטים בג׳נין, לחימה שבמהלכה נהרגו 13 לוחמים ומפקדים מהגדוד שבו שירתי, רובם מהפלוגה המסייעת. החלטנו לארגן אירוע זיכרון שיחבר את המפקדים והלוחמים הצעירים בגדוד למורשת ולסיפורים האישיים, ולא פחות חשוב מכך, ייתן לבני המשפחות השכולות שייכות, כבוד ואולי גם קצת נחמה. דני, קצין המבצעים שארגן את האירוע, הציע שנפנה לאומנים ידועי שם שיחברו שיר לכבוד האירוע, מתוך מחשבה שאם יימצא אומן מתנדב שכזה, הופעתו תוסיף ערך לאירוע הזיכרון וגם תשאיר חותם שיהיה לחלק מהרפרטואר התרבותי במדינה.

היוצר והזמר יונתן רזאל נעתר בהתרגשות לפנייתו של דני ואף הסכים ליצור שיר ולהופיע איתו בפנינו באותו יום שישי בתוככי האימון הגדודי שקיימנו. אלא שמעט אחר כך הוא חזר אל דני והצביע על בעיה. האימון תוכנן לתשעת הימים, ׳ואני לא מופיע

בימים אלו׳, אמר יונתן רזאל. דני, חילוני על פי הגדרתו, פנה אליי וביקש שאתערב - כמג״ד וכרב גם יחד. בדרך כלל השתדלתי לא להיות ׳הרב׳ במילואים ולהותיר את ההתייחסות ההלכתית לשאלות שצצות בעולמם של חיילי מילואים לרב הגדודי, אך הפעם ניסחתי דוא״ל והעברתי אותו דרך דני אל יונתן רזאל.

כך כתבתי:

> אכן ׳משנכנס אב ממעטים בשמחה׳, ומנהג ישראל להימנע מכל נגינה ושמיעת מוזיקה בתשעת הימים, אך יחד עם זאת, מכיוון שמדובר לפני השבוע שחל בו תשעה באב, ומכיוון שמדובר בשירה שלא מביאה לשמחה אלא מלווה אירוע זיכרון שבמהותו הוא אירוע נוגה (ומן הסתם גם השיר והלחן לא יהיו שמחים וקצביים...), ומכיוון שהתועלת שבשיר שיושר על ידי יונתן היא רבה וחשובה - הן למשפחות השכולות והן ללוחמים בגדוד, ומכיוון שישנם תקדימים (למשל לנגינת מורה לנגינה בימים אלו, או לשירה בסעודת מצווה), ומכיוון שאפשר להסתפק בכלי נגינה אחד שילווה את יונתן, נראה לי ששווה לחשוב על השאלה הזו, וכמובן להתייעץ עם רב שמקובל עליך...

המייל הדחוס הגיע לידיו של יונתן, שפנה אל אחד מרבותיו (שאיני יודע מי הוא). בסופו של דבר הופיע יונתן רזאל בפני לוחמי הגדוד והמשפחות השכולות באותו אירוע עם השיר ׳עולה היא למעלה׳ שנכתב במיוחד לזכרם של חברינו הנופלים.

ההיזכרות באירוע הגדודי ובשירתו של יונתן רזאל האירה את ההיתר לכאורה שנתתי ל׳קולולם׳, אבל גם הציפה את השוני בין המקרים. בעיקר חשבתי לעצמי שלהבדיל מהמקרה באירוע הזיכרון, מתוקף תפקידי הפעם אני יכול (ואולי חייב) לקחת את השאלה ההלכתית ולראות בה הזדמנות לפתוח דיון מעמיק בציבור על מנהגי ׳מיעוט בשמחה׳ בתשעת הימים.

בחרתי את ה'קולולם' כנושא לשיעור שלי בשבת אחרי הצהריים, שיעור שהיה הזדמנות להביא רעיונות ומחשבות, לעורר דיון ולפתח שיח שחרג מעבר למי שנכח בו באותה שבת. בשיעור, שיתפתי את הציבור בשאלה ההלכתית, בצדדים שפירטתי בשיחה עם אלירז (הבנת אופיו של האיסור לשיר בתשעת הימים וראייתה של קייטנת איל"ן כמצווה) ואף פתחתי מוקדים נוספים, ובהם מעמדו של תשעה באב בימינו במדינת ישראל המתחדשת.

הסיבה לכך לא הייתה מקרית. בטירת צבי התהלך סיפור מיתולוגי על ימיו הראשונים של הקיבוץ כשתחושת גאולת הארץ וחזרת עם ישראל לארצו עמדה בהתנגשות חריפה לתודעת החורבן, הגלות והאבל שמשתקפת בתשעה באב. הסיפור שנלחש מפה לאוזן סיפר על צעיר נמרץ שקרא לבטל את הצום, ואף פרץ למטבח ועשה מעשה, צעד שמנע ממנו קבלה לחברות בקיבוץ של אותם הימים.

הסיפור כהווייתו סופר על ידי מי שחולל אותו, אחד מוותיקי הקיבוץ, אפרים יעיר שמו, בקובץ שנקרא 'ונטעתים על אדמתם':

> בליל תשעה באב תרצ"ח, הייתי תורן בשמירה. היה זה סיור לילי באדמות טירת צבי, במטעים, בגן הירק ועוד... ואני - בן 21 שנה, מועמד לחברות בקבוצת טירת צבי...
>
> כאשר חזרנו, בערך בחצות לילה, תקפני תיאבון גדול לאכול משהו. מחסן המטבח היה נעול, אבל בצריף חדר האוכל לא הייתה תקרה. טיפסתי אפוא על הקיר, נכנסתי, הוצאתי מה שהוצאתי, ואמרתי לחברים שהקיפוני כי לאחר עלייתנו לטירת צבי וכיבוש שממת עמק בית שאן זוהי עצם הגאולה ואין כבר מקום לתשעה באב... (אוי ואבוי לי לו תפסה אותי המחסנאית בשעת מעשה!).
>
> זהו כל המעשה. לא הצעתי לפני אסיפת החברים לבטל את צום ט' באב. זה היה מעשה קונדס של צעיר בן 21 ותו לא, אלא שלאחר המעשה נתתי לו בסיס אידאולוגי בעידנא דריתחא, ועדיין לא הייתי חבר [...]

כעבור חצי שנה [...] לא זכיתי לשני שלישים מהקולות הנחוצים לאישור הקבלה [...] ישנם חברים שחשבו שאפרים אדלר אינו דתי. ואז - הבינותי פתאום שאדם יחיד, יהיה זה אפילו רב וגאון, אינו יכול לעשות דין לעצמו ולבטל תשעה באב מן השולחן ערוך! [...] אני כותב דברים אלו בט"ו באב תשנ"ה [...] אבל אפרים יעיר הוא איש אחד בלבד. דרוש איחוד של כל היהדות הדתית. והריני מצפה לתשועה!

מנהג המקום

בהיותי תלמיד בישיבה, נכחתי פעם בחתונה של אחד התלמידים, שהיה בוגר ישיבת ההסדר 'אורות שאול' ואז עבר ללמוד בישיבתנו. הרב שג"ר ז"ל עוד היה בין החיים ובמקביל למנה הראשונה שוחח עם ראש ישיבת 'אורות שאול', הרב יובל שרלו - ואני עמדתי בסמוך אליהם. הימים היו ימי תחילת ניסן ובחורי הישיבה יצאו לחופשת 'בין הזמנים'. בתוך השיחה שיתף הרב יובל את הרב שג"ר בשאלה ששאלו אותו תלמידי שיעור א' שסיימו זה עתה את זמן החורף הראשון שלהם בישיבה. 'החבר'ה שאלו מה יוכלו ההורים המזרוחניקים שלהם ללמד אותם בליל הסדר ואיך יקיימו את מצוות "והגדת לבנך" אחרי שהם כבר חצי שנה בישיבה', שיתף הרב יובל את הרב שג"ר וחיוך על פניו.

מהיכרותי איתו, נראה שהייתה לו תשובה מן המוכן לתלמידים אלו; ובכל זאת הוא הסתקרן לשמוע כיצד יגיב הרב שג"ר לאמירה צעירה שכזו. הרב שג"ר חייך גם הוא ואמר בבדיחות - שיש בה הרבה מאוד עומק - כי את הניגונים והקניידלעך מהבית של סבא וסבתא הם לא למדו בישיבה...

לימים ראו הדברים אור בניסוח דומה (חלקו בשם הרב עמיטל) בספרו של הרב שג"ר לחנוכה:

> הרב יהודה עמיטל טוען כבר שנים שמה שחסר לנערים החוזרים בשאלה הוא הקניידלך והלוקשן (הרב עמיטל מדבר על קניידלך משום שהוא הונגרי, אילו היה תימני היה מדבר

> על משהו חריף יותר), או לחלופין ריח הסדר המשפחתי וניגוני התפילה של הימים הנוראים. כלומר מה שחסר להם זו ההוויה המושרשת בעצמה של בית אבא, המעניקה חיים לקיום הדתי.

הריח, הטעם, המנגינה - כל אלו מעניקים חיים לקיום הדתי. כפי שכתב יפה פרופ׳ תא־שמע, המנהג הוא הנותן את הצבע לעשייה ההלכתית המחייבת, ולעיתים הבדלי המנהגים בין מקומות שונים באים לידי ביטוי בניואנסים שעשויים להיראות קטנים אך הם משמעותיים מאוד לבני המקום:

> עולם ההלכה, על חומרי דאורייתא וקולי דרבנן שלו, הוא חומרו של מעשה המצוה, אך המנהג לפרטיו הוא צורתו, והוא הנותן לו את עיקר משמעותו. אין צורה בלי חומר, אך גם אין משמעות לחומר בלי צורתו, ואף לא קיום, במובן העמוק של המילה.
>
> אין ההלכה מנחה את האדם בכל פרטי המעשים וצורתם, אלא בעקרונותיהם בלבד, ועל כן נשאר תפקיד עיקרי זה למנהג, שתחת כותרתו חוסים פרטי מעשים רבים לאין שיעור מאשר תחת קורת גג ההלכה. ממילא אין אפשרות לראות את חיובי המנהג כנופלים בערכם מחיובי ההלכה־האם, אלא כעולים עליהם. המנהג קובע איך יש לעשות כל דבר, בעוד ההלכה קובעת מה יש לעשות ומתי. אם נפגם המנהג, מתוך רשלנות, זלזול או שגגה, נפגמה בזה גם צורת ההלכה, והיא מעורטלת בגולמיותה כגוף בלי נשמה [...]

בדרך כלל, מנהגים לא נוסדים בהחלטה מודעת. אכן ישנם מקרים שבהם מישהו מכונן מנהג ומחליט ׳להמציא את הגלגל׳, אך ברובם של המקרים, המנהג נוצר ומתגבש מסיבות שלא תמיד ברורות בחלוף שנים או מסיבות שטעמן כבר לא רלוונטי לכאורה.

דוגמה לדבר היא מנהג טירת צבי בעמידה בזמן התפילה לשלום המדינה. מי שמצוי בסדרי התפילה המקובלים ברוב בתי הכנסת שבהם מתפללים לשלומה של מדינת ישראל לפני מוסף של שבת יודע כי התפילה לשלום המדינה נאמרת אחרי סיום הקריאה בתורה וההפטרה בנביא, וטרם החזרת ספר התורה להיכל. הציבור עומד כביטוי של כבוד (אגב, גם עמידה זו אינה ׳הלכה׳ אלא מנהג מקובל, ׳מנהג המגזר׳), ואחר כך מתיישב לאמירת ׳אשרי יושבי ביתך׳, וקם שוב לקראת ׳יהללו את שם ה׳׳ וליווי ספר התורה לארון הקודש.

כשהגעתי לטירת צבי למדתי שמנהג המקום שונה. בטירת צבי מקומה של התפילה לשלום המדינה הוא אחרי סיום ׳אשרי׳ ורגע לפני שספר התורה מתחיל את דרכו מבימת הקריאה אל הארון. לא זו בלבד אלא שהמגביה שאוחז את ספר התורה בישיבה מאחורי קורא ההפטרה נעמד גם הוא בזמן התפילה לשלום המדינה - והספר בחיקו.

המנהג התמיה אותי במעט, אבל לא ייחסתי לכך חשיבות גדולה, עד שבאחת השבתות ניגש אליי אדם שהתארח בקיבוץ ותמה מדוע אנחנו משנים ממנהג הסידורים והקהילות, ומה פשר עמידת המגביה עם ספר התורה בזמן התפילה לשלום המדינה (הוא בא בטרוניה מכיוון שחשב שיש בכך ביכור של המדינה על התורה, והדבר צרם לו).

אמרתי לו שאף אני איני יודע את מקורו של המנהג ואנסה לברר זאת. למזלי הגדול, שכני לספסל בית הכנסת היה איצ׳ה פוקס ע״ה, איש ספר, חד לשון, בעל ניסיון חיים וחוכמה רבה. איצ׳ה סימן לי כי יסביר לי אחרי התפילה את פשרו של המנהג והדבר הניח את דעתי. לאחר התפילה פניתי אליו וביקשתי הסבר, ואיצ׳ה פתח ואמר בחיוך גדול, כפי שנהג תמיד: ׳תקשיב׳. בעבר, הסביר לי איצ׳ה, לפני בניית בית הכנסת הגדול בטירת צבי (שנחנך בתשי״ח...), התפללו חברי הקהילה בחדר האוכל. מעבר לבעיית האקוסטיקה, האתגר הגדול היה רעש גרירת הכיסאות. בכל פעם שהיו צריכים להיעמד או

להתיישב במהלך התפילה, לא ניתן היה לשמוע את שליח הציבור בשל הזזת הכיסאות המשותפת לכלל המתפללים.

או אז הוחלט, אמר איצ׳ה, שבמקום להיעמד לתפילה לשלום המדינה, להתיישב ל׳אשרי׳ ושוב לקום להחזרת ספר התורה - תידחה התפילה לשלום המדינה, הציבור יישאר לשבת אחרי ברכות ההפטרה, יאמר ׳יקום פורקן׳ ו׳אשרי יושבי ביתך׳, ורק אז ייעמד, פעם אחת, לתפילה לשלום המדינה ולהחזרת הספר גם יחד - ובכך ייחסכו שתי סצנות של רעשי כיסאות בחדר האוכל. עם הכניסה לבית הכנסת ׳תקנה ראשונה לא זזה ממקומה׳, והתפילה לשלום המדינה נשארה כמנהג טירת צבי אחרי ׳אשרי׳...

חייכתי והבנתי היטב. מי שמצוי בעולמה של ההלכה יודע שבמקרים רבים מנהגים נוצָרים מסיבות מאוד פרקטיות ופרוזאיות, בלי לייחס להם משמעות עודפת, שלעיתים מתקבלת לאחר מעשה. יתרה מזו, במקרים רבים מנהגים נוצרים מסיבות מעשיות, אך גם כשאלו חולפות, המנהג נשאר.

* * *

אחת הדוגמאות האהובות עליי לגיבושו של מנהג שכזה היא המנהג שלא לאכול בשר ולשתות יין בתשעת הימים. מי שמצוי במקורות, במשנה ובגמרא, מכיר מחלוקת בשאלת שתיית יין ואכילת בשר בערב תשעה באב עצמו, כשלהלכה מותר לאכול בשר ולשתות יין אם לא מדובר בסעודה המפסקת.

אף על פי כן, כמעט בכל קהילות ישראל נוהגים להימנע מאכילת בשר ושתיית יין עוד קודם לכן - מתחילת החודש או מהשבוע שתשעה באב חל להיות בתוכו. כיצד זה נוסד מנהג שונה ומחמיר ביחס להלכה הפסוקה, למשנה ולגמרא? במקרים רבים קשה לעמוד על היווצרותו של המנהג (דוגמה מצוינת לדבר היא ההימנעות שרווחה באשכנז מלאכול קטניות בפסח, הימנעות שלא ברור לנו בדיוק מה היו מניעיה, ובדיעבד הפוסקים מנסים להבין את הגיונו של המנהג ולגזור ממנו השלכות מעשיות למקרים שונים), אבל במקרה זה נראה לי שניתן לעקוב אחַר היווצרותו והתקבעותו של המנהג.

התחנה הראשונה, שבמבט ראשון נראית לא קשורה, היא התלמוד הירושלמי במסכת תענית, המספר על כמה מנהגי נשים בני זמנו ומכריע ביחס לכל אחד מהם אם הוא מנהג מחייב או לא. משפט זה עצמו מציף את המורכבות שבין הנוהג הקיים לבין הגדרתו ההלכתית כ'מנהג'. כך יכול הירושלמי לכתוב ש'נשים שנהגו שלא לעשות מלאכה במוצאי שבת - אינו מנהג'. הנשים נהגו כך, אך מבחינת התוקף - הירושלמי טוען ש'אין זה מנהג [מחייב]'.

אחת הדוגמאות מובאת בפיו של רבי זעירה, הטוען שנוהגן של הנשים שלא לארוג בגדים מכניסת חודש אב הוא אכן מנהג. הניסוח הארמי למשפט הזה כולל את המילה 'למישתייא', שפירושה הוא לטוות שתי וערב.

אלא שבחלק מגרסאות הירושלמי שעמדו בפני הראשונים נוספה אחרי המילה 'למישתייא' המילה 'חמרא', שפירושה יין. ממילא, תמונת הנוהג הנשי שונה לחלוטין והיא מתפרשת כ'נשים שנהגו שלא לשתות יין מכניסת חודש אב - זהו מנהג'. התוספת הזו מוזרה מעט, בעיקר לאור המחשבה על כך שדווקא נשים יימנעו משתיית יין, וכשהדברים מופיעים בספרו של הראבי"ה (רבנו אליעזר בן יואל הלוי, מבעלי התוספות שחי בגרמניה במאות ה־12-13) הוא מעדיף את הגרסה הפשוטה יותר, ללא תוספת המילה 'חמרא', גרסה שנמצאת גם בכתביו של רב ניסים גאון. לכן מתיר ראבי"ה לאכול בשר ולשתות יין עד הסעודה המפסקת ובה בעת הוא מזכיר את המנהג של הנשים שנמנעות מטוויית שתי וערב כירושלמי. הוא מסכם וכותב: 'ויש מרבותינו שנסתפקו בדברים הללו והנראה בעיני כתבתי אני המחבר'.

דור אחד אחריו, תלמידו הגדול של הראבי"ה, רבי יצחק מווינה (בעל הספר 'אור זרוע'), כבר מתאר מציאות רווחת שונה וגם הבנה מבריקה כיצד התגלגלה הקריאה בירושלמי של המילה 'חמרא':

> [...] וכבר נהגו העם שלא לאכול בשר ושלא לשתות יין ושלא לרחוץ משנכנס ר"ח אב ויש לנו סמך למנהג דאמרינן

> בירושלמי: אמר רבי זעירא נשיא דנהיגי דלא למישתי חמר מן דאב עליל מנהג שבו פסק שתיה ומה טעם כי השתות יהרסון. הרי לך ראיה שהיו נוהגין שלא לשתות יין מר"ח אב והוא הדין שהיו נמנעין מלאכול בשר כי אין שמחה אלא בבשר וכן מלרחוץ.
>
> מיהו רב נסים גאון לא גריס חמר אלא גריס דלא למישתי עמרא ופירושו לשון או בשתי או בערב אבל בשתיית יין לא איירי [=מדובר] כלל.
>
> אעפ"כ נהגו אבותינו שלא לאכול בשר ושלא לשתות יין ושלא לרחוץ ואין אנו רשאין לשנות ממנהג אבותינו כדאמר [...] רבי חנינא כל הדברים מנהג [...] מכיון שנהגו אבותיכם איסור אל תשנו ממנהג אבותיכם.
>
> הלכך [...] הואיל ונהגו אבותינו שלא לאכול בשר ושלא לשתות יין ושלא לרחוץ משנכנס אב, אין אנו רשאין לשנות משום שנאמר 'ואל תטוש תורת אמך'.

ניתוחו של ה'אור זרוע' מדהים בעיניי והוא משמש מודל מרתק לעולמו של המנהג. הקטע נפתח במנהג העממי: 'וכבר נהגו העם'. זהו תיאור של המציאות הרווחת, מה שמכיר רבי יצחק בסביבתו האשכנזית הקרובה. למנהג הקיים (שלא לאכול בשר ולשתות יין מתחילת חודש אב) הוא מוסיף סמך בירושלמי - ומצטט את הגרסה שראינו שהכיר גם הראבי"ה, רבו: 'דלא למישתי חמר'. ייתכן שאנו יכולים לעמוד כאן על היווצרות הגרסה הזו בעקבות גרסת רב ניסים גאון שבפיו של רבי יצחק, שלפיה בירושלמי כתוב 'דלא למשתייא עמרא'. 'עמרא' בארמית פירושו צמר, ואולי חילוף ה'עמרא' וה'חמרא' הוליד את הגרסה האחרת. מדבריו של ה'אור זרוע' ניכרת גם חולשתה של ההסתמכות על הירושלמי, שהרי אם אכן כתוב 'דלא למשתייא חמרא', מהיכן הגיעה ההימנעות מאכילת בשר ורחיצה?

בכל מקרה, רבי יצחק מווינה איננו מבטל את המנהג משום

שאין לו סמך בירושלמי אלא להפך - מחזק אותו מאוד באמירות כלליות בשבחו של המנהג, באיסור לשנותו ובהסתמכות על הפסוק ׳אל תטוש תורת אמך׳, פסוק מכונן בעולמם של חכמים, הרואים במנהג מקור מחייב ובלתי ניתן לשינוי, שמופיע בפיו של רבי יוחנן (פסחים דף נ ע״ב) כשהוא אוסר שינוי מנהג שלכאורה אין לו מקור.

מעט אחרי תקופתו של רבי יצחק מווינה, אנו מוצאים גם בספרד את המנהג הזה, וגם שם התייחסות הלכתית של אחד מגדולי הפוסקים מלמדת שהוא מודע שאין למנהג מקור ובכל זאת מחזק אותו - אף יותר מאשר ראינו אצל ה׳אור זרוע׳. כך כותב הרשב״א בתשובתו:

> נהגו אבותיכם נוחי נפש שלא לאכול בשר משנכנס אב ואע״פ שאין כאן איסור כלל מדין התלמוד שאפילו בערב הצום בסעודה שאין מפסיק בה מותר לאכול בשר ולשתות יין, אפילו כן מי שאוכל בשר בכל המקומות שנהגו בו איסור פורץ גדרן של ראשונים ופורץ גדר ישכנו נחש של דבריהם.

כשאני רואה פוסק שמאיים על מי שפורץ גדר, בדרך כלל אני מבין שהיו מי שרצו לפרוץ את הגדר. זוהי דינמיקה שאפשר להבין אותה. המנהג להימנע מבשר ויין החל להתקבע בציבור, ובמקביל הוא זכה להתנגדות של כאלו שהכירו היטב את רפיפותו מבחינת המקורות וידעו לומר שהמשנה והגמרא מתירות לאכול בשר ולשתות יין עד סמוך לצום. הכרעתו של הרשב״א (כמו גם הכרעתו של ה׳אור זרוע׳ לפניו) לתמוך במנהג מביאה אותו לחזק את תוקפו ולוודא שהציבור מקיימו ולא פורץ את הגדר.

זוהי דוגמה מצוינת להתקבעות של מנהג, אולי בהשפעת גרסה לא נכונה בירושלמי, ואולי ממניעים עממיים שאפשר בהחלט להבינם (כחלק מהאבל על החורבן וההימנעות משמחה), התקבעות שגוררת אחריה גיבוי רבני ואף חיזוק והדיפת פורצי הגדר.

חכמים, ככלל, לא התנגדו למנהגים שהתקבעו בציבור אם לא

הייתה בהם בעיה מבחינה דתית או חינוכית, ועל אחת כמה וכמה אם היו בהם תועלות והיגיון. וכך, גם אם לא הם אלו שייסדו אותם, ואפילו אם בעצמם ידעו שההלכה אינה כן, הם הצדיקו את מנהג המקום ונתנו לו תוקף מחייב.

דברים מרחיקי לכת בכיוון זה כותב רבי מנחם המאירי, מחכמי פרובנס במאה ה־13, כשהוא מתייחס לגמרא במסכת פסחים (דף קט ע"ב) העוסקת בחשש העממי מלשתות כוסות יין במספר זוגי, מתוך אמונה עממית שהדבר מביא שֵׁדים:

> באותם הזמנים היו העם נמשכים אחר דברים המוניים כלחשים ונחשים ופעולות המוניות וכל שלא היה בהם סרך עבודה זרה ודרכי האמורי לא חששו בהם חכמים לעקרם [...] וממין דברים אלו הוא שהיו רגילים להזהר מן הזוגות וכשתקנו חכמים ארבע כוסות שלא לגרוע או להוסיף מצד אותם ההבלים הוצרכו לרוב רגילותם לתת טעם לדבריהם.

המאירי טוען כי לא זו בלבד שחכמים לא ניסו לעקור את האמונה העממית, אלא אף כשזו התנגשה בתקנתם (לשתות ארבע כוסות בליל הסדר), הם נמנעו מלומר להמון במפורש 'ניתן לשתות ארבע כוסות, אין כל חשש של שדים, זוהי שטות מוחלטת', אלא מצאו הצדקות בשפה למדנית והלכתית והותירו את הנוהג העממי על כנו.

* * *

ועדיין, קושיה אחת נשארה לי על הסברו של איצ'ה: מדוע זה נעמד המגביה עם ספר התורה ל'תפילה לשלום המדינה'? איצ'ה שב וחייך. 'לא לכל דבר יש לי הסבר', הוא אמר, 'אבל אני יכול לחשוב על המגביה הראשון אחרי ההחלטה להזיז את התפילה לשלום המדינה. הוא, שהיה רגיל להיעמד עם אמירת שליח הציבור "מעתה ועד עולם הללויה" (בסיום פרק "אשרי"), לא שינה ממנהגו גם כן, ונעמד. והנה לך מנהג חדש שבשבוע שאחר כך הפך למנהג מחייב'... איצ'ה

סיים את תיאורו ואני למדתי עוד פרק בהיווצרותם של מנהגים ובהתגבשותם.

שבתי אל האורח. הסברתי לו את מה ששמעתי מאיצ'ה והוספתי שאף על פי שזו ככל הנראה הסיבה הריאלית למנהגנו, הרי שבחלוף השנים המנהג הוא מנהג המקום ואיני מוצא טעם לשנותו או לאתגרו. דומה הדבר לאדם שחווה חוויות משמעותיות, ביקר במקומות מסוימים או פגש אנשים שונים שהשפיעו על חייו והתנהגותו. כעת, הרי זה מי שהוא. אם ירצה לחזור ולהתנהג 'כמו שכולם מתנהגים' או 'כמו שהיה מתנהג אילולי היה פוגש את האדם ההוא' או 'נוסע למקום ההוא', הוא עלול להיכשל, ויתרה מכך - להתנכר לחלקים מאישיותו.

האורח שמע את הסברי ולא נחה דעתו. הוא אמר שלא זו בלבד שראה שמנהגנו שונה מהמקובל מבחינת עיתוי התפילה לשלום המדינה ועמידת מחזיק הספר, אלא שגם הנוסח שונה מעט. שמתי לב שלפניי אורח ערני ורגיש לכל שינוי מהמוכר לו ושאלתי אותו בחיוך אם יש לו זמן לשמוע את כל הסיפור על נוסח התפילה לשלום המדינה. האורח הסקרן ענה בחיוב, ובעקבות כך התעכב לסעודת השבת בדקות ארוכות... שיתפתי אותו בפרטים מופלאים שלמדתי מהרצאתו של ההיסטוריון ד"ר יואל רפל, שגם ראו אור בספר שכתב בנושא.

נוסח התפילה לשלום המדינה תוקן אחרי הקמתה ופורסם בעיתונים 'הצופה' ו'הארץ' בסוף שנת תש"ח. רבים חושבים שהיה זה ש"י עגנון שניסח את התפילה, אך כבר הוכח שעגנון רק דייק את הנוסח, שחובר על ידי הרבנים הראשיים באותה תקופה, הרב הרצוג והרב עוזיאל (וייתכן שרק על ידי אחד מהם). נוסח זה הופיע גם ב'סדר תפילות והודיות ליום העצמאות' שפרסם משרד הדתות כעבור פחות משנתיים, לקראת יום העצמאות תש"י, וגם בנוסח 'מחזור הקיבוץ הדתי ליום העצמאות' שפורסם מעט אחר כך, בשנת תשי"ב.

כמה חודשים לאחר פרסום הנוסח הראשוני, בטבת תש"ט, הופיע

נוסח התפילה באופן שונה מעט בכתב העת התורני ׳ההד׳, שיצא לאור על ידי הקרן הקיימת לישראל, ובין השאר נוספה בו השלמה לאחד הפסוקים שצוטט בתפילה. בנוסח המקורי נכתב ׳וֶהֱבִיאֲךָ אֶל הָאָרֶץ אֲשֶׁר יָרְשׁוּ אֲבֹתֶיךָ וִירִשְׁתָּהּ׳, ציטוט חלקי של פסוק מפרשת התשובה בדברים פרק ל, ואילו בנוסח המתוקן נוספה השלמת הפסוק: ׳וְהֵיטִבְךָ וְהִרְבְּךָ מֵאֲבֹתֶיךָ׳.

שינוי נוסף שהתפרסם הוא תוספת של הרבנים הראשיים לתפילה. הרב עוזיאל הוסיף גם את הבקשה ׳ושלח לנו מהרה בן דוד משיח צדקך׳, ואילו הרב הרצוג השלימה במילים ׳לפדות מחכי קץ ישועתך׳; זאת על פי הפיוט ׳יגדל׳ המוכר מתפילת שחרית ומשירתו בקהילות שונות אחרי תפילת שבת וחג, שם מופיע: ׳יִשְׁלַח לְקֵץ יָמִים מְשִׁיחֵנוּ לִפְדּוֹת מְחַכֵּי קֵץ יְשׁוּעָתוֹ׳.

חלקה הראשון של התוספת מופיע בנוסח התפילה שבעיתון ׳הצופה׳, כבר בערב יום הכיפורים תש״ט, ואילו התוספת כולה מופיעה כאמור בטבת תש״ט, בכתב העת ׳ההד׳, ויותר מעשור אחר כך בנוסח הרשמי של ׳סדר התפילות וההודיות ליום העצמאות׳ שהוציא משרד הדתות בתשכ״א.

אלא שטירת צבי, שהייתה אחת הקהילות הציוניות־דתיות הפעילות והתוססות בתקופה זו - למשל בתש״ט הייתה הקהילה הראשונה שציינה את יום הזיכרון בד׳ באייר, בסמוך ליום העצמאות הראשון למדינת ישראל - שימרה את הנוסח המקורי שעמד לנגד עיני המתפללים, כנראה מעיתון ׳הצופה׳ בערב יום כיפור תש״ט, ולא נענתה לשינוי הנוסח של מועצת הרבנות הראשית. קשה לומר היום מה הייתה הסיבה לכך, אך אני סבור שהייתה זו שמרנות פשוטה ודבקות בנוסח שהיה נתון בידיהם, ואולי חוסר היכרות עם אותו גיליון ׳ההד׳.

האורח לא הכיר את ההיסטוריה הקצרה של התפילה לשלום המדינה, אך ניכר היה שהדברים טרם שכנעו אותו. סיפרתי לו שבדיוק כפי שהוא תמה, כך כמה מהתושבים הצעירים שהגיעו לגור בקיבוץ בעקבות נשותיהם תמהו על כך ופנו אליי בקריאה שאוביל שינוי בנוסח התפילה. הם, שלא גדלו על המסורת המקומית, חשו

שהרי זה מוזר שלא לומר את מה שכתוב בסידור ולנהוג באופן שונה מהמקובל בשאר כל הקהילות הציוניות־דתיות.

הוספתי ואמרתי לו שגם לי הנוסח המקומי נראה היה מוזר וחשבתי שתיקון זה מינורי ולא ראיתי בו בעיה, אבל אחרי דיון בוועדת בית הכנסת, החלטנו להציע את הדבר לציבור ולשמוע את דעתו לפני שמחוללים שינוי. כאן, אמרתי לאורח, נתקלתי בהתנגדויות רבות שבסופו של דבר השאירו את הנוסח המקובל על כנו.

האורח הודה לי על השיעור בהיסטוריה אבל הִביע את מורת רוחו מכך שאיננו נוהגים כהחלטת הרבנות הראשית וכמקובל בשאר הקהילות. שיתפתי אותו באריכות בעמדתי בנוגע למנהג המקום וחשיבותו, גם מבחינה הלכתית, עד כדי שחכמים לימדו אותנו שלעיתים ׳המנהג מבטל את ההלכה׳ (כלשון התלמוד הירושלמי), ובוודאי בנוסח כזה שתוקפו ההלכתי אינו חזק מצד עצמו. נפרדנו בלחיצת יד וברכת ׳שבת שלום׳. פניתי לצאת לביתי, ורק אז ראיתי שהיו עוד כמה חברים שנשארו בבית הכנסת כדי לשמוע את הדיון ואת ההסבר שלי למנהג הקהילה.

* * *

מה שלא סיפרתי לאותו אורח היה האופן והתהליך שהביאו את הוועדה להחליט שלא לשנות את הנוסח ומהלך מסוים שיזמתי וייתכן ש׳הבעיר את השטח׳ וטרפד את הצעת השינוי. המדובר היה בצירוף ההצעה לשנות את נוסח התפילה לשלום המדינה להצעה אחרת, הנוגעת להכרזה על ראש חודש. חלק מההכרזה הוא פנייה בבקשה לקב״ה שיגאלנו, במילים ׳מי שעשה ניסים לאבותינו וגאל אותם מעבדות לחירות, הוא יגאל אותנו בקרוב ויקבץ נדחינו מארבע כנפות הארץ [...]׳.

בסדר רב עמרם גאון, הסידור הקדום ביותר המוכר לנו, מופיע נוסח השונה במעט מזה הנהוג בקהילתנו: ׳מי שעשה נסים לאבותינו וממצרים גאלם, הוא יגאל אותנו וישיב בנים לגבולם׳. לדברי רב עמרם, נוסח זה נאמר בראש חודש עצמו, ולא בשבת שלפניו. נוסח כמו שלנו, הנהוג בשבת מברכין, מופיע כבר בסידורי הראשונים

באשכנז (מחזור ויטרי ועוד), ובהסבר המנהג הובאו טעמים שונים. יש שהסבירו שחידוש הלבנה הוא הסימן לגאולתם של ישראל ש'עתידין להתחדש כמותה' (אור זרוע). אחרים נימקו את המנהג בכך שמצוות קידוש החודש היא המצווה הראשונה שנצטוו ישראל כשנגאלו ממצרים ולכן אנו מתפללים על הגאולה בכל הזכרת ראש חודש או מפני שאנו מתפללים לשוב ולקדש את החודש בראייה, דבר שתלוי בקיבוץ הנידחים והגאולה (לבוש).

בערב יום העצמאות אנו אוחזים בנוסח של הרבנות הראשית: 'מי שעשה ניסים לאבותינו ולנו וגאלנו מעבדות לחרות, הוא יגאלנו גאולה שלמה בקרוב ויקבץ נדחינו [...]'. נוסח זה משקף את התחושה כי אין אנו עומדים במקום שבו עמדו אבותינו שביקשו להיגאל על רקע הגלות, אלא אנו ניצבים בפתחה של הגאולה, בארץ ישראל, עם מדינה עצמאית ותחייה לאומית, וכמהים לגאולה השלמה בקרוב.

במשך שנים רבות נהגתי להשתמש בנוסח הזה בכל שבת מברכין ולהרגיל לשוני ותודעתי לכך שהקב"ה לא רק 'גאל את אבותינו' אלא גם 'גאלנו', מבלי לגרוע מהתפילה לגאולה שלמה בקרוב (ואולי מתוך העצמתה). והִנה, לאחר בחירתה של ועדת בית הכנסת חדשה, הציע אחד מחברי הקהילה שהוועדה תקבל את הנוסח של יום העצמאות כנוסח קבוע לשבת מברכין, ואני יחד עם חברי הוועדה הצגנו את שתי ההצעות יחד בפני הציבור.

כמובן, שתי ההצעות שצורפו יחד היו שונות זו מזו. האחת - להשוות את נוסח טירת צבי ואת מנהגה למנהג המקובל בציבור הציוני־דתי כולו ביחס לתפילה לשלום המדינה. השנייה - לשנות את נוסח 'מי שעשה ניסים' בברכת החודש ולתקן אותו מסיבות אידיאולוגיות. כריכתן ביחד ולוּ כהצעה בפני הציבור על גבי הדף השבועי המחולק בתיבות הדואר והזמנת הציבור להגיב אליהן עוררו תגובות־מספר שסבו על עצם הרצון לשינוי ועל תוכנו.

אחד מחברי הקיבוץ כתב:

המציעים סבורים שיש לשנות את נוסח 'תפילה לשלום

המדינה׳ כדי ליישר קו עם רוב בתי הכנסת המשתמשים בנוסחה מאוחרת שנוסחה אף היא על ידי הרבנות הראשית.
השאלה מתבקשת: מה עם שאר המנהגים הנהוגים ברוב הציבור ולא בטירת צבי? האם המציע (עלום השם) יהיה עקבי ויציע שנתחיל להוסיף לשחרית שלנו ׳עקידת יצחק׳, ׳סדר קרבנות׳, ׳נשיאת כפיים׳, ׳בריך שמיה׳, ו׳אין כאלוהינו׳? למה שלא ניישר קו עם רוב העם ונאמר ׳במה מדליקין׳ או ׳כגוונא׳ בליל שבת? אולי - בהתאם לנוסח אשכנז נאמר ׳שיר של יום השבת׳ אחרי ׳עלינו׳ ולא לפני קריאת התורה?
אם אכן נימוק המציעים (כמה מציעים - שניים? עשרים?) הוא אכן יישור קו, למה מציעים לשנות נוסח ׳ברכת החודש׳ המקובל לא רק על טירת צבי אלא כמעט על כל בית כנסת בעולם?
נראה לי שהצד השווה בין שתי ההצעות הוא מגמתיות השקפתית. דיון בהתאמת נוסחי תפילה לעמדות אידיאולוגיות הוא לגיטימי, אבל רצוי שהוועדה תדע שבעקבות דיון כזה תעלנה דרישות לשינויים נוספים על רקע אידיאולוגי.

מגיב אחר נקט לשון חריפה אף הוא:

אני לא יודע מהיכן הגיע הנוסח המוצע לתפילה לשלום המדינה. הוא נגוע במשיחיות, ואני מסתייג ממנו באופן חריף ביותר. אוי לנו אם את הנימה הזאת נכניס לנוסח התפילה שלנו.

ומגיב שלישי כתב:

אני עוקב מרחוק ומקרוב אחרי הדיון מסביב ההצעה להכניס שינויים בתפילת מברכים החודש בקטע המתחיל במילים ׳מי שעשה נסים...׳ ומבקש להביע דעתי.

קודם מספר נתונים ביוגרפיים אישיים: הייתי בן 12 כשהוכרז על הקמת מדינת ישראל. ההכרזה באה 3 שנים אחר סיום מלחמת העולם השנייה כשהתבהר אסון השואה. הקמת המדינה הביאה לגל של שמחה והזדהות על ידי יהדות העולם, בין יהודים דתיים ולא דתיים כאחד. דיברו במונחים של שיבת ציון וגאולה. באותה תקופה חוברה התפילה לשלום המדינה והוכנס בה המונח 'ראשית צמיחת גאולתנו'. כעבור מספר שנים התחילו להרהר, ביניהם גם מ'זקני' טירת צבי, האם הכנסת ראשית... הייתה מוצדקת.
עכשיו באה ההצעה לשנות את הנוסח של תפילת מברכים החודש ובקטע המתחיל 'מי שעשה...' להכניס שינויים. למען האמת, במשך מספר שנים נהגתי להגיד: הוא יגאל אותו בקרוב גאולה שלמה... עד שהתחלתי לחזור לנוסח האוריגינלי. וזה, עקב הבנתי של המצב במדינה.
אינני יודע מתי נגאלתי 'מעבדות לחרות'. מקובלני שנעשו ניסים לאבותינו במצרים, ביציאה, במדבר ובתקופה שלאחר מכאן. בתקופה החדשה קשה להגדיר ולזהות ניסים באותה רמה.

מגיב רביעי שלח לי מייל אישי ובו כתב בין השאר:

אחד הדברים המייחדים קהילה דתית הוא מנהגי התפילה שלה ולכן צריך להיזהר מאוד כשנוגעים במנהג. אם יש עניין בכך, יש לפנות, לדעתי, למזכירות ולבחור צוות שידון בשינוי מנהג זה או אחר (או כולם ביחד). אינני חושב שוועדת בית הכנסת שנבחרה לקדנציה ואח"כ מתחלפת הוסמכה לשנות מנהגים שנוהגים ביישוב כמה עשרות שנים.

בכתיבתם של החברים השונים ניתן לזהות נימות שונות: חלקן אידיאולוגיות ותיאולוגיות (שאלות של התייחסות למדינת ישראל,

למושגי גאולה ומשיחיות ועוד), וחלקן עקרוניות - על עצם שינוי המנהג ועל הסמכות לשַנותו, אם בכלל.

הדיון שהתעורר הביא גם לתגובות הפוכות, התומכות בשינויים, ולדברים ארוכים שכתב ר׳ אמנון שפירא, מתומכי השינוי בנוסח ׳מי שעשה ניסים׳. ר׳ אמנון העיר שמי שהציע את הנוסח המתוקן הוא הרב שאול ישראלי, עוד בתש״ט, והוא זכה אז לתמיכתו של הרב עוזיאל. ר׳ אמנון הוסיף וכתב שלא מדובר בנוסח חדש אלא בנוסח שמקובל בכל הקהילות הציוניות־דתיות ביום העצמאות ואף הצביע על שתי קהילות הנוהגות להשתמש בו בכל ׳שבת מברכין׳. בסיום דבריו התייחס לשאלה התיאולוגית וכך כתב:

> אציע לא להיבהל מעניין ה׳גאולה׳. הרי ׳התפילה לשלום המדינה׳, שאותה אנו כבר אומרים שנים רבות מדי שבת: ׳ברך את מדינת ישראל, ראשית צמיחת גאולתנו׳, היא תפילה זהירה ומתונה מאוד. אין אנו יודעים את דרכי הגאולה, ובוודאי לא את התנהלותו של ריבונו של עולם (כאותם חוגים תורניים, היודעים זאת לפרטי פרטים). אלא כאנשים מאמינים אנחנו נותנים ביטוי לאבל ולצער, וגם לשמחה ולהודאה. ומי שמכיר את ההיסטוריה היהודית לדורותיה, ורואה מה שקורה היום במדינת ישראל, והוא אדם דתי בהכרתו, ראוי שייתן לזה ביטוי. והנוסח ׳ראשית צמיחת גאולתנו׳ הוא הולם, וגם מינורי: זו ההתחלה, תוך תקווה מתמדת לסוף גדול יותר: עתיד של ׳תיקון עולם׳ ושל חברה ישראלית ועולמית מתוקנת יותר.

בסופו של דבר, אחרי כל הדיון העמוס בקבוצת הדוא״ל הקיבוצית, התכנסה הוועדה ופרסמנו נוסח מסכם ומאוזן:

> בעקבות פניות שהגיעו אלינו, פנינו לציבור לפני כחודשיים, על מנת לשמוע דעתו בנוגע לאפשרות לעדכן את נוסח

> התפילה לשלום המדינה ואת נוסח ׳מי שעשה ניסים׳ בהכרזה על ראש חודש.
>
> לאחר שמיעת וקריאת הדעות השונות, ולאחר דיון בוועדה, מצאנו שיש היגיון וטעם בכל אחת מהעמדות (בשני הדיונים), ושבכל מקרה, אין מדובר כאן ב׳סלעי תשתית׳ של התפילה או של מנהג טירת צבי.
>
> לאור זאת, לעת עתה נשאיר את מנהגנו על כנו, ובה בעת נאפשר לשליחי ציבור שיחפצו לקרוא את התפילה לשלום המדינה בנוסח המקובל על הרבנות הראשית דהיום (המופיע בסידורים השונים) או לציין ׳מי שעשה ניסים׳ בנוסח יום העצמאות (כמופיע בסידורים בתפילת יום העצמאות) לעשות זאת.
>
> ולוואי ונזכה לשלום המדינה, לניסים וגאולה, לכוונת הלב בתפילה, והאמת והשלום אהבו.

גם על נוסח זה היו השגות, כשאחד מהמגיבים טען כלפיי כי הקביעה שלא מדובר ב׳סלע תשתית׳ של התפילה איננה נכונה...

בפועל, נראה היה שהמנהג חזק וכוחו יפה יותר מהרצונות לשינוי וגם ההבדלים בין שתי ההצעות משתקפים בהתנהגות הפומבית. אף שההחלטה משאירה מקום לאפשרויות השונות, לא ראיתי ולא שמעתי שליח ציבור ששינה את נוסח ׳מי שעשה ניסים׳ בברכת החודש, ואילו את נוסח התפילה לשלום המדינה יש שאומרים מפעם לפעם על פי הכתוב בסידורים והמקובל בשאר הקהילות.

* * *

כפי שראינו, מנהג הוא רכיב משמעותי בהתגבשותה של קהילה ובעשייה ההלכתית שלה. אלא שהאתגר הגדול הוא כשהמנהג מתנגש עם מה שנראה לכאורה כהלכה הפסוקה והכתובה.

בקרב הפוסקים האשכנזים בימי הביניים רווח ציטוט הגמרא ש׳מנהג עוקר הלכה׳ - עד כדי כך שבהתנגשות בין מנהג מקומי להלכה פסוקה, המנהג גובר. דוגמה קיצונית לדבר היא פסקו של

אחד מגדולי הפוסקים האשכנזים, רבי יצחק אייזיק מטירנא, שחי במאות ה־14–15. ספר המנהגים שלו הוא ספר המרַכֵּז את מנהגי אשכנז לכל השנה, ובכלל זאת תפילות, שבתות וחגים, והוא הפך לספר היסוד במזרח אירופה.

בהקדמתו מביע רבי יצחק את עמדתו ביחס למנהג וכותב:

> והמנהג עוקר הלכה אפילו באיסור דאורייתא, כגון ברינוס נמצא שאוכלין הכרס שקורין פאנצין עם החלב [שעליו], שלדידן איסור כרת. ואמרו חכמים ז"ל הכל כמנהג המדינה, מקום שנהגו וכו', ואם הלכה רופפת [בידך] תלך אחר המנהג, נהרא נהרא ופשטיה וכהנה רבים בתלמוד.

הדוגמה שמובאת על ידו איננה מתחום התפילות או החגים, אלא דווקא מתחום הלכתי חמור הנוגע לאכילת חֵלב - דבר שעל פי התורה הוא איסור חמור שעונשו כרת. ובכל זאת, לתפיסתו של רבי יצחק אייזיק, המנהג עוקר את ההלכה. דברים אלו עמדו לנגד עיניי בשני מקרים שבהם נתקלתי במנהג מקומי שסתר לכאורה את ההלכה, גם אם לא היה מדובר בהלכות חמורות עד כדי כך.

מדובר היה בשחייה בתשעת הימים. לפני הבאת הסיפור בעניין, אציין בפני מי שאינו מכיר כי החום בעמק המעיינות בימות הקיץ כל כך גבוה, עד שלפעמים עם פתיחת דלת הבית המחשבה הראשונה שחולפת בראש היא 'למה מישהו הדליק תנור בחוץ?'... כיוון שכך, הבריכה בטירת צבי היא מוקד משיכה לרבים מחברי הקהילה, כל אחד לפי יכולתו, והיא מקום מפלט שמאפשר מפגש, התרעננות, משחק ופעילות גופנית על אף עשרות המעלות שבחוץ.

כשהגעתי לקיבוץ למדתי כי מנהג המקום הוא לסגור את הבריכה בשלושת הימים הסמוכים לתשעה באב. זקפתי גבותיי וחיפשתי מקור למנהג זה - אך ללא הועיל.

מקורה של ההימנעות מרחיצה כבר מראש חודש אב - גם הוא במנהג, וכך כותב הראבי"ה בהלכות תשעת הימים (שציטטנו קודם

לכן בהקשרי בשר ויין): 'נהגו אבותינו שלא לרחוץ מראש חודש ויש עלינו לקיים משום אל תטוש תורת אמך'.

המנהג האשכנזי התבסס כמנהג להימנע מראש חודש אב, ואילו המנהג הספרדי נשאר פתוח וכך כתב ה'שולחן ערוך': 'יש נוהגים שלא לרחוץ מראש חדש, ויש שאין נמנעין אלא בשבת [=בשבוע] זו'. על גביו כתב הרב עובדיה יוסף: 'השאיר הדבר לפי מנהגי המקומות, נהרא נהרא ופשטיה [=נהר נהר ומהלכו] [...]', אם כי נראה שרבים מבני עדות המזרח נוהגים להימנע מרחיצה רק בשבוע שחל תשעה באב להיות בתוכו.

הרחיצה המדוברת בקרב הפוסקים נראית כרחיצה במים חמים - בבתי המרחץ שנהגו בזמנם. רבי ישראל איסרלן, בעל שו"ת 'תרומת הדשן', מתלבט אם יש להחמיר גם ברחיצה בנהרות ובמים קרים ומסיים את דיונו בניסוח מורכב: 'אמנם כמדומה לי שראיתי בימי חורפי רוחצים בנהרות מראש חודש ואילך ולא מיחו בידם, והמחמיר תבא עליו ברכה'.

גם כאן, המנהג משמעותי מאוד בהתגבשות ההלכה, והעובדה שבצעירותו ראה ר' ישראל אנשים רוחצים בנהר שלא מיחו בידם היא בסיס להכרעתו - שאין איסור או מנהג מחייב להימנע מרחיצה בנהרות בכל תשעת הימים.

עם זאת, הוא מסיים בנימה שקוראת להחמיר: 'והמחמיר תבוא עליו ברכה'. עמדה זו ביחס לחומרה מופיעה בתשובות ופסקים רבים והיא מן היסודות החשובים של ההלכה בעיניי. ההלכה איננה אמירה חדה וחד־ממדית. היא מַתווה דרך להולכים בה - אך זו דרך רחבה, עם נתיבים־מספר. יש את 'שורת הדין' הבסיסית והמחייבת. מצדדיה השונים מתאפשרת דרך גם למעוניינים להחמיר, ומצד שני ישנו גם מסלול 'מינימלי' שיוצאים בו ידי חובה ואפשר להישען עליו בשעת הדחק, במקום צורך, או להסתמך עליו כדי ללמד זכות על אלו שנוהגים אחרת מההלכה.

* * *

אחד ממפעלי ייצור החומוס התהדר פעם שהחומוס (התעשייתי)

שלו מיוצר באהבה. כסלוגן לפרסומת הוא הוסיף את המשפט ׳חומוס עושים באהבה או לא עושים בכלל׳. באופן דומה ניתן לומר ש׳חומרות הן כמו חומוס: עושים באהבה או לא עושים בכלל׳.

הנטייה להחמיר יכולה לנבוע מכמה מניעים אפשריים. יש מקרים שבהם מדובר במדיניות הלכתית שנועדה לייצר סייג או לתקן פרצה שרוצים לגדור. יש מקרים שבהם ההחמרה נובעת מחשש הלכתי: מחלוקת לא מוכרעת, ספק במציאות או רצון לצאת ידי כל הדעות והשיטות. ויש מקרים שבהם החומרה קשורה לאיזושהי נטייה אישית לסגפנות.

בספרי ההלכה מופיעה לא פעם התוספת ׳והמחמיר תבוא עליו ברכה׳. במקרים כאלו, צריך האדם לשאול את עצמו אם החמרתו אכן תביא עליו ברכה. החומרה עלולה להביא איתה גם דברים לא פשוטים, כגון גאווה, זלזול באחרים שאינם מחמירים ולפעמים אף איבוד הביתיות והאינטימיות שבקיום ההלכה המקובלת בבית ובקהילה.

כך מספרים בשם הרב עמיטל:

> פעם שאל אותי תלמיד מדוע איני נוהג בחומרה מסוימת, שעליה אמר ה׳משנה ברורה׳ שראוי לירא שמים להחמיר. השבתי לו: ׳כשאתה קורא ב״משנה ברורה״ פנייה לירא שמים, אתה משוכנע שהכוונה אליך. לי אין יומרות כאלו׳. וראוי גם לציין: נאמר שירא שמים ראוי שיחמיר, אך לא נאמר שהחמרה מביאה לידי יראת שמים!

באופן חריף יותר כותב הרב משה בוצ׳קו (ראש ישיבת עץ חיים במונטרה, שעם עלייתה לארץ שונה שמה ל׳היכל אליהו׳), בתשובה נהדרת הנוגעת לוויכוח שהתגלע בין בוגר ישיבתו לבין חותנו באשר לחובת כיסוי ראש של אישה נשואה בתוך ביתה. הרב בוצ׳קו מקל בדבר ותומך את דבריו במקורות ובמנהגים שונים. לענייננו, חשובות שורות הסיום של תשובתו:

> נראה לי פשוט להגיע למסקנה שמן הדין הדבר מותר בבית [...] וההחמרה היא כגילוי נכונות אישית, ולא מחייבת, כפי שישנן עוד הרבה חומרות, ובהן לא צריך להגזים.
> אני מודה שמעבר לשאלה עצמה, אני טרוד מן ה'אווירה' שמכתבך משרה. תחושתי היא שבחוגים מסוימים, מעשה של יום יום הוא:
> א. למצוא חומרא בספר כלשהו, מה שלא מסובך בכלל.
> ב. לתת לה תוקף הלכתי מחייב.
> ג. לדרוש מכל אחד לקבלה על עצמו.
> ד. לרגל כל אחד כדי לגלות מי לא מציית.
> ה. לשפוט אותו.
> ו. להרשיע אותו ולהחרים אותו.
> וכל זה בעטיפה של צדקנות, בשם הדת, בשם התורה הקדושה ('דעת תורה')...

עם הזהירות מפני כל אלו, החומרה יכולה להביע תנועה של אהבה, של התמסרות, של חיבה ורצון לקחת משא נוסף מתוך חיפוש של קִרבה ו'חיזור' (תרגום אפשרי של המילה הארמית 'הידור') אחַר מצוות ואחַר ריבונו של עולם. ואם כך הוא, הרי שיש בה היגיון וטעם ואף ברכה, הן בנוגע לעבודת ה' של היחיד ולקיום דקדוקי מצוות, הן בנוגע להקפדות יתרות בתחומים שבין אדם לחברו.

* * *

כל הדברים שציינתי אליהם, הנוגעים לרחיצה בתשעת הימים, מקורם בימי הראשונים. חשוב לדעת כי בימינו משמעותה של הרחיצה שונה מזו שבימיהם. הרגישות כיום לניקיון הגוף ולריחו גבוהה הרבה יותר, וזמינותה של המקלחת המשופעת במים זורמים הפכה את הרחצה לניקיון לעניין יומיומי (בוודאי כשמדובר בימי הקיץ החמים והמיוזעים...). פוסקי זמננו עמדו על שינוי המשמעות של הרחיצה ופסקו בפשטות כי אין איסור להתרחץ בתשעת הימים.

ההיתר הוא היתר לרחיצה של ניקיון ולא לרחיצה של תענוג, וההבדל ביניהן נוסח על ידי הפוסקים כתלוי בחום המים.

כך למשל כתב בקצרה הרב משה פיינשטיין:

> ולגבי שאלת בני הישיבה אם ביום חום מותר לרחוץ אחר ראש חודש אב עד ערב תשעה באב מאחר שמכֻונים להסיר הזיעה, ולא מחמת תענוג, באמת יש להקל.

ובאריכות יותר כתב הרב מלמד ב׳פניני הלכה׳:

> כל מי שחש צער מכך שלא התרחץ, רשאי להתרחץ במים פושרים, כדי שלא יֵהנה מרחיצתו, וכל מגמתו תהיה לניקיון בלבד. ואף מותר להשתמש בסבון כדי להסיר ריח רע. וכן מותר לחפוף את הראש בשמפו, כאשר מניעת החפיפה גורמת צער. וכן הדין למנהג אשכנז בכל תשעת הימים, ולמנהג ספרד בשבוע שחל בו תשעה באב, אבל לפני כן מותר למנהג ספרד להתרחץ במים חמים לשם הנאה.
>
> מי שריח זיעתו נודף מפני שלא התרחץ, אף שהוא עצמו אינו סובל מכך, מוטב שיתרחץ בתשעת הימים ובשבוע שחל בו תשעה באב, כדי להסיר ממנו את הריח הרע, שגדול כבוד הבריות. וכיום אנשים רבים רגישים לריחות רעים, ואם לא יתרחץ - נמצא שיתחלל שם שמים על ידו.

דברים אלו פשוטים בימינו בנוגע לרחצה במקלחת. אך מה הדין בנוגע לרחצה בבריכה? זו איננה רחיצה של ניקיון, וממילא לא קל להתירה בימים אלו, אל מול המנהג (לפחות האשכנזי) האוסר. נראה היה לי שישנו פער בנוגע למטרת השחייה בבריכה. מי ששוחה למטרות בריאותיות - הרי שלא זו הרחצה שנאסרה. מניעי המנהג שאסר לרחוץ בתשעת הימים קשורים לאווירת האבל על חורבן בית המקדש ולעיצוב הימים הללו כימים שבהם ׳ממעטים בשמחה׳

ומעצימים (צעד צעד, בצורה מדורגת החל מי"ז בתמוז) את תחושת החיסרון לקראת תשעה באב. רחצה לצורך בריאות או שמירה על כושר גופני איננה חלק מחוויית התענוג או ההנאה, ואין לאוסרה.

לעומת זאת, כניסה לבריכה כדי להשתכשך וליהנות (בוודאי כשהיא נעשית בקבוצה או בחבורה) - זוהי רחיצה של תענוג וממנה יש להימנע החל מראש חודש אב. זו הייתה מסקנתי המתבקשת, וכך גם פרסמתי בדף ההלכה לציבור הרחב שנהגתי להפיץ לקראת כל חג וחג:

> האשכנזים נהגו להימנע מרחיצה החל מראש חודש, ואילו הספרדים נהגו לאסור רק בשבוע שחל בו תשעה באב. הכוונה הינה להימנעות מרחיצה שיש בה תענוג. מקלחת שגרתית שנועדה לניקיון, לא נאסרה. יחד עם זאת, יש להשתדל ולקצר את הרחיצה, או להוריד את הטמפרטורה, כדי למעט בתענוג.
>
> בכלל המנהג להימנע מרחיצה בתשעת הימים, נכללת השחייה (בבריכה ובים). הדברים אמורים בנוגע לרחצה של תענוג, 'כיף' ומשחק, וזו אסורה מר"ח אב. כשמדובר בשחייה מטעמים בריאותיים, יש להקל עד השבוע שחל בו.

לא התייחסתי ישירות למה שהכרתי כמנהג המקומי שלא מצאתי לו ביסוס. חשבתי לעצמי שהמנהג המקומי מקל ביחס למנהג המופיע בספרי ההלכה בכך שהבריכה פתוחה וכולם נהנים ממנה גם בתוככי חודש אב. מאידך, ישנם מקרים שבהם המנהג המקומי מחמיר יותר משורת ההלכה. למשל, כאשר תשעה באב חל ביום ראשון, הקיבוץ סוגר את הבריכה כבר ביום חמישי, אך להבנתי אין מניעה לשחות ביום חמישי או שישי מטעמי בריאות או ספורט.

השנים חלפו. בכל שנה סמוך לחודש אב פרסמתי את ההנחיות ההלכתיות; ובמקביל, בדף השבועי, פורסם הנוהל המקומי המקובל שלפיו הבריכה תיסגר שלושה ימים לפני תשעה באב. והִנה, לקראת

הקיץ החמישי שלנו בטירת צבי, מנהל הקהילה, יעקב (חילוני, בן קיבוץ עין השופט), עורר את השור מרבצו וביקש לבדוק כיצד יסתדרו שתי ההנחיות הללו יחד. הסיבה לכך הייתה שבאותה שנה תשעה באב חל ביום ראשון. אורחים רבים תכננו להזמין לעצמם חדר באירוח הכפרי של הקיבוץ לחמישי־שישי־שבת ושאלו את מנהלי האירוח אם הבריכה תהיה פתוחה. אלו הפנו את השאלה ליעקב, ויעקב הבין שההנחיות ההלכתיות והנוהל המקומי לא עולים בקנה אחד.

השבתי ליעקב שמבחינה הלכתית אין מניעה לפתוח את הבריכה לשחייה לצורכי בריאות, אם כי מנהג המקום שונה.

יעקב הופתע מתשובתי, ועוד יותר מכך שהשבתי לו שאף שאני מחווה את דעתי ההלכתית בדף ההנחיות שמפורסם לציבור, איני רוצה לשנות ולמנוע את מנהג המקום - לא לקולא ולא לחומרה. 'למנהג יש משקל', אמרתי לו, 'גם אם איני מבין עד הסוף את מקורותיו'.

בסופו של דבר הוזמנתי לישיבת מזכירות שבה התבקשתי להסביר את השתלשלותו של המנהג המקומי ואת עמדתי ההלכתית ביחס אליו. הצגתי בפניהם את ההלכה, כפי שאני מבין אותה, וגם את המבוי הסתום שנתקלתי בו כשחיפשתי מקור למנהג המקום. בכל זאת, פרשׂתי בפניהם שתי מחשבות יצירתיות שהיו לי, שאינני בטוח שהיו בראשם של מתקני המנהג, אבל אולי יכולות להיות 'צידוק בדיעבד' ולתת פשר הלכתי למעשיהם.

ראשית, במקורות מסוימים מופיעה מדרגה של 'שלושה ימים' כמדרגת ביניים של אבלות, בין היום הראשון שאחרי הקבורה לבין השבעה. כך מופיע כבר בגמרא במסכת מועד קטן (דף כז ע"ב):

> 'אל תבכו למת ואל תנודו לו' - אל תבכו למת יותר מדאי, ואל תנודו לו יותר מכשיעור. הא כיצד? שלשה ימים לבכי, ושבעה להספד, ושלשים לגיהוץ ולתספורת. מכאן ואילך, אמר הקדוש ברוך הוא: אי אתם רחמנים בו יותר ממני.

ולהלכה, פסק ה׳טור׳:

> אָבֵל, כל שלושה ימים הראשונים אסור במלאכה, אפילו עני המתפרנס מן הצדקה. מכאן ואילך, אם הוא עני ואין לו מה יאכל - עושה בצנעה בתוך ביתו.

כך, אולי, יצרו ותיקי הקיבוץ מדרגות אבלות לקראת תשעה באב. ישנם מנהגי איסור החלים מי״ז בתמוז; למעלה מהם אלו הנוהגים ׳משנכנס אב׳; ועם הגעת שלושת הימים הסמוכים לצום, מחמירים עוד ונמנעים מרחצה בבריכה.

הסבר אחר נשען על דברי מנהג שמופיע ב׳מגן אברהם׳ ביחס ליולדות: ׳נוהגות קצת יולדות למנוע מבשר ויין מז׳ באב ואילך ונכון שבאותו היום נכנסו העכו״ם להיכל׳. ה׳מגן אברהם׳ משתף במנהג של ׳קצת יולדות׳ (ניסוח שתמיד מעורר בי מחשבה: כמה הן ׳קצת יולדות׳ ומהיכן אסף את מקורותיו?) ויותר מכך - תומך אותו בנימוק היסטורי, הנוגע לכניסת הגויים להיכל, צעד שקירב את חורבן המקדש.

כך או כך, אמרתי לחברי מזכירות הקיבוץ שאף שמבחינה הלכתית ׳פשוטה׳ אין למנהג הזה מקור, והגם שאני מצרף בדף ההנחיות שלי את עמדתי ההלכתית (שכאמור, יש לה היבטים מחמירים ומקילים - תלוי במקרה), אני סבור שההחלטה שמורה בידי הקיבוץ אם לשנות את מנהגו או לא, ואם יחליטו להשאיר את המנהג על כנו - יש בזה היגיון, גם הלכתי.

ביציאתי מהישיבה שאלני אחד מהתושבים, בוגר ישיבה שהתחתן עם בת הקיבוץ, מדוע לא קראתי להם לבטל את מנהגם. ׳זהו מנהג המקום׳ אמרתי לו, ׳יש לו משקל גם מבחינה הלכתית׳. ׳מה הופך אותו למנהג המקום?׳, שאלני התושב הצעיר. ׳האם זה ש־80 שנים נוהגים כך?׳. ׳ומה הופך דבר למנהג המקום בכלל?׳, השבתי לו בשאלה. ׳האם 300 שנים כן? ואם כן - האם 200 לא?׳.

בפועל, אין קריטריון אחד להגדרת ׳מנהג המקום׳ ולמשך הזמן

שהופך אותו לבעל משמעות הלכתית. אלו הם 'דברים שאין להם שיעור'. ועדיין, מאחר שזהו המנהג ויש יכולת למצוא בו היגיון מסוים, לא נכון למהר ולשנות אותו, גם אם מקורות אחרים מלמדים אחרת.

* * *

האם אין גבול לדבר? האם כל דבר שינהג בו הציבור יהפוך להיות בעל תוקף? בוודאי יש גבול. בהלכה קיים גם המושג 'מנהג טעות', מנהג שהשתרש בטעות והוא מנוגד להלכה באופן שנכון להעמיד את הדברים על מקורם ודיוקם ולמנוע מאנשים לאחוז בטעויותיהם.

כך מובא בשמו של רבנו תם (מגדולי בעלי התוספות, בן המאה ה־12) בתשובה חריפה שהוא כותב לרבי יוסף מאורלינש בנוגע לנוסח המופיע בגט. בדבריו הוא מתייחס לדברים שכתב ר' יוסף כדי להגן על הנוסח שבו השתמש ואמר 'אין לשנות המנהג מפני הלעז'. רבנו תם עונה לו:

> גם כתבת שאין לשנות המנהג מפני הלעז. מנהג זה גהנם למפרע. שאם שוטים נהגו, חכמים לא נהגו. ואפילו מנהג הגון אינו עוקר הלכה, אלא אם כן רופפת. ובזה טעית טעות גדולה, ואל תוסיף לדמות דמיונות כאלה.

משפטים נוקבים אלו של רבנו תם מלמדים שישנם מנהגים של שטות שאחריתם גיהינום, ותפקידו של הרב הוא לתקן את הציבור ולהעמידו על טעותו.

* * *

כמה חודשים קודם לכן התרחש אירוע לא נעים בסוכת אבלים בעקבות התנגשות בין הנחייתי ההלכתית לבין מה שנדמה לאחד מוותיקי הקיבוץ כ'מנהג המקום'. הסיבה לדבר הייתה התרחשות חריגה בקיבוץ - הלוויה שהתקיימה בלילה. אומנם בירושלים מקפידים שלא להלין את המת ומשתדלים להזדרז ולקוברו בלילה, אך בשאר המקומות בדרך כלל לא נוהגים כך. בכמה הלוויות

שהתקיימו בלילה ונכחתי בהן, חוויתי את השוני המהותי בין קבורה ביום לבין קבורה בלילה. החושך והאפלה שמסביב מוסיפים לקושי שקיים בהלוויה בין כה וכה (ואף בשהות בבית קברות לכשעצמה). כדברי קהלת: 'וּמָתוֹק הָאוֹר וְטוֹב לַעֵינַיִם לִרְאוֹת אֶת הַשָּׁמֶשׁ'. הלוויה ביום מאפשרת איזשהו מבט אל אופק, אל שמיים ואל הפנים המוארות של המלווים את המת.

ההלוויה נדחתה מיום הפטירה כדי לאפשר לבנו של הנפטר להגיע מארצות הברית להשתתף בה, ונקבעה סמוך ככל שניתן לנחיתתו והגעתו מנתב"ג לטירת צבי - שעת ערב, מעט אחרי חושך ראשון.

עם תום ההלוויה הגעתי לבית האבלים וחיפשתי כמה דקות כדי להעביר להם את ההנחיות ההלכתיות הנוגעות לסדרי התפילה ולהלכות האבלות החלות עליהם מרגע הקבורה. לשמחתנו, אנשים צעירים אינם בקיאים בהלכות אבלות ויש צורך להגיש להם בקצרה ובטעם את ההלכות הרלוונטיות עבורם לימי השבעה. לימים, ערכתי דף הנחיות כללי שהתייחס הן לסדרי התפילה, הן להלכות הבסיסיות, אם כי תמיד ערכה של ה'תורה שבעל־פה' הוא ביכולת לשוחח, להסביר ולראות פנים מאחורי הסעיפים ההלכתיים.

בין השאר, עסקתי עם האבלים בסוגיית הנחת התפילין ביום הראשון לאבלות. התפילין מכונות 'פאר' ונפסק להלכה שאין מניחים אותן ביום הראשון לאבלות, שהוא היום החמור ביותר. בדרך כלל, הלכה זו לא באה לידי ביטוי מכיוון שהיום הראשון לאבלות מתחיל מיד אחרי הקבורה, ומכיוון שמבחינה הלכתית 'מקצת היום ככולו', גם אם חולף זמן קצר בין הקבורה לשקיעת החמה, הרי שבכך תם היום הראשון לאבלות ומיד למחרת בבוקר חוזרים האבלים להניח את תפיליהם במניין שמתקיים בביתם.

אלא שהמקרה הזה היה חריג. ההלוויה התקיימה בלילה, ותפילת השחרית הראשונה הייתה למעשה ביום הראשון לאבלות - כך שהיה עליהם להימנע מהנחת תפילין. אומנם, בהערות ה'פתחי תשובה' על השולחן ערוך, מביא הרב אייזנשטט (בן המאה ה־19) עמדה הלכתית

חריגה, שמיוחסת לרב יום טוב צהלון, מהריט"ץ, מחכמי צפת במאה ה־16, שלאחר שנפטר בנו ונקבר שלא ביום פטירתו פסק שבמקרה כזה יש להניח תפילין ביום הראשון. ה'פתחי תשובה' מביא את העמדה הזו ומיד מסתייג ומציג עמדות חולקות, ובראשן עמדתו של ה'נודע ביהודה' (רבי יחזקאל לנדא) בספרו 'דגול מרבבה'. כך פסקו כמעט כל הפוסקים האחרונים ובהם הט"ז, ה'אליה רבה', ה'ברכי יוסף', הנצי"ב, 'ערוך השולחן' וה'משנה ברורה'.

הימנעות מהנחת תפילין למי שרגיל בהן בכל יום ויום היא חוויה לא פשוטה. קשה להסביר זאת למי שלא חי את החיים הדתיים וקשור לתפיליו על בסיס יומיומי, אבל מי שרגיל להניח תפילין בכל יום ומקפיד על כך, יתקשה להגיע לתפילה בלעדיהן ובוודאי לראות את השמש שוקעת כשידיו וראשו לא חשו במגען. נראה לי שהקושי הזה קשור למנהג שהתפתח בניגוד לפסיקת ההלכה. בכמה ספרי מנהגים מבוססי קבלה מופיע מנהג שלפיו יש להניח את התפילין במקרה שיום הקבורה איננו יום המיתה, אך בצנעה ובלי ברכה. כך מובא בספר 'ארץ חיים' (שחיבר רבי חיים סתהון, מרבני ומקובלי צפת בתחילת המאה ה־20); כך גם פסק הרב מרדכי אליהו בספרו 'צרור החיים'; ובאופן מפתיע מובאת הנהגה זו גם בתשובה של ר' שלמה זלמן אויערבך: 'ואף דלא קיימא לן הכי, מכל מקום הרבה מהיראים מקפידים להניח מספק בצינעא על תנאי בלא ברכה'.

כך הוריתי לאבלים באותו ערב - שלדעת רוב הפוסקים הם אסורים בהנחת תפילין, אך מנהג ירושלים הוא להניח בצנעה ולהסיר (ואת זה הנחתי בפניהם כדי לאפשר למי מהם שזקוק לתפילין - להסתמך על המנהג המדובר).

בבוקרו של יום התפללתי במניין הראשון, ולא במניין בבית האבלים, ורק לאחר מעשה פגשתי את אחד מוותיקי הגבאים בשבילי הקיבוץ, שסיפר לי שהתפילה הבוקר עוררה כעס גדול עליי ועל הנחייתי.

האבלים הגיעו לתפילה ללא תפילין, בדיוק כפי שהנחיתי אותם, וכמחויב על פי ה'שולחן ערוך' וה'נודע ביהודה'. ייתכן שהניחו

תפילין בצנעה לפני כן; ייתכן שלא. מכל מקום, שניים מבני הקהילה הזדעקו וטענו ש'זה לא מנהג טירת צבי' ומעולם לא ראו כדבר הזה. האבלים הצטדקו - שכך הורה להם הרב, ואזי נשמעו קולות חריפים יותר, על כך שהרב אינו יכול לשנות את מנהג המקום, ועוד כהנה וכהנה.

בתחילה חשתי מעורער ושאלתי את עצמי אם פספסתי משהו. בדקתי עם הגבאים הוותיקים וביקשתי לוודא: האם זהו אכן מנהג טירת צבי? להניח תפילין ביום הראשון? ואז לפתע הבנתי את שקרה. המוחים כנגד ההלכה בשם המנהג לא הכירו מקרה של תפילה ביום הראשון ללא תפילין, פשוט משום שמעולם לא התפללו עם האבלים ביום הראשון (שהרי לא הייתה קבורה בלילה עד אותה הלוויה, למיטב ידיעתי). ממילא נוצרה בתודעתם תמונת 'מנהג המקום' הגם שלא היה זה מנהג מבוסס כלל ולמעשה היה זה מנהג שלא נהג מעולם.

שלום ביתו עדיף:
על מקומה של הזוגיות

נדב התיישב לידי בבית המדרש בישיבה. הייתה זו שעת מנחה, ואחריה תכננתי לקפל את המחשב ולהתחיל בנסיעה צפונה, חזרה לקיבוץ ולקהילה.

נדב היה בוגר הישיבה, בחור חביב ששוחח איתי מדי פעם בביקוריו בישיבה והתייעץ בשאלות מפעם לפעם. טפחתי על שכמו, התעניינתי בשלומו והוא שאל אם אני יכול לענות על שאלה הלכתית. נעניתי כמובן בשמחה ולא ידעתי שהשאלה תמשוך אותי להיכנס למציאות מורכבת ותחרוג הרבה מעבר לדיון הלכתי. התלמידים נערכו לתחילת התפילה והנחתי שאוכל לענות על שאלתו בקצרה עוד לפני ששליח הציבור יתפוס את מקומו ויתעטף בטלית. 'במקרה שבו האישה לא רוצה להדליק נרות שבת והאיש בבית הוא זה שמדליק נרות, ואחר כך היא מחליטה שהיא כן רוצה להדליק, האם היא צריכה לברך?'.

השאלה נשמעה לי מוזרה. מי שעסוק בלימוד הלכות שבת עשוי לפלפל בהלכה ולשאול שאלה כזו כשאלה תיאורטית שבוחנת אם חובת האישה בהדלקת נרות השבת היא חובה עצמאית או שמדובר בחובה על הבית. אבל למיטב היכרותי את נדב, הוא סיים מזמן את לימודיו בישיבה ועבד ככלכלן במשרד ממשלתי. התבוננתי בו ותהיתי אם הוא מעוניין לומר עוד משהו ואם השאלה ההלכתית משולה לשרוך שהוזמנתי למשוך בו כדי להתיר קשר ולהיכנס לאזור אחר לחלוטין.

עניתי לו קצרות שבפשטות אין לאישה הזו חובה לברך, גם אם היא מחליטה להדליק את הנרות (כמובן בתנאי שהשעה מאפשרת והשקיעה עוד לפנינו), מאחר שכבר הודלקו נרות בברכה על ידי אישה. לתשובה לקונית זו הוספתי שאלה קצרה: ׳תגיד, זה משהו שחווית מקרוב?׳. לא שאלתי את נדב בישירות אם זהו סיפור מהבית שלו ושל רעייתו, אבל אִפשרתי לו להבין שאני מבין ואני כאן ומוכן לשוחח אם ירצה. שליח הציבור פתח בתפילת מנחה והכריז ׳אשרי יושבי ביתך, עוד יהללוך סלה׳. נדב ענה ושאל בזריזות: ׳כן, אבל יהיה לך זמן אחרי התפילה?׳ ואני הנהנתי בחיוב.

כשהתיישבנו אחרי תפילת המנחה, הוא גולל בפניי את מערכת היחסים המורכבת שלו עם אשתו הצעירה. בקצרה סיפר שהיא עוברת תהליכים לא פשוטים מבחינה נפשית ודתית ובאריכות תיאר את מאמציו לשמור על התא המשפחתי, את הטיפול הזוגי המתמשך ואת הכאב והקושי המלווים את התהליך כולו.

לִבי יצא אליו. הבנתי שהסיטואציה ההלכתית שתיאר משקפת את התנהלות הבית, הן בהיבט של ערעור על הנחות המוצא ההלכתיות והברית הבסיסית שבין בני הזוג שנישאו לפני שנים ספורות מתוך עמדה מחויבת־הלכתית, הן מבחינת המקום הטעון מבחינה זוגית - כשהוא מנסה למלא איזשהו חלל והיא חוזרת בה אחר כך.

הוא המשיך ושיתף אותי באתגרים הלכתיים הנובעים מהתרחקותה של אשתו מעולם ההלכה, בעיקר בתחום הטעון של הלכות נידה, וכל הזמן הִפעים אותי בניסיונו להחזיק את כל החוטים ביד. הוא השתדל גם להיות איש אוהב, מקשיב ותומך, המקבל את רעייתו כמות שהיא; גם להיות איש נאמן להלכה ולעצמו; וגם להיות ׳המבוגר האחראי׳ ולשאול את עצמו כיצד לנהל את המשבר ולאן מתקדמים מכאן ומהו הצעד הבא.

שוחחנו לא מעט. הוא בעיקר דיבר ואני הקשבתי. בנקודות מסוימות שאלתי שאלות הבנה והעמקה וניסיתי לחשוב יחד איתו על הצעדים הנכונים מכאן והלאה. בשאלות הלכתיות קונקרטיות נתתי בידיו את הכלים ההלכתיים הגמישים ביותר שהיו לי, מתוך

הבנה - שמופיעה בספרות ההלכתית במקרים רבים מאוד - ששלום הבית הוא ערך מכונן ולטובתו ניתן וראוי להקל היכן שניתן ועד כמה שנצרך. כמו בהקשרי 'כבוד הבריות', 'צורך מצווה' או 'חס המקום על ממונם של ישראל' (שכבר ראינו קודם), גם 'שלום בית' הוא נתון שהנחתו על אחת מכפות המאזניים מטה מאוד את הכף ההלכתית לכיוונו.

לצד זאת, נדמה היה לי שהיאחזותו של נדב בהלכה ובגבולותיה מסייעת לו לעמוד על שלו, להגדיר לעצמו את גבולות הסיטואציה ולתת לו מסגרת ועוגן בים הסוער והמטלטל שהוא נתון בתוכו. חשבתי על העוקץ של שאלתו הנוגעת להדלקת הנרות בערב שבת. הוא מתנהג באחריות משפחתית והלכתית ומדליק את הנרות בברכה בזמן (מן הסתם בכאב לב גדול על בחירתה של אשתו להימנע ממצווה חביבה שנהוגה על ידי כל כך הרבה נשים, גם כאלו שלא מקפידות על מצוות רבות אחרות). לצד זאת, הוא מוטרד משאלת הדלקת הנרות שלה אחריו - ולא ידעתי אם זוהי שאלה שרעייתו שואלת או שהוא ממשיך להיות ה'אחראי' על הברכה וההלכה בבית. מצד שני, האישה מחליטה ברגע האחרון להדליק את הנרות, אף שאלו כבר דולקים, אולי מתוך חרטה על ההימנעות או רצון עמוק שלא להחמיץ את המצווה המיוחדת הזו - ואולי היא ממשיכה את המאבק הסמוי או הגלוי מולו. וכל זה מובא אליי כשאלה הלכתית תמימה לכאורה, החושפת את המצב המבולבל והמעורער שהבית הזה נתון בו.

* * *

הפרק השני במסכת שבת פותח במשנת 'במה מדליקין ובמה אין מדליקין'. פרק זה נקרא בחלק מבתי הכנסת בכל ליל שבת והוא שגור על לשונם של מתפללים רבים. לא רבים שמים לב שבפשוטה של המשנה, הדלקת נרות השבת איננה מופיעה כמצווה אלא כאחד הדברים שעושים בערב שבת כהכנה לכניסתה - וההקפדה ההלכתית היא על טיב השמנים והפתילות שמותר או אסור להשתמש בהם לצורך כך.

המשנה מתארת 'שלושה דברים [ש]צריך אדם לומר בתוך ביתו ערב שבת עם חשכה: עִשרתם, ערבתם, הדליקו את הנר' והיא כוללת את הדלקת הנר עם ההכנות הנוספות שיש לעשות לפני שבת, כגון לעשר ולערב (ובפרקים הבאים - להכין את הכירה ולהטמין את האוכל); הכול כדי שאפשר יהיה לענג את השבת במאכל ובמשתה.

הדלקת נרות השבת מכוננת, על פי הגמרא, את שלום הבית. מדרשים שונים מתייחסים אל הדלקת הנר כחלק מ'כבוד השבת' או מ'עונג השבת'. ניתן להבין שבעולם שבו לא קיים אור החשמל, בית חשוך הוא דבר שיכול להוביל לצער ואף לקטטה. יתרה מכך, סעודה שאיננה מוארת באור הנרות היא סעודה שהאווירה בה עלולה להיות כבדה, סעודה שקשה להתענג ממנה, ובוודאי סעודה לא מכובדת.

רבא, האמורא הבבלי הגדול בדור הרביעי, הוא כנראה הראשון שמתייחס להדלקת נרות השבת כ'חובה' ולא רק כחלק הכרחי בהכנות לשבת והוא אף מכריע שאדם שאין לו די ממון לקנות שמן גם לנר השבת וגם לנר החנוכה - או לחלופין אין לו די ממון לקנות שמן גם לנר השבת וגם ליין לקידוש היום - מוטב שיקנה שמן לנר השבת. הסיבה לכך היא חשיבותו של 'שלום הבית' כפי שציינו קודם, המכריעה בעד הדלקת נרות השבת, אף שלכאורה היא שוות ערך לנרות החנוכה או לקידוש היום.

עוד טרם המצאת החשמל נתקלו חלק מהפוסקים במציאות שבה הנרות כבר לא שימשו כמאירי הסעודה. הסיבה לכך הייתה הכְּנסת השבת המוקדמת בארצות הצפוניות של אירופה, שבהן השקיעה בקיץ מאוחרת מאוד. בני אותן קהילות סעדו את סעודת השבת בעוד היום גדול ונרות השבת לא נצרכו כדי לאפשר את שלום הבית או עונג השבת. הפוסקים המשיכו כמובן את עמדתו של רבא שהגדיר את נרות השבת כחובה הלכתית והעלו על נס את מושג 'כבוד השבת'. נרות השבת, שהיו בעבר צורך פשוט ותנאי הכרחי לסעודה של שלום ועונג, הפכו לנרות שהדלקתם מצווה - כטקס וכסמל לכניסתה של השבת, ובמובן מסוים כמכונני כבוד לסעודת השבת מעצם העובדה שהנרות המצוותיים דולקים במהלכה.

מכאן נוכל להבין את הסיבה להדלקת הנרות גם בימינו. לכאורה, עם המצאת החשמל ניתן היה לחשוב על ביטול הדלקת הנרות ועל הסבת המצווה - ואולי אף הברכה - על הדלקת האורות בבית לפני כניסת השבת (ואולי על כיוון שעון השבת...).

אלא שברור לחלוטין שהאופי של המצווה ומשמעותה השתנו מאז שנשות התנאים הדליקו נרות על סף השבת. במקרים רבים ההלכה משמרת את המעשה כצורתו, גם כעבור אלפי שנים, אך טעמו ומשמעותו משתנים ומתחדשים, וכמובן חידושים אלו משליכים בחזרה על הקיום המעשי של ההלכות. הדלקת הנרות כמצווה מכוננת את רגעי סיום ההכנות לשבת ביום שישי, מתפקדת כאירוע מעבר משאון החולין אל השבתיות הקדושה, חורגת מתאורת החשמל הסתמית ומיוחדת להתרחשות הדתית והשבתית, ומשמשת סממן של כבוד לשבת ולבית כולו. את החוויה המיוחדת של הדלקת נרות השבת מעצים גם מנהג התפילות האישיות, הנאמרות פעמים רבות בעיניים מכוסות אל מול הנרות (מעשה שגם הוא נובע במקורו מאתגר הלכתי, כיצד להדליק קודם הברכה, שהרי השבת נכנסת בברכת הדלקת הנרות, ולשמֵר את הכלל של ברכה 'עובר לעשייתן', כלומר ברכה שהמעשה נעשה רק אחריה).

דוגמה נוספת לשינוי אופי ההלכה ומשמעותה נוכל למצוא בנרות אחרים: נרות החנוכה. את נרות החנוכה תיקנו חכמים להניח 'על פתח ביתו מבחוץ' וסייגו: 'בשעת הסכנה מניחה על שולחנו ודיו'. האפשרות של הנחת החנוכייה על השולחן בתוככי הבית הועלתה כקיום בדיעבד של המצווה, המאפיין רק תקופות קשות שבהן מסוכן להניח את החנוכייה מחוץ לבית מפחד גויים המתנכלים ליהודים.

אלא שנראה שהמנהג להדליק את החנוכייה בבית ולא על הפתח מבחוץ רווח יותר ויותר, בעיקר בקהילות אשכנזיות, עד כדי כך שרבי יצחק 'אור זרוע', שחי בווינה במאה ה־13, לא מצא תשובה לשאלתו 'והאידנא דליכא סכנה לא ידענא מאי טעמא [=ובזמננו שאין סכנה אינני יודע מהו הטעם] אין אנו מדליקין בחצירות'. באופן סתמי מניח את הדברים רבי יצחק ממרסיי, בעל ספר 'העיטור' שחי

מעט לפניו: 'ואחר שנהגו על הסכנה - נהגו'. הִנה כי כן, ההלכה במקורה הייתה להדליק את הנרות על הפתח מבחוץ, ושעת הסכנה כוננה מנהג חדש שנשאר על עומדו גם כשטעמו לכאורה הפך לא רלוונטי.

בשונה מדוגמת הדלקת נר השבת, לא מדובר כאן על עיקרה של המצווה שמקבל פרשנות מחודשת, אלא על מנהג שהתחיל לכאורה בשעת דחק מסוימת. ואף על פי כן, כפי שראינו ביחס להדלקת נר השבת, גם כאן הפוסקים המאוחרים מטעינים את המעשה הרווח בטעמים חדשים, המשמרים את ההלכה ומשנים את אופייה והגיונה.

כך מופיע בדבריו של הרב שלמה אפרים לונטשיץ, מחבר הפירוש 'כלי יקר' על התורה, בן פראג במאות ה־16–17, בספרו 'עוללות אפרים':

> דורות הראשונים שהייתה התורה חביבה בעיניהם היו מניחים נר חנוכה הרומז לתורה אור מבחוץ, על דרך 'יפוצו מעיינותיך חוצה', אבל הדורות הללו שנתמעטה התורה ולומדיה וכו' וחכמי הדור אין להם כח להשיב איש מדרכו הרעה ואדרבה אם לא יחניף לו אין לו תקומה מפני הקמים עליו ויקימו עליו עדי שקר, המשכילים בעת ההוא ימשכו ידיהם מלהאיר בתורתם בראש כל חוצות, מניח נר חנוכה בביתו ודיו להשיב מעון אנשי ביתו לבד.

ההדלקה בפנים הבית משנה את משמעותם של נרות החנוכה בכלל. בעוד מלכתחילה נראה שנרות החנוכה נועדו לפרסם את הנס, בכתיבתו של הרב לונטשיץ עולה שהנרות מוטענים במשמעות מחודשת של אור התורה. אם כך, מיקומה של החנוכייה תלוי במצב הדור וממילא פעמים שהדלקתה בפנים היא הצעד הנכון, המבטא את ההתרכזות בבית והמיקוד החינוכי בשמירה על טהרתם של הילדים ודבקותם בתורה.

דברים דומים ויפים כתב הרב קוק ב'מאמרי הראיה':

בעתים נורמליות הננו מרגישים בקרבנו אומץ של הכרזה פומבית, יֵדעו כל באי עולם המתהלכים בארצות החיים כי אור עולם לנו ומאתנו קרנים להנהיר בהם ועל ידם ארץ וחוצות, ומצות נר חנוכה, הסמל הקדוש הזה, היא להניחה על פתח ביתו מבחוץ. בעת אשר הנהרה המקודשת מופיעה היא גם מבחוץ אין אנו צריכים לדאוג, כבר יודעים אנו ובטוחים אז שהפְּנים הוא מלא אורה. ׳טעמה כי טוב סחרה לא יכבה בלילה נרה׳.

אמנם בשעת הסכנה, בזמן שרוחות רעות מנשבות בעולם, שנאה פראית על ישראל ועל גזעו המקודש, בוז ומשטמה על כל קנייני קדשו, עמדת תוללים ריקי לב ומוח המחללים את גאון עוזו, אז הנהרה שמבחוץ לא תוכל להגיה את המחשכים העבים שהם שולטים שם.

אז יפנה ישראל אל ביתו ואל שולחנו, אל קנייני תרבותו הפנימיים, אל טהרת רוחו ונקיון כפיו, אל תורתו תורת אמת, המיוחדה לו, ואל מצותיו, שהן ארחות חייו לעולמים, לבניין ביתו על אדמת קדשו בכל עוז קנאת קודש, על פי תכונתו ועל פי רוחו, והנר הזה סמל נצחונו מניחו על שולחנו, להאיר על ידו את אורח חייו והארת נשמתו.

ובנר הזה האצור אצלנו פנימה יֵדע נאמנה, שלא יחסר כל שהוא, מכל עושרו הרוחני ומכבודו כבוד האמת והצדק. וסוף כל סוף יבואו רחוקים ויכירו כי נחלת עולמים לתבל כולה, לנצחון הצדק והאמת להנצחת השלום והעמדת חיי האנושיות על מכונם האיתן והבטוח, נחלת גויים כולם, באחרית הימים, לא ממקום אחר תבא כי אם מבית ישראל ומשולחנו הגבוה: ׳תערוך לפני שולחן נגד צוררי דשנת בשמן ראשי כוסי רויה׳. ונפשות כל יצורים ימלאו צמאונם לכל נשגב וטהור, לכל אמת ואמונת אומן מההשפעה הטהורה אשר תצא מנר ישראל, אשר ׳בשעת הסכנה היה מניחה על שולחנו ודיו׳.

* * *

נשוב אל נרות השבת ואל נדב ואשתו. חשתי שהשאלה של נדב סבה - גם אם לא במודע - על הדלקת הנרות שמבקשת את שלום הבית, את הכבוד והעונג השבתיים, שכל כך חסרו לו.

הימים חלפו, נדב ואשתו המשיכו לחיות יחד ולנסות לשקם את חיי הנישואים שלהם, אבל המצב הלך והידרדר. מדי פעם היה נדב מגיע אל בית המדרש, מתיישב ומשתף במה שעובר עליו ולפעמים גם מבקש עצה או הכוונה הלכתית, שהפכה להיות מורכבת ומאתגרת יותר ויותר.

באחת הפעמים הוא הגיע נסער ואמר לי שיש לו תובנה חשובה לשתף אותי בה. 'באחד הימים בשבוע שעבר, נכנסתי לבית כנסת ירושלמי הסמוך למקום העבודה שלי, להתפלל מנחה וערבית. בין התפילות, כנהוג בבתי כנסת שונים, עלה רב מקומי להעביר שיעור קצר, שעסק בהלכה. פתאום הבנתי, שכל העניין הזה של הלכה מתאים ועובד רק כשהכול בסדר. חשבתי על כל האנשים שישבו שם, שנראו לי אנשים מהוגנים וטובים. שאלתי את עצמי: מה הם היו עושים אם פתאום חלילה היו נקלעים למצב כמו שלי? האם כל הדיבורים היפים והמתוקים על ההלכה ועל החשיבות שבשמירתה, ועל השכר שכרוך בה - ואני לא מדבר על העולם הבא, אלא על הטוב שמגיע לאדם שמחבר את עצמו למסורת ולהקשר היהודי הרחב לדורותיו - האם זה היה מחזיק מעמד?'. נדב היה על סף דמעות. הוא לא חיכה לתשובה וענה בקול שגרם לכמה תלמידים בישיבה להטות אוזן ולהתעניין בדברים שנאמרו מדם ליבו. 'לא. זה לא היה מחזיק. ההלכה מדהימה בעיניי ומצוינת כשהכול עובד כמו שעון. כל החיים הייתי בתוך הסיפור, השתדלתי, אבל ברגע שמתחילות הבעיות, היא לא נותנת יותר פתרונות'.

נדב אמר את הדברים בכאב, לא בהתרסה. כשם שהרגשתי שההתעקשות שלו על שמירת ההלכה כשפנה אליי בתחילת הדרך הייתה ניסיון לשמור את עצמו ולאחוז ביתדות של קבע, הרי שהמצב הנוכחי, שבו הוא איבד את התחושה שההלכה רלוונטית עבורו, היה עדות לכך שגם הזוגיות, ומעבר לה גם הזהות האישית שלו,

נמצאות במשבר ובבלבול. התלבטתי אם ומה להגיד לנדב ברגעים אלו. החלטתי להניח בפניו יותר מתשובה אחת ולקוות שהוא ימצא קצה חוט ומזור באחת מהן.

ראשית, שיתפתי אותו בדברים מרחיקי לכת שכותב הרמב"ם במורה הנבוכים, בחלק השלישי, בפרק לד. שם כותב הרמב"ם במפורש דברים דומים לתחושתו של נדב:

> חייב אתה לדעת גם כן שאין התורה שועה אל החריג, ואין הציווי בהתאם למיעוט. אלא בכל דעה, מידה, או מעשה מועיל שרוצים להשיג, מתכוונים לדברים שעל־פי־רוב, ואין שועים לדבר הממעט לקרות או לנזק הפוגע באדם אחד בגלל הקביעה הזאת והנהגת התורה, כי התורה היא ציווי אלוהי. תוכל להתבונן בדברים הטבעיים שמאותן תועלות לכלל הנמצאות בהם - מתחייבים נזקים לפרטים, כמו שהתברר מדברינו ומדברי זולתנו.
>
> בהתאם להתבוננות זו אל תתפלא גם כן שכוונת התורה אינה מושגת בכל פרט ופרט. אלא מתחייב בהכרח שיימצאו פרטים שהנהגה זאת של התורה לא תביא אותם לידי שלמות, כי לא כל מה שמתחייב מן הצורות הטבעיות של המינים מושג בכל פרט ופרט, כי הכל מאלוה אחד ומפועל אחד: 'נתנו מרועה אחד' (קהלת יב, יא). מה ששונה מזאת - נמנע [...]
>
> בהתאם להתבוננות זאת גם אי אפשר שהמצוות תתייחסנה לשוני מצביהם של בני אדם פרטיים ולשוני הזמנים בדומה לטיפול הרפואי. שכן הטיפול הרפואי מיוחד לכל פרט בהתאם למזגו הנוכחי. אלא ראוי שהנהגת התורה תהיה מוחלטת, מיועדת לכולם, אפילו אם זה מתאים לאנשים מסוימים, ולא מתאים לאחרים. כי לו היה זה בהתאם ל(אנשים כ)פרטים, היה נגרם קלקול לכול ונתת דבריך לשיעורין. משום כך לא ראוי לקשור את הדברים שהתורה מתכוונת אליהם כוונה ראשונה לא בזמן ולא במקום, אלא הדינים יהיו מוחלטים

> וכוללים, כמו שאמר יתעלה: ׳הקהל, חקה אחת לכם׳ (במדבר טו, טו) אבל יובאו בחשבון התועלות הכלליות המועילות לרוב הציבור, כמו שהבהרנו.

בדברים מרחיקי לכת אלו טוען הרמב״ם למעשה שהתורה (ולענייננו - ההלכה) לא יכולה להתאים לכל אדם ובכל מקרה. ההלכה מכוונת את דרכי בני האדם בדרך כלל, ׳בחשבון התועלות הכלליות המועילות לרוב הציבור׳, אבל ברור לגמרי שבנקודות מסוימות, לאנשים מסוימים, היא ׳לא ראויה׳, כדברי הרמב״ם. מפרשים וחכמים נחלקו בפירוש דברים אלו ובהשלכותיהם, אך בהחלט ניתן לזהות בהם את התחושה שתיאר נדב אל מול ההלכה - שלמקרה קיצון וייחודי כמו שלו איננה נותנת הדרכה נכונה או מתאימה.

שנית, אמרתי לו שבעצם מה שמתרחש בינינו גם הוא ׳הלכה׳. הלכה איננה רק מה שכתוב ב׳שולחן ערוך׳ או מה שלמדת לפני החתונה מהרב שהדריך אותך לקראת חיי הנישואים שיבואו אחריה. הלכה היא גם המפגש שלנו, השאלות והתשובות, הפתרונות שאני מציע גם אם אינם לכתחילה אלא בדיעבד וגם אם הם כרוכים בוויתור על אתוס שגדלת עליו ועל פרטים שהתרגלת לראות בהם את חזות ההלכה. ׳זו גם כן הלכה׳, אמרתי לו. ואז תיקנתי, ׳זו ההלכה באמת׳.

ראיתי את פניו של נדב ואת הקשבתו העמוקה. הוא לא הגיב, אבל הרגשתי שהוא מבקש ממני להמשיך. הוספתי נקודה שלישית והיא שאכן קיום ההלכה וההקפדה עליה כלולים לא פעם בתנועה של ויתור ולא הכול עטוף בצלופן ורוד, כפי שאמר לי פעם חבר. לא את כל ההלכות אנחנו מבינים; לא אל כולן אנחנו מתחברים; לא תמיד הכול נעים ומתאים ומסביר פנים. הרב סולובייצ׳יק העלה עמדה זו לפסגת העולם הדתי כשדיבר על עֲקֵדת יצחק ודממת אהרן כמיצוי הנסיגה וההקרבה של הרגשות האנושיים והנחות המוצא על מזבח המצווה וההלכה. הוא תיאר את החוויה הדתית כחוויה שבמרכזה ניצבת משמעת קפדנית ותחושת סבל, ואת ההיענות לכך כתמצית הגבורה היהודית. כך כתב:

> נפשי בוחלת בכל אלו הדרשות הסובבות סחור סחור לנושא אחד: שמירת המצוות טובה לעיכול המזון, לשינה מתוקה, לשלום המשפחה ולעמדה חברתית.
> הפעולה הדתית בעיקרה חוויית סבל היא. כשהאדם מזדמן עם האל לפונדק אחד, הוא נתבע על ידי האל להקרבה עצמית, המתבטאת במאבק עם יצריו הפרימיטיביים, בשבירת הרצון, בקבלת 'משא' טרנסצנדנטלי, בוויתור על חמדת בשר מוגזמת, בהסתייגות לפרקים מן הנעים והערב, ובהתמכרות אל המר המוזר, בהתנגשותו עם משטר חילוני, ובכמיהותיו אל עולם פרדוקסלי שאינו מובן לאחרים. הקרב את קרבנך! זהו הצו העיקרי הניתן לאיש הדת. בחירי האומה, מאותה שעה שגילו את האל, התעסקו בפעולת הקרבה מתמידה.
> הקב"ה אומר לו לאברהם: קח נא את בנך את יחידך אשר אהבת את יצחק' וגו'. כלומר, אני תובע ממך את הקרבן הגדול ביותר [...] חייך ייהפכו לשרשרת ארוכה של ייסורי נפש. ובכל זאת אני תובע את הקרבן הזה.

ובמקום אחר:

> אסון פגע באהרון, הכהן הגדול. ביום המאושר ביותר בחייו, יום חנוכת המשכן ויום הימשחו לכהונתו, מתו שני בניו [...] משה אסר על אהרון ושני בניו הנותרים להתאבל על נדב ואביהו, הם צוו שלא להזיל דמעה בעבורם. מדוע? מאחר שהכוהנים מהווים קהילה המשוחה ומקודשת לעבודת ה' לבדה. הזכות הבלתי מעורערת השמורה לכל הורה, הזכות לבכות את בנו, נמנעה מאהרון [...]
> ההלכה, המסוגלת לעתים להיות כה רכה, כה מתחשבת ונוחה לבריות, עשויה לפעול בנסיבות אחרות כמטילת משמעת ותובעת ציות ללא עוררין [...] קפיצה זו (מאבל לשמחה) הרואית היא ללא ספק. אכן, היא מרהיבה פחות ממותו של

אכילס, אך הרואית היא יותר, גואלת יותר, בהיותה מתרחשת בצנעה, בחשכת הלילה ובדממת הבדידות.

׳על פי הרב סולובייצ׳יק׳, אמרתי לנדב, ׳אתה עומד כרגע בפני אתגרים גדולים ומורכבים - והקפדה על ההלכה גם במהלכם תהיה תעודת כבוד וביטוי להרואיות היהודית בשיאה׳. נדב חייך חיוך מריר. ׳לא ביקשתי להיות גיבור ולא בטוח שיש לי הכוחות לכך׳. הנהנתי בהסכמה. הוספתי רק שעל פי אותו הרב סולובייצ׳יק, הקב״ה שולח את האדם לעולם לבצע שליחות אך ורק אם יש בכוחו לממש אותה. אבל בהחלט אפשר להבין את התחושה הלא־פשוטה של נדב במציאות שבה הוא נמצא.

ורביעית, אמרתי, אפשר לחשוב הפוך לגמרי. נדב לא הבין את דבריי והזהרתי אותו שאנחנו ניצבים בכניסה ל׳שדה מוקשים׳. יכול להיות שלא תמיד צריך לנהוג לפי ההנחיה ההלכתית. נדב היה מופתע מדבריי, אך הבהרתי מיד: אני לא יכול להנחות אותך לעשות משהו נגד ההלכה. יש דברים שאמרתי לך ׳את זה אני לא יודע להתיר׳. ניסיתי, אבל איני יודע - ואולי פוסק גדול יותר יֵדע. אבל דע לך: לפעמים יש דברים שאדם עושה והם לא הלכתיים ובכל זאת הם נכונים.

כרב שפוסק ומייעץ לשואלים, אני לא יכול לפסוק לעשות כך. אני חי בתוך עולמה של ההלכה, בתוך גבולות השפה שלה ומתוך קבלת ׳חוקי המשחק׳ שמבוססים על ציות לשורה התחתונה שלה, שאותה אני יכול לנסות להגמיש, אבל לא עד בלי די. מאידך, מצאנו במקורות שונים דוגמאות קצה לתלמידי חכמים שנהגו בעצמם אחרת מההלכה הפסוקה.

למשל, התנא בן עזאי סבור ביחס לחובה להתחתן ולהוליד ילדים כי מי שאינו עוסק בפרייה ורבייה, ׳כאילו שופך דמים וממעט הדמות, שנאמר ״ואתם פרו ורבו״׳ (יבמות דף סג ע״ב). אלא שחכמים ׳אמרו לו לבן עזאי: יש נאה דורש ונאה מקיים, נאה מקיים ואין נאה דורש, ואתה נאה דורש ואין נאה מקיים!׳. כלומר על אף דבריו, בן עזאי

לא נישא ולא הוליד ילדים. בתגובה 'אמר להן בן עזאי: ומה אעשה, שנפשי חשקה בתורה, אפשר לעולם שיתקיים על ידי אחרים'.

תשובה נהדרת זו של בן עזאי איננה שוללת את אמירתו העקרונית הקודמת. אך הוא מגיב בשאלה רטורית: 'מה אעשה??!'. מכיוון שחשקה נפשי בתורה, אין לי מה לעשות. לכאורה, יש ויש מה לעשות. צריך אתה (כך מן הסתם היה מי שאמר לבן עזאי) להתגבר על חשקיך ולהתכופף בפני צו ה' וההלכה המקובלת - מה גם שאינך שולל אותה או חולק עליה. אך בן עזאי נאמן לחשק נפשו ומסתפק בשאלה 'מה אעשה??!'.

דברים מפתיעים יותר מופיעים בלשון הגמרא במסכת נזיר (דף כג ע"ב), בדברי האמורא רב נחמן בר יצחק 'גדולה עבירה לשמה ממצוה שלא לשמה'. רב נחמן בר יצחק מתייחס למעלתה של יעל אשת חבר הקיני, שפיתתה את סיסרא לדבר עבירה כדי להורגו ולהושיע את ישראל, ורבי צדוק הכהן מלובלין מתרגם דברים אלו לעולמנו אנו, כשהוא עוסק בקיום מצוות ותשובה מאהבה ומיראה:

> כי כל זכויות של העושה מיראה הוא רק מפני שה' יתברך ציוה לעשות כן, ירא להמרות ציוויו ומפני כן הוא עושה [...] אבל האוהב כל חשקו ותאותו למלאות רצון אהובו ולעשות מה שיהיה לרצון לפניו בין ציוהו בין לא ציוהו שכל מגמתו לעשות דבר שיהיה לו לנחת רוח [...]
> ומצד האהבה יוכל להכניס עצמו לעניין כזה על דרך עבירה לשמה דיעל, ולא מצינו בפירוש בתורה שדבר זה מותר, רק מהתם הוא דילפינן [=רק משם הוא שלמדנו]. והיא מרוב חשקה ואהבתה להצלת ישראל, ולבער צורר ואויב ה' כמוהו מהעולם, לא הביטה על העבירה ועל הזוהמא שהטיל.

* * *

נראה שבבסיס דבריו נשען רבי צדוק על רבו, האדמו"ר מאיז'ביצה, רבי מרדכי יוסף ליינר, שבספרו 'מי השילוח' חוזר על רעיון זה

בכמה מקומות. כך למשל הוא מבחין בעקבות הפסוק בין הצדיקים ובין ישרי הלב:

> זה שאמר הכתוב 'אור זרוע לצדיק ולישרי לב שמחה'. אור זרוע היינו שדברי תורה מאירים להצדיק שמכלכל דרכיו על פי כללי התורה ולא יסור מהם. ולישרי לב שמחה נקרא מי שלבו נמשך אחר רצון השי"ת, אף שעל הגוון נתראה שלפעמים יסור מדרך התורה, גם זה ברצון השי"ת.

ובאופן דומה הוא מבחין בין שבט אפרים ושבט יהודה:

> כי עניין החיים שנתן הקב"ה בשבט אפרים הוא להביט תמיד בכל דבר מעשה על הדין וההלכה מבלי לזוז ממנו [...] ושורש החיים של יהודה הוא להביט תמיד להש"י בכל דבר מעשה אע"פ שרואה האיך הדין נוטה, עם כל זה מביט להש"י שיראה לו עומק האמת בהדבר [...] ועניין הזה יחייב לפעמים לעשות מעשה נגד ההלכה כי עת לעשות לה' וכו'.

אלו דברים מרחיקי לכת. ברור שמערכת חוקים והלכות שבאופן גורף לא מחייבת את קהל שומעיה כורתת את הענף שעליו היא יושבת. אך הדברים של האדמו"ר מאיז'ביצה מבחינים בין סוגי אנשים שונים, ואולי בין מקרים שונים, ובהמשך לרמב"ם - מזהים אולי את המקומות (או האנשים) הבודדים והחריגים, שבהם ועבורם זהו הצעד הנכון לעשות. בכתבי 'מי השילוח' חוזרת פעם אחר פעם התביעה לבירור פנימי של האדם עם עצמו אם זהו הדבר הנכון לעשות או שמדובר באיזושהי תאווה או עצת יצר.

בנוסף, מכתביו של 'מי השילוח' ואף מכתבי תלמידו רבי צדוק הכהן מלובלין עולה שוודאות פנימית שזהו אכן 'רצון ה'' גם היא סוג של אינדיקציה שזהו הדבר הנכון לעשות.

אף הרב ליכטנשטיין, ראש ישיבת הר עציון וחתנו של הרב

סולובייצ׳יק וממשיכו במובנים רבים, מהרהר בשאלת החפיפה שבין ההלכה והמוסר ופותח פתח למרחבים חוץ־הלכתיים:

[...] בעיקרו של דבר, השאלה היא אפוא האם ההלכה שלמה כשהיא לעצמה. רוחב היקפה ושלמותה לעצמה הם מושגים, שרבים מאתנו מטפחים אותם ברגעים, שבהם אנו נתפסים לפייטיזם ו/או לפוליציסטיקה. לעיתים נוח היה אילו יכולנו לקבל את דבריו של הפרופסור כהנא: ׳שבמשפט האזרחי היהודי אין הפרדה בין המשפט לבין המוסר וכי אין הבדל בין החוק כמות שהוא למעשה לבין מה שהוא צריך להיות׳. אך אם נעשה השוואה בין ההלכה לבין הדין, אם כוונתנו לומר שניתן למצוא הכל במקורות, שאפשר לפתור כל דילמה מוסרית על ידי עיון בפוסקים וחיבוריהם, הרי רעיון זה תמים וכוזב.

ל׳חזון איש׳, בכל אופן - אדם שחסידותו ודבקותו הקפדנית בהלכה היו לאגדה - לא היו אשליות מעין אלו. ׳חובות המוסריות׳, כתב פעם, ׳המה לפעמים גוף אחד עם פסקי ההלכה, וההלכה היא המכרעת את האסור ואת המותר של תורת המוסר׳. ׳לפעמים׳ - אך ברור שלא תמיד; וישנם רגעים בהם צריך להימלך במקור עצמאי.

ההכרה ביסוד זה מבוססת על הוכחות מן המקורות ומן הניסיון כאחד. אני מניח שבמסגרת זו אין צורך להרבות דברים באשר לזו האחרונה. מי מאתנו לא הרגיש לפעמים עד לכאב בדלות האתית של משאביו ההלכתיים? מי לא מצא שמִלוּיָהּ של החובה המפורשת בהלכה יכולה להיות רחוקה מלמצות את האחריות המוסרית המוחשית? אולם נקודה הראויה להדגשה - אף כי אולי גם היא מובנת מאליה - היא שהחסרון אינו רק תוצאה של שתיקה או דו־משמעות במקורות. מובן שאף אלו יכולים להיות גורמים שבגינם יש להזדקק להיקש ודיוק כדי לטפל במצבים המרובים שכמעט

> אפריורית אין כתובי יסוד דנים בהם; ברם, הנקודה הקובעת היא שלעיתים קרובות גם מילוי כל החובה הפורמלית במלואה, כהגדרתה בדין, נראית כבלתי מספקת [...]

יודגש שקיים פער בין ניסוחן של תביעות מעבר להלכה, מה שמכונה 'לפנים משורת הדין', לבין דיבור על מעשה המנוגד להלכה. ואף על פי כן, דבריו של הרב ליכטנשטיין פותחים גם הם פתח למשאבים שאינם הלכתיים, שמהם שואב האדם צידוק למעשיו ולהכרעותיו.

* * *

'תודה, הרב אורי', נדב אמר. הוא שמח לשמוע שתחושותיו הקשות לא גרמו לי להדוף אותו או להטיח בו ביקורת מסוג 'איך אתה מרשה לעצמך לדבר כך?!'. הוא גם שמח לשמוע שהתחושות הללו מהדהדות משהו מהדברים של הרמב"ם, אבל הוא לא שמח על הכיוון האחרון שהנחתי בפניו. 'אני לא מחפש אמפתיה כלפי המצוקה שלי ולא ביחס לאי־הקפדה הלכתית', הוא אמר. 'אני רק רוצה חזרה את הבית שלי, את התמימות שלי, את ההלכה שלי'.

כמה חודשים אחר כך נדב התגרש מאשתו, ושניהם יצאו לדרך חדשה תוך שהם חולקים ביניהם את גידול שני ילדיהם הקטנים. כמה שנים אחר כך הוא התחתן בשנית ואני מקווה שמצא איזשהו מזור ותיקון לתחושות התוהו שליוו אותו באותם ימים.

הלכה, שינויים ורצון ה'

עומאר היה אחת הדמויות המוכרות והאהובות בקיבוץ. בכל בוקר היה מגשר עומאר על 50 הקילומטרים והתהום הדתית והתרבותית שבין איכסאל לטירת צבי ועולה על הג'ון־דיר הקטן, הטרקטור השמור לענף הנוי, כדי לטפל במדשאות, בעצים ובצמחים שפרחו בקיבוץ. עומאר היה מוסלמי מאמין, אבל נהג להשתתף בשיעורים השבועיים שהעברתי בענף הנוי ומדי פעם אף לשאול שאלות או להציע תשובות מקוריות. לא פעם גם ביקשתי ממנו לשתף אותנו במנהגיו ובנורמות המקובלות אצל המוסלמים בתחומים שונים, והוא שמח לחלוק אותן איתנו. עומאר גם שיתף אותי בחוויותיו מהעלייה לרגל למכה, מצוות החאג' המוטלת על כלל המוסלמים, ופתח עבורי צוהר לחוויות דתיות אחרות משלי.

אחת בשנה, לקראת חג הפסח, הייתי מתאם פגישה עם עומאר ועם יעקב, מרכז ענף הנוי, יחד עם מזכיר הקיבוץ. הייתה זו פגישה מסורתית שהתקיימה באווירה טובה אך רצינית במשרדו של המזכיר. לפגישה הייתי מגיע עם מסמך מפורט ובו הסכם מכירת החמץ של הקיבוץ וחבריו, ועומאר בתמורה היה משלם לי מקדמה באמצעות שטר של 200 ש"ח. המסמך כלל הבהרות על דרכי קניין שונות ומגוונות שבאמצעותן נקנה החמץ לעומאר; פירוט מעשי של שלבי השלמת תהליך הקניין אם יחפוץ בכך; רכיבי שכירות המקום שבו נמצא החמץ; ופירוט מה שיקרה 'ביום שאחרי' בהנחה שעומאר לא יממש את הקנייה ויעדיף להחזיר את החמץ לידי חברי הקיבוץ מיד כשיסתיים החג.

עומאר היה קונה לא רק את החמץ בפסח אלא גם חלקים מבהמות פינת החי. ללא מכירה זו, היו בכורות הכבשים והעיזים קדושים בקדושת בכור, דבר שהיה מחייב מבחינה הלכתית לתֵתם לכוהן ואוסר להשתמש בהם, לסחור בהם או לשחוט אותם. סיטואציות של מכירה לגוי התרחשו גם אחת לשבע שנים, לקראת שנת השמיטה, כשמכרנו לנוכרי בצורה מסודרת - דרך הרבנות הראשית לישראל - את קרקעות הקיבוץ, מה שאִפשר להמשיך בתנאים מסוימים את עיבוד השדות ושיווק התוצרת החקלאית.

באחת השנים, בזמן שהתארגנו למכירת החמץ במזכירות, נכח שם אריאל, אחד מצעירי הקיבוץ, בחור חביב וסקרן, ששאל אותי מה בדיוק קורה כאן. הסברתי לו שאני מוכר את החמץ של כלל חברי הקיבוץ לעומאר, כדי שבמהלך הפסח החמץ לא יהיה ברשותנו. 'ואתה לא חושב שאתה עושה צחוק?', הוא גיחך, 'אתה הרי עושה צחוק מעצמך, ומעומאר, ומההלכה, ומהקב"ה, וממי לא...'. כך הוא אמר ודוק של אירוניה על שפתיו.

התלבטתי אם - ומה - לענות. מטבען של שאלות כאלו שקשה לענות עליהן בגלל העוקצנות המתלווה אליהן, ובחיי למדתי כבר שציניות היא מכשול לשיחה ממשית - ולפעמים מוטב לחכות לזמן נכון וקשוב יותר כדי לשוחח. 'אני בהחלט לא מרגיש שאני עושה צחוק', עניתי בכובד ראש, 'אבל אני שומע היטב את הביקורת שלך וחושב שאני מבין גם מה גורם לה. אם תרצה, אשמח לשוחח ולהסביר לך קצת יותר איך אני תופס את מכירת החמץ. אומַר לך עוד, שהיו שנים בחיי שהרגשתי כמוך ביחס למכירת החמץ ונמנעתי ממנה, אם כי היום תפיסתי מורכבת יותר'. התשובה הפתיעה מעט את אריאל והוא הביע עניין להמשיך את השיחה בזמן אחר.

מכירת החמץ חלפה ואחריה המשכתי לעוד משימות רבניות צפופות של ערב פסח. בחג עצמו נסענו לטיול משפחתי בדרום, אבל מיד אחריו נפגשתי עם אריאל, כדי לשוחח על מכירת החמץ שאיננה צחוק. השיחה עם אריאל חשפה בפניי שהביקורת שהשמיע הגיעה

׳מבפנים׳. לא הייתה זו ביקורת של מישהו שמתבונן על ההלכה מבחוץ, אלא של מישהו שמרגיש חלק מן ההלכה ודווקא בגלל זה מתקשה להבין רכיבים מסוימים בדינמיקה ההלכתית. שמחתי בשיחה שהתפתחה וההלכה לכיוונים שונים. ׳מרגיש לי שזה לא מה שהקב״ה התכוון. אחת משתיים. או שהוא באמת רצה שנשרוף את כל החמץ, ואז אם אנחנו רציניים, אז נשרוף הכול. או שהוא התכוון שזה בסדר אם אנחנו סוגרים את החמץ בארון, ואז למה כל הקטע הזה עם הגוי והמכירה׳.

מעבר לתחושה שזה איננו רצונו של הבורא, אריאל גם היה מוטרד מהשינוי שחל בהלכה, מההלכה המקורית. ׳כל הקטע הזה של למכור את החמץ הוא הרי לא מה שכתוב בתורה, ואפילו לא מה שכתוב במשנה, אם הבנתי נכון. אנחנו משנים את ההלכה לכיוונים שנוחים לנו - וממציאים דברים חדשים. ואגב, לפעמים אנחנו גם משנים את ההלכה לכיוונים מחמירים וממציאים דברים חדשים כמו כל מיני חומרות שיש בפסח, או כמו ביחס להפרדה בין בשר לחלב שהיא הרבה מעבר למה שכתוב בתורה ״לא תבשל גדי בחלב אימו״. למה שלא נקיים את ההלכה האמיתית, המקורית, כמו שהייתה פעם?׳.

הקשבתי לטענותיו של אריאל בכובד ראש וביקשתי לוודא שהבנתי. ׳למעשה, שני דברים מרכזיים מפריעים לך במכירת החמץ. האחד - שזה נראה כמשהו שהוא לא רצון ה׳. השני - שזו סטייה מההלכה שאתה מזהה כ״מקורית״. אני שומע נכון?׳. אריאל הנהן וניסיתי לצאת לדרך.

לפני שהתחלתי להציג בפני אריאל את תפיסתי ואת האופן שבו אני מיישב את הדברים על ליבי, אמרתי לו שהשאלות שלו הן שאלות טובות ושאני לא בטוח שאוכל לענות לו על כולן. אני מעדיף את ראשי התיבות ׳שו״ק׳ על ׳שו״ת׳ אמרתי. אריאל לא הבין, ואני הסברתי: כשמדברים על ׳שו״ת׳, מדברים על שאלות ותשובות; אני מרגיש פעמים רבות בשו״ק, כלומר ב׳שאלות וקצוות׳. אני מקווה שאצליח להעביר אליך איזשהו קצה של תשובה, שאחריו

תוכל להעמיק ולמצוא תשובה מלאה ועמוקה ממה שאפשר להגיד בשיחה שכזו.

* * *

כבר בתורה היחס לחמץ חורג מהיחס לאיסורי האכילה האחרים המוכרים לנו. הציוויים המפורשים 'תַּשְׁבִּיתוּ שְּׂאֹר מִבָּתֵּיכֶם', 'שְׂאֹר לֹא יִמָּצֵא בְּבָתֵּיכֶם' ובהמשך 'וְלֹא יֵרָאֶה לְךָ חָמֵץ' היו הבסיס להבנתם של חכמים שאסור ליהודי להחזיק חמץ ברשותו בפסח. בניגוד לדבריו של אריאל, המשנה מזכירה את מכירת החמץ, אבל במובן שונה מזה שאנו משתמשים בו היום - ובכך צדק אריאל. המשנה בוחנת את ההיתר למכור את החמץ לגוי ביום י"ד בניסן בבוקר כחלק משאלת היתר ההנאה ממנו (כמו האכלתו לבהמה). המכירה לגוי מותרת רק בשעות שבהן מותר ליהנות מהחמץ, אך אין כל עיסוק או מחשבה על מכירת החמץ כפתרון להשבתתו.

רעיון מעין זה מופיע לראשונה בתוספתא והוא נוגע ליהודי המוצא עצמו בספינה בערב הפסח וחמצו בידו. התוספתא מתירה לאדם זה למכור את החמץ לנוכרי הנמצא איתו על הספינה ולקנות ממנו את החמץ בחזרה אחר הפסח, 'ובלבד שיתנו לו במתנה גמורה'. מן ההיתר של התוספתא ניתן ללמוד שני דברים. הראשון, לכאורה מדובר בפתרון לא לכתחילאי, פתרון שאיננו נחלת הכלל, אלא שניתן להשתמש בו במקרה ייחודי כמקרה המדובר. השני, שהמתנה או הקניין צריכים להיות 'גמורים', כלומר מוחלטים ובעלי תוקף משפטי של ממש - כך שהגוי יכול גם לאכול את החמץ במהלך החג או לסרב להחזירו לאחר החג.

רב עמרם גאון, מגאוני בבל במאה ה־9, קורא את התוספתא הזו ככלל ומוסיף סייג חשוב לענייננו: 'ישראל שמסר לגוי חמצו או שנתן לו במתנה גמורה - אם משך אותו גוי ואין בו הערמה ואינו רגיל ישראל לעשות כן בשאר שנים אלא מאורע הוא ומותר לישראל לחזור וליקח ממנו אחר הפסח'. ההיתר הוא רק כשמדובר על קניין גמור ('משך אותו הגוי ואין בו הערמה') וגם על אירוע חד־פעמי ('ואינו רגיל ישראל לעשות כן בשאר שנים').

עמדה זו, המתנגדת למכירת חמץ שיש בה הערמה, מנוסחת בחריפות בדברי הריטב״א, רבנו יום טוב בן אברהם אשבילי, מגדולי ראשוני ספרד, שחי בסרגוסה במאות ה־13–14. בעקבות דברי הירושלמי, הריטב״א פוסק שאדם שמערים ומוכר את החמץ לגוי כדי לקנותו אחרי הפסח מתייחס למכירה זו כפיקדון וממילא חמצו אסור אחרי החג:

> אבל אם הערים והוא רגיל לעשות כן בכל שנים למכור לגוי קודם הפסח וליטול לאחר הפסח קנסינן ליה [=קונסים אותו] והוא אסור לו ולכל ישראל לאחר הפסח שעשאוהו כאילו הוא חמץ של ישראל המופקד ברשות גוי שהוא אסור לאחר הפסח ואף זה לפקדון נתכוין אלא שהערים.

בכיוון זה צעד הגאון מווילנה שפסק (כמובא בשמו בספר ׳מעשה רב׳): ׳שלא למכור שום דבר חמץ כי אם מכירה עולמית. אחר הפסח אין ליקח מן השוק מה שאופין מקמח של ישראל ומשמרים ויי״ש ושכר של ישראל כי המכירה גרוע [...]׳. הגאון איננו מציין את חשש ההערמה כנימוק לאיסור או לקנס, אלא דווקא את המבט הביקורתי כלפי המכירה ה׳גרועה׳ – המתבצעת על מנת להחזיר.

לעומת קו זה, מסורת הפסיקה האשכנזית מלמדת שהיו מי שהתירו למכור חמץ לגוי, ואפילו במקרה שאומרים לגוי ׳אם תשמרהו עד לאחר הפסח, אקנהו ממך אני או יהודי אחר׳. כך מובא בשמו של גדול פוסקי אשכנז במאה ה־13, המהר״ם מרוטנברג, וגם בספרו של רבי יצחק מווינה שחי מעט לפניו (בספר ׳אור זרוע׳) ובספר התשובות של רבי ישראל איסרלן, ׳תרומת הדשן׳ (מן המאה ה־15). כיצד התיישבה פסיקה זו עם האמור לכאורה במפורש בתוספתא ובדברי הגאונים?

מבחינה היסטורית קל להבין את השינוי המציאותי שחל ברבות השנים בכמויות החמץ שנאגרו במקומות מסוימים (מחסנים, מפעלים לייצור משקאות אלכוהוליים ועוד) ובוודאי עם השינוי הדרמטי

ביכולת שימור המזון והקירור לזמן ארוך. אך כיצד מתיישבים הדברים ומנומקים מבחינה הלכתית?

רבי יוסף קארו מצדיק גישה זו בטיעונים פורמליים. להבנתו, אם המכירה תקפה מבחינה הלכתית, אין כאן הערמה:

> רבינו ירוחם כתב [...] ובלבד שלא יערים. ואיני מבין דבריו דהא שרי [=שהרי מותר] ליתנו לגוי במתנה ולחזור וללקחו אחר הפסח ואין לך הערמה גדולה מזו, ואפילו הכי שריא [=ואפילו כך הותרה] מאחר שמוציאו מרשותו לגמרי?! ואפשר דשלא יערים דקאמר היינו לומר שלא ימכור לו ולא יתן לו על תנאי.

טיעון זה 'מנקה' את מוכר החמץ מאשמת הערמה אם ביצע את המכירה באופן מושלם ותקף, גם אם יחזור אחרי הפסח ויקנה את חמצו מהנוכרי. אלא שכזכור, על נקודה זו בדיוק תמה הגאון מווילנה, שהרי המוכר - שיודע שהחמץ עתיד לחזור אליו - לא תמיד מוכרו בלב שלם ובאופן התקף מבחינה פורמלית.

חלק מן האחרונים ניסו להסביר את היתר מכירת החמץ גם אם אינו מושלם. יש מהם שטענו כי מכירת החמץ מלמדת על דעתו של האדם המעוניין להיפטר מן החמץ, ממש כמו ביטול החמץ בפה ובלב. כך כותב אדמו"ר הזקן מחב"ד, רבי שניאור זלמן מלאדי, ב'שולחן ערוך הרב':

> [...] לפיכך בגילוי דעת בלבד שהוא מגלה דעתו קודם שהגיע זמן הביעור שאין רצונו כלל שיהיה החמץ שלו, די בזה להפקיע מעליו איסור בל יראה ובל ימצא, וגילוי דעת זה הוא מה שמקנה אותו לנכרי אע"פ שאינו קנין גמור המועיל מדין תורה שלא יוכל אחד מהן לחזור בו ולבטל המקח.

הרב שלמה זלמן אויערבך התייחס למכירת החמץ אגב תשובה ארוכה בנוגע להיתר מכירת הקרקעות בשביעית. בדבריו הוא מציע

שתי זוויות שונות המאפשרות לתפוס את מכירת החמץ כלגיטימית אף שהיא בעייתית מבחינה משפטית:

(א) דכיון שהוא עושה זאת להציל עצמו מאיסור תורה או דרבנן, ולא סגיא בלאו הכי [=ואינו יכול בלא זה], יש לנו לומר שאין כוונתו כלל להערים, אלא שבאמת מכוון הוא בלב שלם למכירה כדי להציל עצמו מן האיסור. ומה שאנו קוראים למכירה זו בשם הערמה, היינו מפני שעיקר המכירה הוא רק בכדי להבריח מאיסור.
(ב) אע״פ שהמוכר אינו מכוין למכירה גמורה בלב שלם, ואין דעתו אלא להערמה בלבד, מכל מקום לא אזלינן כלל בתר [=לא הולכים כלל אחַר] מחשבתו ודעתו הפגומה, כיון דדברים שבלב לא הוי דברים, אלא מתחשבים רק עם המעשה שהוא עושה. לכן חשבינן ליה שפיר [=לכן מחשיבים אותו היטב] למכר גמור [...]

התשובה הראשונה של ר׳ שלמה זלמן נפלאה. יהודי המוכר את החמץ אומנם לא מתכוון בהכרח למכירה מבחינת שאלת הבעלות העתידית שלו, אבל בהחלט מתכוון למכירה לגוי כדי להינצל מאיסור התורה החמור של השארת החמץ ברשותו בפסח. התודעה ההלכתית גוברת כאן על התודעה המשפטית ה׳חילונית׳ (גם כשזו רלוונטית לכאורה למושגים ההלכתיים עצמם) וממילא המכירה אמינה ותקפה.

התשובה השנייה נוטה למקום אחר ומשתמשת בכלל הלכתי שלפיו ׳דברים שבלב אינם דברים׳. מבחינת ההלכה, אם המכירה בוצעה בכלים הפורמליים המקובלים והחוקיים, גם אם האדם חשב בליבו על הרגעים שבמוצאי הפסח, שבהם יחזיר לידיו את החמץ, המכירה תקפה לחלוטין.

אם נסכם את הדברים, אריאל צדק באומרו שההלכה במקורה לא ראתה במכירת חמץ שיטתית לגויים (שיוחזר ליהודי לאחר הפסח)

פתרון לגיטימי למצוות השבתת השאור, ואכן במהלך השנים היו ראשונים ואחרונים ששימרו קו הלכתי זה. עם זאת, מימי הראשונים (באשכנז) היו מי שהתירו מכירת חמץ לגוי גם אם זו נועדה רק להציל את היהודי מהפסד במהלך הפסח, וזאת לאור שני כיוונים אפשרים: הראשון - בעקבות היותה של המכירה תקפה מבחינה פורמלית לחלוטין, ודברים שבלב אינם דברים (וממילא יש להקפיד במהלך מכירת החמץ לגוי על מכירה בעלת תוקף חוקי); השני - מתוך העובדה שהמכירה אכן משַקפת את תודעתו הכֵּנה של היהודי החפץ בהוצאת החמץ מרשותו ההלכתית או שהיא ביטוי לגילוי דעתו שהוא מבטל את החמץ.

שיתפתי את אריאל בכך שבצעירותי, אף שהבנתי שמפעלים גדולים ומוסדות עם מחסני מזון בשווי עשרות ומאות אלפי שקלים בוודאי יכולים לסמוך על היתר מכירת החמץ, סברתי יחד עם רעייתי שבביתנו החדש לא נסמוך על כך ונימנע ממכירת החמץ. תכנון נכון של שאריות המזון החל מפורים מאפשר להגיע לליל הסדר כמעט ללא חמץ, ואם נותר משהו - נהגנו לשרוף אותו כפי עיקר הדין או להעבירו למוסדות צדקה המוכרים את החמץ ומחלקים אותו אחרי הפסח למשפחות נזקקות. למעשה, כך אנו נוהגים עד היום ואיננו משאירים בביתנו חמץ כלל.

אריאל מצא שדבריי תואמים לדבריו ותהה בקול מה נשתנה ומדוע היום אני מוכר את החמץ.

עניתי לו שלפני שאלתי האישית, כשמדובר בציבור רחב שעבור חלקו קיים הפסד מרובה (וכבר הזכרתי את דברי הרב יעקב אריאל שעבור זוג צעיר שתי חבילות פסטה יכולות להיות בגדר הפסד מרובה), וכשמדובר במטבח מרכזי, במרכולית קיבוצית או במזון דגים בכמויות גדולות - בוודאי ובוודאי ניתן ונכון להסתמך על ההיתר ועל המצדדים בו. טיעון ציבורי־חברתי זה יכול לשכנע גם אדם שבאופן אישי רוצה להדֵר ולשרוף את חמצו - להצטרף למכירה ולכל הפחות לא לצאת נגדה.

מעבר לזה, אמרתי לאריאל, שבאיזשהו שלב הבנתי שמכירת

החמץ הפכה להיות חלק מאירועי ההכנה לפסח, כמעט חלק מהריטואל הדתי. התנועה הנפשית של מכירת החמץ מצטרפת לניקוי, לביטול, לביעור, והיא עוד רכיב ב׳טקסי הטיהור׳ שלנו לקראת החג. תומכת בכך גם העובדה שבמקומות רבים ממשיכים למכור את החמץ בהרמת מטפחת או עט, כמעשה קניין מסורתי, משהו שתומך באינטואיציה של ר׳ שלמה זלמן שמדובר בחלק מההתנערות מאיסור החמץ ומהוצאתו מרשותנו.

עם זאת, כשהתחלתי לשמש כרבה של טירת צבי, הקפדתי על שני דברים שנועדו לתת למכירת החמץ ממשות ורצינות. ראשית, כל מי שביקש ממני למכור את חמצו - צריך היה לכתוב היכן החמץ נמצא ואף להעריך את שוויו. נקטתי חומרה זו (שנצרכת לחלק מהפוסקים, אבל לא לכולם) כדי לקרב את תודעת המוכרים לכך שמדובר במכירה של ממש. ציון המקום והערכת השווי מרחיקים את המכירה צעד או שניים מהיותה פיקטיבית ולא רצינית. שנית, הקפדתי לבצע את תהליך המכירה לעומאר באופן שיהיה תקף ומחמיר לפי כל סוגי הקניינים הנצרכים והרלוונטיים, הגם שאפשר היה להסתפק בפחות. בכך ניסיתי לאזן את התחושה שיש כאן רק ׳הקלה׳ הלכתית - באמצעות תנועת ׳החמרה׳ משלימה.

* * *

אריאל שמע את דבריי, אבל דעתו לא נחה. הוא לא רצה לדעת רק מהו המנגנון ההלכתי המאפשר למכור את החמץ או מהי המשמעות שמצאתי אני במכירה, אלא בכלל: מה בין ההלכה לרצון ה׳, כיצד ההלכה משתנה ומדוע אנחנו מערימים?

ניסיתי להרחיב את היריעה ולהתייחס גם לשאלות אלו ולפתוח לאריאל פתח של תשובה. חשבתי על כך שבדרך כלל השפעתו של רב קהילה בתחום ההלכתי היא בעצם היותו רב הקהילה ופוסק ההלכה בה. נוכחותו היא היא הביטוי של מרכזיות ההלכה בחיי הקהילה. הרב שמואל ריינר לימד אותי פעם שתפקידו של הרב הוא לגרום לחברי הקהילה לשאול את עצמם מתי בפעם האחרונה הסתכלו אל השמיים (כפי שמופיע בשמו של רבי נחמן מברסלב ששאל שאלה

זו אחד מחסידיו). הרב לא אמור לשאול את הציבור או את פרטיו שאלה זו באופן ישיר (אם כי גם זאת אפשר לעשות מדי פעם...), אלא בדיבורו, בהוראתו ובעצם נוכחותו הוא נושא את 'משא השמיים' על כתפיו. אם הוא מצליח, האנשים, הנשים והילדים הבאים איתו במגע מתעוררים להתבונן על השמיים - על שלל הופעותיהם בחיינו: תורה, מצוות, תפילה, חסד, כֵּנות, אמונה, השראה ועוד.

אלא שהשיחה עם אריאל הייתה הזדמנות חריגה להתבונן על ההלכה ולהסביר את מהותה ומהלכיה. במשל ההתבוננות על השמיים, היה זה אתגר לבנות טלסקופ עבור אריאל שיאפשר לו לא רק להתבונן אל השמיים, אלא גם להצליח לראות תמונה ברורה ואולי גם להתפעל ממנה.

'אתה מכיר אותי?' שאלתי את אריאל. הוא הופתע. 'קצת', הוא אמר במבוכה קלה, תוהה להיכן אני חותר. 'ואם אומַר לך שהייתי מישהו אחר לפני 20 שנים ושאתה לא מכיר את אורי האמיתי, מה תאמר?'. אריאל הבין היטב את דבריי, אבל לא ויתר. 'אדם הוא באמת יצור מתפתח. אתה זה מי שאתה כעת ולחזור להיות מי שהיית בצעירותך כדי להיות אותנטי או מקורי או אמיתי - זו תנועה שעלולה להיות מזיקה ואינפנטילית. אבל ההלכה היא לא כזו. התורה ניתנה מן השמיים בסיני, ומאז חכמים משנים אותה'.

אמרתי לאריאל שתשובות רבות ניתנו לשאלה זו לאורך אלפיים השנים האחרונות ואשתף אותו ביפה מכולן בעיניי, גם אם היא אינה היחידה. דבריו של הרמח"ל, רבי משה חיים לוצאטו (בן המאה ה־18), בספרו 'אדיר במרום', מופלאים ומכוננים עבורי בסוגיה זו:

> ותדע שאפילו כל מה שתלמיד ותיק עתיד לחדש ניתן למשה בסיני. והיינו כי מה שהוא אמת בתורה, צריך הכל לצאת כך בסוד סיני ומשה. והנה באותו הזמן, ניתן בגילוי לישראל החלק שהיה ראויה להם. ובכל הדורות יש חלק שראוי להתגלות על ידי התלמידי חכמים. והכל צריך להיות על ידי משה, בסוד 'זכרו תורת משה עבדי', כי הוא מתלבש

> בנשמות התלמידי חכמים ועל ידו מתחדש התורה והוא סוד הדברים שמחים כנתינתן מסיני.

הרמח״ל פותח את דבריו בציטוט שמקורו בדברי חז״ל (בתלמוד הירושלמי ובמקומות נוספים), שבדרך כלל מובן כאילו הכול כבר נאמר למשה מסיני. זוהי כמובן תשובה אפשרית לשאלתו של אריאל, שהרי אם הכול נאמר למשה מסיני, תוקפם של דברי חכמים זהה לזה של דברי תורה, וממילא פרטי האיסור בהפרדה בין בשר לחלב או ההיתר במכירת חמץ לגוי בפסח, כמוהם כדברי תורה של ממש.

אלא שהרמח״ל הופך את המשפט על פניו וטוען כי במתן תורה ניתן רק חלק מן התורה, לפחות במישור הגלוי, של מה שהיה ראוי לעם ישראל באותה תקופה. התורה, על פי הרמח״ל, ממשיכה להינתן. סיני זה כאן, ונשמת משה מתלבשת בנשמות תלמידי החכמים, וכך התורה ממשיכה להינתן. אין צורך להבין את הביטוי הזה רק במובנו הקבלי (והעמום עבור מי שאינו מצוי בשפה זו). נראה לי שאפשר בהחלט לפרש שכשתלמיד חכם, רב ופוסק עמֵל בדברי תורה ומנסה לכוון לאמיתתה של ההלכה - באופן המאפיין את חלקו שלו בתורה והנענה לצורך הציבור והמציאות שבה הוא חי - בכך הוא מחיֶה משהו מנשמתו ורוחו של משה רבנו וממשיך את המהלך של נתינת התורה, מהלך שהתחיל בהר סיני אי־אז ואי־שם, אך לא פוסק עד ימינו.

הדברים החריפים הממו את אריאל. עד היום אני זוכר את בקשתו שאסביר לו שוב ושוב את דברי הרמח״ל ובעיקר את ההשלכות שלהם. ׳האם זה אומר שאין תוקף לדיני תורה יותר מדברי חכמים? ומה בדבר נצחיות התורה?׳. זו אכן שאלה קשה, אמרתי לו. אבל נראה לי שבהחלט יש בעולם ההלכה מקום מבוצר לדיני התורה ולמעמד הר סיני, וברור לחלוטין שנצחיות התורה מביאה לכך שאנחנו משמרים גם כיום פסוקים והלכות הגם שחכמים כבר דרשו אותם וחידשו בהם חידושים שהוציאו אותם מפשוטם או שצירפו למשמעותם המקורית טעמים חדשים.

למשל, מערכת החגים שלנו, המבוססת על החגים החקלאיים מימי התורה, לא בטלה בימינו, גם בחברה תעשייתית; ואפילו הרמב״ם, שהסביר את טעמו של איסור בשר בחלב כקשור לתרבות עבודה זרה שנהגה בימי מתן תורה, לא העלה בדעתו להקל בהלכות אלו למעשה. נצחיות התורה שבכתב היא עבורנו יסוד ותשתית המעגנים אותנו בעבר ובאמונת ההתגלות בהר סיני, גם אם חכמים, אליבא דרמח״ל, יכולים להמשיך ולחדש תורה גם בימינו.

אריאל התקדם איתי והמשיך את קו המחשבה צעד אחד הלאה. ׳אני מבין אם כך שהדיבור על רצון ה׳ גם הוא כבר פחות רלוונטי. לפי מה שאתה אומר, חכמים מגלים את רצון ה׳ לא פחות מהפסוקים בתורה׳. חייכתי אל אריאל וקמתי ממקומי להראות לו דיון המופיע בגמרא במסכת בבא בתרא (בדף יב ע״ב). הגמרא שם טוענת כי ׳מיום שחרב בית המקדש ניטלה נבואה מן הנביאים וניתנה לחכמים [...] וחכם עדיף מנביא׳.

הגמרא מנסה להוכיח שלחכמים אכן יכולת נבואית והדיון מגיע לקיצו בדברי רב אשי, התולה את דבריו במקרה שבו חכם אומר משהו מדעתו ומתברר שהוא קולע למסורת שהיא ׳הלכה למשה מסיני׳. מבחינת רב אשי, זוהי אכן הוכחה לחוש הנבואי וליכולתו של החכם להגיע בעצמו למשהו שהוא כמעט מדרגת משה רבנו. הגמרא מקשה מיד על דברי רב אשי: ׳ודילמא כסומא בארובא׳. כלומר אולי דברי החכם נאמרו במקרה, כעיוור הנע בארובה אטומה וחשוכה ובדרך מזל אקראית מוצא את דרכו אל הפתח?

תשובתה של הגמרא מופלאה ממש. הגמרא לא מקבלת את הזיהוי של החכם עם הסומא בארובה ומתריסה בחזרה: ׳ולאו טעם יהיב׳? ובעברית: הרי החכם מנמק את דבריו ומטעים אותם וכיצד אפשר לקרוא לו ׳סומא בארובה׳? דברים אלו מזהים דווקא בחוכמתו של החכם, בטעם דבריו, את העדות לכך שהנבואה לא ניטלה מן החכמים. זהו הערך המוסף בדברי חכמים, הפן העודף המשווה להם מעמד של נבואה - והוא נמצא דווקא בחוכמתם ובטעמם.

חטיבה שלישית:

מצוות יחיד וחברה

כלב וארנבת:
יחסי שכנים

׳הרב, אפשר לשאול אותך שאלה?׳. הייתי רגיל לפנייה כזו מיהושע, מהאנשים השואלים בקיבוץ. יהושע היה איש ירא שמיים, בעל עדינות גדולה ומידת חסידות שעטפה אותו, הן בעבודת ה׳ שלו (בתפילה ובלימוד), הן בשאלות מגוונות שנגעו לדיני ממונות, להלכות תפילה ושבת, ואף בשאלות רבות של פרשנות ותיאולוגיה. אלא שהפנייה באותו ערב סתווי הייתה חריגה ונשמעה בהתחלה כמו סיפור דמיוני. יהושע סיפר לי על הכלב שלו שחצה את גדר הצמחים הנמוכים שהקיפה את החצר, פתח את דלת הכלוב שבחצר השכנה והרג את הארנבת של שגיא, שכנו משכבר הימים.

שגיא ויהושע היו שני שכנים השונים מאוד זה מזה באופיים ובאורחות חייהם, עם יחסי שכנות שלא תמיד היו חלקים. יהושע היה מוותיקי הקיבוץ, בן להורים יוצאי פולין, ממקימי הקיבוץ בקיץ תרצ״ז. שגיא, לעומתו, היה ממוצא תוניסאי ועלה מצרפת בתחילת שנות התשעים. הוא בלט בנוף הקיבוצי. היו לו ידי זהב, כישרון מוזיקלי ושמחת חיים, והללו חברו ל׳איש רעים להתרועע׳ וקירבו בינינו מאוד. שגיא היה היחיד בקהילה שהיה פונה אליי - כמקובל בעדות המזרח - בהקדמת ׳כבוד הרב׳ והיה חזן מוביל במנייני ׳קרליבך׳ שהתקיימו אחת לחודש בליל שבת.

סיפור הארנבת והכלב לא היה החיכוך הראשון של שני השכנים השונים הללו, אך הסיפור הפעם היה קיצוני. הארנבת שקנה שגיא

לילדיו הייתה יקרה (לימים למדתי את הפרטים - ארנבת שמוטת אוזניים, הולנדית עם ייחוס ותעודות) והיא שָׁכנה בתוך כלוב עם אפשרות לסגירה שתשמור אותה בתוכו.

שוחחתי עם שגיא כדי להבין את הסיפור גם מהצד שלו. הוא תיאר את הנזק הכלכלי, שהגיע לדעתו לסכום של 1,000 שקלים, ואף את עוגמת הנפש של ילדיו כשגילו שהארנבת איננה. בשיחה עם שגיא הבנתי שהכלב כבר נכנס לחצרו בעבר וניסה לתקוף את הארנבת והוא ביקש במפורש מיהושע לשמור על הכלב שלא יעבור את תחום החצר.

יהושע מצידו שיתף אותי במעשה הכלב והארנבת וציין שהוא כמובן מצטער על שאירע ורוצה לפצות את שגיא על הנזק שנגרם לו. מאידך, הוא שאל את עצמו ואותי אם מכיוון שהארנבת לא הייתה סגורה היטב בכלובה, יש מקום להתחשב בו לעניין התשלום, בפרט משום שמצבו הכלכלי לא בשיאו.

* * *

בשונה משאלות הנוגעות לקיום המצוות של האדם ואפילו של הקהילה, לשאלות שנוגעות לדיני ממונות ישנם שני צדדים, כך שמושגי ה'חומרה' וה'קולא' מורכבים ואולי לא קיימים (כפי שמעיר הרשב"א בחידושיו לדף הראשון של מסכת בבא קמא). כל הוצאת ממון מצד אחד פירושה החמרה עימו והקלה עם זולתו, וכן להפך.

יתרה מזו, הכרעה בסכסוך בין שכנים בתוך קהילה, מעבר לאתגר ההלכתי שיש בה, יוצרת השלכות על היחסים בין השכנים ועל יחסיו של כל אחד מהצדדים עם הרב. אינה דומה הליכה לבית משפט לדפיקה על דלתו של רב הקהילה - הן מצד הקִרבה והמפגש היומיומי שעוד נכון לאדם עם רבו, הן מצד הסמכות שלא קיימת באמת בידיו של הרב להוציא ממון ולכפות את פסיקתו.

נכון הדבר שגם בתחומי תפילה וברכות לא יכול הרב לכפות את פסיקתו על היחיד, אך מאידך, הרב הוא הסמכות הברורה מאליה בתחום זה. לעומת זאת, בתחום דיני הממונות, סמכותם של פוסקי ההלכה מוגבלת מסיבות פנימיות וחיצוניות. כבר לפני

למעלה מ־1,500 שנים הכריזו גדולי אמוראי בבל שאין בסמכותם לדון דינים מסוימים הידועים בשם 'דיני קנסות', וזאת בגלל היעדר סמכות, בעקבות קטיעת שרשרת הסמיכה שעברה בעם ישראל מרב לתלמיד.

האמוראים אומנם ראו היתר להורות בשאלות שנגעו לאירועים שכיחים וכאלו שהיה בהם 'חסרון כיס' וזאת מתוך ראייה פרגמטית והבנה שבמקרים כאלו אין הם יכולים להימנע מלדון, תוך שהם מתייחסים לעצמם כשליחים בלבד. שליחות זו פורשה כשליחותם של דייני ארץ ישראל שהיו סמוכים אז, ואולי כשליחות הציבור, אך היא הוגבלה למקרים מסוימים בלבד.

הגבלה נוספת על סמכותם של הרבנים לעסוק בדיני ממונות הגיעה מבחוץ עם צמצום האוטונומיה של בתי הדין הקהילתיים ועליית קרנה של המדינה האירופית כבעלת הסמכות לדון ולנהל את ענייניה בעצמה בלבד, כחלק ממה שמכונה 'האבסולוטיזם הנאור' שהחל במאה ה־18.

גם הקמת מדינת ישראל לא שינתה את התמונה באופן מהותי וגם כיום סכסוכי שכנים ושאלות הנוגעות ליחסי ממון, חוזים, נזקי רכוש ועוד ועוד נידונים בדרך כלל בבית משפט אזרחי. בתי הדין לדיני ממונות על פי התורה מציעים אלטרנטיבה, אך היא מוגבלת ביכולת הכפייה שלה ועמוד השדרה שלה מוגבל - בגלל יכולתו של כל אחד מהצדדים לומר שהוא סובר כדעה אחרת (בהנחה שקיימת דעה כזו, מושג המכונה 'קים לי' בספרות ההלכתית) וממילא להקשות על היכולת ההלכתית של הפוסק להוציא ממון מידו.

מי שמצוי בספרי השו"ת בני זמננו (וכאמור, החל מאמצע־סוף המאה ה־18) מגלה את דלילותם היחסית הברורה של חלקי 'חושן משפט', לעומת האריכות והריבוי בתשובות העוסקות בחלקים האחרים של ההלכה היהודית - 'אורח חיים', 'אבן העזר' ו'יורה דעה'. מיעוט השאלות אינו מורה שאירעו פחות סכסוכי שכנים, מעילות בכספים או אובדן פיקדונות, אלא שהדיון והפסיקה בשאלות אלו עברו לבתי משפט של המדינה.

מכאן נובעת העובדה שתחומי תשלום הנזיקין (ובכלל, תחומי הממון שבין אדם לחברו) לא כלולים בחובת הבחינות של הרבנות הראשית לישראל ובסמיכת רב לתפקידו. באופן יחסי, מדובר במיעוט מן השאלות שנשאל רב בן זמננו; אך כפי שציינתי, ההשלכה של פסיקה בשאלות כאלו, שמגיעות בכל זאת לפתחו של הרב המקומי, היא משמעותית מאוד.

* * *

על פניו נראה היה לי שחובת התשלום כולה מוטלת על יהושע אבל ביקשתי משניהם שאעיין בסוגיה בטרם אביע דעתי.

כל מי שמצוי בלימוד מסכתות הגמרא הישיבתיות (בבא קמא, בבא מציעא ובבא בתרא) מכיר היטב את סוגיות היסוד של נזק, מציאה, שכירות וחזקות, אלא שקיים פער לא קטן בין העברת 'שיעור כללי' בדיני נזק וחצי נזק, לבין היכולת להכריע בשאלת הכלב שהרג את הארנבת... חזרתי אל הגמרא ואל הפוסקים ואף נועצתי בחבר יקר שסיים את מבחני הדיינות באותם ימים, כדי לוודא שאינני מחמיץ סברה או מקור כלשהם.

אחרי העיון, חזרתי במייל משותף אל שגיא ויהושע ושיתפתי אותם במה שנראה היה לי כפסיקה ההלכתית הנכונה - שיהושע חייב בתשלום נזק שלם על הארנבת. פירטתי בכתיבתי את שתי הסיבות להכרעה (בשפה פשוטה ועממית, לצד המושג ההלכתי) והתמודדתי עם שתי הטענות שהיו לטובת יהושע ולא התקבלו על דעתי.

ראשית, מדובר בנזק סביר ולא משונה (ולכן אין לראות במקרה זה דין של 'קרן משונה בחצר הניזק' - מושג שמקורו בסוגיות בבא קמא ומתאר היזק לא סביר, שמשלמים עליו מחצית מכלל הנזק). שנית, שגיא התנהג בצורה נורמלית (ואף למעלה מכך) ולא פשע בשמירתו על הארנבת ולכן אין לראות בו אחראי לנזק (כמו למשל במקרה שמתואר בגמרא ביחס לבעל חבית שעצר באמצע הרחוב וגרם לבעל קורה שהלך מאחוריו להיתקע בו ולשבור את החבית).

הוספתי שמכיוון שבימינו בתי הדין אינם 'סמוכים' (ובוודאי לא

אני...), לא ניתן לכפות את הדין על אחד הצדדים, אבל זו נראית לי עצת התורה במקרה הזה, וחתמתי 'והאמת והשלום אהבו'.

נדמה היה לי שבכך - אחרי שהבאתי בפני יהושע ושגיא את שורת הדין ואת הנימוקים ההלכתיים - תם האירוע. הנחתי שיהושע יקבל עליו את הדין, ייקח את האחריות וישלם לשגיא את מלוא הסכום ובכך ישובו היחסים ביניהם לסדרם. קיוויתי גם שלהבא ישמור יהושע יותר על כלבו, והלקח שכולנו לומדים רק אחרי תשלום קנס גבוה יעשה את שלו.

אלא שהסתבר שהשליחות הרבנית רק התחילה.

שגיא ביקש לדבר איתי אחרי תפילת ערבית. ניגשנו לחדר העבודה שלי והוא שיתף אותי בתחושותיו. הימים היו ימי אלול, ובאחד השיעורים שהעברתי בענף הגד"ש, שבו עבד שגיא שנים רבות, דיברתי על תשובה וסליחה ועל היכולת שלנו למחול ולוותר.

השיעורים בענפים היו אחד מהמפעלים היפים שזכיתי לקחת בהם חלק. כמקום של 'תורה ועבודה' המשכתי מסורת של הגעה בוקר בשבוע אל ענפי המשק השונים (גד"ש, תמרים, הנוי והשירותים, הבגד והמכבסה ולעיתים רחוקות גם המדגה) והעברתי שיעור, הרלוונטי לאופיים של השומעים ולתחומי העניין שלהם. השיעורים בענפים קירבו אותי להוויית חברי הענף. בדרך כלל הם כללו ארוחה קלה או קפה ודיבור על ענייני דיומא, במדינה או בקהילה, ואפשרו לי לחוש בצורה בלתי אמצעית את ההתרחשויות בענפים ולהכיר מקרוב את העיסוק היומיומי שלא פעם הגיע אל שולחני בדמות שאלות הלכתיות שונות. מדי פעם הייתי מוצא את עצמי מעביר שיעור על ארגז הפוך בתוך שדה אבטיח באמצע השתילה או מעביר שיעור לקבוצת בני ובנות מכינה שהגיעו לעזור במיון התמרים בעונה הבוערת.

באותו שבוע העברתי שיעור על מחילה וסליחה, ושגיא הגיע לחדרי ובפיו דברים מרגשים. שגיא היה אדם חם ואנרגטי, מסורת תוניסאית בעורקיו ולב רחב בקרבו. הוא אמר שהחליט לוותר ליהושע על התשלום, ברוח ימי אלול שאנו בתוכם, שהוא מודע

למצבו הכלכלי הדחוק ושהוא יסתדר בעצמו עם המחיר של אובדן הארנבת.

התפעלתי מדבריו, מהכֵּנות שבהם ומהתמימות והרצינות הדתית שהתלוותה להחלטה כבדת המשקל. רבים האנשים השומעים שיעורי תורה ורבים האנשים המהנהנים אחריהם ומתכוונים להשתנות. מעטים אלו שהדברים מונחים לא רק 'על לבבם' אלא גם 'בתוך לבבם' והם מתרגמים את דברי התורה להתנהגות הלכה למעשה, בעיקר בתחום שבין אדם לחברו, בוודאי כשמדובר בהחלטה ששובר כספי לא מבוטל בצידה.

הבעתי בפני שגיא את הערכתי הכנה, וקיוויתי שוב שבזה הסתיים הסיפור.

למחרת ביקש יהושע לשוחח איתי.

גם הוא הגיע לחדרי אחרי ערבית, וביושבו על אותו כיסא שעליו ישב שגיא רק אתמול, הוסיף פרטים שהציגו תמונה מורכבת יותר.

הוא גולל בפניי את יחסיו ארוכי השנים עם שגיא ואת המחשבות שטרדו אותו אחרי ההצעה לוותר על תשלום הנזק לארנבת. יהושע חשש שמא הוויתור הפעם יגרור התחשבנות עתידית. 'גם אם אני מאמין לו שהמחילה כעת היא כנה, אני צופה שהיא תשמש נגדי באירוע עתידי, כשהוא עלול לומר לי "אתה זוכר שוויתרתי לך על 1,000 שקלים בסיפור של הארנבת...". יתרה מזו, לא קל לי לעמוד במצב שאני חייב לו והוא זה שעושה לי טובה. זה מעמיד את יחסי השכנות שלנו במצב לא שוויוני, דבר שמכביד על לבי'.

דבריו של יהושע נשמעו לי נכוחים ומוצדקים. באותם ימים הייתי עסוק בכתיבת עבודת הדוקטורט שלי, שעסקה בשאלות של עריכה ומשמעות בפרק החובל בתלמוד הבבלי. הפרק עוסק ביחסי החובל והנחבל, ולהבנתי ההלכה איננה רוצה רק להשיב כסף ולפצות את הניזק על הנזק שנגרם לו, אלא גם להשיב את האמון ולסייע בהגלדת הפצע שנפער בין השניים, כדי שיוכלו להמשיך ולחיות זה לצד זה (גם אם מדובר בחיים עם צלקות מסוגים שונים). הבנתי כי אף שהוויתור נובע ממקום כן, הוא יכול להזיק ליחסים

בין השכנים ולהעמיק את חוסר השוויון ביניהם ואת אשמתו של יהושע.

שיקפתי ליהושע את התחושה שחשתי, ששגיא התכוון לדברים שאמר ושראיתי בהם כַּוונות ומידות טובות של נדיבות וחסד, אך הבנתי את עמדתו וגיבשתי הצעת פשרה. הצעתי ליהושע לקבל את ויתורו של שגיא אבל לקנות לו מתנה בשווי משמעותי (המלצתי על משהו שיגיע עד כדי חצי הנזק). בכך, חשבתי, יישאר מקום למחילתו של שגיא, ומאידך יהושע יחזיר לעצמו חלק מהכוח שבנתינה. המתנה שייתן אומנם לא תשתווה למתנה שנתן לו שגיא, אבל יהיה בה כדי להחזיר אותם ליחסי שכנות סימטריים.

יהושע קיבל את ההצעה בשמחה, ונראה היה לי שהיא התיישבה על ליבו.

לאחר שיצא, ובתיאום איתו, התקשרתי לשגיא ושיתפתי אותו שזו הייתה עצתי ושאני מקווה שבכך יבוא העניין לסיומו ושניהם יגיעו לעמק השווה וללב נקי וטהור לקראת ראש השנה ויום הכיפורים.

הרהרתי בגלגולי ההלכה במקרה הזה ובמחשבה שהתגבשה לאט לאט בשאלת הפתרון הנכון לאירוע הכלב והארנבת.

במחשבה ראשונה, ההלכה חייבה את יהושע לשלם נזק שלם. זה כמובן היה הדבר הנכון לעשותו, דין הצדק שהגיונו בצידו, הנובע מאחריותו של האדם על ממונו ועל נזקים שנגרמו על ידו, בוודאי כשמדובר באחריות שרשלנות בשמירה בצידה, בנזק סביר שאפשר היה לצפות, במקרה שכבר היו לו תקדימים והתראה ובמצב שבו הניזק נהג כדין ומעבר לכך בשמירה על ממונו.

על גבי המחשבה הזו הופיע סייג קטן, בדמות מוגבלותו של דין התורה בימינו, שאיננו דין מחייב. העובדה שבתי הדין היום אינם סמוכים הופכת את כל פסקיהם למה שהפוסקים מכנים 'דין כעין פשרה' וממילא תלויים בהסכמת שני הצדדים לקבל עליהם את הכרעת בית הדין או הרב המקומי (במקרה זה). במובנים מסוימים, 'נכותו' של דין התורה מקרבת אותו לעולמות הגישור והפישור, ההכרעה בהסכמה, כשהפתח לתיקון היחסים החברתיים מונח כבר

בתשתית הדין, כאשר שני הצדדים החלוקים מגיעים ביחד ומביעים הסכמה מראש לפשרה המוצעת על ידי בית הדין.

על גבי שתי תובנות אלו, ויתורו של שגיא צירף לשפה הדינית את היבט החסד ושיקף עבורי שלא הכול דין. המעשה שלו נראה היה לי המעשה שנכון לעשותו בין שניים, גם אם אי אפשר לדרוש אותו מכל אחד. עשייה של 'לפנים משורת הדין' דורשת תמיד הכרעה של היחיד לנהוג כך ולא יכולה להפוך לנורמה.

אך השיעור האחרון היה באי־הנחת שהרגיש יהושע מקבלת הוויתור של שגיא. הרגשתי בעצמי שההצעה האחרונה שלי הייתה נכונה יותר כפתרון עמוק ומכובד לסיטואציה, שכבר מזמן חרגה מעבר לארנבת ולשוויה.

* * *

עשיית הדין או 'שורת הדין' היא המובן מאליו של כל מערכת חוק ומשפט. אך ההלכה מתייחסת להיצמדות לדין ותו לא כהתנהגות חמורה, עד כדי אמירה מרחיקת לכת של הגמרא במסכת בבא מציעא (דף ל ע"א), שהסיבה לחורבן ירושלים הייתה 'שהעמידו דיניהם על דין תורה, ולא עשו לפנים משורת הדין'.

בסיפור אחר, המופיע בסוף הפרק השישי באותה מסכת (דף פג ע"א), מסופר על אחד האמוראים ששוכר סבלים כדי להעביר חבית ממקום למקום והם כושלים בעבודתם, החבית נשברת והיין נשפך. לאחר דין ודברים בפני גדול אמוראי בבל בדור הראשון, האמורא רב, הפסיקה היא שלא זו בלבד שאין הסבלים חייבים בתשלום הנזק, אלא שהם זכאים לקבל את משכורתם. האמורא שמרגיש מקופח תמה כנגד רב שאין זה דין התורה, ובתגובה מצטט רב פסוק מספר משלי: 'לְמַעַן תֵּלֵךְ בְּדֶרֶךְ טוֹבִים וְאָרְחוֹת צַדִּיקִים תִּשְׁמֹר'. דין התורה, כך מסתבר על פי רב, הוא לא רק לעשות את מה שכתוב ב'שולחן ערוך', אלא גם ללכת בדרך טובים ולשמור את אורחות הצדיקים. בניסוח חריף יותר: דין התורה כולל בתוכו את ההנחיות המוסריות של ספר משלי.

מסיפורו של רב לומד רבי מרדכי בן הלל, מגדולי חכמי אשכנז

במאה ה־13, רבה של נירנברג, שנרצח בפרעות שהתחוללו בה, הלכה למעשה, המובאת כאן בתרגום לעברית:

> וכיון שראינו שהם היו כופים כמו שמופיע בסוף פרק האומנים, גם אנו כופים לעשות לפנים משורת הדין אם היכולת בידו לעשות [...] וכן פסק הראב"ן וראבי"ה שכופים אותם לעשות לפנים משורת הדין.

זוהי פסיקה מרחיקת לכת. בעוד התביעה לעשות לפנים משורת הדין נתפסת לפעמים כמופנה אל אנשים מיוחדים וגדולי דור, או כתביעה מוסרית שאינה חיוב ממשי (מעצם טיבה כ'לפנים משורת הדין'), כאן מביא הרב מרדכי לידי ניסוח מחייב עם אפשרות של כפייה לביצוע מעשה שאיננו מחויב על פי דין.

במשפט הבא שלו הוא מצטט פסיקת ראבי"ה מדהימה עוד יותר, המסבירה מדוע במקרה מסוים הגמרא לא מחייבת את המוצא להחזיר את האבֵדה:

> נראה לראבי"ה - זה שלא כפינו שם לעשות לפנים משורת הדין אפשר שהמוצא היה עני ובעל אבידה היה עשיר.

כך גם יש להבין את דבריו בפסקה הקודמת: 'אם היכולת בידו לעשות'. הפסיקה 'לפנים משורת הדין' היא כלי לטובת העניים והחלשים, ומכאן שנשתמש בה (ואף נכפה את מימושה!) רק כשמדובר בפסיקה שמיטיבה עם עניים ומגינה עליהם מפני הדין.

רבי יוסף קארו ב'בית יוסף' תמה על ההלכה הזו, שבאמת נראית א־הלכתית באופייה, והוא כמובן לא פסק אותה ב'שולחן ערוך', אך הרמ"א - נאמן למסורת האשכנזית - מביא את דעת החולקים, ורבי יואל סירקיש, בעל 'בית חדש', מציין שהמנהג הוא כך: 'וכן נוהגים בכל בית דין בישראל לכוף לעשיר בדבר ראוי ונכון ואף על פי שאין הדין כך'.

אחרונים רבים חולקים על הכרעה זו של הב"ח ומסתייגים מהניסוח הקיצוני של רבי מרדכי, ובכל זאת התביעה ההלכתית לא להסתפק בשורת הדין ולא להסתתר מאחורי הדין הפורמלי כשמולך עומד עני או שכיר יום מהדהדת היטב בין שורות ספרי ההלכה.

* * *

בכך בא הסיפור לסופו. לפחות כך חשבתי.

כעבור כמה שנים, אחרי שסיימתי את תפקידי ברבנות טירת צבי, הזדמן לי להגיע לקיבוץ לניחום אבלים. משיחה תמימה עם אחת החברות הבנתי שיחסי השכנות בין השניים שוב עלו על שרטון. מסתבר שלא קל לחיות בשכנות גם כשההכרעה ההלכתית או העצה הרבנית נראית טובה ונכונה...

הלכה, כלכלה ופוליטיקה

לקראת שנת השמיטה רבים הם אתגריו של רב הקיבוץ. במקומות שאינם חקלאיים, השמיטה כמעט שלא מורגשת. קצת בהכנת הגינה הביתית וכמובן בשאלת רכישת הפירות על פי תפיסות הכשרות השונות, אך בסך הכול - אין הרבה הכנות לקראת השנה השביעית וגם לא עשייה משמעותית שונה במהלכה. בקיבוץ, לעומת זאת, רבה התכונה לקראת השמיטה. ההכנות הנדרשות הן מעשיות־חקלאיות, אך גם הלכתיות, כולל הכרעות כבדות משקל שיש לקבל ומדיניות שיש לעצב לקראת שנת השמיטה.

לולבי טירת צבי ידועים בעולם כולו כלולבים איכותיים ומהודרים, והקיבוץ עוסק בגידולם, מיונם, שמירתם והפצתם חודשים ארוכים בשנה. רק כשהגעתי לקיבוץ גיליתי שלולבים נקטפים כבר מחודשי האביב, ובכל שבועיים צומח לולב חדש במקומו של הישן... רוב הלולבים הם מעצי דקל מזן דרי שגדלים במטעים צפופים והתמרים שיצמחו עליהם אינם התוצר החשוב בהם, אלא הלולבים.

נכנסתי לתפקיד רב הקיבוץ שנה לפני שנת השמיטה, ולולבי טירת צבי שווקו אז עם הכשר הבד"ץ, כך שלקראת שנת השמיטה (כבר בחודש אדר שלפניה!) זומנה ישיבה בהשתתפות מנהל ענף התמרים ובעלי האחריות מטעם הקיבוץ, יחד עם רבני הבד"ץ, וכמובן בהשתתפות הרב המקומי.

לקראת הישיבה עשיתי 'שיעורי בית'. למדתי עם אבנר מנהל הענף את אופיו של הטיפול בתמרים ואת משמעותן של המלאכות

השונות ועיינתי בספרי ההלכה השונים כדי לגבש את רשימת המלאכות המותרות והאסורות בעיניי לקראת השביעית. שלושת רבני הבד"ץ שהגיעו היו מבוגרים, מנוסים בתחום ונשואי פנים, וכמובן במיטב התלבושת החרדית - חליפות, כובעים וזקנים לבנים וארוכים. לעומתם הייתי אני צעיר באופן יחסי, חדש בתפקידי, בחולצה קצרה, בסנדלים וללא זקן... כך שבתחילת הישיבה היה צורך להציג אותי בפניהם ודומני שראיתי חיוך קל בזווית הפה שלהם לנוכח הרב החדש.

הישיבה התחילה והנחות היסוד נערמו על השולחן.

ראשית, סוכם על דעתם של רבני הבד"ץ כי אין קדושת שביעית בלולבים. להכרעה זו (שכדבריהם 'הייתה מקובלת בירושלים מימים ימימה') משמעות גדולה בנוגע לשיווק הלולבים בשנת השמיטה. פירות שיש בהם קדושת שביעית אסורים במסחר, אסור להוציאם מן הארץ ויש לנהוג בהם בכבוד ובתנאים מיוחדים. הגדרת הלולבים כקדושים בקדושת שביעית הייתה מקשה ומונעת למעשה את שיווקם בארצות הברית ובחו"ל (נתח שוק משמעותי מאוד) והכרעת הבד"ץ שאין לנהוג בלולבים בדיני קדושת שביעית הגיעה כתגובת־נגד לחוברת שיצאה שבע שנים קודם לכן בארצות הברית, חוברת שבה טען רב אמריקני טענות רבות ומגוונות כנגד לולבי טירת צבי.

את החוברת המדוברת ראיתי במהלך הכנותיי. נראה היה לי כי מגמתו של כותב החוברת סומנה מראש. הוא זיהה את אנשי טירת צבי כ'עוברי עבירה' (בגלל הסתמכותם על 'היתר המכירה', שעליו ארחיב עוד מעט) וראה בקנייה מלולביהם 'סיוע לעוברי עבירה', לא פחות. לטענה זו הוא צירף דיונים הלכתיים נוספים ובין השאר התאמץ להוכיח שקיימת קדושת שביעית בלולבים.

כשראיתי את החוברת, התחלתי לכתוב מאמר תגובה וניסיתי להפריך את טענותיו וראיותיו של הכותב אחת לאחת. בשלב מסוים, כשהגעתי לטיעון בדבר היותנו 'עוברי עבירה', הבנתי שאין טעם בדיון ההלכתי המפורט וזנחתי את המאמר.

לאור זאת, הכרעת הבד"ץ לשמר את הפסיקה המקובלת הייתה

בעלת משקל וחשובה להתחלת הדיון. לאחר הנחה זו, הוסיפו רבני הבד"ץ ואמרו שהם לא סוברים שיש שינוי במעמדה של הקרקע אם נמכרה לגוי, ואיסורי השביעית נשארים בעינם. הנחת מוצא זו הייתה צפויה - לאור תפיסתם העקרונית רבת השנים של הרבנים החרדים (בעקבות ה'חזון איש' ואחרים שהלכו בדרכו) שאין לראות ב'היתר המכירה' פתרון שמקל מבחינה הלכתית על מלאכות השביעית ועל פירותיה.

* * *

שמירת מצוות השמיטה סומנה כאתגר גדול ומורכב עוד לפני שנכנסו יהודים לארץ ישראל. כבר בתורה, בעודם במדבר, פונה התורה לבני ישראל וצופה את החששות של עובדי האדמה: 'וְכִי תֹאמְרוּ מַה נֹּאכַל בַּשָּׁנָה הַשְּׁבִיעִת הֵן לֹא נִזְרָע וְלֹא נֶאֱסֹף אֶת תְּבוּאָתֵנוּ? וְצִוִּיתִי אֶת בִּרְכָתִי לָכֶם בַּשָּׁנָה הַשִּׁשִּׁית וְעָשָׂת אֶת הַתְּבוּאָה לִשְׁלֹשׁ הַשָּׁנִים. וּזְרַעְתֶּם אֵת הַשָּׁנָה הַשְּׁמִינִת וַאֲכַלְתֶּם מִן הַתְּבוּאָה יָשָׁן עַד הַשָּׁנָה הַתְּשִׁיעִת עַד בּוֹא תְּבוּאָתָהּ תֹּאכְלוּ יָשָׁן'.

אכן, השאלה 'מה נאכל בשנה השביעית' (ולמעשה גם 'מה נאכל בשנה השמינית'?) היא שאלה קשה ונוקבת. פתרון התורה - בדמות ברכת ה' שבשנה השישית - מתרחש לעיתים, אבל כפי שכבר העיר הרב יהושע פלק כ"ץ, מגדולי חכמי פולין במאה ה־16 ומחבר הספר 'מאירת עיניים' על ה'שולחן ערוך', לאחר שפסקו חכמים שמצוות השביעית אינה מחייבת בימינו מדין תורה (לאור התלות של דיני שמיטה בדיני יובל, ולאור תלותם של אלו במצב אוטופי ומושלם שבו רוב עם ישראל יושב על אדמתו, על כל 12 שבטיו, עם בית דין ועוד תנאים שלא מתקיימים היום) - גם הקב"ה לא מחויב לצוות את ברכתו...

מקורות שונים מספרים על גבורתם של יהודים ששמרו על השמיטה גם במחיר חייהם. כך מתואר בספר מכבים כיצד התקשו אנשי היישוב 'בית צור' וגם אלו שהגנו על המקדש להילחם ביוונים בגלל הרעב שהיה מנת חלקם, בשל השמיטה: 'על דבר שנת השמיטה אזל כל לחם מכליי'.

רבי אבהו, האמורא הארצישראלי הגדול, שימש כרבה של העיר קיסריה בסוף המאה השלישית, והוא מספר (ייתכן שלאור היכרות קרובה עם התרבות הרומית) על קומדיה רומית הלועגת ליהודים, כשעל הבמה עומד שחקן המחופש לגמל ובוכה משום שהיהודים שומרי השמיטה אוכלים ברעבונם את החוחים והקוצים שהוא רגיל לאכול בכל השנים.

גם בתקופה המודרנית קיימים סיפורים דומים - למשל התיאור המרגש של תושבי מזכרת בתיה, בשמיטת תרמ"ט (1889), כפי שהופיע בעיתון 'הצפירה' באותם ימים: 'וכששאלו פקידי המושבות מה דעתם של הרבנים דפה [=בירושלים] והשיבום כהלכה [כלומר שיש לקיים את מצוות השמיטה], הגידו בני עקרון תיכף ומיד כי הם ישמרו את השביעית ויעבור עליהם מה!'. החלטה זו הביאה להתנגשות בין מייסדי המושבה לבין פקידי הברון, והמחיר ששולם על ידי הראשונים היה גדול.

לעומת זאת, כפי שכבר ראינו בפרק על 'הפסד מרובה', רבי יהודה הנשיא (המכונה 'רבי') ראה גם זווית אחרת לעניין זה. הוא פירש שמצוות השמיטה בימינו (כלומר כבר בימיו) היא רק מדברי חכמים, או כפי שהגדרה זו מופיעה במקורות - 'מדרבנן', וממילא ישנו פתח להקל במקרים שונים.

רבי ינאי, תלמידו של 'רבי' ומראשוני האמוראים בארץ ישראל, אף פסק כך הלכה למעשה, כשהכריז בשנת השמיטה 'צאו וזרעו בשביעית'. ההיתר של רבי ינאי נבע מחובת התשלום של הארנונה - מס שהתחייבו היהודים לשלם לקיסר הרומי. הראשונים נחלקו אם הכרזתו של רבי ינאי נבעה מחשש ממשי לחיי אדם (אם לא ישולם המס, ייאסרו היהודים 'בתפיסת המלך' וימותו שם) או שמכיוון שמדובר בדין דרבנן, חכמים לא הטילו את כובד משקלם ויצרו איסור במצב שבו יש הפסד כלכלי ליהודי.

במשך מאות שנים הייתה שאלת קיום מצוות השמיטה בארץ ישראל פחות ריאלית, בגלל מיעוט היהודים שישבו בארץ ישראל ומיעוט זניח עוד יותר של יהודים שעסקו בחקלאות. עם חזרת היישוב

היהודי והעליות הציוניות של סוף המאה ה־19 ותחילת המאה ה־20, חזרו להתקיים משקים חקלאיים יהודיים בארץ ישראל - ואתגר השמיטה שב להיות רלוונטי.

הרב קוק, שהיה רבה של יפו ורבן של המושבות, ניצב בפני שאלה קשה. מחד, כפי שטען רבו, הנצי״ב מוולוז׳ין, החזרה לארץ ישראל איננה רק הזדמנות גדולה לקיים סוף סוף את מצוות השמיטה כאומה בארצה, אלא שהתורה עצמה מתארת תלות בין קיום מצוות השנה השביעית לבין ההיאחזות בארץ. חשיבותה ומרכזיותה של מצוות השמיטה וההכרה האמונית המתלווה לעזיבת האדמה והפירות - שהארץ שייכת לקב״ה ולא לאדם ושחובתו של האדם לדאוג גם לאביונים ולא רק לעצמו - הן רכיב יסודי בברית בין ריבונו של עולם לעם ישראל; ועל כן דווקא כדי לחזק את ההתיישבות בארץ, יש להקפיד על מצוות השמיטה.

מאידך, הרב קוק זיהה את המציאות הריאלית ואת החשש הממשי ששמיטת קרקעות ביישוב היהודי המתחדש בארץ ישראל תביא לפגיעה אנושה בו ובתהליך שיבת ציון כולו. יתרה מכך, הרב קוק עמד על אחריותו כפוסק להשלכה של פסיקה מחמירה על הציבור כולו; הוא העריך שחלק מפורקי עול התורה מעוניינים שלא יימצא פתרון הלכתי - כדי להצביע על התורה כמתנגדת היישוב ולהוביל התנערות מוחלטת מזיקה לתורה ולמצוות, דבר שיַקשה גם על הקפדה במצוות אחרות התלויות בארץ.

בדיונו בנושא מתגלה הרב קוק בשיא גדלותו וראייתו הרחבה, המעמיקה, האחראית, הכלל־ישראלית ופורצת הדרך. בכתיבתו בנידון זה הוא משלב אמירות מופלאות על אחריותו של הפוסק ועל האופי שבו הוא ניגש לאתגרים מסוג זה, כשהוא מודע היטב לכך שמדובר בהתרחשות לאומית החורגת משאלות הלכתיות שנשאלו עד ימיו במהלך הגלות. באיגרת אחת, שאיננה קשורה לשביעית דווקא, הוא מסמן בבהירות את הפער שבין החיים ׳כמו שהם צריכים להיות׳ בעיניו ואת המציאות כמו שהיא לפנינו - ומתאר את פסיקת ההלכה ככזו שצריכה להגיע ל׳יושר ארעי׳ ולא ל׳יושר מוחלט׳, אם

כי הללו אינם רחוקים מאוד זה מזה אלא ׳הם עניינים מצורפים, כאופקים המתחלפים להולך בדרך רחוקה׳.

זהו תיאור נפלא של פסיקת הלכה כמחויבת להתחשב במציאות הקונקרטית, ובה בעת לא לאבד את המבט אל האידיאל ואל האופק המוחלט והמושלם. מודעות ׳דו־עינית׳ זו מביאה את הפוסק להיות מחובר להקשר שבתוכו הוא נתון, אך לא להתכחש לעתיד או לעבר, לשלמות ההלכתית שאינה יכולה להתממש במלואה. כך נהג הרב קוק הלכה למעשה לנוכח אתגרי השביעית בארץ ישראל.

בפועל, הרב קוק תומך את עמדתו בפסיקות שקדמו לו: גדולי רבני אירופה התירו כבר במאה ה־19 למכור את הקרקע לגוי למהלך השנה השביעית ובכך להפקיע את קדושת הארץ מהאדמה, דבר שיתיר במגבלות מסוימות עשיית חלק מהעבודות הנדרשות בשדה ובמטע.

היתר זה (שבעיני הרב קוק היה ׳הוראת שעה׳, כלומר היתר זמני ׳להקל במקום מצווה דרבים ובמקום הפסד מרובה ושעת הדחק׳) מסתמך על כך שקרקע בארץ ישראל שנמכרת לנוכרי מופקעת מקדושתה (לפחות לעניין איסורים ומצוות) ועל כן דיני השביעית הופכים קלים הרבה יותר.

הלכה זו עצמה אינה פשוטה והיא נתונה במחלוקת שראשיתה בגמרא (גיטין דף מז ע״א), המשכה בראשונים ושיאה במחלוקת הלכה למעשה בצפת של המאה ה־16 - בין רבי יוסף קארו לבין רבי משה מטראני, מחשובי רבני צפת של אותם ימים.

יתרה מכך, גם אם נסבור ש׳היתר המכירה׳ אכן מפקיע את קדושת הארץ, עליו להתמודד עם שני אתגרים נוספים. הראשון הוא האיסור לתת לגוי חניה בארץ (׳לא תחונם׳), כך שאולי המכירה עצמה אסורה. האתגר השני הוא שאלת הכַּוָּנוֹת והתקֵפות של המכירה הזו - שהרי כוונתו של היהודי היא לקנות מהגוי את השדה במוצאי השמיטה ולא להותירה בידיו.

בגלל שלל הקשיים הללו, פסק ה׳חזון איש׳ בניגוד לעמדתו של הרב קוק והתנגד ל׳היתר המכירה׳. הרב קוק, כפי שציינו, היה מודע

היטב לאתגרים ההלכתיים אלא שהבנתו הרחבה כי בחשבון כולל מצוות יישוב ארץ ישראל ומעמדה של הרבנות ביישוב המתחדש מכריעים את הכף אִפשרה לו (תוך גאונות ויצירתיות בבניית תשתית הלכתית משכנעת) להתיר את המכירה ולהתיר בעקבותיה חלק מהעבודות בשמיטה.

מה שרבים אינם יודעים הוא שה'חזון איש', הגם שהתנגד למכירה מכול וכול, לא הותיר את החקלאים שומעי לקחו ללא משענת הלכתית לשנת השמיטה. בפועל, היתריו בהלכות שונות הנוגעות לעבודת האדמה בשביעית מופלגים וקיצוניים מאלו של הרב קוק, וכמה מחידושיו מבהילים לא פחות מהחידוש שב'היתר המכירה'. הוא כותב במפורש במכתב משנת תרצ"ח (1938) כי הרבנים הראשיים 'שסמכו על היתר המכירה לא נכנסו לברר את דברים המותרים'. ואחרי פירוט ההקלות וההיתרים שקיימים בעיניו, הוא מסכם 'והנה קיבוץ גדרה וכפר סבא קבלו שמירת השביעית [...] ויֵראו לכל כי אפשר לשמור את השמיטה'. אם כן, ה'חזון איש' מחויב גם הוא לחייהם ופרנסתם של החקלאים, אלא שהוא טוען שישנם דברים המותרים גם ללא הסתמכות על 'היתר המכירה' ומתאמץ להוכיח ש'אפשר לשמור את השמיטה' (בלי 'היתר המכירה').

עשרות שנים חלפו מאז מחלוקת הרב קוק וה'חזון איש' והשמיטה ממשיכה להיות שדה מאבק הלכתי בין תפיסות שאינן רק הלכתיות אלא גם מהותיות וערכיות. היא קצה קרחון לשאלות לגבי היחס להתיישבות בארץ, לעם ישראל, למסירות נפש על קיום מצוות ועוד.

בזמננו מתלבטים הרבנים אם הצורך ב'היתר המכירה' כבר איננו קיים משום שמדינת ישראל כבר מבוססת דיה ואיננו בימי ראשית היישוב, או שמא החקלאות עודנה נאבקת על קיומה והימנעות מגידול יחד עם הגדלת הייבוא עלולים לפגוע בה אנושות. רבנים אחרים מתלבטים אם מציאות מודרנית שבה ייצוא תוצרת חקלאית לחו"ל הוא רכיב משמעותי במחזור הכספים של המגדלים משפיעה גם היא על הצורך בשימוש ב'היתר המכירה' בימינו, ואולי המאבק

שלנו שעוד לא תם, על בעלותנו על הארץ, גם הוא שיקול בהעדפת תוצרת ישראלית על תוצרת ערבית.

קול חשוב בעיניי הוא קולו של הרב עובדיה יוסף, שלא מסתכל רק על ההיבט ה'ארץ־ישראלי' של 'היתר המכירה' ('מכל שכן בזמן הזה שכל מדינות ערב הסובבים אותנו נמצאים אתנו במצב מלחמה, ואי אפשר להביא משם דברים שיש בהם חיי נפש, בודאי שאין לך שעת הדחק גדולה מזו', כלשונו), אלא גם על ההיבט ה'עם־ישראלי' שלו. בתשובתו, הוא מודע היטב לפער שבין ימי הרב קוק לימינו, אך מציג דאגה לפרנסת היהודים כמו גם אחריות ציבורית למערכת הכשרות ולהשלכות הציבוריות הרחבות - אם לא נאפשר להמשיך לגדל בתנאים מסוימים בשנת השמיטה, עם 'היתר המכירה':

> ואף על פי שהסיבות שהיו בדורם היו יותר חזקות ורציניות, מכל מקום ידוע לנו שמאות חקלאים כל פרנסתם אינה אלא מן החקלאות, ואין להם כל אפשרות אחרת לאכול לחם חוקם ולפרנס את ילדיהם, ללא החקלאות, ובאין ברירה הם מוכרחים להסתמך על היתר המכירה. ובירושלמי [...] הערמה מותרת כדי לחוס על ממונם של ישראל. וכל שכן כאן שמותר להערים משום חיי נפש.
>
> והנה גם החקלאים שאינם נמנים על יראי ה' השומרים תורה ומצות, לא שבקי היתרא ואכלי איסורא [=אינם עוזבים היתר ואוכלים איסור], וגם הם באים אל הרבנות הראשית לחתום על ההרשאות למכירת קרקעותיהם לנכרי. ואילו לא הייתה הרבנות הראשית נטפלת להם לקבל אותם ואת חתימתם להרשאה, למכירת הקרקע שלהם, היו עושים הכול באיסור, כדרכם בכל השנים, והיו עובדים בעצמם בשדותיהם, מבלי מכירה, והיו מפיצים את כל מרכולתם בכל הארץ, ומכשילים בהם את האנשים התמימים באיסור ספיחים ואיסור סחורה, וע"י המכירה לנכרי אנו מצילים את רוב המון בית ישראל מלהכשל באיסור שביעית. ומראש צורים אראנו, שהתירו

חז"ל מכירת חמץ קודם פסח לנכרי, שיחזור ויקחנו מהגוי אחר הפסח, כדי שלא יעבור עליו בבל יראה ובל ימצא [...]

ובניסוח דומה כתב הרב אליהו בקשי־דורון, הרב הראשי והראשון לציון לשעבר, בשנת תש"ס, במכתב גלוי לכל רבני ישראל:

> שלא כבשנים קדמוניות [...] השיווק אינו רק לצורך הנזקק בעונת הגידול, אלא בטווח של שנים עם חוזים מראש. והשבתה של שנה יש בה כדי לגרום נזק לשנים מספר, ואף לאבד את הקניינים. הענף החקלאי במדינה ברובו נועד ליצוא ולא לשיווק מקומי, והשבתה של שנה אחת יכולה לגרום להפסד מסחרי ואף להתמוטטות הענף [...]
> בעיקר בכדי לקיים מצות ישוב ארץ ישראל שיוכלו לעסוק בחקלאות בארץ [...] קיום ענף החקלאות בארץ, ודאי שיש בו משקל רב לקיים ההיתר, שבלעדיו יש סיכון שהענף יתמוטט או יימסר לזרים בארץ, כפי שלצערנו המצב בכמה ענפי החקלאות.
> [...] ואילו השאלה הייתה רק כלכלית לגבי אותם האנשים, היה מקום שלא להקל ולבטוח על ברכת ה' לשומרי שביעית. אולם ברור לנו מעל לכל ספק שחלק גדול מהחקלאים בארץ גם אם לא נתיר להם, יעבדו את האדמה בשביעית באיסור. ויש ביניהם חלק ניכר של חקלאים דתיים ומסורתיים שיעשו זאת למרות רצונם שלא לעבור איסורים. והרבנות ע"י היתר המכירה מאפשרת להם שלא לעבור על מצות השביעית [...]
> אם נמנע מהיתר המכירה, מלבד המכשלה הגדולה שפירות שביעית וספיחים יֵאכלו בארץ ע"י יהודים שלא יזהרו בכך, הדבר יביא למכשלה יותר גדולה במערכת הכשרות בארץ, וזאת לא רק לשנת השמיטה, כשרוב הפירות והירקות בארץ יהיו באיסורי שביעית. יש חשש גדול שכל מערכת הכשרות

> בארץ תתמוטט, כיון שלא יהיה לפירות שוק אחר, ולא תספיק הסחורה המותרת בשביעית, חלק ניכר מהסוחרים יוותרו על תעודות הכשרות והפיקוח. וגם מי שישאר במסגרת ההשגחה יערים ויכניס פירות וירקות אסורים [...] והוא הדין למסעדות שעקב החומרה בשמיטה יבטלו ההשגחה, יכשילו את הציבור בכל מאכלות האסורות. בבירור עם מגדלי הפירות בארץ, התברר שלמעלה מחמישים אחוז מהמטעים יֵאלצו ללא היתר המכירה להתנתק מהרבנות בכל השנים, וע״י כך יש סיכון למערכת הכשרות כולה [...]
>
> מלבד השיקול הגדול להציל את חקלאי ישראל מאיסור שביעית, יש בהיתר המכירה כדי להסיר מכשול מהציבור כולו. ברור לי שאם לא נציל הכרמים ושטחי החקלאות מאיסור שביעית, הכרמים והשטחים יעבדו באיסור, הפירות תהיה בהם קדושת שביעית, ואיסור שמור ונעבד, יבולי השדה יגדלו כאסורים, באיסור ספיחים, הסחורה תכנס לשוק, וברור לנו שחלק גדול מהצרכנים במדינת ישראל יכשלו באיסורים [...]

* * *

אחרי שהנחות המוצא של רבני הבד״ץ הונחו על השולחן, עברנו ופירטנו את המלאכות השונות שיש לעשות במטעי התמרים גם בשביעית. סיכמנו על מלאכות שאסורות בשביעית (כגון נטיעה, הפריית הפרחים והאבקתם ועוד), ועל כאלו שבוודאי מותרות (למשל השקיה בכמות הנצרכת לבריאות העץ - מה שמכונה בשפה ההלכתית ׳לאוקמי אילנא׳).

ואז הגענו לשאלת הגיזום והקיוץ. מדובר בהורדת ענפי דקל המפריעים להגיע אל הלולב (או אל הפירות, כשהם אלו שעומדים על הפרק), והבעיה ההלכתית לכאורה היא שמדובר במלאכה הדומה לזמירה, שהיא קציצת ענפי הגפן. זמירה נאסרה בתורה בפירוש וכך נכתב בפסוקי פרשת בהר: ׳שָׂדְךָ לֹא תִזְרָע וְכַרְמְךָ לֹא תִזְמֹר׳.

אחד מרבני הבד"ץ, הרב ליטמנוביץ', אמר בפסקנות: 'גיזום וקיוץ אסורים'.

כאן ביקשתי את רשות הדיבור וטענתי שאין לאסור גיזום וקיוץ בתמרים. טענתי הייתה שקיים הבדל משמעותי בין זמירת ענפי הגפן וגיזום ענפי הדקל במקרה שלנו. הזמירה שנאסרה היא זמירה מקצועית שמטרתה להצמיח ענפים ופירות חדשים (ועל כן היא מופיעה בפסוק יחד עם הזריעה), ואילו גיזום הענפים בדקל מטרתו היא לאפשר נגישות אל הלולב - הא ותו לא.

'יתרה מזו', אמרתי, 'העצים המדוברים לא מגודלים בכלל למטרות פרי, ותכליתם היא הלולבים'. הוספתי ואמרתי כי כך פסקו גם רבני זמננו שעסקו בשאלות דומות, כגון הרב עובדיה יוסף, הרב שניאור זלמן רווח וכך נמסר בשם ה'חזון איש' בעצמו.

כאן התרחש דבר מפתיע ומרגש. הרב ליטמנוביץ' קם ממקומו, חצה את החדר והתקרב אליי. לפתע, כך הרגשתי, התמוססו פערי הגיל, הלבוש, השפה והעולם הרוחני שהיו בינינו, והוא נעמד על ידי וביקש לשמוע את המקורות בצורה מפורטת. אף שהיה מבוגר ממני בעשרות שנים, מנוסה ובעל מעמד נכבד משלי, הוא נעמד על ידי וביקש ללמוד ולהעמיק, כדי לדון בדברי תורה ולבחון אם אפשר להקיש בין דין לדין. היה זה רגע שבו חשתי תמהיל של אהבת התורה שהייתה בו, אהבה שיש בה משיכה, סקרנות ועניין, יחד עם נאמנות ומחויבות ל'אמיתתה של תורה' וענווה גדולה. תמהיל זה 'קלקל את השורה' וגרם לו לקום ולחרוג ממקומו, תרתי משמע.

מכיוון שהגעתי מוכן, ציטטתי מדברי הרב יצחק יוסף ב'ילקוט יוסף': 'אם הסרת הקוצים באה להקל על הקטיף, מותר בכל אופן. ולכן באתרוגים ובתמרים מותר להסיר הקוצים כשמתכוונים להקל על הקטיף'. עוד ציטטתי מדברי הרש"ז רווח, ראש המכון למצוות התלויות בארץ: 'גיזום שאינו לתועלת האילן מותר בשמיטה, ולכן מותר לגזום קוצים להקל על קטיף הפירות וכגון באתרוגים ובתמרים [...] שאין זה בגדר מלאכה האסורה בשמיטה'.

כאמור, גם בשם ה'חזון איש' הביאו דברים דומים, גם אם לא

בנושא זה. ה'חזון איש' התייחס לשאלת ההיתר לקצוץ ענפים המפריעים לתנועת כלים חקלאיים במטע. כך הביא בשמו הרב פלס, רב המושב נתיבה: 'לחתוך ענפים ארוכים במקום שמונחים בדרך כלי העיבוד - זה לא גיזום'. ציינתי עוד שהדברים של הרב פלס עוסקים בדיני זמירה בכרם, שם הזמירה היא בעלת תוקף חמור ויש בה איסור תורה, אך לדעת ה'חזון איש' שגיזום במטעים אחרים אסור רק מדרבנן, והוא מלאכה שנקראת 'זירוד', על אחת כמה וכמה שיש מקום להקל בכגון זה.

הרב ליטמנוביץ' הקשיב בקשב רב - ואם אינני טועה, גם בהנאה גדולה - ואחר כך סיים במשפט קצר: 'תשלח לי את הדברים הללו באימייל'. הופתעתי, הן מהעובדה שהייתה לו תיבת דוא"ל, אבל בעיקר מהרצינות והענווה שבה הקשיב לדבריי והכבוד שחשתי שרחש לדברי תורה באשר הם.

הישיבה הסתיימה, סיכמתי את הדברים ושלחתי אל הרב ליטמנוביץ'.

כעבור כמה ימים הוא התקשר אליי ובפיו הכרעת הבד"ץ.

'החלטנו להתיר לכם לעשות גיזום וקיוץ אבל על ידי נוכרי בלבד'.

שמחתי על תשובתו שהייתה מצוינת מבחינתנו. ברור היה לי שאם הבד"ץ היה אוסר את הגיזום והקיוץ, היו אנשי המטע ניצבים בפני אתגר גדול, ושמחתי על ההיתר. מעבר לזה, ההגבלה שהגיזום ייעשה על ידי נוכרי לא הייתה הגבלה דרמטית, מכיוון שבכל מקרה את המלאכות הללו עשו בדרך כלל הפועלים מתאילנד ונפאל שעבדו בקיבוץ.

ובכל זאת, לא נמנעתי מלשאול אותו. 'הרב ליטמנוביץ', אחרי בקשת המחילה, אם ראינו במקורות שאפשר להקל בכגון זה ויש בדבר היגיון הלכתי מבוסס, למה להחמיר ולא להתיר גם לישראל לעשות מלאכה שכזו?'.

הרב ליטמנוביץ' השתהה מעט והשיב לי (בלשון רבים, כמקובל אצל דוברי יידיש): 'תראו, אם אנחנו נתיר לכם לעשות את המלאכות

הללו, יבואו רבנים של בד"צים אחרים ויגידו שאנחנו מסייעים לעוברי עבירה, וממילא שהלולבים שלנו לא כשרים, וכך גם אתם וגם אנחנו נפסיד'.

שמעתי את דבריו ומיד הגבתי: 'תראה, הרב ליטמנוביץ'. התחום שבו אני עוסק הוא הלכה. בו אני מבין - גם אם יש לי עוד הרבה מה ללמוד... מה שהרב אמר כרגע הוא לא הלכה אלא איפשהו בתחום שבין כלכלה לפוליטיקה. בזה אני לא מבין בכלל...'.

הרב ליטמנוביץ' חייך חיוך גדול שנשמע מעבר לקו הטלפון ואמר קצרות: 'אתם ברבנות? נו, אז אתם צריכים להבין בכלכלה ופוליטיקה'...

למדתי מהרב ליטמנוביץ' אז לא רק את ענוותנותו, אהבת התורה ואהבת האמת שלו, אלא גם את חוכמת החיים הירושלמית שמביאה בחשבון פסיקת ההלכה גם את המציאות הכלכלית ואת המערכות החברתיות שהכרעתו של הפוסק נתונה בתוכן.

אוצר בית דין:
הלכה ואחריות חברתית

באחד מימי האביב ניגש אליי מנהל ענף הנוי, קיבוצניק ותיק ומקמץ במילים, איש אוהב תורה, אוהב אדמה ואוהב אדם.

׳הרב׳, הוא אמר, ׳אתה חייב למצוא פתרון לתמרים שנופלים מהעצים בקיבוץ. התמרים מלכלכים את המדרכות, ילדים מחליקים עליהם, זה מביא גם חרקים ומעופפים. בקיצור, זה לא נראה טוב, והבנתי מאנשי ענף התמרים שההנחיה שלך היא לא לגעת בתמרים שעל העץ׳.

הייתה זו הפתעה גדולה עבורי, והוכחה נוספת למשפט היהודי שנאמר ביידיש, ׳דער מענטש טראַכט און גאָט לאַכט׳, ובעברית: ׳האדם מתכנן ואלוהים צוחק׳. שמעתי גם את צחוקו של הרב אויערבך מטבריה שבחוכמתו ניסה להזהיר אותי - אולי - גם מהסיטואציה שעמדה בפניי באותם ימים.

הסיפור החל כמה חודשים קודם לכן, בימי הקיץ של חודש תמוז הסמוך לשנת השמיטה. כחלק מההיערכות בקיבוץ לשנה השביעית, מכרנו את אדמות הקיבוץ לגוי במסגרת ׳היתר המכירה׳ (שעליו הרחבתי בפרק הקודם). המכירה כללה את כל הקרקעות ששימשו את גידולי השדה, מכיוון שללא מכירה אין שום אפשרות הלכתית להתיר זריעה במהלך השנה השביעית, פעולה הכרחית בעולם הגידולים החד־שנתיים, שמותרת בקושי אחרי המכירה לגוי. המכירה כללה גם את מטעי התמרים, מכיוון שרובם של התמרים

נועד לייצוא לחו"ל - שגם הוא נאסר בפירות שגדלו באדמות שלא נמכרו במסגרת 'היתר המכירה'.

אף על פי כן, התלבטתי בנוגע לעצי התמרים שבתחום הקיבוץ, מה שמכונה בעגה המקומית 'בתוך המחנה'. עצים אלו עיטרו את הקיבוץ לאורכו ולרוחבו, בהיקף מדשאותיו, בחניות ולצד שבילי העפר. היה זה חלק מהמראה הצומח והמַפעים של הקיבוץ המוריק והמטופח ועֵדות קבועה לנס שבהפרחת האזור - שבתמונות מאמצע שנות ה־30 של המאה הקודמת נראה צחיח ועזוב, וכעת בחסדי ה', ובמאמצי בניו ובנותיו הצדיקים, פורח כתמרים.

הרהרתי מה נכון לעשות בנוגע לאותם עצים. צירופם למכירה של שאר המטעים היה מורכב. העצים היו מפוזרים בשטח הקיבוץ ולא תכננו באמת למכור את כל קרקעות הקיבוץ הבנויות לתלפיות למשך שנת השמיטה. התחלתי להרהר באפשרות המשפטית לייצר חוזה מכירה רק בנוגע לחלקות האדמה שתחת כל עץ ועץ, אבל זו נראתה לי הצעה לא פשוטה בכלל בהתייחס לסבך הטפסים והבירוקרטיה שנדרשו על ידי המדינה, לשמחתי.

הדרישות המחמירות מהמכירה לשנה השביעית היו חלק ממהלך שהוביל הרב זאב וייטמן, רב קיבוץ כפר עציון בעבר והיישוב אלון שבות בהווה, רבה של 'תנובה' שכיהן בעבר כראש ועדת השמיטה של הרבנות הראשית לישראל. הוא הִנחה את נציגי הרבנות להתייחס למכירת הקרקעות ערב השמיטה כמכירת קרקע לכל דבר, לרבות רישום מספרי חלקות, ובכלל - כחוזה תקף מבחינה משפטית. היה זה מהלך שהוסיף לרצינות המכירה וכֵנותה וסגר פרצות שהובילו לא פעם לאירוניה ולזלזול בהלכה וברבנות.

חשבתי על שלוש אפשרויות אחרות. האחת - למכור את התמרים והקרקע שסביבם במכירה עצמאית לעומאר, כמו במכירת החמץ. השנייה - להקים 'בית דין' ולהתיר בעקבות כך מלאכות מסוימות בלבד שנועדו לשמור על העץ (ולהסתמך על דעות מקילות המתירות גם לשמור על הפירות) ולמכור את היבול בתנאים מגבילים שמטרתם רק לכסות את הוצאות העבודה. נטיית ליבי הייתה לאפשרות

השלישית - להניח לעצים הללו ולקיים כפשוטם את דברי התורה 'וּבַשָּׁנָה הַשְּׁבִיעִת שַׁבַּת שַׁבָּתוֹן יִהְיֶה לָאָרֶץ'. לא לטפל בהם (אלא טיפולים חיוניים השומרים על העץ ממזיקים וכיוצא באלו), לא להפרות ולא לדלל - ובסופו של דבר גם לא למכור את התמרים כלל אלא להפקירם לכל החפץ בהם. הייתה זו אפשרות ששמחתי בה מאוד, גם מצד עצם השימור של דין התורה הבסיסי של השמיטה וגם בגלל ההשלכה החינוכית והציבורית שלה, שהרי מדובר היה בתמרים שלא גדלו בחלקה רחוקה מהעין ומהלב, אלא בתמרים ש'בתוך המחנה' ממש.

בדקתי עם אבנר, מנהל הענף, והוא הסכים לגמרי לרעיון שלי. לדבריו, בכל מקרה לא מדובר בהפסד גדול מדי של יבול והוא שמח גם כן על האפשרות לקיים בתוך החצר את מצוות השמיטה ללא 'היתר המכירה' או היתרים נחוצים אחרים. אבנר גם העריך שאם לא נַפרה את העצים, הסיכוי לתוצרת משמעותית איננו גבוה - ובפרט שאחוז גבוה באופן יחסי מהעצים היה זכרי.

התלבטות אחת הייתה לי והיא נגעה לתמרים לאחר הגדיד. מבחינה הלכתית, הפירות היו קדושים בקדושת שביעית וממילא היו הפקר. עם זאת, מכיוון שמדובר בעצים גבוהים מאוד, ברור היה שיידרשו כלי גבוה ופועל מיומן כדי לגדוד את התמרים ולהורידם אל הקרקע. כאן לא ידעתי מהו הצעד הנכון: האם להותיר את הפירות תחת העץ, בידיעה שכפי שכתוב בחומש שמות 'וְאָכְלוּ אֶבְיֹנֵי עַמֶּךָ וְיִתְרָם תֹּאכַל חַיַּת הַשָּׂדֶה', או שנכון להביא את הפירות אל פתח המרכול הקיבוצי? ואם אכן לקחת אותם: האם למרכול? ואולי למרכז המסחרי בבית שאן הסמוכה, כך שבאמת 'כל דכפין ייתי וייכול'?

החלטתי לצרף את השאלה הזו לשאלות אחרות שביקשתי לשאול את הרב אברהם דב אויערבך, רבה של טבריה ואב בית הדין בעיר. הרב אויערבך שמע את שאלתי ואמר 'תעשה בית דין'. ניסיתי להסביר לו שאין בכוונתי להקים בית דין ולא להסתמך על ההקלות שנובעות מכך. 'אני רוצה לקיים שמיטה לגמרי, בלי בית דין ובלי

מכירה כלל. הקיבוץ מעוניין בכך ומוכן להפקיר את התמרים שיגדלו בעצים אלו׳. הרב אויערבך שב וחייך ואמר ׳תעשה בית דין׳. לא אמרתי נואש. ׳ואם לא אעשה, מה דין התמרים?׳. כעת הוא הרצין ואמר באופן שברור היה שאין מה לשאול עוד אחריו: ׳תעשה בית דין׳.

המשכתי ושאלתי אותו שאלות נוספות בעניינים שונים, אבל את עצתו בתחום בית הדין לא קיבלתי. חשבתי עדיין שנכון יהיה לאתגר את עצמנו, להניח לתמרים ש׳בתוך המחנה׳ ולהכריע בבוא העת בנוגע לפירות שיצמחו בכל זאת.

והִנה, באותו יום אביבי, גיליתי שכנראה צדק הרב אויערבך... מסתבר שלמרות שעובדי הענף לא האביקו את התמרים ולמרות האחוז הגבוה של עצים זכריים, שנת תשע״ה הביאה בכנפיה ברכה לא צפויה ועל עצי הדקל הגבוהים המקיפים את הדשא המרכזי היו הסנסנים עמוסי תמרים שהחלו להבשיל, ואחדים מהם נפלו על השבילים ויצרו מפגע תברואתי ואסתטי.

פניתי לאבנר, מנהל ענף התמרים. שאלתי אותו אם יש לו הסבר לתופעה הזו. אבנר חייך כדרכו, משך בכתפיו ואמר ׳לא יודע, אתה הרב כאן, אולי לך יש יכולת לברר׳. חייכתי בחזרה ושנינו ידענו שעל אף הידע התורני שלי והניסיון בהוראה, לא היו לי יכולות תקשורת טובות יותר משלו עם עולמות שמימיים... הבנתי שאין מוצא כעת, אלא לכונן ׳בית דין׳ שייקח אחריות על הטיפול בפירות וכך עשיתי.

* * *

המושג ׳אוצר בית דין׳ נשמע רבות בימינו, אך מדובר בחידוש שאיננו מובן מאליו. פסוקי התורה מצווים לשמוט את הקרקע ולנטוש את הפירות, והמדרש מתמודד עם מחשבה אפשרית של בעל השדה:

> ׳והשביעית תשמטנה ונטשתה׳ [...] מפני מה אמרה תורה, לא שיאכלו אותה עניים?! הרי אני מכניסה ומחלקה לעניים.

תשובת המדרש היא:

> תלמוד לומר 'והשביעית תשמטנה - ונטשתה', מגיד שפורץ בה פרצות אלא שגדרו חכמים מפני תקון העולם.

ההצעה 'הרי אני מכניסה ומחלקה לעניים' נדחית על ידי המדרש לאור קריאה דווקאית בפסוקים המלמדת שעל האדם לשמוט ולנטוש את שדהו ולא לגעת בפירות. נראה שמטרת המצווה איננה הצדקה לעניים (אף שהם מופיעים בפסוק ככאלו שיכולים לאכול מהפירות המופקרים) אלא בראש ובראשונה עצם הסרת הבעלות האנושית על השדה והיבול. עד כדי כך אמורה חובה זו, שלולא תקנת חכמים, היה האדם צריך לפרוץ בידיו פרצות בגדרות השדה שלו ולהביא בכך לכילוי השדה.

ההלכה התירה לאדם לקטוף מפירותיו רק בשיעור הנצרך לו לארוחות יומו - ולא לשמור פירות מיום ליום, לא לאגור את התוצרת ולא לסחור בה (ואף לא לקטוף בכמות רבה ובאופן מסחרי ותעשייתי). אל מול תודעה זו, מספרת לנו התוספתא במסכת שביעית על מנהג עתיק שלפיו שליחי בית הדין היו לוקחים אחריות על הפירות ועל היבול בארץ כולה:

> בראשונה היו שלוחי בית דין יושבין על פתחי עיירות - כל מי שמביא פירות בתוך ידו, נוטלין אותן ממנו ונותן לו מהן מזון שלש סעודות והשאר מכניסין אותו לאוצר שבעיר.
> הגיע זמן תאנים - שלוחי בית דין שוכרין פועלין, עודרין אותן ועושין אותן דבילה וכונסין אותן בחביות ומכניסין אותן לאוצר שבעיר.
> הגיע זמן ענבים - שלוחי בית דין שוכרין פועלין, בוצרין אותן ודורכין אותן בגת וכונסין אותן בחביות ומכניסין אותן לאוצר שבעיר.
> הגיע זמן זֵתים - שלוחי בית דין שוכרין פועלין, ומוסקין

> אותן ועוטנין אותן בית הבד וכונסין אותן בחביות ומכניסין אותן לאוצר שבעיר.
> ומחלקין מהן ערבי שבתות כל אחד ואחד לפי ביתו [...]

ה'אוצר' הוא המחסן העירוני לשמירת הפירות והחביות ולשם הביאו אותם שליחי בית הדין שהיו מחלקים את הפירות בהמשך לפי צורך האנשים, לכל אחד ואחד כדי סעודותיו.

חכמי זמננו הסבירו שההיתר לשליחי בית הדין לקטוף ולשמור את הפירות איננו היתר לעבור על איסור התורה של עבודה בשנה השביעית, אלא מימוש חזון השביעית. כוונת התורה הייתה הפקר הפירות ואיסור הפגנת בעלות עליהם. כאשר שליחי בית הדין נכנסים לכל מטע, קוטפים את הפירות ומחלקים מהם לכלל הציבור, מובלט דין התורה הבסיסי.

כך כותב הרב שאול ישראלי:

> וכי יש כח בידי שלוחי בית דין לעבור איסורי תורה? אלא הוי אומר שאין המלאכות אסורות מצד עצמן (דוגמת שבת), אלא מה שיש בביצועם בדרך הרגיל משמעות הסותרת את הבלטת היותן פירות הפקר, ושהאוספן אינו אוסף אלא משל הפקר. אשר על כן, בית דין שעושין את המלאכה עבור הציבור כולו, הרי יש בזה הבלטה דוקא, על היות הפירות הללו הפקר, כדין שאמרה תורה, על כן אין בהם איסור.

במשך כמעט אלפיים שנים, תיאורה של התוספתא את אשר התרחש 'בראשונה' נשאר חתום בספר בלבד ולא התממש הלכה למעשה. הרמב"ם איננו מזכיר את הפתרון של 'אוצר בית דין' בהלכותיו, ולדעת חלק מן הפוסקים הדבר מלמד שהוא לא סבר שניתן להשתמש בהיתר זה להלכה.

עם זאת, במאה ה־20, עם חזרת עם ישראל לארצו ולעבודת האדמה, ולנוכח האתגרים הגדולים שליוו את החקלאות העברית

מראשיתה, הופיעה ההצעה להקים ׳בתי דין׳ שכאלו, שיאפשרו לשליחיהם לעשות מלאכות מסוימות בשביעית.

כפי שכבר ראינו בפרק הקודם, ה׳חזון איש׳, שהתנגד מאוד להיתר המכירה, הקל בתחומים אחרים וחיפש פתרונות הלכתיים שיאפשרו לחקלאים שומרי המצוות לא לאבד את קרקעותיהם ונכסיהם - ובהתאם תמך בשימוש ב׳אוצר בית דין׳ כפתרון לעניין.

להבדיל מהתיאור המוצג בתוספתא, ׳אוצר בית הדין׳ בימינו איננו מקום פיזי ששליחי בית הדין כונסים אליו את היבול, אלא מדובר במערכת פורמלית הממנה את החקלאים בעלי השדה עצמם להיות ׳שלוחי בית הדין׳. בכך מותרות להם מלאכות מסוימות הנוגעות לשמירה על העץ וקיומו, ולדעת ה׳חזון איש׳ גם לשמירה על הפירות ואף לשמירה על היקף היבול ברמה סבירה.

גם הרכיב של חלוקת הפירות על ידי שלוחי בית הדין מומר כאן במכירת הפירות לציבור הרחב - אך זאת במגבלה הנוגעת לפירות השביעית, שאין מוכרים אותם ׳לא במידה ולא במשקל ולא במניין׳ (משנה, שביעית ח, ג). בית הדין קובע מראש מחיר לפי עלות העבודה ומבלי להתחשב באיכות התוצרת, בהיצע ובביקוש. ההנחה היא שגם שלוחי בית הדין בסיפור שבתוספתא קיבלו שכר כלשהו על עבודתם, אך כמובן שכר זה איננו תלוי בפירות עצמם.

המצדדים ב׳אוצר בית הדין׳ בימינו רואים באכילת הציבור מפירות השביעית את אחד היעדים של שנת השביעית, וממילא זהו הפתרון האולטימטיבי בעיניהם, כפי שכותב הרב יעקב אריאל:

> החקלאות כיום מרוכזת בידי חקלאים מעטים בפריפריה רחוקה, בעוד שרוב רובו של הציבור מרוכז במרכזים עירוניים ענקיים. צורת החיים, וגם החקלאית, מתועשת ושונה מאד משהייתה בעבר. השתנו הטבעים, עד כדי כך שאחוז קטן של חקלאים יכול לספק תוצרת לציבור כה גדול, וגם לייצא. במציאות העכשווית, גם אם יפקיר החקלאי את פירותיו, כיצד תתקיים אכילתם על ידי הציבור? האם לצורך כל

שלוש סעודות ניסע לגולן לקטוף כמה פירות?! ומה יעשו האביונים שאין להם רכב? ומי יממן את הוצאותיו הגדולות של החקלאי? שהרי בלעדיהן לא תהיה 'שבת הארץ לכם לאכלה'? [...] אוצר בית דין הוא המענה היחיד לקיום המצווה הלכה למעשה. הוא דרך המלך לכתחילה.

ב'קונטרס אוצר בית דין' שכתב הרב ניסים קרליץ (אחיינו של ה'חזון איש' וראש ה'כולל' על שמו, אב בית הדין בבני ברק ובעל סדרת הספרים 'חוט השני') הוא מוסיף עוד תועלות שונות ומגוונות שישנן ב'אוצר בית הדין':

מדברי הרמב"ן למדנו ב' תועליות מ'אוצר בית דין'. א. כדי שלא יבואו העם לעשות סחורה בפירות שביעית. ב. כדי שלא יעברו העם על מצוות ביעור פירות שביעית.
יש עוד תועלת בהנהגת אוצר בית דין בימינו, שע"י שהבית דין כונס לאוצר את הפירות ומחלקם לציבור מפעם לפעם [...] מתקיים בזה רצון התורה 'לכם לאכלה', שיהיה לציבור פירות שביעית לאכול בקדושתם. וללא ה'אוצר בית דין' לא יתאפשר לכל הציבור לקבל מן הפירות שביעית המופקרים בשדות וגם הרחוקים מהשדות והכרמים לא יבואו מידי פעם ליטול מן הפירות מחמת טורח הדרך [...]
זאת ועוד. אם הציבור תולשים בעצמם את הפירות מן האילנות, פעמים רבות האילנות מתקלקלים על ידי זה [...] אבל הבית דין שוכרים פועלים מקצועיים לטפל בקטיפת הפירות ועל ידי זה נמנע קלקול [...] זאת ועוד, אם אין הבית דין מקבל את הטיפול בשדה ובפירותיו ימנעו בעלי השדות מלהשקות את האילנות בשנה השביעית שהרי פירות הפקר הם [...] וכן ימנעו בעלי השדות מלזרוע לפני ראש השנה של שביעית [...] זאת ועוד, לפי מה שיתבאר [...] שהבית דין מעדיף לשכור את בעלי השדות והכרמים לטפל בשדותיהם

> בשביעית שהם מכירים היטב את דרכי הטיפול בשדה [...] על ידי זה דואגים הבית דין קצת בפרנסת הגיבורי כח שמשביתים את שדותיהם כדת של תורה ומחוייבים אנו לסייע ביד הגיבורי כח ולהרחיב את ציבור שומרי השביעית אשר מקדשים במצות שם שמים ברבים ומכריזים שהארץ היא של הקב"ה.

לצד יתרונות אלו, נראה ש'אוצר בית הדין' בימינו איננו נאמן לתקנה המקורית שמופיעה בתוספתא, שהרי הפירות אינם יוצאים באמת מתחת ידי החקלאים, ומלבד זאת - גם לא ממש מחולקים בזול לכל דכפין.

זהו הסברו של הרדב"ז לכך שהרמב"ם השמיט את דין 'אוצר בית הדין' שבתוספתא מהלכותיו: 'והשמיט התוספתא דהיו שלוחי ב"ד יוצאין וכו' לפי [...] שאינה אלא בראשונה שהיו שם בית דין אוצרין ומחלקים'. וכך כותב הרב משה שטרנבוך (אב בית הדין של העדה החרדית בירושלים) בספרו 'שמיטה כהלכה': 'אוצר בית דין מועיל רק כשמבוֹער, ולכן צריך להניח הפירות במקום מיוחד שמשמש בית דין לאוצר [...] דניכר שיצא מרשות הבעלים ונכנס לרשות בית דין'.

בסופו של דבר, חלק מהמצדדים ב'אוצר בית דין' עושים זאת מתוך חיפוש פתרון הלכתי מרווח, שלא יישען על 'היתר המכירה'. מאידך, גם פתרון זה אינו חף ממאמצים הלכתיים ומהקלות מפליגות שאינן מוסכמות על הכול, למשל בנוגע להיתר לעשות מלאכות לתועלת הפירות או בנוגע לגביית מחיר גבוה עבור הפירות בשל עלות הטיפול בהם, ההשגחה ועוד.

מבחינה עקרונית, כפי שראינו, מובלעת כאן ההנחה שאכילת הפירות על ידי הציבור הרחב היא תכלית המצווה אך גם זו איננה הנחה הכרחית, כפי שכותב הרב אליעזר מלמד:

> ונראה שתומכי ה'אוצר' סוברים שעיקר השמיטה לחלק את הפירות לכל, ולכן לדעתם ניתן לקבל את כל הקולות הנלוות

> ל'אוצר' הואיל והן מתאימות למגמה זו. אולם השביתה היא עיקר השביעית [...] ולכן הקולות המופלגות של ה'אוצר' עוקרות את עיקר השביעית. וממילא הרבה יותר נכון להלכה להפקיע את החובה על ידי 'היתר המכירה'. בנוסף לכך, 'היתר המכירה' נשען במידה רבה על הדעות הסוברות שאין חובה לקיים את השביעית בזמן הזה, ועל הספק לגבי השנים, ולכן יותר נכון להלכה להתיר את העבודות בהפקעה גמורה על ידי מכירה מאשר לטעון ששומרים שביעית, אבל בפועל משכיחים את תורת השביעית בקולות מופלגות שמבטלות את השביתה לגמרי, בניגוד למהלך הסוגיות בגמרא ובראשונים.

על גבי הדיון ההלכתי והעקרוני, יש להוסיף זווית מבט אחרת לבחירה ב'אוצר בית הדין'. כפי שראינו בפרק על 'היתר המכירה', יתרונו של פתרון זה הוא בגילוי האחריות ביחס לכלל ישראל ולכלל החקלאים. 'אוצר בית הדין' - כוחו יפה רק ביחס לפירות העץ אך הוא איננו נותן מענה לגידולי שדה, תבואה וירקות. מי שבוחר לסמוך על השיטות המקילות ולצרוך את פירותיו מ'אוצר בית הדין' ומצרף לכך ביקורת וביטול האפשרות הרואה ב'היתר המכירה' פתרון כשר, עלול לפגוע בחקלאות היהודית, בפרנסתם של רבים ובכלל במערכת הכשרות הציבורית במדינת ישראל.

* * *

כאמור, הבנתי שהדבר הנכון לעשות הוא לכונן 'בית דין', למנות את פועלי ענף התמרים כשליחיו ולקבוע את מחיר הפירות בשיעור כיסוי ההוצאות בלבד.

כשסיפרתי על כך לחבר קרוב, הוא אמר לי בחיוך: 'תראה מה זה. לפני שנתיים לא תכננת להיות רב קהילה, והנה אתה מתמנה להיות אב בית דין...'. עניתי לו שבאמת אין הדברים פשוטים בכלל, שהרי הגדרת 'בית הדין' לענייני מלאכות השביעית לוטה בערפל ולא ברור שהיא עומדת בהלימה אל 'בית הדין' במובנו הרגיל והשגרתי בעולם היהודי.

בשאלה שהופנתה לרשב״ש (רבי שלמה בן רבי שמעון דוראן, רבה של אלג׳יר במאה ה־15) מובאת שאלה מרתקת שנשמעת לנו מוכרת. יהודי תושב הארץ חושש שכשיֵדעו הגויים ׳שישראל הפקיר שדהו או כרמו, יגנבו אותם מפני שאין ישראל יכול לשמרן והרי הם הפקר׳. השואל תוהה ׳אם יכול ישראל להחזיק בו כשלו וישמרנו כפי יכלתו ויאספנו הביתה ואח״כ יחלקנו לעניים או לתלמידים...׳.

כפי שראינו לעיל בדברי המדרש, חז״ל אסרו על האדם לשמור על אדמתו גם אם יחלק את הפירות לעניים, אך הרשב״ש מסתייע כאן בדברי התוספתא ומציע שבית הדין ייקח אחריות על שמירת השדה מפני הגויים ויחלק את הפירות לעניים. הסיבה לכך לדבריו היא ׳ששלוחי ב״ד יכולין ללקוט בשביל עניים, והוא הדין לשמור לפי שבית דין הם יד עניים׳. בית הדין הוא ׳יד עניים׳ ומכאן ההיתר עבורו לשמור ולאסוף את הפירות. לאור זאת, חשבתי שאולי בקיבוצנו ׳ועדת הצדקה׳ היא זו שיכולה להיות הגוף האמון על ׳אוצר בית הדין׳.

מאידך, בחיבור ׳משנת יוסף׳ (של הרב יוסף ליברמן, ראש כולל סדיגורה בירושלים) מצאתי הצעה אחרת, המזהה את ׳טובי העיר׳ - ואפילו ׳עסקנים מיוחדים׳ שמונו לכך - עם בית הדין המצוין בתוספתא:

> כל בית דין הקבוע בעירם וטובי העיר כחם כב״ד הגדול להפקיע ממון [...] שהדבר שהסכימו עליו בני העיר הרי הוא כאילו קבלוהו כל אחד על עצמו והתחייבו בו [...] וממילא מסתבר שכשהקהל מינו להם עסקנים מיוחדים שיטפלו בענייני פירות שביעית הרי אלו לעניין זה כטובי העיר, והפקרם הפקר, ויכולים הם לבצע את התקנות השנויות בתוספתא [...]

לאור גישה זו, ייתכן שמזכירות הקיבוץ, המטפלת בכלל ענייני

הציבור ועסוקה בין השאר בחלוקת הטובין וההחלטות הנוגעות לכספי הציבור, היא הבסיס ל'בית הדין' לענייני פירות שביעית.

חשבתי עוד קצת על הדברים ואף נועצתי ברבני הקיבוץ הדתי. אחד מהם האיר את עיניי לכך שהקיבוץ במתכונתו הבסיסית מממש את חזון השביעית ואת תקנת 'אוצר בית הדין' במשך כל השנים. המצב שבו אין לאדם בעלות פרטית על קרקע, שפירות עמלו נאספים על ידי שליחי הציבור, שהוא זוכה לאכול את סעודותיו בלבד והשאר מחולק בשווה בין כולם - זהו הרי חזונו של הקיבוץ באשר הוא, וממילא אולי אין צורך בכלל ב'בית דין' לצורך היתר הגדיד וחלוקת התמרים.

מאידך, נראה היה לי שלא נכון לנהוג כך, מטעמים הלכתיים שונים ובעיקר בגלל התחושה שבכך נאבד משהו מ'צורת המצווה'. אנשי הקיבוץ ייהנו אומנם כולם מפירותיהם, אבל בעלותם (כקיבוץ) תופגן ביחס לתמרים הללו. הם לא יפקירום ולא יאפשרו גם לאחרים (עניים, אך לא רק) ליהנות מפירות השביעית. דברים אלו השתלבו בעצתו של הרב שמואל ריינר שהמליץ לי לצרף לבית הדין יהודי מחוץ לקיבוץ.

החלטתי להקים בית דין. צירפתי אליי כחבר קיבוץ את מרק, איש יקר וישר דרך ששימש בעברו משגיח כשרות במפעל הבשר של טירת צבי, ואת הרב שמעון ביטון, איש בית שאן. הרב שמעון נולד במגדל העמק והגיע לטירת צבי במסגרת שירותו בנח"ל. הוא השתלב בענפי החקלאות ובשלב מאוחר יותר בהוראה בבית הספר האזורי, ואחרי כעשרים שנים בקיבוץ החליט לעבור לבית שאן הסמוכה ולהקים בה גרעין תורני. הרב שמעון היה איש של תורה מתוקה ועשיית חסד פשוטה ולצערנו הגדול נפטר מהעולם בשנת תש"ף והוא בן 55 שנים בלבד. בשנותיו האחרונות זכיתי לארח אותו לא פעם בנסיעותיי לכיוון ירושלים, נסיעות שלוו בדברי תורה וחוכמה ובשיחות עמוקות ומאירות פנים. חמש שנים קודם לכן, נענה הרב שמעון להזמנתי והצטרף לבית הדין שלנו בטירת צבי.

נפגשנו בחדר העבודה שלי - מרק, הרב שמעון ואנוכי - וניסחנו ׳סידור אוצר בית דין׳ המבוסס על סידורו של ה׳חזון איש׳ משמיטת תשי״ב. כשאבנר, מנהל הענף, בחן את הפירות והמליץ להפיק מהם סילאן, ביקשנו ממנו להציג לנו את פירוט העלויות הנוגעות לטיפול בתמרים ש׳בתוך המחנה׳ - גדיד, מיון, קירור, הפקת סילאן ואריזתו בצנצנות - ובהתאם לכך קבענו שהמחיר לכל צנצנת במשקל ק״ג אחד יהיה 15 ש״ח, מחיר שהיה נמוך מאוד.

הוספנו הנחיות הנוגעות למלאכות המותרות והאסורות וכן נוסח למדבקות שיופיע על הצנצנות מבחוץ, ובו יצוין במפורש שהסילאן הוא מפירות שביעית ויש לנהוג בו דיני קדושת שביעית.

* * *

הייחוס של שם התואר ׳קדוש׳ לפירות השביעית מתפרש באופנים שונים וגורר הנחיות הלכתיות חלוקות. מן הצד האחד עומדת גישתם של בעלי התוספות שלפיה ׳אין מספר לדינים ולאיסורים שיש בפירות שביעית שצריך לנהוג בהן קדושת שביעית׳. ואכן, דינים רבים נובעים מהגדרת הפירות כקדושים: איסור סחורה, איסור הוצאה מהארץ, איסור הפסד הפירות ועוד.

תפיסה עקרונית זו מזהה את הקדושה עם ריבוי איסורים ומתאימה ל׳קדושות׳ אחרות שאנו מכירים; למשל קדושת המקום בהר הבית, המתבטאת באיסורים והגבלות ביחס לכניסה אליו, או קדושת הזמן המתבטאת באיסורי מלאכה בשבת. אפשר להעמיק עוד ולהתלבט אם הקדושה היא ממשית ובעקבותיה נוצרו האיסורים או שמא להפך: ההתנהגות האיסורית מכוננת את חוויית הקדושה ואולי את הקדושה בעצמה.

כך או כך, הזיקה של הקדושה והאיסורים היא צד אחד של היחס לפירות השביעית. מהצד השני ניתן לזהות את הקדושה כמשהו החורג מן הטבעי והיומיומי (כדברי הרי״ד סולובייצ׳יק שאת אמירת ׳קדוש, קדוש, קדוש׳ תרגם ל׳טרנסצנדנטי, טרנסצנדנטי, טרנסצנדנטי׳), אך דווקא משום כך לראות באכילת הפירות הללו את מימושה של הקדושה.

ואכן בדרך זו צועדים הסבורים שיש מצווה באכילת פירות שביעית. בעקבות הפסוק 'וְהָיְתָה שַׁבַּת הָאָרֶץ לָכֶם לְאָכְלָה' כותב הרמב"ן בהשגותיו לספר המצוות לרמב"ם: "ונכפלה זאת המצוה באמרו [...] "ואכלו אביוני עמך". שלא אמר לאביוני עמך תעזוב אותם כמו שאמר "לעני ולגר תעזוב אותם" בלקט ושכחה אבל לשון אכילה מזכיר בהם הכתוב בכל מקום'. חלק מהאחרונים הבינו שהרמב"ן תומך בעמדה זו - כלומר שישנה מצווה לאכול פירות שביעית.

במובן הזה, המפגש עם הקדושה מכונן יחס אחר לאכילה הזו, השונה מכל אכילה רגילה. הלכה מעניינת בהקשר זה מופיעה בתוספתא למסכת שביעית האוסרת לסוך שמן של שביעית בידיים טמאות. התלמוד הירושלמי מוסיף הגבלות גם על סיכת שמן השביעית בבית המרחץ, וזאת 'מפני ביזיון קודשים'.

הסיבה לדבר על פי 'ערוך השולחן' היא 'שיש בהן קצת קדושה', ונראה שה'קצת קדושה' המדוברת כאן נוגעת באמת לכבוד הפירות וליחס השונה כלפיהם, כפי שעולה במפורש מדבריו של הרב קוק בספרו 'שבת הארץ' - כשהוא כורך את מושגי הכבוד והקדושה:

> מפני כבוד קדושת שביעית אין לסוך גם עכשיו את השמן של שביעית [...] והמקדש עצמו בזה לקיים הלכה זו גם בזמן הזה תבוא עליו ברכה. ונראה לעניות דעתי שהנוטל ידיו לפירות שביעית כולם מפני כבוד קדושת שביעית משום שם קודש שנקרא עליהם, אין זה בכלל 'הנוטל ידיו לפירות הרי הוא מגסי הרוח' [...]

שתי עמדות אלו - זו המזהה את הקדושה עם איסורים רבים וזו המוצאת את הקדושה כביטוי שמכונן כבוד ויחס של זהירות והקפדה - עולות בקנה אחד, והמשותף להן הוא הייחוד וההריגה של הקדוש מהטבע. ביטוי מחודד לדבר ניתן לזהות ב'פחי השביעית' המשמשים את המקפידים על אכילת פירות שביעית ושמירה על קדושתם.

הקדושה גורמת לכך שאסור לגרום הפסד לפירות הללו, ועל כן נמנעים מלהשליכם לפח הרגיל ולמהר את הרקבתם, אלא מניחים אותם בפח מיוחד.

המחזה של פח אשפה שבו נמצאים הפירות הקדושים מעבירה תחושה שבה הקדושה חורגת מהטבע, ואפילו מכוננת איזשהו ניכור כלפיו. הקדושה מתבטאת בהתנהגות לא טבעית, המבדלת את שאריות הפרי, את הקליפה והגרעין, מפסולת אחרת, ונמצאת במובן מסוים מחוץ לעולמנו ובמרחבים שמנותקים מהמציאות הטבעית. כך, ניתן לראות שומרי מצוות המקפידים לאכול פירות שביעית 'עד הגרגיר האחרון' או לזרוק כמה טיפות של שארית מרק בתוך שקית אל פח השביעית, בצורה שלא מאפיינת את אכילתם והתנהגותם הרגילה והיומיומית. הרב יוסף צבי רימון נימק יחס זה לפירות שביעית כדומה ליחסו של אדם שיש לו יהלומים והוא מקפיד עליהם ושומר עליהם מכל משמר לבל ייפסדו.

אל מול תפיסות אלו, ניתן לזהות עמדות אחרות, שלפיהן מה שנדרש מן האדם במפגשו עם פירות השביעית הוא התנהלות טבעית. האיסורים על 'הפסד הפירות' הם למעשה איסורים על שימוש לא רגיל ולא נורמטיבי בפירות, וממילא פירות שדרך העולם לסוחטם, לבשלם וכיוצא בזה - מותר לעשות בהם כן. גם שאריות שרגילים בדרך כלל לזרוק לפח - מותר לזורקן בשביעית, ואף לפח רגיל, שהרי מדובר ב'גרם הפסד' ולא 'הפסד בידיים', דבר שהותר על ידי המהרי"ט. כך עולה מדברים שונים שהובאו בשמו של הרב יוסף שלום אלישיב, שלפיהם שאריות פירות שבכל מקרה עומדות להתקלקל ולא ייאכלו יותר - מותר לזורקן לפח, וכך גם בנוגע לשאריות הפרי הדבוקות לגרעין שלא נאכלות בדרך כלל.

מכאן שהאכילה הקדושה פירושה 'אכילה טבעית', נורמטיבית ורגילה. את מה שרגילים לאכול צריך לאכול; את מה שרגילים לזרוק אפשר לזרוק. כמובן אין כאן היתר להפסיד בידיים פירות שביעית, אבל התנהלות פשוטה של בני אדם בימינו, המריקה

שאריות סלט לפח האשפה, לא נאסרה גם ביחס לפירות הקדושים בקדושת שביעית.

לכשעצמי, אני מוצא טעם בהנחייתו של רבי ישראל משקלוב, מוביל עליית תלמידי הגאון מווילנה לצפת בתחילת המאה ה־19 ומנהיגם לאורך עשרות שנים. בספרו ׳פאת השולחן׳, ספר הלכות מצוות התלויות בארץ (בהתאם לפסיקת רבו, הגר״א), הוא מתייחס לשאריות הפירות ופוסק שלאחר המְתנה של לילה אחד, נפגם התבשיל וניתן לזורקו לאשפה. זוהי עמדת ביניים מסוימת בין החיפוש אחרי ׳פח השביעית׳ לבין הזריקה של השאריות לפח ו׳גרם הפסד׳ לחלקים שלא נאכלים. ההמתנה מנכיחה את הקדושה דווקא בהשהיית הקצב הרגיל של החיים, קצב מהיר שיש בו תועלתנות. סיימת לאכול? זרוק לפח. והִנה באה קדושת פירות השביעית ויוצרת תחנת ביניים. בין סיום השימוש והצריכה שלנו את הפרי, לבין השלכתו לאשפה וסילוקו מעולמנו, אנחנו ממתינים, משאירים אותו על השולחן או על השיש, נותנים לו לעבור את תהליכי הריקבון ואיבוד הצורה באופן טבעי ואיטי, שמים לב לנוכחותו - ורק אז זורקים אותו אל הפח.

בדיקה מסופקת:
ספקות והכרעה בהלכה

שריה דפק על דלת ביתי, שאלתו בפיו ומעטפה בידו. אשתו ילדה לפני כחודש והוא בא להראות לי את הבדיקה האחרונה שעשתה הבוקר לקראת הטבילה שאמורה להתרחש היום בלילה. הוא היה נבוך והתקשה להישיר אליי מבט. עצם הסיטואציה הייתה מביכה, מה גם שהייתי חדש בתפקידי ולא הכרנו היטב, דבר שהוסיף למבוכה ולקושי.

דרך השאלה במקרים כאלו שונה בין זוג לזוג ובין רב לרב. ישנן נשים המשאירות לרב את המראה בתיבה ייעודית, עם מספר טלפון לחזרה. ישנן המעבירות את המראה המסופק דרך אישה מתווכת (מישהי מטעם הקהל: בלנית, אישה אחרת או אשת הרב). לעיתים, נשים יועצות הלכה, המוסמכות לכך, רואות בעצמן את המראה ופוסקות את ההלכה. בעולם הישיבות מקובל יותר שהאיש מגיע עם המראה של אשתו אל הרב ושואל ממנו את דבר ההלכה, וכך נהג גם שריה, שאומנם כבר חלפו למעלה מעשר שנים מאז סיים את לימודיו בישיבה, אך המנטליות הישיבתית דבקה בו.

שריה היה חריג בנוף של בני הקיבוץ, שבדרך כלל גם אם הלכו ללמוד בישיבה או במכינה לפני הצבא, נותרו 'קיבוצניקים' בנשמתם. עבורו, ההליכה לאחת הישיבות מזרם 'החסידות החדשה' בציונות הדתית פתחה פתח לשינוי פנימי ורוחני עמוק. הוא נישא לחוזרת

בתשובה שלמדה גם היא במדרשה חסידית לבנות והם בנו את ביתם על אדנים משולבים של תורה ועבודה, חסידות והקפדה הלכתית.

הסיטואציה הפיזיולוגית אחרי הלידה, יחד עם השינויים ההורמונליים הקשורים גם להנקה, מביאים לכך שלא קל לאישה המנסה להיטהר לקראת טבילה - להצליח בבדיקות לאורך זמן. גם אם היא מצליחה לעשות הפסק טהרה כדין ולהתחיל בבדיקות הכשרות מבחינה הלכתית, לעיתים בימים האחרונים של שבעת הנקיים היא עלולה לראות שוב כתמים.

ניסיתי להיות ענייני ולהקל על מבוכתו. יצאנו ביחד מחוץ לחדר ונעמדנו בצל, לקחתי ממנו את המעטפה והתבוננתי בבדיקה. המראה היה מסופק וגבולי ממש. התקשיתי להתיר, אך גם לא הייתי משוכנע לאסור - וכך במבטי הארוך הוספתי מבוכה על מבוכה וקושי על קושי.

* * *

הלכות נידה מייצרות סבך של אתגרים לזוג שומר המצוות ולצידם גם סבך של אתגרים לרב פוסק ההלכה.

מדובר בהלכות השונות מתחומים הלכתיים אחרים בכמה היבטים.

ראשית, אלו הלכות שכמעט שאין בהן 'מסורת בית אבא ואימא'. להבדיל מהלכות שבת, חגים וצדקה, שאותן סופגים הילדים בבית מההתנהגות היומיומית של ההורים (ובמקרים רבים גם דרך מסורת מבית סבא וסבתא), בתחום הלכות הנידה והטבילה בדרך כלל האישה מצניעה את התנהלותה ובני הזוג מכסים על הקפדתם במטרה לשמור על צניעות ואינטימיות.

ההלכה העוברת מדור לדור הופכת במקרים רבים לחלק מ'תהלוכות הדמים', מזרם הדם, של היהודי (כביטויו של רבי נחמן מברסלב) והיא נותנת לקיום ההלכתי את המנגינה, הריח והמשמעות הביתית העודפת. לאורך השנים גיליתי כי אחד האתגרים של החוזרים בתשובה הוא שללא מסורת, עלול קיום ההלכה להתקשח ולאבד את זרימתו ואת חיותו.

הרב שג״ר כתב על כך בספרו ׳להאיר את הפתחים׳:

> שורשיות לעולם איננה ׳על פי הספר׳, אלא היא נעוצה בזרימת החיים. אורח חיים יהודי הלכתי איננו אלא זרימתם של החיים היהודיים ולא לימוד סעיפים בספרי הלכה. המלאות, שהיא נשמתם של החיים ההלכתיים, נוצרת בזרימה זו, והיא המכוננת את ׳האתוס של השבט׳ המקיים את מנהג אבותיו ובכך משתרש בהם. בלא נשמה זו, הרי שמנהג האבות והאמונה הנישאת בו קמלים והולכים.
>
> ואם נשוב לדבריו של הרב עמיטל, הרי שאין כוונת דבריו שמה שחסר לאנשים רבים בעולמם הדתי הוא הריח של האוכל, אלא ההיעגנות בעולם זה; תחושת השייכות העוברת דרך המנהגים, האוכל, הריחות והמראות הייחודיים לאורח החיים הדתי. כל אלה הם ההופכים את אורח החיים לביתי ואינטימי, לשבתי, לכזה שאי אפשר לעזוב אותו כשם שאי אפשר לעזוב את הבית - היות שהאדם תמיד שייך אליו באשר הוא מצוי. אם כן, מה שחסר היום הנו הטעם והריח שהם הם הפנימיות.
>
> הזמן המודרני ניכֵּר את האדם מפנימיות זו, קרע קֶרע בינו ובין הביתיות, וממילא התנדפה האינטימיות. זמן זה הוא הזמן שבו נולדת האורתודוקסיה שחיה על פי הספר, אך היא חסרה את הנשמה השבתית של הספר הזה.

באחת מסעודות ליל השבת בבית הוריי, עלה דיון בעניין זה על השולחן. איני זוכר כיצד הגענו לנושא, אבל אני טענתי בשבח ההלכה העוברת במסורת שבעל־פה, מאב ואם לבן ובת, גם אם אינה זהה לכתוב ב׳משנה ברורה׳, בעוד אבי וגיסי טענו נגדי שאת ההלכה יש ללמוד מהספרים המוסמכים לכך. סעודת השבת הסתיימה ללא הסכמה וכולנו פנינו לישון.

למחרת בבוקר, התעוררנו והתארגנו להליכה לבית הכנסת. אבא

שלי פנה להכין לו קפה ושאל אם מישהו מאיתנו מצטרף אליו. ׳אה, אתה לא שותה׳, הוא פנה אליי והציע לגיסי לשתות עימו. גם הוא סירב בנימוס ומלמל משהו על כך שישתה קפה אחרי התפילה והקידוש. פניתי אל גיסי ושאלתי אותו אם אביו שותה קפה בשבת בבוקר לפני התפילה. ׳בהחלט׳, הוא ענה בחיוך. ׳ומתי אתה הפסקת לשתות?׳ שאלתי. ׳בישיבה, בשיעור א׳׳.

חייכתי אני כעת. הרי גם אני עברתי את אותו מסלול. נהגתי לשתות קפה בשבת בבוקר גם קודם התפילה (כמו יהודים רבים וטובים), אלא שכשהגעתי לישיבת ההסדר, גיליתי שהדבר לא פשוט. ה׳משנה ברורה׳ כותב כך:

> וטיי״א וקאפ״ע מותר לשתותו קודם תפלה כדי שיוכל לכוין דעתו ולהתפלל ובפרט בהמקומות שרגילין בהם ואין מתיישב הדעת בלתם. וכל זה בלא צוקער ובלא חלב. והעולם נוהגין להקל לשתות עם צוקער [...]
> היוצא מדברינו דבנתינת הצוקע״ר בתוך הטיי״א או לאכול מעט מיני תרגימא בעת השתייה כדי שלא לשתות הטיי״א וקאפ״ע אליבא ריקנא אין שום צד להקל בזה קודם התפלה אם לא מי שיש לו חלישת הלב והוא צריך זה לרפואה.

הסקתי מדבריו שההיתר הוא רק לצורך כוונת הלב בתפילה ויישוב הדעת. זכיתי להכיר כמה אנשים שבאמת אינם יכולים ליישב את דעתם לפני הקפה של הבוקר, אבל ביחס לעצמי, בדקתי את העניין באחת השבתות בישיבה וגיליתי שאני לא תלוי בקפה - ומאז הפסקתי לשתות...

׳כעת׳, אמרתי לאבי בחיוך נוסף, ׳אחרי שהתעקשת שההלכה לא צריכה לעבור דרך הבית אלא דרך הספרים - תיאלץ לשתות את הקפה לבד...׳.

אך עניין זה של היעדר המסורת הוא רק אחד מהאתגרים של פסיקת הלכה בהלכות נידה. פן נוסף הוא החשש ההלכתי מתחום

חמור שעלול להגיע להגדרות ההלכתיות החמורות ביותר, של דאורייתא וכרת, ובצידו תשוקות וצרכים אנושיים וזוגיים של מגע, קרבה ואינטימיות, שלפעמים מחייבים נסיגה אל מול התביעה ההלכתית.

העובדה שבני הזוג תלויים בדרך כלל זה בזה, ואי אפשר שאחד מהם יחליט שהוא מקפיד יותר (כמו בתחומים אחרים) בלי להשפיע על בן זוגו, מוסיפה לאתגר ההלכתי גם אתגר זוגי שלפעמים איננו פשוט כלל - וגם הוא ניצב לא פעם בפני הרב העונה על שאלות בתחומים אלו.

אל קשיים אלו מצטרף הקושי של הזוג שבחשיפה של עולמו הצנוע; ולעיתים, כשמדובר בפסיקת הלכה שקשורה למראות דמים ולבדיקות, הקושי גדול עוד יותר מאשר בדיבור או שאלה גרידא. גם לרב לא קל תמיד להיחשף לעולם האינטימי של הזוג, וברבות השנים הרגשתי שאני לומד מרבותיי בתחום הזה לא רק את הגדרים ההלכתיים והמסורות שבעל־פה, אלא גם את הגישה הנכונה ואת המקום המאוזן שבין מעורבות רגשית לבין שיקול דעת שנשאר 'מבחוץ', בין כבוד לסוד של בני הזוג והימנעות מחיטוט וכניסה לעולם שלהם, ובין שאלות הבהרה, שחשובות מאוד לפעמים כדי להבין את המקרה ולפתוח פתח להתיר - ולעיתים אף חושפות שהשאלה ההלכתית הייתה כיסוי לאתגר אחר, זוגי או נפשי, שזוקק טיפול (ובמקרים רבים לא של הרב אלא של יועץ זוגי, מיני או אחר).

ועוד אתגר אחד, שאיננו אופייני רק להלכות נידה אבל נוכח בהן מאוד, הוא היחס שבין ההלכה והתחושה הריאלית. לא פעם נתקלתי באישה שמבחינה הלכתית אפשר היה להקל בנוגע לכתמים שראתה על בגדים צבעוניים או משיקולים הלכתיים אחרים, אך היא התקשתה לקבל את העובדה שהיא טהורה ושהם מותרים.

ההלכה פתחה פתחים רבים להקל בנוגע לכתמים, כמו למשל העובדה שמראה הקטן מגודל של 'גריס' (קוטר של 19 מ"מ) אינו אוסר את האישה, וזאת בגלל האפשרות - שהייתה ריאלית בימיהם

- שהדם שהתגלה על גוף האישה הוא דם שמקורו בכינה (׳מאכולת׳ בלשון חז״ל) ולכן יש מקום להקל ולתלות את הדם בהימצאותה של כינה.

במשך השנים היה מי מהראשונים שהצביע על חוסר הרלוונטיות של הקולא הזו בימיו, לאור השינויים בהימצאות כינים ופרעושים בין הבגדים. כך מביא רבי אליעזר ממיץ, שחי במאות ה־12–13, בספרו ׳ספר יראים׳: ׳הלכך צריך להזהר בכתמין לפי שִׁקּוּל הדעת שאין דם מאכולת ופרעושים רבה׳. ואף על פי כן, פוסקי ההלכה בימינו מקילים בכתמים ששיעורם קטן משיעור ׳גריס׳, וזאת למרות השינויים המציאותיים הגדולים שחלו מאז ימי חז״ל.

כיוצא בזה, בספרות ההלכתית נכתב שכל מראה אדום או כזה שנוטה לאדמומיות - נאסר. אלא שבמשך השנים דנו הפוסקים בכל מיני צבעים וגוונים ובחנו את מידת היותם ׳נוטים לאדום׳. מכאן נפתח הפתח להקל בכל מיני מראות, אף שמבחינה ריאלית קשה לזהות הבדל בין הפרשה שצבעה חום לכזו שצבעה בורדו.

בספר שיצא לאחרונה מנסה הרב אליעזר מלמד לקרב בין המושגים, ההלכתי והריאלי, ואף להגדיר את אחד ממושגי היסוד בתחום הלכות הנידה, ה׳הרגשה׳, לפי הטבע ולא בעזרת קטגוריות הלכתיות פורמליות:

> מכלל הדיון ועל פי רוב הדעות עולה, שההרגשה שעליה דיברו חכמים אינה תחושה אחת מסוימת אלא שלל תחושות [...] שאצל נשים שונות מתבטאות בדרכים שונות. אולם הכלל הוא, שהאשה יודעת בבירור מתוך תחושותיה שיוצא ממנה דם וסת. ואין להתפלא מכך שקשה להגדיר את תחושת יציאת דם הווסת, שכן כל התחושות הגופניות הכוללות מרכיבים שונים בגוף, כדוגמת רעב, עייפות וכאב, קשות להגדרה. מפני שהן כוללות אֶרֶג שלם של תחושות שונות שמתגבשות בתודעתו של כל אדם באופן ייחודי, ועדיין כל בני האדם יודעים על מה מדובר.

דבריו של הרב מלמד נשמעים משכנעים מצד עצמם, אך השפה ההלכתית מקשה (גם לרב מלמד עצמו) לדבוק בהם בלבד. ההלכה, גם במקומות שנוסדה על אדני הריאליות, לובשת צורה ופושטת צורה, והיא עומדת כשפה הלכתית עם הגדרות שמאפשרות להקל גם אם אינן עולות בקנה אחד תמיד עם התחושות הגופניות הריאליות.

במובן מסוים, נדמה לי שזוהי כוונת הביטוי 'לשאת פנים לתורה' המופיע בסיפור המופלא על התלמיד שלא הקפיד על כל הלכות ההרחקות מנידה ונפטר בחצי ימיו. בסיפור המופיע בכמה מקורות באופנים דומים, מגלה אליהו כי התלמיד נזהר ונשמר מאוד מכל מגע באשתו בעת וסתה, אך בימים שאחר כך, שבהם עדיין היו אסורים, הרשה הלה לעצמו לעבור את גבולות חכמים. אליהו חותם במילים חריפות: 'ברוך המקום שהרגו שלא נשא פנים לתורה'.

הרב קוק מבאר כי התלמיד חשש מהדם שבגופה של אשתו, אך זלזל בהנחיות התורה ולמעשה 'הראה לדעת שההגבלה הטבעית עומדת אצלו נעלה מההגבלה התוריית'. כוונת הביטוי 'שלא נשא פנים לתורה' היא שהתלמיד לא ראה לנגד עיניו את התורה ולא התייחס אליה כזו שמכוונת את דרכו, אלא רק פרש מאשתו בזמן שהטבע הוביל אותו לכך.

הבחירה לשמור על ההלכה (בכלל, ועל אחת כמה וכמה בתחומים מורכבים כמו הלכות נידה) היא בחירה של אימוץ משקפיים של הלכה ושל תורה, של התבוננות על המציאות מבעד לעיני המסורת וה'שולחן ערוך'. זוהי בעיניי נשיאת פנים לתורה, והיא היא המעניקה לחיים את הערך המוסף והקדושה.

מהרב שג"ר למדתי שההפך מהקדושה איננו הטומאה אלא הבנאליות. השבתות והחגים יוצרים את חגיגיות הזמן וגואלים אותו מסתמיותו. הלכות ברכות, כשרות ובשר בחלב מאפשרות לאדם לאכול מתוך הקשר אחר מההקשר הפיזיולוגי. באופן דומה, הלכות נידה ממקמות את היחסים הגופניים והמיניים במרחב שיש בו קדושה. במובן הזה, הקדושה נוכחת גם כשההלכה אוסרת על מגע (אף כשאין דם), אך גם כשהיא מתירה אותו (גם אם יש כתם). לא

האיסור מחולל את הקדושה, אלא עצם קבלת מישור הייחוס ההלכתי כמסילה שעליה נעים החיים הזוגיים והמשפחתיים.

* * *

התלבטתי מאוד כיצד לנהוג. מחד, הבנתי היטב שבני הזוג מחכים ומצפים כבר חודש להיתר ההלכתי למגע ולקרבה. דברי הגמרא (נידה דף לא ע"ב), 'מפני מה אמרה תורה מילה לשמונה שלא יהו כולם שמחים ואביו ואמו עצבים', אומנם לא עומדים במבחן ההלכה בת ימינו, אחרי תוספת שבעת הנקיים לכל דימום - אך יש בהם כדי ללמד על העצבות הנוכחת בליבם של אב ואם שבוודאי שמחים בברית המילה של בנם ובכל זאת הריחוק הפיזי מייצר בליבם חוסר וגעגוע. רציתי להקל, כפי שלמדתי מרבותיי בתחום זה: להשתדל ולהתיר אישה לבעלה, כל עוד הדבר אפשרי במגבלות ההלכה וכפי שמתארת הגמרא את דוד המלך המעיד על עצמו ש'ידיו מלוכלכות בדם בשפיר ובשליה כדי לטהר אישה לבעלה'.

ידעתי שפסיקה מחמירה תביא את הזוג לצורך בהפסק טהרה מחודש ומניית שבעה ימים שיתחילו לפחות ממחר, ומי יודע מה עוד מצפה להם בהמשך, ומה גם שכפי שמציין הרב עובדיה יוסף, לחומרא במקרה מעין זה עלולים להיות מחירים כבדים יותר.

מאידך, המראה באמת היה מסופק וגבולי ולא מלאני ליבי להקל. ידעתי שאף שבימינו לא נוהגים להקל גם בדם שאחרי הלידה (המכונה 'דם טוהר'), הרב עובדיה יוסף הקל כשיש צד נוסף לעשות זאת - ובכל זאת הייתי מסופק.

החלטתי להסתמך על מסורת בעל־פה ששמעתי מאחד ממוריי: להמתין במקרה כזה עוד יום ולעשות בדיקה נוספת, ואם היא תצא כשרה - לאפשר את הטבילה. מסורת זו איננה מופיעה ב'שולחן ערוך' אך יסודותיה איתנים והרגשתי שהיא הפתח הנכון למקרה הזה.

שריה, שהיה בוגר ישיבה ומבין עניין, זקף גבה אל מול פסיקתי. 'אני לא זוכר שלמדתי כך ממדריך החתנים שלי', הוא אמר. 'בהחלט יכול להיות', השבתי, 'אבל זו מסורת שאני קיבלתי והיא מבוססת על היגיון הלכתי והנהגת רבנים'. כמו במקרים אחרים, נפרדתי מהשואל

ובליבי תפילה שלא תארע תקלה על ידי והנחתי שבזאת סיימתי את חלקי בסיוע ובמענה לזוג השואל.

אלא שכעבור זמן קצר התקשר אליי שריה ועדכן אותי בהתפתחות. הוא חש שלא בנוח עם פסק ההלכה שלי והתקשר לרבו מישיבת ההסדר. הרב, שלא הכיר אותי או את מוריי, ביטל את הפסיקה ואמר שאין לה יסוד ב'שולחן ערוך'. השואל היה נבוך מההמשך, אבל ציטט את רבו בשורה התחתונה של השיחה. 'הרב שלי אמר שאם אתה מסופק לגבי המראה, אולי תתייעץ עם רב אחר'.

שמעתי את דבריו וחשבתי שיש בהם היגיון רב. אומנם הייתי שלם עם פסיקתי, אבל הלכה שלא מתיישבת על ליבו של השואל קשה לביצוע - לקולא לא פחות מאשר לחומרה. אחרי הכול, תפסתי את עצמי כמי שמנסה לסייע לזוג, ואם לא הצלחתי בדרך הזו, אשמח לעשות זאת בדרך אחרת.

לקחתי את המעטפה ובה הבדיקה של היום השביעי ונסעתי לשדה אליהו, אל הרב אחיה אמיתי, הרב המקומי השכן לטירת צבי. הרב אחיה היה מבוגר ממני בכ־15 שנים וותיק ממני, ושמחתי לשמוע את דעתו בשאלות שונות - בעיקר בתחומי מצוות התלויות בארץ, אך לא רק בהן.

סיפרתי לו את הסיפור כהווייתו. הרב אחיה הסתכל קצרות בעד הבדיקה ואמר: את הפסק שלך ומסורתו איני מכיר ולא הייתי פוסק כך בעצמי. יתרה מכך, לדעתי, המראה בסדר, כך שהאישה תוכל לטבול הלילה והכול יבוא על מקומו בשלום. אבל אתה לא מחויב אליי, אלא לְמה שנראה לך נכון ומעוגן. ואם אתה שואל אותי - זו לא התנהלות תקינה של הרב מהישיבה. הרבנים מהישיבות, עם כל הכבוד להם, מפריעים לנו לעבוד... רב הקהילה הוא ה'מרא דאתרא' וקשה מאוד להוביל קהילה מבחינה הלכתית ורוחנית, כאשר רבנים שנמצאים רחוקים מההוויה ומחוברים לתלמידיהם בגיל מאוד מסוים ממשיכים להנחות אותם בניגוד לעמדת הרב המקומי.

* * *

הפער בין הר"מ וראש הישיבה לבין הרב המקומי מוכר לי היטב,

מהתנסותי בשני התפקידים החשובים הללו. הישיבה היא מקום ייחודי, המנותק בהווייתו מהעולם. קבוצה הומוגנית של בחורים צעירים, סביב גיל העשרים, שבחרו בהקדשת זמנם ומרצם לבית המדרש, קבוצה החיה יחד ועסוקה - כל יום, כל היום - בלימוד ועבודת ה׳. זו כמובן קבוצת ייחוס שונה מאוד מקהילה הטרוגנית המורכבת מבעלי בתים, אנשי ונשות משפחה, זקנים וילדים, צדיקים ובינוניים. גם תפקידו של הרב שונה מאוד בשני המקומות הללו. בישיבה, משמש הרב בעיקר כמורה - במובן הפשוט של לימוד המקורות ו׳הספרים הגדולים׳, אבל גם כמורה רוחני ומורה דרך לתלמידיו הצעירים. פסיקת ההלכה, הגם שהיא קיימת בישיבה, תופסת אחוז מצומצם מאוד מתפקידו של הרב.

במקרים רבים, הרב - הספון גם הוא בעולמה של תורה כל חייו - מכיר את המציאות דרך המסנן של ׳דלתות בית המדרש׳ ועולמו הרוחני מתגבש בין תלמידיו ובין ארון הספרים. לעומת זאת, בקהילה עסוק הרב (שכמובן גם מלמד שיעורים רבים) בפסיקת הלכה באופן תדיר, כשהשאלות והמפגש עם המציאות הממשית מכוננים מרחב הלכתי ששונה מ׳תנאי המעבדה׳ שבהם נמצא ראש הישיבה.

דוגמה קלאסית לפערים שבין פסיקתו של ראש הישיבה לפסיקתו של רב הקהילה היא ההשוואה מאירת העיניים בין ה׳משנה ברורה׳ ל׳ערוך השולחן׳, שני חיבורים שנכתבו סביב שלהי המאה ה־19.

החיבור הראשון נכתב על ידי רבי ישראל מאיר הכהן מראדין, המוכר כשם חיבורו על שמירת הלשון ׳חפץ חיים׳, שבמשך כ־60 שנים עמד בראשות ישיבת ראדין שאותה הקים. אנשי העיר ביקשו ממנו לקבל על עצמו את עול הרבנות, אך הוא דחה אותם בטענה שאינו בקי דיו בתחומים הלכתיים נחוצים. לנוכח הלחצים, נעתר ה׳חפץ חיים׳ והתמנה לרבה של ראדין והוא בן ארבעים לערך. אלא שזמן קצר אחרי כניסתו לתפקידו פרצה מריבה בין שני סוחרים, וה׳חפץ חיים׳ שניסה לפשר ביניהם החליט שלא להמשיך בתפקידו ולא לכהן עוד כרב מקומי, למרות בקשות חוזרות ונשנות מקהילות חשובות וגדולות. יש מספרים שהוא התנה עם אנשי העיר שיקבלו

את פסיקתו, וכאשר הסוחרים לא נענו לה, פרש מתפקידו. יש מספרים שכישלון השכנת השלום טפח על פניו ולכן בחר להפסיק לכהן ברבנות. כך או כך, ה'חפץ חיים' בחר שלא להמשיך בתפקידי רבנות והתמסר במשך שנים רבות לכתיבת חיבורו ההלכתי.

החיבור השני נכתב על ידי רבי יחיאל מיכל עפשטיין, שהיה מבוגר מה'חפץ חיים' בכעשור. הרב עפשטיין כיהן כדיין כבר בגיל צעיר ובהיותו בן 27 התמנה לראשונה לתפקיד רב קהילה. כעבור 18 שנים עבר לעיר נובהרדוק, המרוחקת פחות מ־100 ק"מ מראדין, ושם שימש כרב המקומי וכאב בית הדין עד פטירתו, כעבור כ־35 שנים.

הפער בין שני גדולים אלו מובהק, ולא פעם אפשר להעריך שהוא זה שניצב ברקע מחלוקותיהם בגישה ובפסיקת הלכה.

למשל, שניהם מתייחסים לדין ה'חדש' בחו"ל. מדובר בהלכה המורה שאין לאכול מהתבואה החדשה בכל שנה עד להקרבת מנחת העומר, ובימינו כשבית המקדש חרב - עד לי"ז בניסן. דין זה, המכונה 'איסור חדש', כמעט שאיננו רלוונטי בארץ בגלל עונות הזריעה והקציר, אך ההלכה מחייבת לנהוג בו גם בחו"ל - ושם נוצר אתגר הלכתי של ממש ביחס אליו (התנאים נחלקו אם איסור חדש בחו"ל מקורו מדברי תורה או רק מדברי חכמים, אך איסור יש. בהערת אגב אציין כי זהו מקורה האותנטי של הפרפרזה 'חדש אסור מן התורה' המפורסמת כטיעון עקרוני בפיו של ה'חתם סופר' וממשיכיו כנגד כל חידוש בהלכה).

ה'שולחן ערוך' פוסק כך למעשה בשני מקומות, בעיסוקו בהלכות חדש ובהלכות ספירת העומר, אלא שהרמ"א כדרכו מוסיף את מסורת הפסיקה האשכנזית שהתמודדה עם המציאות שרווחה בצפון אירופה ובהתאם לזמן ירידת הגשמים (שנמשך מעבר לפסח). המציאות הייתה שזרעו וקצרו עוד טרם הפסח והיצמדות להלכת ה'חדש' הייתה מחמירה ביותר. הרמ"א מציג שני פתחים להקל. הראשון נוגע לתבואה או מיני מאכל ומשקה שאין זה ודאי כי הם מן התבואה החדשה ויש לגביהם ספק כפול ('ספק ספיקא'): אם הם

משנה זו או מהשנה שעברה; וגם אם משנה זו - אם השרישו קודם העומר ובהגיע הפסח יש לדונם כתבואת השנה שעברה שהותרה.

הפתח השני של הרמ"א שייך לעיקרון הלכתי חשוב:

> וכן בזמן שימות החורף נמשכים לאחר הפסח, ובכל הגליל ההוא זורעים לאחר הפסח דברים הנזכרים, יש להחמיר ולחוש מן הסתם, אבל אין להורות לאחרים במקום שרוב שתייתן ואכילתן ממינים אלו, כי מוטב שיהיו שוגגין ואל יהיו מזידין.

הרמ"א מבין שההקלה שמבוססת על הספק איננה רלוונטית במקומות או זמנים שבהם הזריעה נעשית אחרי הפסח. ממילא, ההנחיה הנכונה־הלכתית היא 'להחמיר ולחוש מן הסתם'. אלא שאם רוב השתייה והאכילה היא מתבואה כזו, מעדיף הרמ"א - בעקבות פסקו של הרא"ש - לא להורות כך לאחרים 'כי מוטב שיהיו שוגגין ואל יהיו מזידין'.

זהו כלל הלכתי נועז (שמקורו בגמרא במסכת שבת) המנחה את הרב או יודע ההלכה לנצור בליבו את המידע ההלכתי המחמיר ולא לשתף את הציבור באיסורים שמתבצעים על ידו - מתוך הנחה שמסתבר שהציבור לא יוכל לעמוד בהקפדה ההלכתית, ובמקום לעבור את העבירות בשוגג ובחוסר ידיעה, יעבור עליהן במזיד.

הרמ"א מבין היטב שבמקומות שבהם התבואה כולה היא תבואה 'חדשה', ככל הנראה ימשיכו היהודים לצרוך אוכל ומשקה למרות האיסור ולא יצליחו להמתין חודשים רבים עד הפסח הבא, ועל כן משאיר את הפסיקה לאסור כהכרעה עקרונית אך מנחה לא להורות כך לאחרים.

כיצד יפסקו שני גדולי האחרונים בשאלה זו?

'ערוך השולחן' מאריך בפרישת המקורות והפלפול בהם ולא מסתיר את המציאות שעמדה לנגד עיני הפוסקים האשכנזים. הוא מסתמך על הכרעתו של רבי יצחק מווינה, ה'אור זרוע', שלפיה

החדש בחו"ל אסור רק מדרבנן ויש להקל בספק ובשעת הדחק. אצטט מעט מדברי 'ערוך השולחן', מבלי להיכנס לדיון ההלכתי אלא מתוך תשומת לב למערכת השיקולים והיחס שלו למציאות, לצורך ולנוהג הקיים:

> [...] הואיל והמשניות והתנאים חלוקים בדבר [...] ואיכא [=ויש] שעת הדחק, אית לן [=יש לנו] לסמוך על סתם משנה והתנאים והאמוראים דסברי חדש בחוץ לארץ דרבנן ולא חיישינן לספיקא [=ולא חוששים לספק] [...] ואלמלי ראו הגדולים שטרחו למצא היתר לפי גודל הצער מאיסור זה במדינות שלנו, לא היו מאריכים בפלפולים אחרי שהדרך ישר לפנינו מגאון קדמון ה'אור זרוע' [...] ועתה ישמח לבבינו ותגל נפשינו ללמד זכות על כלל ישראל [...]
>
> וכמעט הוא מהנמנעות ליזהר בזה כי הקציר אצלינו בירח אב וצריכין להמתין שמונה חדשים [...] וזה כל אכילתנו ומשתיית שכר כל החורף ורק יחידים הזהירים בזה וקשה עליהם כידוע ולכן קמו גדולי חכמי ישראל למצא היתרים [...]
>
> וכיון דהוי דרבנן הדבר פשוט כמו שכתבו הגדולים שלא גזרו על מדינות הרחוקות מארץ ישראל [...] דאיך יגזורו על המדינות הרחוקות כשלנו שנצטרך להמתין יותר מחצי שנה מזמן הקציר דבר שאין הציבור יכולין לעמוד בו הא קיימא לן [=הרי מקובל בידינו] דאין גוזרין גזירה על הציבור בדבר שאין יכולין לעמוד בו [...] ולכן כל בית ישראל נקיים ולא נכשלו באיסור חס ושלום [...] וכל בית ישראל נקיים.

כתיבתו של 'ערוך השולחן' עולה על גדותיה ומסגירה את המוטיבציה והמניעים שלו. הוא מודע היטב למציאות, למורכבות ולאתגר והוא מפשיל שרוולים (בשמחה ובגילת הנפש) במטרה למצוא היתר, ללמד זכות, לנקות את ישראל. אחרי שהוא פוסק שחכמים לא גזרו על הארצות הרחוקות מארץ ישראל, הוא מוצא טעם להימנעות

הזו - וזהו בדיוק הטעם שמניע אותו, ש'אין גוזרים גזירה על הציבור בדבר שאין יכולים לעמוד בו'.

אל מול פסיקה זו, ה'משנה ברורה' מתגלה בעמדתו השונה שכאמור אולי קשורה להיותו ראש ישיבה ולא רב קהילה. בדבריו הוא פוסק לאיסור, הגם שהוא מכיר את המציאות וכמובן גם את האחרונים שלימדו זכות על ישראל. בהמשך הוא מודע לכך ש'אין בידינו למחות ביד המקילין', אבל הוא מדגיש ש'בעל נפש' (כלומר אדם המהדר במצוות ומחמיר על עצמו) לא יסמוך על ההיתרים הללו ויחמיר לעצמו בכל מה שאפשר (בגלל הדעות האחרות בראשונים שלפיהן איסור 'חדש' הוא איסור תורה גם בחו"ל).

> ומכל מקום רוב העולם אין נזהרין כלל באיסור חדש ויש שלמדו עליהם זכות לפי שהוא דבר קשה להיות זהיר בזה ולכן סומכין מפני הדחק על מקצת הראשונים שסוברין שחדש בחו"ל אינה אלא מדברי סופרים [...]
> והנה אף שאין בידינו למחות ביד המקילין מכל מקום כל בעל נפש לא יסמוך על התירים הללו ויחמיר לעצמו בכל מה שאפשר לו כי להרבה גדולי הראשונים הוא איסור דאורייתא בכל גווני.

* * *

יצאתי מהרב אמיתי שמח על הגיבוי וגם על הפתח להיתר (אליבא דשיטתו). שיתפתי את השואל במסקנתו ההלכתית של הרב אמיתי ואמרתי לו שהם יוכלו לעשות כדבריו ולטבול הלילה, או לחכות למחר כדעתי, לבדוק שוב ולטבול.

בן רופא:
יחסי הורים וילדים

איציק יואלי היה אחד האנשים היקרים ביותר בקיבוץ. הכרתי אותו כשכבר היה חולה בסרטן, במקביל למחלתה של אשתו, רחל.

סיפור החיים של משפחת יואלי היה ייחודי ומוכר בקיבוץ ובעמק. יצחק (שבפי הכול נקרא איציק) התחתן עם רחל כשהייתה אלמנה צעירה אחרי מלחמת יום הכיפורים, עם שני ילדים קטנים. לזוג יואלי נולדו עוד ארבעה ילדים משותפים, וכולם ביחד, גם ילדיה של רחל מנישואיה הראשונים, גדלו באהבה בביתם של איציק ורחל.

השנים חלפו. הילדים גדלו ויצאו מהבית ואיציק הפך לדמות מרכזית בקיבוץ ושימש בתפקידים ציבוריים - ונראה היה ששלוות העמק עטפה את משפחת יואלי. השנים חלפו, ובהגיעם לעשור השביעי לחייהם חלתה רחל בסרטן ואיציק טיפל בה במסירות, באהבה ובאמונה עד שנפטרה. ארבעה חודשים אחרי שהתגלה הסרטן בגופה, התגלה גידול בראשו שלו, מעין דבריה המרגשים של המשוררת זלדה 'שלומי קשור בחוט אל שלומך'.

בתקופת מחלתו למדנו יחד מדי שבוע. מעבר לביקור כשלעצמו, הפשוט והחשוב כל כך, הלימוד המשותף מאפשר לחולה להיאחז בתורה, בדיבורים שיש בהם ערך מוסף ורובד של משמעות, להגביה את המבט מהמצוקות היומיומיות ולטעום טעם חיים שבאמת יכול לרפא את הנפש, ומי יודע - אולי גם את הגוף. המפגש עם איציק,

שהיה איש חריף וחד, היה תמיד משמח, והשאלות שלו, שניתבו את הלימוד שלנו, פתחו עבורי פתחים חדשים בלימוד, בפרשנות ובהבנת החיים עצמם.

באחד הימים פנה אליי עידו, בנו של איציק, שהיה סטודנט לרפואה באותה עת, ובפיו שאלה. 'הרב', הוא אמר, 'אבא רוצה שאני אעשה לו את בדיקות הדם'. איציק היה הולך מפעם לפעם למרפאה שבקיבוץ, כדי לעבור בדיקות שונות ומעקבים שנדרשו בגלל המחלה, ועידו רצה לחסוך לו את ההליכה, וגם את הבירוקרטיה המתלווה לבדיקה במרפאה, ולבצע את הבדיקה בבית. כמובן, בקשתו של עידו נשענה על כישוריו ולימודי הרפואה שלו ולא היה לי ספק שאיציק יודע מדוע הוא מבקש מעידו לעשות זאת עבורו.

מבחינה הלכתית, שאלה לא פשוטה עמדה לפניי. הגמרא במסכת סנהדרין (דף פד ע"א) עוסקת באיסור להכות אב ואם ומזהה אותו כאיסור חמור, שהתורה מציינת לגביו 'וּמַכֵּה אָבִיו וְאִמּוֹ מוֹת יוּמָת'. בין השאר, עוסקת סוגיית הגמרא בהקזת דם, פרקטיקה רפואית שנהגה בעת העתיקה, ומלמדת שאכן הקזת דם של בן לאביו מותרת ואין בה משום הכאה אסורה.

אלא שמיד אחרי הפסיקה הזו, מספרת הגמרא כי האמורא הגדול רב לא הניח לבנו להוציא לו קוץ - מחשש שמא הוצאת הקוץ תביא ליציאת דם, והבן יעבור בשגגה על איסור הכאת אביו. גם האמורא המאוחר מר בריה דרבינא לא הניח לבנו לטפל לו בכוויה, מאותה סיבה. אם כך, המקור ההלכתי המפורש מלמד להתיר, ואילו הסיפורים על האמוראים מספרים לנו מנהג אוסר.

במקרים רבים הגמרא משלבת הכרעה הלכתית עם סיפור שבא מיד לאחר מכן ואיננו עולה בקנה אחד עם ההכרעה. פעמים שהסיפורים מוסיפים נופך או דגש ביחס להלכה, ופעמים שהם סותרים אותה לגמרי, ולהבנתי - לא מדובר בטעות אלא בעריכה מכוונת. נדמה שהשילוב של ההלכה והסיפור, החוק והחיים, בא לשקף שהמעשה ההלכתי איננו יכול להיגזר רק מתוך שורת הדין, אלא שתמיד כשהדברים נוחתים אל קרקע המציאות וכשההלכה

הכתובה פוגשת את האדם והציבור המקיימים אותה - הם מתגלים כמורכבים יותר, רוויים יותר וחדים פחות.

אף שעשויים היינו לחשוב שהדברים יפעלו רק לקולא, והסיפורים ילמדו אותנו שדרישות הלכתיות מחמירות סופן להתרכך במפגש עם המציאות, במקרים רבים, כמו בסוגייתנו, מתגלה ההפך. ההלכה מאפשרת לכאורה התנהגויות מסוימות, אך בפועל הסיפורים מתארים התנהגות מחמירה, מהדרת או קיצונית שיוצרת גם היא מרחב ערכי העודף על הדרישה ההלכתית הראשונית.

כדי להביע עמדה ולייעץ לעידו כיצד לנהוג, ניסיתי להבין קצת יותר את הסיטואציה וגם את המורכבות של הגמרא. מחד, ברור שבלקיחת הדם על ידי עידו אין בדל של 'הכאה', ולהפך - זהו מעשה של כיבוד אב, כשבן המתמחה ברפואה מסייע לאביו, והאב סומך על בנו ורוצה להיות מטופל רק על ידו. מאידך, חששם של האמוראים בגמרא לימד אותי שלפעמים, בטעות כמובן, בשגגה גמורה, עלול הבן המטפל להכאיב לאב ולצער אותו, ואולי גם עצם המציאות שבה אב זקוק לעזרתו של בנו, גם היא עצמה, עם כל החסד שבה, עלולה להיות לא קלה לאבא חולה - ואף לפגום במשהו בעמדתו של הבן כלפי האב, עמדת הכבוד והמורא שעליה מצווה התורה.

נזכרתי בשיר 'קץ האב' של נתן אלתרמן, שם מספר אלתרמן על בת הנכנסת לבקר את אביה החולה, המוטל גוסס על מיטתו, והוא עדיין מתייחס אליה ואל העולם בסמכותיות ובדאגה אבהית:

> אֲבָל גַּם בְּשָׁכְבוֹ נְטוּל קוֹל וּמָזוֹר / וּבְקָרְבֵךְ אֵלָיו, צַעַד צַעַד
> / עוֹד נִדְמֶה לוֹ כִּי הוּא הַנִּקְרָא לַעֲזֹר / וְאַתְּ הַמְבַקֶּשֶׁת סַעַד.
> זֶה הֶרְגֵּל הָאָבוֹת הַקַּדְמוֹן וְהַתָּם / זוֹ שְׁבוּעָה שֶׁבֵּינוֹ וּבֵינֵךְ / אַתְּ
> זִכְרִיהָ, הַרְבֵּה יִשָּׁכַח וְיִתַּם / אֲבָל בָּהּ תְּגַדְּלִי אֶת בְּנֵךְ.

אם כך, לא רק סוגיית הגמרא מורכבת, אלא המציאות עצמה היא כזו...

אל מול המקרה המסוים שעמד בפניי, נראה היה לי שאחרי הכול, נכון יהיה עבור איציק שאת בדיקות הדם יבצע עידו. סברתי שהקִרבה ביניהם ודאגתו של עידו לאביו ייטיבו עם איציק במהלך הבדיקות, ושבשיקול הדעת, הצד הזה גובר על החשש ההלכתי מהכאה והוצאת דם ואף מהמחירים האחרים.

דא עקא, כמו בשאלות אחרות, מישור הייחוס ההלכתי הראשוני הוא ה'שולחן ערוך', והפסיקה של רבי יוסף קארו נוטה (בעקבות הרי"ף) לאסור ורואָה את סיפורי הגמרא כחותמת הלכתית שלא מאפשרת לבן לטפל באביו במקרה של חשש הוצאת דם. אלא שהרמ"א על אתר מעיר (בעקבות הרמב"ם, שהיה בעצמו רופא): 'במה דברים אמורים? בשיש שם אחר לעשות. אבל אם אין שם אחר לעשות והוא מצטער, הרי הוא מקיזו וחותך לו כפי מה שירשוהו לעשות'.

זהו אומנם פתח לאיסור הגורף של ה'שולחן ערוך', אבל במבט ראשון הוא איננו יכול להתיר לעידו לבצע את הבדיקה, שהרי במקרה שעמד לפניי בוודאי היה 'אחר' שיכול היה לבצע את הבדיקה, והבקשה של איציק נבעה מהעדפת עידו, אבל לא מחוסר ברירה.

הרב שמואל ריינר, שהיה הרב הראשון של טירת צבי, שיתף אותי פעם בשיחה שהייתה לו עם הרב שלמה זלמן אויערבך, מגדולי הפוסקים במאה ה־20 ודמות מכוננת בגישתו האנושית וההלכתית. הרב אויערבך שאל את הרב שמואל: לשם מה צריך רב? הרב שמואל סיפר לי שהוא הובך קצת מהשאלה וענה בפשטות: כדי לפסוק הלכה. ר' שלמה זלמן חייך והקשה עליו: והרי יש 'שולחן ערוך' וההלכה פסוקה בו, ואם כך - לשם מה צריך רב?

כאן הרצינו פניו של הרב אויערבך והוא אמר: 'רב צריך כדי לפסוק נגד ה"שולחן ערוך"'.

ר' שלמה זלמן היה איש עניו וצנוע ודבריו ברורים היטב למי שמכיר אותו ואת דרכו ההלכתית. רב גדול, פוסק הלכה, לא רואה את האמור ב'שולחן ערוך' כשורה תחתונה אלא כתחנת מוצא לדיון

ההלכתי. הוא מחויב לפסיקת ההלכה ולמסורת היהודית שקיבלה את ה׳שולחן ערוך׳ כספר היסוד שלה (כמובן עם הערות, ׳הגהות׳, הרמ״א), ועדיין - מתפקידו כפוסק הלכה לבחון את התאמת הפסיקה של ה׳שולחן ערוך׳ למציאות הקונקרטית הניצבת מולו, ובמסגרת הכלים הלגיטימיים והמקובלים בהלכה, לפסוק אותה מחדש, גם אם היא נראית כחולקת על ה׳שולחן ערוך׳.

כך פעל ר׳ שלמה זלמן עצמו בשאלה שלפנינו, ובתשובה שמופיעה בספר התשובות שלו הוא מבהיר שכל האיסור לבן להוציא דם לאביו קיים רק כשמדובר ב׳דרך ביזיון׳. לכן במקרה שכזה, שאין בו ביזיון (והוא אף ברצונו של האב ולבקשתו), אין זו חבלה ולא נאסרו הדברים. זו הבנה (המכונה ׳אוקימתא׳ בלשון הגמרא) שלפיה מעמיד הרב אויערבך את דברי הרמב״ם וה׳שולחן ערוך׳ במקומם, מותיר את ההלכה על כנה (אין לבן לבצע טיפול רפואי ולחבול באביו), אך מסייג אותה למקרה שבו מדובר ב׳דרך ביזיון׳. באופן כזה, הוא מתיר להתנהל אחרת במקרים רבים אחרים - ולהתיר טיפול של הבן באביו.

שמחתי שהאינטואיציה שלי, שלפיה במקרה של עידו ואיציק הטיפול של הבן באב איננו חבלה אלא מעשה של חמלה וכבוד, מעוגנת בדברי ר׳ שלמה זלמן ושניתן להתיר על אף פסיקת ה׳שולחן ערוך׳ והרמ״א. נזכרתי גם בסיפור ששמעתי מר׳ דוד פוקס ופורסם בספר ׳לנטוע שמים׳, סיפור הפותח פתח נוסף להתיר במקרה הזה, אף שלכאורה יש ׳אחר׳ שיבדוק את איציק:

> ר׳ יוסף חיים זוננפלד, מגדולי חכמי ירושלים, היה רב בית כנסת בעיר העתיקה. באותו בית כנסת היה שליח ציבור מיוחד מאוד לימים הנוראים. הוא היה מרומם את כל הציבור ומוביל אותו בתפילה מעומק הלב. והִנה, בחודש אלול אחד אירע אסון, ושליח הציבור נפטר במפתיע. לאחר האבל והצער, באו פרנסי הקהילה לרב זוננפלד ושאלו: ׳מה נעשה? הימים הנוראים בפתח, ואין לנו שליח ציבור׳.

ענה להם הרב: 'אני אטפל בזה'. ראשי הקהילה האמינו שתוך זמן קצר הרב יחזור אליהם עם פתרון, אבל כשלא כך קרה, פנו אליו שוב, בדחילו ורחימו, ושאלו שוב: 'מה יהיה?'. והרב זוננפלד בשלו: 'אמרתי לכם שאני אטפל בזה'.

ערב ראש השנה הגיע, ואיש אינו יודע מי יהיה שליח הציבור. תפילת שחרית עוברת, ועם תחילת פסוקי ההכנה לתקיעת השופר ניגש הרב זוננפלד לבנו של שליח הציבור שנפטר, מתכופף אליו ואומר לו בלחש: 'מבקשים שתיגש להיות שליח ציבור'. הבן רועד מפחד: 'מעולם לא עברתי לפני התיבה', הוא לוחש לרב, והרב אינו מוותר: 'אני מכיר אותך, נהגת לשיר עם אביך כשהיה שליח ציבור, ודאי שרת אתו בבית, אתה מכיר את הנוסח, והציבור ואף אני מאוד מבקשים'. הבן לא יכול היה לסרב, ניגש אל העמוד ועמד במשימה בצורה נפלאה. התפילה הייתה נעימה והקהל התעלה והתכוון, שר והתפלל.

לאחר החג, ניגשו מנהיגי הקהילה בדחילו ורחימו לרב, ולאחר ברכת 'יישר כוח', תמהו על מעשיו: 'הרי אבל לא יכול להיות שליח ציבור. מדובר באבלות בתוך ה"שלושים", וכיצד יכול בן האבל על אביו לעבור לפני התיבה?'.

ענה להם הרב זוננפלד: 'מה שציינתם להלכות אבלות, הוא נכון, אלא שבוודאי אתם גם זוכרים את מה שכתוב בשולחן ערוך - אם אין מישהו אחר, מותר' (יורה דעה, שפד, ג).

תמהו השואלים: 'והרי יש הרבה אחרים שיכולים היו להיות שליחי ציבור, ומדוע "אין מישהו אחר"?!'.

'חשבו על האלמנה', ענה להם הרב, 'רגילה הייתה לשבת ולשמוע את בעלה, שליח הציבור מדי שנה בשנה. כיצד היא מרגישה שבועיים אחרי שהוא נפטר? מי יכול להבין את הצער שלה? איך הייתה מרגישה אם מישהו אחר היה נכנס לנעליו ועומד במקומו? היחיד שיכול להקל על צערה הוא בנה. לכן אין מישהו אחר...'.

הסיפור הנפלא על הרב זוננפלד מאפשר להתיר את הטיפול של עידו באביו, לא רק כי 'אין זו חבלה' אלא כי במובנים רבים 'אין שם אחר'. אומנם אורנה, האחות המסורה של טירת צבי, הייתה יכולה לבדוק את איציק בשמחה, אבל משהו בקשר שלו עם בנו הביא אותו לרצות שדווקא עידו יערוך את הבדיקות.

דברים דומים מצאתי לימים בתשובת הרב מרדכי יעקב בריש, רבה של ציריך באמצע המאה ה־20, בספר התשובות שלו 'חלקת יעקב', הכותב: 'לא מכל אדם זוכה להתרפא'. האינטואיציה העמוקה שלו היא שהאמון שיש לאב בבנו גם הוא שיקול, ומה גם שבמקרה כזה האב מוחל על כבודו ומבקש מהבן להוציא את דמו - ואולי יש בזה אפילו מצוות עשה של כיבוד אב ואם.

גם הרב יצחק יעקב וייס, שהיה אב בית הדין של העדה החרדית, מסביר בספר השו"ת שלו שהמושג 'אין שם אחר' הוא מושג גמיש ולא חד־משמעי, ולעיתים הפערים בין בדיקת הבן לבדיקה בבית החולים (זמינות הבן, הטורח שבהליכה ומחיר ההמתנה הארוכה בתור) עלולים לגרום לאב להימנע מטיפול ולהינזק, או לכל הפחות שייגרם לו צער מכך - וממילא זה נחשב כאילו 'אין שם אחר'.

מי שעסק גם הוא בשאלה דומה הוא הרב יחיאל מיכל טוקצינסקי, מחכמי ירושלים במאה ה־20, שהוציא לאור ספר רחב וייחודי בשם 'גשר החיים', שבו הוא עוסק בהלכות הנוגעות למה שהוא מכנה 'תקופת מעבר החיים'. הספר מתחיל מהלכות ביקור חולים ורפואתם ומקיף את כל ההיבטים השייכים לרגעים שלקראת המוות ולתקופה שאחריו - כולל קבורה, אבלות ואזכרה.

הרב טוקצינסקי משלב בדבריו את מנהגי ירושלים לצד מקורות מספרות ההלכה הקלאסית ובונה את ספרו משלושה חלקים כמעין דגם לספרות הלכתית רחבת יריעה. החלק הראשון כולל את ההלכה למעשה; השני - העמקה ובירורים מיוחדים בשאלות ספציפיות; והחלק השלישי עוסק ב'הסתכלות על החיים בתור גשר המגשר את שני עבריו'. בחלק זה פורשׂ הרב טוקצינסקי משנה רחבה לגבי מהות החיים והאדם, שאלות של השגחה ואמונה, ניתוחים של נפש

האדם ושאיפתה לחיים, לזיכרון ואף למוות ועוד. דגם משולש זה של הלכה־עיון־הגות הוא דגם שלם ומשמעותי שאפשר לראות את השפעתו על ספרי הלכה נוספים שאימצו אותו על פי דרכם.

הרב טוקצינסקי מביא בתחילת החלק השני של ספרו תשובה קצרה שכתב בשאלה דומה הנוגעת לטיפול של בן באביו, ודבריו נוטים להקל, אך הוא מסיים בענווה ובכנות וכותב כי מכיוון שהלכה זו לא הייתה ברורה לו, הוא שלח את השאלה לשלושה רבנים שונים בירושלים וביקש את תשובתם. הרבנים הם הרב הרצוג (שהיה אז הרב הראשי), הרב פרנק (רבה של ירושלים) והרב אויערבך, המכונה על ידו 'כוכב הנוגה החדש [...] הנמצא בקרבתנו בישיבתנו הק' עץ חיים והוא מפארי גידוליה'.

הרבנים מצרפים עוד שיקולים להתיר: אם האב מוחל בלב שלם על החבלה, אם שניהם עניים ויש לחוש שמניעת הבן מטיפול באביו תביא לכך שהאב יימנע או ישתהה בטיפול, ועוד פרטים שונים. בסיכומו של דבר, גם הרב טוקצינסקי מורה להקל במקרה הדומה לזה שעמד בפניי.

* * *

תשובות הפוסקים כולן ארוכות ומורכבות ולא מסתכמות בהיגד פשוט 'לא על זה דיבר ה"שולחן ערוך"'. התשובות כוללות משא ומתן מעמיק, מקורות קודמים שמעלים סברות דומות ושיקולים לכאן ולכאן. זוהי דרכה של ההלכה, שבסופו של דבר מאפשרת (ואולי מחייבת) את הפוסק ליצור את המבנה ההלכתי שמאפשר לו בפועל לפסוק אחרת מהאמור ב'שולחן ערוך'.

בהקשר זה אציין חוויה המלווה אותי שנים רבות. השתתפתי בסדנת מחנכים כלשהי שבמהלכה צפינו בקטע קצר מהסרט 'ללכת שבי אחריו'. הסרט עוסק במורה כריזמטי לספרות המטלטל את עולמם של בני פנימייה אריסטוקרטית באנגליה של שנות ה־50. הסצנה שצפינו בה מתרחשת בתחילת דרכו של המורה המחליף בכיתה. המורה משכנע את תלמידיו שהעמוד שהם קוראים בפרק המבוא לספר, העוסק בשאלה 'כיצד להבין שירה' ומנסח כללים

כמו־מתמטיים לאמוד את גדולתו של כל שיר, הוא עמוד שבטעות יסודו. לדבריו (שמשכנעים מאוד גם אותי), אין זו הדרך להגדיר שירה או להתייחס אליה, ועל כן הוא קורא לתלמידיו לתלוש את העמוד מהספר. התלמידים המופתעים משתפים פעולה, בעוד המורה המרוצה עובר ביניהם עם פח ניירות ואוסף את הדפים שנחתכו. בדיון שנערך אחרי הצפייה הקצרה הביעו רבים מהמחנכים התפעלות מהמורה, מהיכולת שלו לחנך את תלמידיו לחשוב באופן עצמאי וביקורתי ומהאומץ להשיל דפים ישנים מספר הלימוד.

אני הבעתי את התנגדותי העמוקה לסצנה הזו וטענתי כי לכל הפחות היא איננה ׳יהודית׳. ׳אצלנו׳, אמרתי, ׳לא תולשים דפים של ה״שולחן ערוך״׳. ה׳שולחן ערוך׳ הוא ספר היסוד המחייב את כולנו. אמת, ישנם פוסקים שסוברים אחרת מה׳שולחן ערוך׳, וכל הפותח ספר מודפס של ה׳שולחן ערוך׳ יודע כי הטקסט של רבי יוסף קארו (ושל רבי משה איסרליש, הרמ״א, המעורב בו ומביא את המסורת האשכנזית) הוא רק הציר המרכזי שסביבו חונים כל ׳נושאי הכלים׳: הש״ך והט״ז, ה׳מגן אברהם׳ והסמ״ע, ה׳באר היטב׳ וה׳פתחי תשובה׳, רבי עקיבא איגר והגר״א, וגם אלו שלא נכנסו אל הדף אך העירו את הערותיהם ויצרו את האוקימתות שלהם בספרי הפסיקה והשו״ת השונים. ועדיין, הם מבססים את עצמם כחוליה בשרשרת המבוססת על אלו שקדמו לה ומחדשים מתוך המשכיות של הקנון ההלכתי ומתוך כבוד למסורת ונאמנות לשפה.

׳לכן׳, אמרתי, ׳אנחנו לא תולשים דפים. אנחנו מעירים עליהם, כותבים בשוליהם, מעמידים אותם בסיטואציה מסוימת ולעיתים מצמצמים בפועל את תחולתם - אך לא מתחילים מחדש׳.

* * *

חזרתי בשמחה אל עידו ושיתפתי אותו בכיוון ההלכתי המאפשר לו לקחת את בדיקות הדם לאביו. ידעתי שאיציק ישמח לא רק מההיתר ומכך שעידו יהיה זה שיטפל בו מכאן ואילך, אלא גם מכך שההיתר מגובה בתשובות של גדולי הפוסקים, ולא פחות מכך,

מהלימוד המעמיק שזכינו לו במפגשנו השבועי, כמה ימים אחר כך, עת פרשׂתי בפניו את התשובות ואת הדיון ההלכתי הענף בשאלה הזו עצמה.

כמה חודשים אחרי השאלה הזו והתשובה שבעקבותיה, מצבו של איציק הוחמר והוא נפטר בביתו בגיל 63.

המראה של ילדיו של איציק, ועידו בתוכם, סועדים את אביהם בתקופתו האחרונה היה מראה מעורר כבוד והשראה, ושמחתי שאיציק זכה למילוי רצונו, לטיפולו של עידו ולגיבוי ההלכתי שהיה כל כך חשוב עבורו, על סף מותו.

לימים שוחחתי עם עידו על השאלה והתשובה ולמדתי משהו נוסף שלא זיהיתי ב'זמן אמת'. עידו סיפר לי כי למיטב זיכרונו הוא לא קיבל את פסיקתי ולא לקח דם לאביו. הסיבה לכך הייתה המחשבה שלו כי אביו מבקש שהוא יעשה זאת מתוך רצונו להתגאות בבנו שלומד רפואה. עידו העריך שאביו רצה להיכנס בשערי המרפאה עם מבחנות הדם ולומר 'בני הסטודנט לרפואה בדק אותי' ולזכות למבטי הערכה של הנוכחים במקום. מכיוון שכך, ואף שתשובתי השאירה אפשרות הלכתית עבורו לבדוק את אביו, הוא חשב שלא נכון יהיה לעשות זאת.

ממרחק השנים, ולאחר שגם הוא בעצמו כבר נהיה אבא ותיק יותר, כתב לי עידו כי ייתכן שהיה נוהג אחרת. כך כתב לי:

> לאור הדברים שכתבת ובמיוחד בעקבות הסיפור על הרב זוננפלד שפסק ש'כשאין שם אחר - מותר', אני חושב שדווקא הייתי צריך לקחת דם לאבא, אפילו אם אכן כל כוונתו בכך שאקח לו את הבדיקות נבעה מהרצון להתגאות בי. במובן מסוים, 'היא הנותנת' ובשביל אבא 'אין שם אחר'. בכך שדווקא אני הייתי לוקח את הבדיקות הייתי גורם לו נחת ומשפר את מצב רוחו שהינו גורם חשוב בהתמודדות עם המחלה, ובמחשבה שנייה אולי אין פה בכלל קולא הלכתית אלא דווקא החמרה בכיבוד אב.

למדתי הרבה מדבריו של עידו. הן בנוגע לעצם המחשבה על המניע של איציק, מחשבה שלא עברה בראשי, הן את הימנעותו בסופו של דבר מפסק ההלכה המקל שלי, הימנעות מפליאה בעיניי של אדם שאוהב את אביו מאוד ונאמן להלכה ולְמה שהוא מזהה כרצון ה׳ במקרה שלפניו, ולא רק מחפש פסק מקל להישען עליו. בעיקר למדתי מתשובתו האחרונה עד כמה רגישות כזו של הרב זוננפלד תופסת את עומק נפשו של האדם ופותחת פתח לפסיקת הלכה מדויקת ומפעימה.

שאלות שאין עליהן תשובה

׳שלום הרב׳, נשמע קול נשי בצד השני של הטלפון. ׳אתה לא מכיר אותי, אני לא מטירת צבי. קיבלתי את מספרך מחברה שלי ואשמח לדעת אם אוכל לבוא ולשאול אותך שאלה, שקשורה להפסקת היריון׳. ׳את מוזמנת בשמחה׳, אמרתי. ׳לא בטוח שתהיה לי תשובה, אבל אשתדל לשמוע ולענות כמיטב יכולתי׳.

בדרך כלל לא נשאלתי שאלות על ידי אנשים שלא הכרתי, ולוּ היכרות שטחית. ההיכרות המוקדמת עם השואל מייצרת את התשתית הבסיסית של הקשר הבין־אישי, ההבנה של המקרה והנסיבות, הרקע והסביבה. ככל שההיכרות מעמיקה יותר - גם האופי הדתי, ׳היסטוריית השאלות׳ והמשמעות של קיום המצוות בעולמו של השואל משפיעים על היכולת לענות.

* * *

חריגה מכך הייתה תקופה של כשנה וחצי שבה עניתי תשובות באתר האינטרנט ׳כיפה׳. האתגר שבמענה הלכתי לאדם שאינך מכיר, ואף לא שואל אותך במפגש פנים אל פנים אלא בשאלה ברשת, הוא אתגר לא פשוט שמאתגר את השיח ההלכתי המסורתי - ובמובנים רבים בונה אותו מחדש. כמה ממאפייני החיפוש ברשת הם ברכה גדולה לעולם כשהם פוגשים את ׳השו״ת האינטרנטי׳: הדמוקרטיות של הידע - כל אדם יכול לשאול ואין זה משנה מהי רמת המחויבות שלו או הגדרתו הדתית; האנונימיות, שמקילה על שאלות הדורשות חשיפה של התמודדויות מביכות או עניינים אינטימיים; היכולת

להעמיק ולחקור, לחפש ולבדוק חוות דעת נוספות על אותה שאלה; ומעל הכול - היכולת לגשר על פערי זמן ומקום ולמצוא רב (מתנדב ומסור) שיענה בכל שעה ומכל מקום בעולם.

מאידך, זוהי ברכה ששוברה בצידה. שינויים בשיח ההלכתי משנים בסופו של דבר את ההלכה עצמה, כמו בתחומים רבים אחרים. אינה דומה הלכה שנאמרת בעל־פה להלכה שנכתבת בספרים, וגם באלו - אינה דומה הלכה שנכתבת בספרי שאלות ותשובות להלכה שנכתבת בספרים קודיפיקטיביים, כלומר כאלו המכנסים אליהם הלכות ממקורות שונים ומנסים לאגדן ולסדרן ולהקיף נושא מכל צדדיו.

כאמור, השוני הוא לא רק בשורה התחתונה שיוצאת מכל סוגה וסוגה. השוני הוא בחוויית ההלכה עצמה, במשמעותה ובאופייה. האם ההלכה נדמית לאדם כמערכת חוקים מסודרת או כתגובה לבעיה או סיטואציה? האם ההלכה היא 'הפינה המחודדת' שפוגשים בספר הלכה או שהיא 'קצה קרחון' של דיון ארוך ומסועף?

גם בתוך ספרי השו"ת עצמם ובתוך ספרי ההלכה המאחדים ישנם שינויי שפה שמשנים את אופי ההלכה בעיני השואל והלומד. אינו דומה ספר שו"ת שנכתב בשפה למדנית, מפולפלת ומסובכת (ונגיש רק לרבנים 'מקצועיים'), דוגמת תשובות 'חתם סופר' או 'יביע אומר' של הרב עובדיה יוסף, לספר שו"ת שמיועד לציבור רחב, כמו למשל 'יחוה דעת' של אותו הרב עובדיה יוסף... הראשון מפגיש את מי שפותח אותו עם הלכה שנדמית מורכבת, סבוכה ועמוסה בדינים ובהתלבטויות כמו־משפטיות, בעוד השני הופך את הקורא לכזה שההלכה בהירה ונגישה עבורו, קוהרנטית במידה רבה והגיונית.

כך גם שונה ספר הלכה המביא בפני הקורא דעות שונות טרם שהוא מכריע, מספר הלכה המביא רק את השורה התחתונה. 'ארבעה טורים' הוא דוגמה מצוינת לסוגה הראשונה. בספר זה רבנו יעקב בן אשר פורשׂ בפני הקורא דעות ומסורות שונות. ואילו 'משנה תורה' של הרמב"ם הוא הדוגמה הקלאסית של הסוגה השנייה, שם מופיעה ההלכה ללא מקורותיה וכמעט ללא דעות שונות. מי שעולמו הוא

עולם 'ארבעה טורים' חווה את ההלכה כמרובת קולות, מרובדת ומורכבת. מי ששפתו ההלכתית היא שפת 'משנה תורה', מכיר הלכה מאורגנת מאוד, מסודרת מאוד - אבל מונוליטית.

מכאן שמענה הלכתי ברשת מכונן הלכה שונה מזה של מענה פנים אל פנים. משהו מהמפגש של השואל והרב הולך לאיבוד, וממילא משהו מה'פנים' של ההלכה נעלם. ההלכה נדמית פחות כמשהו אישי או אנושי ויותר כ'מידע ברשת' שמחפשים אותו במנועי חיפוש, כמו שעות פתיחה של חנות או השוואת מחירים לזוג נעליים. בדרך הזו, ההלכה גם מאבדת משהו מהמסורת המשוקעת בה (כשפותחים ספרים בשפה לא מובנת, שבנויים שכבות שכבות, וכפי שתיארתי את 'נושאי הכלים' בפרק הקודם), והופכת למעודכנת, נגישה ו'בת זמננו' - על היתרונות והמחירים של שינוי כזה.

* * *

באותו ערב הגיעה האישה, שבאמת לא הכרתי (ואינני זוכר את שמה עד היום), ושיתפה אותי בסיפורה. היא הייתה אישה צעירה־יחסית, עם שני ילדים קטנים ובתחילתו של הירָיון שלישי. בדבריה היא תיארה בקווים כלליים את ההתלבטות וענתה בכֵנות ובפתיחות לשאלות ההבנה וההבהרה ששאלתי.

לעיתים, שאלות הנוגעות להפסקת הירָיון מגיעות מתוך אבחנה בדבר מצבו של העובר, מחלה או מום גנטי, אך הפעם לא זו הייתה השאלה. האישה הצעירה שיתפה אותי בכך שההירָיון לא היה מתוכנן ושהיא שרויה בדיכאון ובחששות גדולים לקראת הלידה והשלכותיה. לשאלתי אם היא מטופלת, היא ענתה בשלילה - באופן שלא חשתי בנוח לעסוק בהיבט זה עוד. 'לא רציתי את התינוק הזה ואני מפחדת מאוד מהיום שאחרי הלידה ובעצם מהשנים שאחרי הלידה', אמרה. ניסיתי להתחקות עוד קצת אחר הרקע שלה, לעמוד עד כמה שניתן על מצבה הזוגי והמשפחתי ולשאול עוד שאלות כדי להבין טוב יותר את הסיטואציה.

שאלתי את עצמי, כפי ששאלתי את עצמי לא פעם, מהי התשובה שהיא רוצה לשמוע. זהו כמובן לא שיקול מכריע בפסיקת ההלכה,

אבל זוהי שאלה חשובה גם כן. הרגשתי שאינני יודע ואינני מבין עד הסוף את ההתלבטות, את הקולות הפנימיים שבתוכה, את הרצון שלה - ואת מה שהייתה עושה אם ההלכה הייתה מאפשרת לה לעשות כרצונה.

שאלתי את עצמי עוד: למה היא באה אליי ולא פנתה אל הרב שבמקום מגוריה? לא שאלתי את השאלה הזו בקול, כדי לא להביך אותה, אך מתוך המשך השיחה, הלכה והתחזקה בי התחושה שהיא מחפשת פתח להיתר להפיל את העובר.

פרשׂתי בפניה את העמדות ההלכתיות בנוגע להפסקת היריון. בקצה האחד, עמדתם המחמירה של פוסקים שונים (הבולט מכולם - הרב איסר יהודה אונטרמן, שהיה רבה של תל אביב, דיין בבית הדין הרבני הגדול ורבה הראשי של מדינת ישראל) וכמוהו גם הרב משה פיינשטיין, הרואים כל הפלה בחומרה רבה, ממש כמו רצח. מבטם של פוסקים אלו רואה את העובר כבר בראשית התפתחותו ככזה ש'עתיד להתהוות לנפש' כלשונם, וממילא מותר לחלל שבת להצלתו, וקל וחומר שאסור להפילו-להורגו.

מהצד השני עומדים פוסקים שונים שבוחנים את גודלו ורמת התפתחותו של העובר ולא מזהים כל הפלה בשלבים מוקדמים כ'רצח'. הפוסקים הללו מסתמכים על גמרא במסכת יבמות המכנה את העובר בשלבים הראשונים של ההיריון 'מיא בעלמא' או 'מים סתם' - וממילא רואים בהפלה בשלב זה דבר אסור, אבל לא ברמת חומרה כמו של עובר מפותח יותר, ובוודאי לא כרצח.

השואלת ישבה מולי והקשיבה. היא לא שאלה שאלות, אבל נראה היה לי שהדיון חשוב לה ועל כן פירטתי עוד. במקרים רבים גיליתי שאנשים השואלים שאלה הלכתית מעוניינים ללמוד ולקבל תמונה רחבה ומלאה של הדיון ההלכתי, ולא רק שורה תחתונה. סיפרתי לה שבעולם ההלכתי הדיון על הגדרת האיסור הוא דיון שלעיתים נראה פורמלי או קטנוני, אבל למעשה הוא הרה משמעות. היו מהפוסקים שלא ראו את ההפלה כהרג וניסו לדמות אותה לחבלה (דוגמת שו"ת 'שרידי אש') או להוצאת זרע לבטלה (שו"ת 'חוות יאיר').

הגדרות אלו מזהות את המעשה הזה כמעשה אסור מבלי לזהות את העובר כ'חי' לכל דבר ועניין - ולמעשה מכוננות את האיסור באופן שונה. אם 'חבלה' לפנינו, הרי שאף שאין העובר חי, מדובר כאן בחלק מגופה של האישה, שאסור לפגוע בו. אם 'הוצאת זרע לבטלה' לפנינו, הרי שאף שאין העובר חי, יש כאן השחתה של פוטנציאל הילודה (בדומה לזרע, ולמעלה ממנו, שהרי כאן ישנה ביצית מופרית ומפותחת). שתי ההצעות מתארות את ההיריון באופנים שונים: כיצירה בתוך גופה של האישה (ועל כן הפסקת ההיריון היא חבלה בגוף) או כזרע שאין להשחיתו, עד שיתפתח לילוד חי.

אחרי כל זאת אמרתי לה שיש מהפוסקים שזיהו את איסור ההפלה כאיסור קל יותר (איסור דרבנן, כך בשו"ת 'בית יהודה'); ובפרט בארבעים הימים הראשונים, פוסקים רבים נטו להקל בו במקרים מסוימים (ביניהם שניים מגדולי הפוסקים בתחילת המאה ה־20: שו"ת 'אחיעזר' ושו"ת 'צפנת פענח'). בוודאי אין כאן היתר גורף להפלות קודם מלאות 40 יום להיריון, ועדיין - הפתח קיים בדברי הפוסקים.

השאלה היא כמובן מה עומד מנגד. כשמדובר במצב פיזי המסכן את חיי האם, חייה קודמים לחיי העובר וכבר המשנה התירה להפיל במקרה כזה. מצבים רפואיים שונים מוגדרים על פי מידת הסכנה שלהם (פיקוח נפש, ספק פיקוח נפש, סכנת איבר ועוד) ובהתאם ניתן לשקול היתרים הלכתיים אל מול חומרת האיסור. עולם רפואת הנפש הוא עולם חדש ומאתגר מאוד מבחינה הלכתית, ופעמים רבות נתקלתי במצבים שבהם ההגדרות ההלכתיות בנוגע להתמודדויות נפשיות היו מורכבות וחסרות. לאחרונה יצא לאור ספרם של הרב יונתן רוזנצוויג וד"ר שמואל הריס, 'נפשי בשאלתי', המכנס תשובות והתייחסויות רבות בתחום זה ומנסה לתת בהם סימנים ולייצר מפה מושגית והלכתית לתחום המורכב והחשוב הזה.

למיטב הבנתי הדלה, האישה הצעירה שישבה מולי לא הייתה בדיכאון המכונה 'קליני' ולא הצביעה על סימנים אובדניים או משהו

שנראה היה כ'פיקוח נפש'. היא ביטאה חרדה, חשש, תסכול, קושי נפשי. קשה היה לי להטות את הכף לפסק הלכה מקל ולומר לה שזהו הדבר שנכון לעשותו.

יתרה מכך, לא רק היתרי הפוסקים הטרידו אותי אלא גם השאלה על מחיר ההחלטה שלה. שאלתי את עצמי מה יקרה ביום שאחרי, ואולי בחודש או בשנה (או בשנים) שיבואו אחרי ההפלה, אם תחליט לעשות זאת. האם לא תתחרט? האם לא תחוש רגשות אשמה? האם לא תשלם מחיר בהמשך חייה, בהריונות עתידיים ואולי גם מבחינה זוגית והורית?

כך, ישבתי מולה, פרשׂתי את המשמעויות ההלכתיות והמתנתי בשקט לתגובתה ולהתייחסותה.

'אני מבינה', היא אמרה, 'שהתמונה ההלכתית מורכבת ואני מבינה גם שאני יכולה להפיל מבחינה הלכתית לאור מה שאמרת, בהנחה שמדובר באיסור לא חמור (בשלב הזה) ומתוך הבנה שהמצב הנפשי שלי יחייב זאת. אבל האמת היא שאני לא יודעת מה נכון. אני לא יודעת אם לעשות את זה, גם אם זה מקבל גיבוי הלכתי ומוצדק בעיני פוסקים מסוימים'.

הבנתי כעת שלא הבנתי אותה קודם לכן. היא לא באה כדי לקבל היתר, אלא הייתה באמת במצוקה ובבלבול ולא ידעה מה לעשות.

הייתי נבוך מאוד.

לא ידעתי בעצמי מה נכון לעשות ומה לייעץ לה. שאלתי את עצמי מה הייתי עושה במקומה ולא ידעתי לענות - והעובדה שלא הכרתי אותה ואת סיפור הרקע המשפחתי בכללו הקשתה יותר על יכולתי להבינה כראוי ולדייק במענה.

הבנתי עוד שהאישה הצעירה לא באה רק כדי לשמוע 'מותר' או 'אסור', אלא גם כדי לקבל הכְוונה מה נכון לעשות. הרגשתי שהשאלה היא שאלה שנוגעת לדיני נפשות - כמובן מצד אחד חייו של העובר, אבל גם מן הצד השני, שהיו בו 'חיי נפש', כשמצבה הנפשי של האם ויכולתה לגדל את הילד הזה ניצבים גם הם על כף המאזניים.

מראש הישיבה שלי, שלימד אותי הרבה על הלכה ועל פסיקת הלכה, הרב יאיר דרייפוס, למדתי שההכרעה במקרים כאלו צריכה להיות בידי הזוג. כך כתב לימים:

> כך, כשבאים אלי זוגות להתייעץ על הפסקת הריון, אני מבהיר מראש, שאחרי בירור ההיבטים הרפואיים מחד, ושלל ההיבטים ההלכתיים בהתאם לנתונים הממשיים שהזוג שוטח בפניי, ההכרעה אם להפסיק הריון תוכרע בידי בני הזוג, ובשום אופן לא ע״י רופא שתפקידו לשטוח את ההיבטים הרפואיים ואת עמדתו - מה נראה לו נכון לעשות. גם לא ע״י פוסק הלכה. בהקשר הזה, אני רואה את עצמי כיועץ, כשותף לייסורי ההתחבטות. ולא כמי שנדרש להכריע מה לעשות.

ניסוח תפקידו זה של הרב, כ׳יועץ הלכה׳ ולא כ׳פוסק׳, משנה במידה משמעותית את עמדתו של הרב לנוכח השואלים אותו. מעטים ראויים להיקרא ׳פוסקים׳, אמר לי הרב יאיר פעם. רוב הרבנים מתווכים את הפסיקה אל השואל וממילא צריכים להותיר את ההכרעה בידיהם. ובכל זאת, במקרה הזה, האישה ביקשה לא רק את פרישׂת הדעות אלא גם את עצתי - והרגשתי שאיני יודע מה לומר.

* * *

האם רב יכול לא לענות? האם שמורה בפניו האפשרות להרים ידיים ולהגיד ׳לא יודע מה נכון לעשות במקרה זה׳?

באחת מתשובות הרא״ש מופיע עיקרון חשוב, הנוגע להכרעה בדיונים ממוניים בין שני צדדים אבל אולי יכול ללמד אותנו משהו גם למקרה זה. הרא״ש טוען כי בית הדין איננו יכול להסתלק מהכרעה ועליו להכריע בשאלה המונחת לפניו גם אם אין לו ידיעה ודאית מה נכון לעשות. הדברים מרחיקי לכת ונותנים לגיטימציה גם להכרעה על פי אינטואיציה, ואפילו בצורה שרירותית, ובלבד שלא להשאיר את הדין ׳פתוח׳.

> [...] כיון שבא הדין לפני הדיין והוא אינו יכול לברר הדבר, אינו רשאי למשוך ידו מן הדין ויריבו הבעלי דינין זה עם זה. וכתיב 'אמת ומשפט שלום שפטו בשעריכם', כי על ידי המשפט יש שלום בעולם, ולכך נתנו כח לדיין לשפוט ולעשות מה שירצה אף בלא טעם וראיה, כדי לתת שלום בעולם.
>
> כל זה סברתי והארכתי, להודיע שאין כח ורשות להוציא את הדין חלוק מתחת ידו, שצריך לגמור ולהשלים את הדין כדי להטיל שלום בעולם. ולכך נתנו חכמים רשות לדיין לפסוק לפי ראות עיניו, במקום שאין הדבר יכול להתברר בראיות ובעדויות, פעמים באומד הדעת, ופעמים כמו שיראה הדיין בלא טעם ובלא ראיה ובלא אומד הדעת, ופעמים על דרך פשרה.

תשובת הרא"ש מרתקת ומכוננת. תפקידו של הדיין בעולם דיני הממונות הוא לעשות משפט שתכליתו ליצור שלום בעולם. דיין שאיננו יודע כיצד להכריע - לא יכול להותיר את הדין בלי הכרעה, שהרי המשמעות של משיכת ידיים כזו היא הותרת שני הצדדים במריבה פתוחה, שאחריתה מי ישורנה. על כן, אומר הרא"ש, נתנו חכמים לדיין סמכות, כוח ורשות לדון ולפסוק גם אם אין לו ראיות ברורות. ההלכה מאפשרת לו לפסוק אפילו 'כמו שיראה לו' (!) בהנחה שאין לו ראיות או יכולת לאמוד בדעתו מה נכון ומי צודק.

זוהי תשובה נפלאה הנוגעת לתפקידו של דין התורה בעולם, ואף שהיא לא מתאימה למקרה שבו אדם שואל שאלה בהלכות הנוגעות למרחב שבין האדם לאלוהיו, להלכה, למצווה ולמסורת, עדיין קריאתו של הרא"ש מלווה אותי. האדם בא אל הרב כדי שישכין שלום בנפשו ויורה לו את הדרך הישרה והרצויה. רב שמורה לשואל את ההלכה - מחזיר את חיי השואל לאיזון ואת הנפש לשלוותה ומאפשר לאדם שהוטרד והופרע בשגרת חייו (או בשגרת חייו

הדתיים) לשוב למקומו. במצב הפוך, רב שמסתלק מפסיקה מותיר את השואל בגפו, בספקו ובלי מענה.

מכיוון אחר נזכרתי בתשובה של ר' משה פיינשטיין, שבה הוא מתייחס לדברים שכתב בהקדמה לספר תשובותיו הראשון. ר' משה טען שם שמי שנשאל שאלה הלכתית לא יכול שלא לענות לשואלו והוא מנמק זאת בנימוק יצירתי ומקורי. ר' משה מתייחס לאגדה המופיעה בגמרא במסכת ברכות, המתארת את דוד המלך כשונה משאר המלכים הישנים עד השעה השלישית בבוקר ו'ידיו מלוכלכות בדם שפיר ושליה כדי לטהר אישה לבעלה'. ר' משה טוען 'שאין זה כבוד למלך. אף שהיו חכמים הרבה בירושלים, שהיו גם מוסמכים ובקיאים בכל התורה, וראויין אף לישב בסנהדרין, ולדון דיני נפשות, וגם הסנהדרין עצמן היו שם. דהוא מכיוון שבאה האשה לשאול ממנו, לא היה רשאי לשלחה ממנו לחכם אחר'. אומנם, הוא מוסיף, אין חיוב להיות מורה הוראה ומותר לאדם להימנע מלהכניס ראשו לתפקיד ולאחריות הכרוכה בו, כל זמן שיש אחרים כמותו, אבל אחרי שקיבלת על עצמך להורות הלכה - עליך להורות ואין לך רשות להתחמק מכך.

חשבתי על שני המקורות הללו, ואף שאינם מובהקים בהקשר שלנו הרגשתי את כובד האחריות ואת ציפייתה של האישה שאגיד לה מה לעשות, שאנחה אותה.

לצד זאת, נזכרתי בשני סיפורים על ר' שלמה זלמן אויערבך, שמהם למדתי גם את מקומה וערכה של שתיקתו של רב שלא יודע כיצד להכריע.

הסיפור הראשון הוא סיפור ששמעתי מר' דוד פוקס ומופיע בספרו 'לנטוע שמים', סיפור המתייחס לנכדתו שנולדה עם בעיה רפואית קשה. ר' דוד מתאר שם שהתעוררה השאלה אם נכון לנסות לחתור לניתוח השתלת ריאה בחו"ל. סיכויי ההצלחה של הניתוח לא היו גדולים, ומאידך ללא ניתוח מותה היה קרוב. למותר לציין שהעלויות היו גדולות מאוד, הן עלות הניתוח עצמו, הן עלות

הטיסה, השהייה בחו"ל וכו'. הוא ביקש מההורים לפנות אל ר' שלמה זלמן ולשתף אותו בדילמה.

כשר' שלמה זלמן שמע את שאלתם, הוא פרץ בבכי. הוא הרגיש שאינו יכול לענות. הוא אמר להם: 'את השאלה הזאת צריך לשאול את הסנהדרין הגדולה בירושלים. זה דיני נפשות'. לאחר מכן הוא דיבר איתם, חקר ושאל ולבסוף אמר: 'מה שתחליטו - זה נכון. אם תחליטו ללכת לניתוח, הקב"ה יעזור, ואם תחליטו שאתם לא יכולים - זו תשובה לגיטימית ואי אפשר לדרוש מכם יותר מזה. אתם כהורים תעשו מה שאתם יכולים. אם תעשו כך, תצדקו, ואם תעשו כך, גם אז תהיו צודקים'. הם יצאו ממנו בתחושה מרוממת מאוד ובביטחון גדול - בעצמם ובקב"ה. הם הרגישו שהוא משתתף איתם בחוויה; הוא איתם, לגמרי, במקום שבו הם נמצאים. תשובתו לא הייתה אקדמית או 'למדנית', אלא נאמרה מתוך השתתפות אמיתית בצער.

ר' שלמה זלמן מתגלה כאן קודם כול כאדם מקשיב ואמפתי, רגיש וכן. הוא בוכה מעוצמת השאלה ומודע לחומרתה ולקוצר יכולתו לענות. אחרי כל הדיון הוא מגיע למסקנה שאין בידו הכרעה - ומותיר את הזוג עם הבנה שקיים פתח לשני הצדדים מבחינה הלכתית, ובעיקר, שהקב"ה איתם בכל צעד, וגם הוא, הרב, משתתף איתם בצער ובחוויה.

הסיפור השני הוא סיפור מכונן בתודעתי, סיפור שמסופר על ר' שלמה זלמן אויערבך, מעובד בידיה של הסופרת מירה קדר ומופיע בחתימת ספרה 'רצוא ושוב'. מדובר בפנטזיה שמתארת את מסעו בשמיים של ר' שלמה זלמן (המכונה בפיה של קדר 'הרב שלמה נעמן') אחרי פטירתו, ואת פגישתו עם חכמים שונים המשוחחים איתו, כשבתווך שזורים סיפורים אמיתיים מחייו ואבני דרך בפסיקתו ההלכתית.

> כאשר הגיע הרב שלמה נעמן עד משה רבנו והיה יושב לפניו ולומד תורה מפיהו שאלו פעם אחת משה בני אתה שהרבה פסקי הלכה הוצאת מתחת ידיך - כלום נתקשית פעם אחת

> בהלכה אחת. שתק הרב שלמה נעמן; אמר אפשר זכור אתה מה שהביא רש"י (בפירושו לתורה) בשם רבותינו על הפסוק 'וישמע משה את העם בוכה למשפחותיו'. אמר לו משה זכור אני: ורבותינו אמרו על עסקי משפחות על עריות הנאסרות להם. עמד הרב שלמה נעמן וסיפר לו איך באו אליו לילה אחד זוג בעלי תשובה שביקשו להינשא וכבר עמדה חופתם להיערך בתוך ימים אחדים כשסיפרה לפתע משיחה לפי תומה הכלה לחתן שלפני שנים אחדות בהיותה בחוצלארץ חייתה עם גבר גוי. החתן כהן היה ומפני קדושת כהונה אסור לשאת לאישה מי שחייתה עם פסולי חיתון. כשבאו אלי לראות אולי אוכל למצוא פתרון הלכתי ולא יכולתי למצוא כלום עמדתי לפניהם ובכיתי מרה.

כשקראתי את השורות הללו לראשונה, התרגשתי עד דמעות. עד היום כשאני שב אל הסיפור הזה, אינני יכול להישאר אדיש. יש משהו בקצרנות, בחיסכון במילים, באווירה הנוצרת מהפרטים שמובאים בסיפור, בחדוּת וברוך, ברגישות ובטרגיות שלו.

זהו סיפור מכונן ומרגש המעמיד את הרב ואת ההלכה על ארבע רגליים שלא תמיד נראות אצל מורי ההוראה, הפוסקים, המחנכים והרבנים. עבורי, זהו סיפור על אנושיות, על הלכתיות, על הוראה, על רבנות.

הרגל הראשונה היא ההבנה הפנימית שיש מגמה, שיש כיוון. ר' שלמה זלמן לא בוחן את הדברים בצורה אובייקטיבית, קרה, מנותקת מהנחות מוצא או הנחות תכלית. הוא ניגש לבעיה ההלכתית עם רצון למצוא פתרון לבעיה של הזוג שעומד מולו. ההלכה היא לא חיפוש אחרי 'אמת' שמימית ונכונה אלא מסעו של הפוסק ברצונו להתיר אישה לבעלה.

הרגל השנייה מעמיקה את העמדה הזו. לא רק שהרב ניגש לבעיה ההלכתית עם מגמה, הוא גם מעורב־רגשית בנעשה. אין הוא אוטומט הלכתי, מחשב הפולט את סך הפוסקים הנוטים לצד מסוים. הרב

נוגע בדבר באופן מרגש, ובכייתו בסוף הסיפור מלמדת על מעורבותו הרגשית בבעיית הזוג האנונימי הניצב למולו.

הרגל השלישית היא רגל המחויבות. הנטייה לצד מסוים והמעורבות הרגשית לא מעוורות את עיניו של ר' שלמה זלמן, ואם אין פתרון הלכתי, אזי אין פתרון הלכתי. אומנם המקום של ההלכתיות וההכרעה כמסורת הפסיקה לא מקבל כאן גוון אלים, אבל העובדה שהאופציה הרפורמית איננה ברקע מציבה את הגבולות לדיון של ר' שלמה זלמן, על אף האמור בשתי הנקודות הקודמות. היחסים בין גבולות אלו לרוך האנושי המופגן בתוכם הם מערכת סבוכה והריקוד ביניהם הוא סוד וקסם.

הרגל הרביעית היא האופן שבו מעביר אליהם ר' שלמה זלמן את הכרעתו. בסיפור זה, ר' שלמה זלמן לא אומר להם את הכרעתו. הוא לא פוסק עבורם וגם לא ממליץ מה לעשות מכאן ואילך. יש כאן בכייה המשקפת את הקושי שבו הוא נתון; הקושי הזה מורגש על ידי השואלים אך ההחלטה 'מה לעשות עכשיו' נשארת בידיהם. הממד הטרגי הפוגש את הזוג לא נפתר על ידי הכרעתו של ר' שלמה זלמן. ההימנעות שלו מתשובה מעצימה את תשובתו, לצד העובדה כי היא משאירה את ההכרעה בסופו של דבר בידיהם.

* * *

ובאמת, לא ידעתי מה להגיד. שיקפתי שוב את האפשרות ההלכתית והצגתי היבטים נוספים שיכולים היו לתמוך את ההחלטה לשמור על ההיריון (משפחה רחבה, זוגיות משמעותית ועוד), אך לא ידעתי די כדי לייעץ עצה שנראתה לי נכונה ומדויקת. המלצתי לה להתייעץ עם אנשים נוספים, רבנים ואחרים, שאולי מכירים אותה טוב יותר או שהיא סומכת עליהם שידעו להדריך אותה נכון. הוספתי גם מילים של אמון ואמונה וגם של תקווה ואופטימיות. אומנם לא ידעתי להבטיח - אבל התפללתי ובירכתי שבאמת כך או כך, הכול יהיה לטובה.

אחרי דקות ארוכות האישה יצאה מבעד לדלת. נשארתי שם עוד קצת, במחשבות עמוקות על האישה הצעירה וגם עליי.

חשבתי על האישה הזו, שאינני מכיר. ליוויתי במחשבתי את התמודדותה, את כובד ההחלטה המוטלת על כתפיה. התפללתי שתדע מה נכון וטוב לעשות, ויותר מכך - שתהיה שלמה עם החלטתה, תהיה אשר תהיה, ולא תתחרט עליה לאורך חייה. מר' שלמה קרליבך למדתי שמחנך צריך להתפלל על תלמידיו, ובאופן דומה חשתי לא פעם שהידיעה שלי כרב קהילה את צורכיהם ומצוקותיהם של חבריה מזמינה אותם להיכנס לתוך תפילותיי.

שאלתי את עצמי עוד היכן האיש שלה ומה טיבה של התייעצות כזו כשהיא מתבצעת לבד. במקרים רבים למדתי שכשמגיעה שאלה של אדם נשוי, עמדתו של בן הזוג (או בת הזוג) משמעותית מאוד להכרעה ההלכתית, ולא פעם בדקתי עם שואל שבא אליי 'מה אשתך חושבת?', כדי לגבש עמדה הלכתית שלמה.

אך גם על עצמי חשבתי. שאלתי את עצמי אם הייתי יכול לענות תשובה נכונה יותר, מדויקת יותר, ואולי הייתי צריך לשאול עוד שאלות שלא שאלתי כדי להבין אל נכון את הסיטואציה. בדרך כלל השתדלתי לא לחטט בעולמם של השואלים ולא לתהות על דברים שלא נוגעים ישירות למידע שהייתי זקוק לו כדי לענות תשובה הלכתית. זכורה לי אישה שהתקשרה לשאול לגבי צום בתשעה באב בעודה חולה במחלה דלקתית בקיבה. על מנת לענות נועצתי ברופא בווטסאפ, שהמליץ שהיא תיקח אנטיביוטיקה ובכך תיפתר הבעיה. כשהצעתי לה את התשובה, היא ענתה (בכעס מסוים, במידה רבה של צדק) שהיא לא פנתה אליי כדי לקבל המלצה רפואית, שאנטיביוטיקה גורמת לה לתופעות לוואי חמורות ושהיא רק רצתה לדעת מה לעשות מבחינה הלכתית עם הצום.

ועוד תהיתי ביחס לעצמי: האם למדתי מספיק? האם הייתי צריך לשהות בשאלה עוד? ואולי בכלל הייתי צריך לומר לאישה הזו שאיני מכיר שאין טעם שתבוא לשאול אותי שאלה, שהרי יקשה עליי לענות לה...

* * *

'לא בכל דבר צריך לשאול רב', אמר לי פעם חבר במילואים

כששיתפתי אותו בשאלות שנשאלתי. זה כמובן משפט נכון, ובשלושה מובנים.

ראשית, בתוך עולמה של ההלכה, אדם אמור לעמוד על רגליו ולהיות 'לומד עצמאי' ובעל ידע וביטחון להכריע כיצד לנהוג במקרים פשוטים שניצבים לפניו. יתרה מזו, במקרים רבים מי שמחזיק במסורת או בידע כיצד 'לפתוח ספרים' יכול לייתר את מרבית השאלות שהוא מַפנה אל הרב. ההלכה מלמדת את האדם לתת אמון בעצמו וסומכת עליו שינהג נכונה, אם הכין את עצמו לכך במשך חייו.

שנית, ישנם תחומים שביחס אליהם האדם צריך להחליט בעצמו ואין לרב ערך מוסף בנוגע אליהם. כוונתי היא הן לשאלות החיים האישיות (היכן לגור, באיזה מקצוע לעבוד וכיוצא באלו), הן לשאלות פוליטיות (כמו למי להצביע בבחירות). אם הרב הוא אדם חכם, מנוסה ומאיר פנים, כדאי אולי להתייעץ איתו אך לא כסמכות תורנית או הלכתית, והרב המודע לעצמו יימנע מלענות תשובות (בוודאי לא החלטיות) לשאלות מעין אלו.

ולבסוף, ישנם תחומים שלגביהם צריך להתייעץ עם איש מקצוע, ולרב אין ערך מוסף בנוגע אליהם - ולפעמים אפילו אסור לו להתייחס לשאלות מסוגים שונים. כוונתי לשאלות הנוגעות לתחומים טיפוליים (רפואיים או נפשיים), כשרב שאינו מוסמך לכך יכול לפגוע ולהזיק אם יאמר אמירות שאינן מבוססות החורגות מתחום הסמכתו וידיעותיו.

בציבור (בעיקר החרדי) רווח הביטוי 'דעת תורה', שממנו עולה שהרב הוא הכתובת לכל התייעצות באשר היא, לעיתים ביחס לכל שלוש הנקודות הללו. הדבר קשור לעוצמתו הרוחנית של הרב ולהבנתו לא רק בכל חלקי התורה אלא גם בהוויות העולם הזה, ידיעה שלפעמים מתוארת כבעלת איכויות של השראה נבואית. כך כותב ה'חזון איש' באחת מאיגרותיו על תלמידי החכמים: 'וכשהם מעמיקים בהלכה, הם בשעה זו כמלאכים ורוח ממרום שורה עליהם, ועל פיהם נקבעו הלכות באישות החמורה ובשבת ובשאר ההלכות החמורות'.

במקום אחר הוא מזהה את תורתם של החכמים כמסורה רק להם:

> אמש היו אצלי [...] ואמרו לי שחיפשו בכל ד׳ חלקי שו״ע ולא מצאו איסור על שירות לאומי [...] אמרתי להם שדין זה כתוב מפורש בשו״ע חלק חמישי [...] אולם חלק זה אינו מצוי אצלם, כי נמסר רק לתלמידי חכמים.

מי שהאריך בדבר הוא הרב דסלר, אחד מגדולי בעלי המוסר ומהוגי היהדות החרדית במדינת ישראל בראשית דרכה, שדבריו בעניין הזה הפכו לאבן פינה לרבים מהציבור החרדי:

> גדולי דורותינו אשר עסק חייהם להמשיך, כתלמידים נאמנים, בדרכי מחשבת חז״ל, זוכים לישרות זו במדה עצומה, עד שחוות דעתם - אפילו בדברים שאין להם מקור מפורש, וגם סתם עצות במילי דעלמא ברורה ואמיתית, ׳כאשר ישאל איש בדבר אלוקים׳ כמו שרואים בעינינו תודה לאל גם בדור הזה.

גם בדברי העולם, גדולי ישראל הם כנביאי העבר, וממילא יש לשאול אותם ולשמוע בעצתם בכל תחום ותחום.

לעומת זאת, ב׳אגרת הקודש׳, המופיעה בספר התניא, יוצא אדמו״ר הזקן מחב״ד כנגד המנהג לשאול חכמים בשאלות הנוגעות לעולם הגשמי ומבחין בין הנביאים לחכמים:

> אהובי אחי ורעי, מאהבה מסותרת תוכחת מגולה. לכו נא ונִוָכחה, זכרו ימות עולם בינו שנות דור ודור, ההייתה כזאת מימות עולם, ואיה איפוא מצאתם מנהג זה באחד מכל ספרי חכמי ישראל הראשונים והאחרונים, להיות מנהג ותיקון לשאול בעצה בגשמיות, כדת מה לעשות בעניני העולם הגשמי, אף לגדולי חכמי ישראל הראשונים כתנאים ואמוראים, אשר כל רז לא אנס להו, ונהירין להון שבילין דרקיע, כי אם לנביאים

> ממש, אשר היו לפנים בישראל כשמואל הרואה אשר הלך אליו שאול לדרוש השם, על דבר האתונות שאבדו לאביו, כי באמת כל עניני אדם, לבד מדברי תורה ויראת שמים, אינם מושגים רק בנבואה ולא לחכמים לחם, כמאמר רבותינו ז"ל הכל בידי שמים חוץ מיראת שמים [...] ומה שכתוב בישעיה (ג, ג): 'יועץ וחכם חרשים', וכן מה שאמרו חז"ל 'ונהנין ממנו עצה ותושיה', היינו בדברי תורה הנקראת תושיה.

ומוסיף עליו הרב קוק הרואה חיסרון בהתערבותם של החכמים בתחומים לא להם, לאור חוסר השייכות שלהם ל'ידיעות המעשיות'.

> כשם שהאנשים המעשיים, בעלי הכשרון לדברים מעשיים. ולחכמות המעשיות, אינם מוכשרים להסתכלות בהירה בענינים הרוחניים, והסתכלותם הרוחנית באה לקויה ומעורבת עם משפטים כהים, המתמצים מעולם המעשה, שהם קשורים בו, כמו כן אין האנשים הרוחנים, העומדים ברום עולם, מוכשרים להסתכלות מעשיה שלמה, והידיעות המעשיות שלהם וקשר חפצם בהשלמתן אינם כי אם איזה צל היוצא מתוך הענינים הרוחניים העליונים. אמנם יש כשרון עצום בתכונה הרוחנית העליונה לכלול את הכל, אבל זוהי דוקא במדתה של התגלות הנבואה של אספקלריא המאירה. על כן משה רבינו עצמו בלבד עליו נאמר ויהי בישרון מלך, אבל במעמד הדורות היה מלך לחוד ונביא לחוד.

להבנתי, הדברים לא נוגעים רק לשאלות מעשיות במובנן הפשוט (מדעי הטבע וההנדסה) אלא גם לשאלות הנוגעות לתחומי מדעי החברה (פסיכולוגיה וכלכלה למשל). אומנם ברור שבתחומים אלו מעורבת לא פעם גם עמדה רוחנית, שבה בהחלט ראוי שתהיה לרב אמירה ועמדה משלו, ועם זאת ברור לי שבמקרים מסוימים רב צריך להפנות את השואלים למומחה בתחומו. הדברים נכונים בוודאי

כשמדובר בנושא רפואי או נפשי סבוך, אך גם בשאלות ייעוציות בתחומים שונים (זוגיים, בחירת מקצוע, מיניים) יש טעם להציע לשואלים להיעזר במי שהתמחה בכך.

ובכל זאת, במקרים רבים, האדם פונה אל הרב ב'עיניים פקוחות' ולא 'עיוורות' - לא כדי לקבל 'דעת תורה' או 'הנחיה אלוהית' כיצד לנהוג, אלא משום שהוא רואה ברבו מישהו שיש לו חוכמת חיים ועושר רוחני וערכי (ואולי גם סייעתא דשמיא) ויֵדע להנחות אותו כיצד לנהוג בנבכי החיים. על הרב מוטלת האחריות הכבדה לסייע לשואל, להעניק לו את הערך המוסף שההלכה והמסורת יכולות להעניק, לתת לו תקווה, אמונה ועוד שלבים בגשר שהוא פוסע עליו כדי לחצות את תהומות הקיום. לצד זאת, ואולי דווקא בשל כך, עליו להיזהר מלהיכנס לתחומים לא לו ולדעת להודות, בענווה וביושר, היכן עובר הגבול שממנו ואילך הוא לא רשאי - ואף אסור לו - להיכנס.

* * *

בסופו של דבר נשארתי עם הרבה שאלות פתוחות במקרה הזה... גם מבחינה הלכתית, גם ביחס למקרה שנשאלתי בו וגם ביחס לעצמי, ואפילו איני יודע כיצד נהגה האישה בסופו של דבר.

חטיבה רביעית:

נוכח המוות

מי שמתו מוטל לפניו:
כבוד המתים וכבוד החיים

כשהתחלתי לשמש כרבה של טירת צבי, חסר לי מבחן אחד להשלמת ההסמכה הרשמית של הרבנות הראשית לישראל. הדבר לא עמד לי לרועץ, כי המינוי שלי היה טרם קבלת תקן רשמי של רב יישוב ממשרד הדתות, ועד להגעת תקן כזה השלמתי את המבחן, זכיתי בסמיכה הרשמית וניגשתי למכרז כדת וכדין.

המבחן שחסר לי היה המבחן בהלכות אבלות - מבחן הכולל את הלכות הגוסס, הנפטר, הקריעה, הקבורה וההלוויה וכן הלכות הנוגעות לאבלים בשבעה, בשלושים, בשנה ובימי זיכרון. כשלמדתי הלכה ועשיתי מבחנים, לא דמיינתי את עצמי פוסק הלכה או רב קהילה ולא מיהרתי לשקוע בהלכות הללו, העוסקות במוות וביחס אליו.

כשנכנסתי לתפקיד לא שיערתי עד כמה אלמד במהלכו על הלכות אלו ועל הרגישות הנלווית הנוגעת לקשר עם אנשים על ערש דווי ועם משפחות מיוסרות ולרגעים שאחרי - החל מהשנייה שבה האדם עוצם את עיניו ודרך היום והימים שאחר כך, שבהם האבל מַפנים את המציאות החדשה, מגיב אליה ולומד לחיות איתה. פעמים רבות, בשעות מגוונות ומאתגרות, נקראתי לבית הסיעודי המופלא בטירת צבי, שעובדותיו עושות מלאכת קודש וסועדות בכבוד וברגישות את החולים המגוונים, כדי להשתתף עם משפחה ברגעים אחרונים של יקירהּ, ובעיקר כדי להיות איתה מיד לאחר שהלך מהם לעולם שכולו טוב.

הלכות אבלות כוללות הנחיות שמסייעות לאבל להתארגן במציאות החדשה והקשה שנקלע אליה ומייצרות זמן מעבר ש'מוחזק' על ידי ההלכה ואיננו משליך את האבל אל הכאוס והרִיק שבפטירת קרובו.

את אחת השאלות המאתגרות והמלמדות בתחום זה שאלני דניאל כחודשיים אחרי שנכנסתי לתפקידי כרב הקיבוץ. אימו של דניאל, שולמית, הייתה אישה מבוגרת שאֵימי השואה נתנו בה את אותותיהם. דניאל היה בנה היחיד, ושמואל, בעלה, שהיה מנהל ענף התמרים המפורסם של טירת צבי מראשיתו, נפטר עשר שנים לפני כן.

כשהכרתי אותה, שולמית כבר הייתה סיעודית ונזקקה להולכה בכיסא גלגלים ולטיפול צמוד, ולא היה קשה לפספס את יחסהּ המרשים של כלתה, שרון, שהביאה אותה לבית הכנסת, טיילה איתה ברחבי הקיבוץ וטיפלה בה בכבוד ומסירות ניכרים לעין. שרון הייתה עולה מארה"ב שהגיעה לקיבוץ בצעירותה והקימה משפחה רחבה עם דניאל. גם הוריה שלה כבר לא היו צעירים, ובדיוק בשבת שבה נסעה לסעוד את אביה בניו יורק, נפטרה שולמית.

שאלתו של דניאל הייתה פשוטה מאוד אבל מורכבת מבחינה הלכתית. הוא שאל אם אפשר להמתין עם קבורת אִמו עד שובה של שרון מחו"ל.

ראשית כול אמרתי לדניאל כמה מילות שותפות בצער, שתקתי מעט וניסיתי 'לכוון את התדר' ולהיות איתו בעת צרתו - כך שפסיקת ההלכה תהיה מכוונת ומדויקת. אחר כך, שיקפתי לו את המורכבות ההלכתית הגדולה שניצבה בפנינו - שהרי התורה אוסרת באופן מפורש להלין את המת 'כִּי קִלְלַת אֱלֹהִים תָּלוּי'. צלם האלוהים של האדם, המשתקף בגופו, אוסר לבזותו בהמתנה לקבורה, ואין להמתין אף לילה בעקבות כך. בירושלים מחמירים יותר ונוהגים לקבור גם בלילה. בשאר הארץ רווח המנהג לא לקבור בלילה ולחכות עד הבוקר לצורך הקבורה, אלא שבמקרה של דניאל ושרון לא דובר על המתנה ליום ראשון אלא על הלנת גופתה של שולמית גם בראשון

בלילה, וקבורתה ביום שני אחר הצהריים, עת תגיע טיסתה של שרון לארץ.

משאֲלתו של דניאל הבנתי שרצונו הברור הוא לחכות לשרון. נראה היה לי שלא רק צורך שלו - כאבל הזקוק לקרבת רעייתו האהובה - מונח כאן על הכף, ולא רק רצונה הטבעי של שרון (שאף שאינה חייבת בקבורת חמותה, ברור היה לי שתעשה כל שביכולה כדי להגיע להלוויה ותראה בכך עניין ומשאת נפש), אלא גם רצונה וכבודה של שולמית, ששרון הייתה לה כבת.

באותו מוצאי שבת הוזמנתי לומר כמה מילים במפגש של בני הנוער בקיבוץ. ידעתי שזמני קצר, אך אמרתי לדניאל שארצה לעיין בשאלה ואחזור אליו עם תשובה.

כרב פוסק אתה נתון במתח בין הרצון לפסוק במהירות לבין הנטייה להתלבט ולהתיישב בדבר, לעיין ולפסוק בנחת. מן הצד האחד, עומדת התביעה להכריע ולהתיר את ספקותיו של השואל, וברור שעליך לשלוט היטב בחומר ההלכתי כדי לפסוק בזריזות. המהר"ל מפראג אף רואה בפסיקה המהירה עדות לכך שהתורה משלימה את החכם:

> לכך אמר הכתוב 'שמחה לאיש במענה פיו', רצה לומר כי שלימותו היינו שתכף מיד שישאל אותו האדם בדברי תורה, תכף משיב לו, ואצל זה התורה נחשב נמצא בפועל השלימות, ואז התורה שמחה לו, רצה לומר שהתורה היא שלימותו, שכל שמחה מצד השלימות. ולא כשמגמגם בדברי תורה, כי אצל זה אין התורה בפועל, רק בכח, שצריך התלמיד חכם לחפש בספרים, הלא על ידי זה אינו נחשב שלם בפועל.

מן הצד השני, ישנה תביעה לא להיחפז, אלא להתלבט, להתייעץ, לבדוק את הסוגיה לעומקה ולהשיב תשובה נכוחה.

פעמים שרב (ולמעשה כל אדם) עלול לחשוש לאופן שבו יצטייר בעיני השואל אם יגיד 'איני יודע'. מאידך, כבר למדנו במסכת אבות

כי החכם מתאפיין בכך ש׳על מה שלא שמע אומר לא שמעתי׳. זו לא רק הנחיה בתחום המוסר והמידות הטובות, אלא עצה מדויקת כדי לא להיות גולם (או טיפש במושגי ימינו, הפך החכם). אם אינך יודע, אמור זאת, על מנת שלא תתבזה בהמשך.

כשביקשתי מדניאל מעט זמן כדי לעיין בשאלה, חשבתי שעיון מעמיק בספרי הלכה יספיק לי כדי להכריע ולהביא מנוחה לדניאל שמתו מוטל לפניו. ב׳שולחן ערוך׳ נכתב במפורש ש׳אסור להלין המת אלא אם כן הלינו לכבודו [...] או כדי שיבואו קרובים [...]׳. מיהם הקרובים שמחכים להם? האם רק שבעת הקרובים החייבים באבלות? האם הלכה זו תקפה גם כשמדובר בהלנת המת לשני לילות?

ניגשתי אל ארון הספרים ונבוכותי כשמצאתי את עצמי בין שני הרים.

מן הצד האחד, הרב יצחק יוסף, הראשון לציון ובנו של הרב עובדיה יוסף, פוסק בהלכות אבלות ב׳ילקוט יוסף׳ כי ׳אם מלינו לכבודו [...] או כדי שיבואו קרוביו מחוץ לעיר [...] מותר. אבל אם יכולים בני המשפחה להגיע בעוד לילה להלויה, יש לעשות השתדלות גדולה בכל עוז שלא להלין את המת׳. הרב יוסף שומר על לשון ה׳שולחן ערוך׳ ומוסיף הנחיה ׳לעשות השתדלות גדולה בכל עוז׳ לא להלין את המת. אומנם הוא איננו מתייחס במפורש למקרה שעמד לפניי, אבל תחושתי הייתה שהקול העולה מפסיקתו הוא להימנע מהמְתנה לשרון.

מאידך, הרב טוקצינסקי בספרו ׳גשר החיים׳, חיבור שהפך לספר יסוד הלכתי בעניינים אלו, כותב: ׳אם הלינו לכבודו כגון בשביל שיבואו קרוביו ומקורביו [...] אינו עובר עליו׳. בדבריו מצאתי פתח להרחבת מעגל הקרובים שמחכים להגעתם גם ל׳מקורבים׳. חשבתי שגם אם שרון אינה קרובה מדרגה ראשונה של שולמית, היא בוודאי הייתה מקורבת אליה מאוד ושהמפתח המרכזי להכרעה הוא ׳כבודו של המת׳, ואם בעקבות כבודה של שולמית נלך, נכון יהיה להמתין להגעת כלתה.

התלבטתי. מחד הרגשתי את כובדה של ההלכה ואת תביעתה שלא להלין את המת. חששתי שמדובר בהמתנה שאיננה נוגעת רק לכבוד המת, אלא גם למצב ביניים (המכונה 'מורטיריום', לא כאן ולא שם, לא בין החיים אך לא לגמרי בין המתים) של שולמית, ולא פחות מכך של המשפחה כולה. המתנה בקבורה גוררת אחריה המתנה בתחילת דיני האבלות והימשכות ארוכה של השבעה, מה עוד שהימים שבהם המת לא נקבר (המוגדרים כזמן 'אנינות' מבחינה הלכתית) הם ימים מורכבים מבחינה נפשית והלכתית כאחת. מאידך, הרגשתי את כובד הבקשה של דניאל ששיקף את רצונה של שולמית, עד כמה שניתן להעריכו, ואת ההבדל שיהיה באופי הלוויה אם הכלה תנכח בה.

המבוכה נבעה גם מכך שלא הרגשתי מספיק ביטחון עצמי כדי להכריע בין ספרי ההלכה. רב פוסק נזקק פעמים רבות לאיזושהי אינטואיציה, לְמה שמכנה הרב אשר וייס 'ליבי אומר לי', כנטייה להכריע בתוך סבך הדעות והגישות ההלכתיות. כאשר אני 'מונח' בסוגיה, מרגיש שאני מכיר אותה ואת מה שמכונה ה'ריהטא' שלה - המרוצה שלה, התנועה שלה וההתפתחות של רכיביה - אני חש יותר בנוח לפסוק ולהכריע בשאלות שעומדות לפניי, כל עוד יש לי את הגיבוי לכך מספרות ההלכה. לא זה היה המקרה - והרגשתי שזה הזמן להתייעץ עם מוריי ורבותיי.

במבט לאחור, שש השנים בטירת צבי היו פוריות מאוד עבורי, בין השאר בגלל היכולת להתייעץ עם רבנים גדולים ממני, בתחומים שונים. מצאתי עצמי לא פעם מתקשר, שולח ווטסאפ או מייל, ואפילו ניגש פנים אל פנים אל רבנים גדולים ומבקש את עצתם בשאלות הלכתיות שפגשתי. פורום הרבנים של הקיבוץ הדתי היה גם הוא כר פורה להתייעצות ולשיתוף, בקבוצה של תלמידי חכמים העוסקים בשאלות דומות לשלי, בפתיחות ובחברות, כשחלקם בעלי ניסיון רב וחוכמת חיים גדולה.

התקשרתי אל הרב ורדי, שהיה מורי בישיבת מעלות, ורב הקיבוץ ראש צורים שבו התגוררנו עשר שנים, קודם מעברנו לטירת צבי.

חשבתי שמן הסתם הוא כבר התנסה במשהו מעין זה ויוכל להחכימני הלכה למעשה. הרב ורדי לא ענה באותם רגעים והתלבטתי מה יהיה הטלפון הבא שלי...

החלטתי להתקשר לרב אלישיב קנוהל, רבו של קיבוץ כפר עציון (שלצערנו נפטר כמה שנים אחר כך, בשנת תשע״ח). הרב אלישיב היה איש אהוב ואוהב, מאיר פנים ויודע תורה שרבים שיחרו לפתחו בעיקר בתחומי חופה וקידושין (במסגרת תפקידו כראש מיזם החופות של ארגון רבני צהר) והלכות נידה וטבילה (בעקבות פרסום ספר ההדרכה לחתנים וכלות ׳איש ואשה׳), אך לא רק בתחומים אלה. הרב אלישיב שמע את שאלתי ולא ענה לי. להערכתי, הוא יכול היה לתת לי את התשובה, אבל העדיף להוליך אותי בדרך ארוכה יותר, שבה אקנה ׳חכה ולא רק דגים׳.

׳מה ראית בספרי הפוסקים?׳ שאל אותי. עניתי לו שראיתי מחלוקת ופירטתי את שהעליתי מספריהם של הרב יוסף והרב טוקצינסקי.

׳מה נטייתך במקרה המסוים הזה?׳, שאל אותי. תשובות הלכתיות ניתנות לא בכללים אלא במקרים ספציפיים. הן תלויות בסיטואציה הקונקרטית, בזמן ובמקום, בהקשר החברתי ובאדם השואל. זכורני ששאלתי את ר׳ דוד פוקס פעם: ׳כמה אחוזים מתוך פסיקתך קשורים לשאלה מי עומד לפניך?׳, והוא ענה בחיוך האופייני לו: ׳רק 99 אחוזים׳. ועוד אמר ששמע את ר׳ שלמה זלמן עונה לזוג אחד ׳מצווה׳ ולזוג אחר ׳אסור׳ על אותה שאלה. לכן שאלני הרב אלישיב מה נטייתי במקרה הזה, אחרי שבירר מה ראיתי בספרי הפוסקים.

לאחר מחשבה קצרה עניתי לרב אלישיב שבמקרה הזה נטייתי היא להמתין לשובה של שרון.

׳נו׳, אמר לי הרב אלישיב, ודימיתי לראות את חיוכו הרחב מעבר הטלפון, ׳אם כך, אתה יכול בוודאי לסמוך על הרב טוקצינסקי׳.

הרב ורדי חזר אליי טלפונית מיד אחר כך. שאלתי גם אותו והוא ענה לי שהמסורת שקיבל מהרב אויערבך מטבריה (הרב אברהם דב

אויערבך, בנו של ר׳ שלמה זלמן) היא למעט בדחיית הלוויות. עם זאת, הוא המליץ לי להתקשר לרב אויערבך בעצמי ולשאול אותו.

עמדתי שוב נבוך - אחרי ההתלבטות בין הכרעות הספרים, גם הרבנים שעימם נועצתי נתנו לי הנחיות הלכתיות סותרות...

החלטתי להתקשר לרב אויערבך מטבריה. די בקלות השגתי את מספרו והתקשרתי ישירות לביתו. גם במקרים אחרים נוכחתי לדעת שרבנים גדולים זמינים ונגישים לכל שואל, בטלפון ישיר לביתם, בלי משמשים ובלי לשכות (כך גם הרב יעקב אריאל, הרב דוד סתיו ועוד).

הרב אויערבך לא היה בביתו והשעון דחק בי.

החלטתי לנצל את יתרונות העולם המודרני ולשלוח מייל לרב יעקב רוז׳ה. הרב רוז׳ה הוא רבה של ה׳חברא קדישא׳ של תל אביב וחבר מועצת הרבנות הראשית לישראל והוא נחשב בר־סמכא בשאלות של קביעת מוות, זיהוי חללים, קבורה ואבלות. שמעתי אותו בעבר כמה פעמים, התרשמתי מהידע שלו, כמו גם מהרגישות שלו, ופניתי אליו במייל קצר ועייניי.

כמובן, המייל לא נענה בדקה שבה נשלח וניסיתי שוב את מזלי בטלפון לרב אויערבך. הפעם הרב היה בביתו, ענה לטלפון, הקשיב לשאלתי וענה לי קצרות: ׳לא צריך להילחץ׳. חשבתי שכוונתו היא שלא צריך להילחץ עם ההלוויה ואפשר להמתין, אך כשווידאתי שהבנתי נכון, הסתבר שהוא התכוון בדיוק הפוך. ׳לא צריך להילחץ מכך שהכלה לא תהיה בהלוויה. תקברו את הנפטרת מחר, והכלה תגיע לשבעה ביום שני׳. אכן, הרב ורדי צדק בהבאת המסורת בשם הרב אויערבך ובעמדתו שלא לדחות את ההלוויה.

אלא שבדיוק אז הגיע דוא״ל מהרב רוז׳ה. במילים קצרות כתב הרב רוז׳ה שהוא מנסה לשקול במקרים כאלו את רצונו של הנפטר, ולפי התיאור שלי - ברור לו שרצונה של שולמית היה לחכות לשרון.

הרגשתי שחזרתי אל נקודת המוצא. מספריהם של הרב יוסף והרב טוקצינסקי יצאתי ללא הכרעה ברורה; כך גם מעצותיהם של

הרב קנוהל והרב ורדי; וכך גם מפסיקותיהם של הרב אויערבך והרב רוז׳ה.

הזמן עבר. ידעתי שעליי לחזור אל דניאל המחכה לי באבלו ואימו המתה מוטלת לפניו. ידעתי גם שלא עומד בפניי זמן אינסופי, ועוד ידעתי שעיון במקורות נוספים לא יעזור לי. חשתי שהמחלוקת אינה מקרית ושהצדדים החולקים מודעים היטב לשני המטענים הכבדים המונחים בשני צידי המתרס, אלא שכל אחד מהם רואה את אחד המטענים כבעל משקל כבד יותר (מבחינה הלכתית וערכית גם יחד) וממילא נוטה להכריע כך. היה זה מקרה קלאסי שבו יכול הייתי להכריע כך או כך ולעגן את עצמי במקורות השונים, כפי שמופיע במקרים רבים בפסיקת ההלכה: ׳דעבד כמר עבד ודעבד כמר עבד׳.

בצר לי, פניתי אל ר׳ דוד פוקס. ר׳ דוד אומנם לא שימש כרב קהילה מעולם אבל שנים רבות של ייעוץ ופסיקת הלכה וקרבה גדולה לפוסקים גדולים (בהם הרב שלמה זלמן אויערבך, הרב שלמה פישר ואחרים), יחד עם לב רחב, חשיבה ביקורתית ויַשרות מופלגת, הפכו אותו לכתובת תדירה עבורי בשאלות הלכתיות.

׳שבוע טוב, ר׳ דוד׳, פתחתי ואמרתי. ׳יש לי שאלה הלכתית, שאינני רוצה לדעת את דעתך ההלכתית, אלא את עצתך כיצד לצאת מהפלונטר שנקלעתי אליו בעקבות הדעות השונות ששמעתי׳.

ר׳ דוד האזין לתיאור ההתרחשויות באותו ערב ובסופו של דבר אמר לי: ׳אני לא רואה כאן התלבטות אמיתית׳. התפלאתי, והוא הסביר: ׳לאסור, כל אחד יכול. זה ה"מובן מאליו" ההלכתי. אם מצאת את עמדותיהם של הרב קנוהל והרב רוז׳ה שהתירו, ואם ראית את המקור בדברי הרב טוקצינסקי, הרי שיש לך על מי להישען כדי להקל׳.

דבריו של ר׳ דוד שכנעו אותי שביכולתי להקל ולסמוך על הדעות המתירות את דחיית ההלוויה משום כבוד הנפטרת. עם זאת, חשבתי שאציג בפני דניאל את המצב, את הספק ההלכתי ואת הדעות לכאן ולכאן, ואומר לו שהוא יכול לפעול כרצונו וכהבנתו ושלכל הכרעה יש גיבוי ומקור בפוסקים.

מחשבה זו לא נבעה מהיותי מסופק, אלא כחלק מתפיסת העולם ההלכתית שלי, שלפיה קיום מצוות והכרעות הלכתיות הם פעולות שנמצאות במרחב האינטימי והאישי שבין האדם לבין אלוהיו, ושהרב לא יכול להכריע עבור האדם כיצד לפעול. הוא יכול וצריך לשקף לו את ההלכה ואת רוחה, את שורת הדין ואת המחלוקות, את גבולות הגזרה - לשני הצדדים, להקל ולהחמיר - ואת המקומות שבהם אפשר לפתוח פתח או מותר להדר, וכמובן להציג בפניו את המשמעויות של הכרעותיו, אבל אחרי הכול האדם הוא המכריע בעצמו כיצד לנהוג.

חשבתי, אם כך, לשתף את דניאל במורכבות, בדין התורה ובפתח של חכמים, במחלוקת שראיתי בספרים ובזו ששמעתי מהרבנים שעימם נועצתי, ואחרי הכול לומר לו כדברי ר׳ דוד שיש לו יכולת להקל. הערכתי שקרוב לוודאי שכך ינהג ובכך תבוא הדילמה לסיומה.

רגע לפני שהתקשרתי אל דניאל וקיוויתי לסכם את הדיון לערב עמוס זה, התקשר אליי הרב ורדי. הוא הסתקרן לשמוע מה אמר הרב אויערבך ונדמה לי שגם רצה לשמוע מה שלומי וכיצד אני מתמודד עם האתגר.

שיתפתי אותו בדברי הרב אויערבך כמו גם במייל של הרב רוז׳ה ובהמלצת ר׳ דוד. ׳נו, והתקשרת אל דניאל ואמרת לו שידחה את ההלוויה?׳. שאל הרב ורדי. ׳לא׳, אמרתי, ׳אני מתכנן לשתף אותו ולתת לו להכריע לבד׳. הרב ורדי כמעט נזף בי מהצד השני של הטלפון: ׳למה אתה עושה לו את זה? איש אבל, אמא שלו נפטרה, אשתו בחו״ל. הוא התקשר אליך כדי שתעזור לו. אתה יודע מה אתה חושב - הגם שאני חשבתי אחרת - יש לך גיבוי ועמדה. תעזור לו. קח ממנו את המשא ותגיד לו מה נכון לעשות בשלב כזה, אל תשאיר אותו עם ההתלבטות ואולי עם רגשות האשם על הכרעתו לכאן או לכאן, שמא יפגע בכבוד אִמו, בהלכה או ברצון אשתו׳. הרב ורדי כמובן צדק. אחרי כל הלימוד שהרווחתי באותו מוצ״ש, זה היה השיעור החשוב ביותר עבורי - לשים לב למצבו של האדם

שניצב מולי ולהיענות לצורך שלו ממני, כרב שלו, כמי שיפסוק לו את ההלכה, ינחה אותו מה לעשות וייקח על שכמו את האחריות.

התקשרתי לדניאל, הסברתי לו את התמונה וסיימתי בכך שלדעתי נכון לדחות את ההלוויה ליום שני ולחכות לשרון. הוא הודה לי מאוד ואני יצאתי לשוחח עם נוער טירת צבי.

ההלוויה אכן נערכה ביום שני, שרון הגיעה וכל המספידים ציינו כמובן את הקשר הנפלא והמיוחד בינה ובין שולמית ואת הטיפול המסור שלה בחמותה. ביום רביעי באתי לנחם אבלים בבית המשפחה. ליווי האבל לא מסתיים בהלוויה ואף לא בשבעה. ההלכה מוליכה את האבל צעד צעד בתהליכי העיבוד וההפנמה של האבל ומעצבת את הזמן הקרוב לקבורה, השבעה, ואת האדוות הרחוקות יותר - השלושים, שנת האבל במקרה של אבלות על אב ואם, וימי הזיכרון.

נוכחותו של הרב בניחום האבלים מלווה גם היא במענה לשאלות הלכתיות שצצות תדיר, לעיתים קרובות גם באמירת דברי ניחומים או בהעברת שיעור, אבל בעיקר בעצם הנוכחות, בהקשבה ובשהות לצד האבל ברגעים אלו.

כשישבתי אצל דניאל ושרון, נכח שם גם קרוב משפחה בני־ברקי שהרשה לעצמו להעיר לדניאל על כך שדחה את ההלוויה והלין את אִמו המתה. הוא כמובן לא ידע שמי שיושב לידו (בסנדלים ובלי זקן) הוא רב הקיבוץ, שהורה על הדחייה הזו, וכשדניאל אמר לו 'הנה הרב שלנו פה, הוא יסביר לך למה דחינו את הקבורה', נאלץ הלה לשמוע את כל השיעור ודומני שהשתכנע מהפסיקה גם כן.

ביום השלושים לשולמית העברתי שיעור לזכרה. כרב קהילה התבקשתי לא פעם להעביר שיעורים לזכר אנשים שלא הכרתי, בין אם שיעורי משנה שמקובל להעביר במהלך השבעה ובין אם שיעורים ביום השלושים או יום השנה. השתדלתי תמיד ללמוד קצת על האישיות של הנפטר, כדי לכוון בדבריי אל מי שהיה ולהעלות את זיכרונו ונשמתו באוזני הנוכחים ושומעי השיעור.

למדתי זאת מדבריו המופלאים של רבי יוחנן (המופיעים במדרש

׳שיר השירים רבה׳), כאשר התבקש לספוד לאחיינו של בר קפרא, חייא בר אדא. רבי יוחנן, שהיה גדול אמוראי ארץ ישראל, מעדיף שלא להספיד את הנפטר ושולח את הפונים אליו אל ריש לקיש, חברו ובר־הפלוגתא שלו, מהסיבה הפשוטה שריש לקיש היה תלמידו של הנפטר, הכיר אותו מקרוב ויֵדע לדבר עליו בדיוק וברגישות.

בחרתי להעביר שיעור על הכנסת אורחים ולהתמקד בהכנסת האורחים דווקא של האחרים מאיתנו, תכונה שלמדתי שהייתה מרכזית באישיותה של שולמית. הרגשתי שהדברים נגעו גם ליחסיהן של שולמית ושרון, שאירחו זו את זו, כל אחת בעולמה - וזכתה שרון גם ללוות את שולמית ולהיפרד ממנה כדרך שנפרדים ומלווים אורח שיוצא מן הבית.

להתפלל על החולה שימות

ישנם רגעים שאליהם אי אפשר להתכונן.

כזה היה הרגע באחד מימי החורף של שנת תשע"ד, כשאיצ'ה פוקס שכני - שהיה אז כבר קרוב לגיל שמונים - דפק על דלת חדר העבודה שלי וביקש לשוחח איתי. נעניתי בשמחה ותהיתי מה מביא אותו אליי בשעת אחר הצהריים שכזו.

איצ'ה פתח את פיו אך לא הצליח לדבר. קולו נסדק, והוא שיתף אותי בקושי רב בכך שהתגלה שבנו הבכור חולה בסרטן הלבלב. הוא תיאר ברעד ובמילים קצרות כמה שנים חיכו הוא וסוזי רעייתו עד שהגיע בנם לעולם, כמה שמחו בלידתו וכמה קשה לו כעת כשלהבנתו הרפואית מסתבר מאוד שבנו ייפטר מהעולם בקרוב. איצ'ה אומנם לא היה רופא, אבל היה משכיל אמיתי, חוקר וסקרן, והוא כבר ערך את כל הבירורים הרפואיים ולנוכח המצב הרפואי הספציפי, סוג הגידול ועיתוי זיהויו הגיע למסקנה שהסיכויים שבנו יחלים - קלושים.

ישבתי מולו, צעיר ממנו בארבעים שנה, ונאלמתי דום. לא ידעתי מה לומר במקרה כזה, ובכלל אם יש מה לומר. אם הייתי מרגיש יותר בנוח, אולי הייתי קם ומחבק את איצ'ה, אבל ליבי אמר לי שהוא יחוש לא בנוח עם המחווה הזו, הרווחת יותר בקרב הצעירים ממנו. שפת הגוף שלו שידרה התכנסות והתגוננות וחשתי שלא זה יהיה הדבר הנכון. שתקתי. ניסיתי לברור את מילותיי, וידעתי שפחות מהתוכן שאני אומר, הדבר המרכזי שאני יכול להעניק לו כרגע הוא

אמפתיה, תחושת שותפות כלשהי בכאב, נוכחות שיש בה דאגה וגם איזשהו מבע של טוב ותקווה. מעבר למילות ההזדהות, שאלתי קצת שאלות כדי להבין טוב יותר את המצב ולבחון אולי יש תקווה ואם צריך לעזור במשהו.

הופתעתי כשהוא אמר לי שאני מהראשונים בקהילה שהוא משתף. היינו אומנם שכנים, גם בשורת הבתים בקיבוץ וגם בספסל בית הכנסת, ושוחחנו לא פעם, בעיקר כשעלינו ברגל יחד הביתה מתפילת ערבית. הרגשתי קרבה מסוימת אליו, ובכל זאת לא ציפיתי לאמירה מעין זו. חשבתי אחר כך שאולי לא רק החיבור האישי בינינו הביא אותו לשתף אותי, וגם לא שאלה הלכתית קונקרטית, שאכן הגיעה בהמשך, אלא התפקיד והחליפה (המטאפורית) של הרב.

נזכרתי שבאחד הערבים הגענו שנינו לבית הכנסת ואיצ'ה סימן לי בידו להיכנס כאומר 'היכנס נא'. 'בבקשה', אמרתי לו, 'תיכנס אתה'. הוא חזר והתעקש: 'תיכנס. אתה הרב, תיכנס ראשון'. חייכתי והשבתי לו: 'איצ'ה, אתה אדם מבוגר, בגלל שאני מלמד פה כמה שיעורים אני צריך להיכנס לפניך?'. איצ'ה הרצין ואמר לי בשקט: 'להעביר שיעורים גם אני יכול. אבל אתה הרב. תיכנס ראשון'. קיבלתי את דבריו־תוכחתו, ונכנסתי.

נזכרתי עוד בטרוניה וביקורת שהייתה לו כלפיי בכמה סוגיות הלכתיות. בין השאר היה איצ'ה ה'מתקיע' בראש השנה (המכונה גם 'מקריא'). בבתי כנסת אשכנזיים עומד אדם סמוך לתוקע בשופר ולפני כל תקיעה ותקיעה מציין לתוקע איזה קול עליו להשמיע. במקומות מסוימים המתקיע גם מוודא שהתקיעה מתבצעת כראוי מבחינה הלכתית - באורכה, בקול שנשמע ועוד. בטירת צבי התקיימו שני מניינים בימי ראש השנה, וכרב הייתי משתדל להיות בכל יום באחד מהם, כך שאיצ'ה היה מחליף אותי באחד המניינים.

בכל שנה הייתי מקבץ את התוקעים והמתקיעים לרענון הלכתי קצר לקראת ראש השנה, ובאחת השנים הוספתי חומרה שלא נהגה בעבר, שגרמה לאיצ'ה להתקומם. ציינתי אז שמיד אחרי הברכות שמברך התוקע ('לשמוע קול שופר' ו'שהחיינו') יימנע המתקיע

מלומר את ה'תקיעה' הראשונה, כך שלא יהיה הפסק בין הברכה לתקיעה הראשונה. רק אחריה ימשיך המתקיע ויקריא 'שברים־תרועה' וכן הלאה. אומנם ה'מגן אברהם' מביא להלכה בשמו של רבי ישעיהו הלוי הורוביץ, בן המאה ה־17, שכתב בספרו 'שני לוחות הברית' כי גם את התקיעה הראשונה יש להקריא, אך רבי ישראל מאיר הכהן מראדין, בהערות 'שער הציון' על ה'משנה ברורה', מציין שאין זה ברור להלכה ושטוב יותר שלא להקרות בתקיעה הראשונה.

ציינתי אז שאף שבמקום שבו המנהג הוא להקריא את ה'תקיעה' הראשונה, יש היגיון להותירו על כנו ויש לו על מה לסמוך, ברצוני להציע לדקדק מעט יותר ולהוסיף הידור וחומרה. ההימנעות מהקראת ה'תקיעה' הראשונה תשמֵר רצף בין הברכה לתקיעה. השתיקה הזו בשניות הבודדות שבין סיום הברכה לתחילת התקיעה נראתה לי הקפדה הלכתית שיש בה טעם והיגיון, כשהציבור כולו דרוך אחרי שענה 'אמן' על ברכת התוקע ומצפה לקול השופר מרטיט הלב ומעורר הנשמה. המילה 'תקיעה' מפיו של המתקיע באמת מפסיקה ו'חותכת' את האוויר לפני התקיעה הראשונה, וחשבתי שטוב נעשה אם נקפיד על הימנעות מדיבור אז.

כבר במפגש התוקעים והמתקיעים הגיב איצ'ה בביקורת כלפי הצעתי. הוא אמר שמעולם לא שמע על חומרה כזו בכל שנותיו ובכל בתי הכנסת שבהם התפלל, וכי מכל הרבנים שהכיר - איש לא נמנע מקריאת 'תקיעה' גם בתקיעה הראשונה, והוא מתנגד לשינוי המוצע על ידי. לאחר מכן הוא התייעץ עם רבנים מגוונים, חלקם מעבר לים, ועדכן אותי בחדווה כשתמכו בדעתו ובמסורתו. מנגד, אני חיפשתי ושמעתי על כמה מקומות שנהגו בחומרה זו. נראה היה לי שאם אתעקש, הוא יסור למשמעתי, אך כיבדתי אותו ואמרתי לו שהוא יכול לנהוג כמנהגו בכל שנה. בשנה אחר כך הסרתי את ההנחיה ההלכתית הזו מהדף ההלכתי של התוקעים והמתקיעים, כדי לא להציב אותו בעמדה לא נוחה.

סוגיה נוספת שבה התקומם איצ'ה כנגד פסיקתי הייתה קשורה

לעלייה לתורה של אחד מבני הקהילה שלאחר שחרורו מצה"ל נסע לטיול בדרום אמריקה ושם פגש בנערה מקומית והשניים החליטו להתחתן ולהישאר לגור בארצה. המדיניות ההלכתית בקיבוץ הייתה שאין מעלים לתורה מי שהתחתן עם גויה, מה גם שהזוג הצעיר לא הרבה להגיע לביקורים בארץ הקודש; וגם כשהגיע, הבן נמנע מלפקוד את בית הכנסת. השנים חלפו, בנותיהם של בני הזוג המעורב התבגרו והבן ורעייתו הגויה חוו משבר זוגי שהביא לגירושיהם, והוא הגיע לביקור מולדת בן חודש.

אביו, ששמח בחזרת הבן האובד, ניסה בכל מאודו לקרבו חזרה לעולם של תורה ומצוות ושיתף אותי בכאבו על כך שהבן לא יכול לעלות לתורה. הערתי שלא ברור לי שזו הנחיה שנכונה בכל מקרה ומקרה. ציינתי בפניו שאומנם הרב משה פיינשטיין הסתייג מעלייה לתורה של אדם הנשוי לגויה, אך הרב עובדיה יוסף התיר אפילו לכוהן הנשוי לגויה לעלות לתורה - אם כי לא בעלייה הראשונה ככוהן. הוספתי עוד שבשו"ת 'מראה הבזק' (סדרת ספרים ובה תשובות לשאלות רבני התפוצות מאת רבני כולל 'ארץ חמדה' בראשות הרב משה ארנרייך והרב יוסף כרמל ומיסודו של הרב שאול ישראלי) נפסק במפורש - בתשובה לשאלה מסנטיאגו, צ'ילה - שניתן להעלות אדם כזה לתורה, אחרי שבעת הקרואים.

כשאיצ'ה שמע על כך, הוא בא אליי בטרוניה קשה. 'אנחנו נאבקים על הזהות שלנו. אנחנו לא נותנים לבנים שהתחתנו עם גויות לעלות לתורה כדי להבהיר להם ולבנים הצעירים מהם בקיבוץ שמעשה כזה מוציא אותם מהקהילה, שזו חציית גבול. ועכשיו אתה, הרב, מאפשר את זה?'. כך טען כנגדי איצ'ה בלהט ואִתגר את פסיקת ההלכה שלי. שמחתי בדבריו שהיו נוקבים ונחצבו מליבו. שמחתי גם שהדברים נאמרים בפניי בכנות ובביקורת.

השבתי לו שלהבנתי, מבחינה הלכתית, עובר עבירה - כל עוד איננו מנסה 'להכעיס' ולהתריס במעשיו - הוא עדיין חלק ממניין ויכול להצטרף לדבר שבקדושה. ממילא, מכיוון שמדובר באדם שרוצה לעלות לתורה ומתייחס לעלייה לתורה כמשהו שאיננו

סתמי, יש אפשרות להעלותו לתורה. לצד העמדה המחמירה שהציג איצ׳ה, נראה היה לי שהמצב המסוים שבו נמצא הבן מאפשר בהחלט לציבור (ולו) להבין שאיננו מצדיקים או מקבלים את מעשיו. ברור לו ולכולם מהי עמדת המשפחה והקהילה ביחס למעשים הללו, ולהפך - העלייה לתורה היא חלק מתהליך של תיקון ותשובה והלוואי ש׳האור שבה יחזירו למוטב׳.

׳אף על פי כן׳, אמרתי לאיצ׳ה, ׳נשתדל להעלותו אחרי שבעת הקרואים, ובכך נשַמר את הפער בין עלייתו לעליית שבעת הקרואים המחויבים׳. דעתו של איצ׳ה לא הייתה נוחה מתשובתי גם הפעם, אך הוא השלים עם הכרעתי וכיבד אותה ואותי. בסופו של דבר, אגב, הבן המדובר שב לארץ עם בנותיו ואחת מהן אף עברה גיור כהלכה.

כזה היה איצ׳ה. איש של איתנות ודעתנות, עקשנות לעיתים וחוכמת חיים שניכרה על פניו - כשגם אתגריהם חרשו אותם.

באותם צהריים מאוחרים, כשהשמש כמעט שקעה על העמק, הערכתי שבזמנים קשים שכאלו גם אדם חזק כמו איצ׳ה מחפש מישהו או משהו להישען עליו. הבנתי אז שלאדם מעוגן במסורת כמוהו, חדרו של הרב הוא אחד המקומות הראשונים שאליו הולכים לשתף ולקבל כוח.

במשך הזמן איצ׳ה אתגר אותי בשאלות שנגעו למצבו של החולה הנוטה למות. חלקן נגעו לשאלות של טיפולים מאריכי חיים ועמדת ההלכה ביחס אליהם, וחלקם לשאלה מרתקת שהעסיקה אותו מאוד - תפילה על החולה שימות. איצ׳ה היה שולח לי מאמרים, הרבה מהם באנגלית, תשובות של רבנים ומחקרים אקדמיים; אני הייתי מגיב במייל ואחר כך היינו משוחחים על אודותם בדרכנו חזרה מבית הכנסת.

* * *

המורכבות ההלכתית בנוגע לטיפולים לחולה המוגדר סופני היא מן הקשות והחמורות. מחד, ההלכה מלמדת אותנו על קדושת החיים ורואה בכל מעשה שמקצר את חיי האדם מעשה אסור הדומה לרציחה. עד כדי כך הדברים אמורים, עד שאסור להזיז אדם גוסס

ממקומו, שמא בהזזתו מקרבים את מותו. מאידך ניצבים סבלו של האדם ולעיתים גם רצונו שלא להאריך את ימיו.

כמו בתחומים אחרים, נראה שהדילמה הערכית לא נולדה בימינו וכבר לפני מאות שנים היו שניסו לקרב את קיצו של החולה הנוטה למות, ופוסקי ההלכה הראשונים נחלקו בדבר. רבי יהודה החסיד, בעל 'ספר חסידים' (המאה ה־12), פוסק במפורש:

> אין גורמין לאדם שלא ימות מהרה כגון שהיה אחד גוסס והיה אחד קרוב לאותו בית חוטב עצים ואין הנשמה יכול לצאת - מסירים החוטב משם.
> ואין משימים מלח על לשונו כדי שלא ימות.
> ואם גוסס ואומר אינו יכול למות עד שישימוהו במקום אחר - אל יזיזהו משם.

ניתן לזהות את שני הצדדים בפסקה קצרה זו. מחד, לא מזיזים אדם ומקרבים את קיצו. מאידך, אין לעשות מעשים שמאריכים את חייו או מפריעים לו למות בשלווה. דברים שהיו פשוטים לרבי יהודה החסיד מופיעים ב'שלטי הגיבורים', חיבורו של רבי יהושע בועז, בן איטליה במאה ה־16, כמחלוקת בינו לבין רבותיו באשר ליכולת לקרב את קיצו של החולה הסובל:

> ומכאן היה נראה לאסור מה שנוהגים קצת אנשים כשהמת גוסס ואין הנשמה יכולה לצאת ששומטים הכר מתחתיו כדי שימות מהרה כי אומרים שיש במִטה נוצות של עופות שגורמין לנפש שלא תצא.
> וכמה פעמים צעקתי ככרוכיא להסיר המנהג הרע ולא עלה בידי, ורבותי חלקו עלי וה"ר נתן איש איגרא ז"ל כתב על זה להתיר [...]
> ודאי לעשות הדבר שיגרום שלא ימות מהרה הגוסס, אסור, כגון לחטוב עצים שם כדי שתתעכב הנשמה לצאת או לשׂוּם

> מלח על לשונו כדי שלא ימות מהרה - כל זה אסור כדמשמע שם מלשונו, וכל כיוצא בזה שרי להסיר הגרמה ההוא.
> אבל לעשות דבר שיגרום מיתתו מהרה ויציאת נפשו אסור. והלכך אסור לזוז הגוסס ממקומו ולהניחו במקום אחר כדי שתצא נפשו והלכך אסור נמי לשום מפתחות בית הכנסת תחת מראשותיו של הגוסס כדי שימות מהרה כי גם זה ממהר יציאת נפשו.
> ולפי זה אם יש שם דבר שגורם לנפשו שלא תצא מותר להסיר אותו מהגוסס ואין בכך כלום שהרי אינו מניח אצבעו על הנר ואינו עושה מעשה אבל להניח דבר על הגוסס או לטלטלו ממקום למקום כדי שתצא נשמתו במהרה נראה דודאי אסור דהא מניח אצבעו על הנר.

המנהגים המופיעים בדברי רבי יהושע בועז נראים לנו רחוקים ומוזרים, אבל לוז הדיון ברור לגמרי. שני דברים ברורים בשני קצוות הדיון. מחד, ברור לו שאין לעשות מעשה אקטיבי שיאריך את חיי הגוסס או 'יעכב את הנשמה לצאת', כנראה בגלל הסבל שחש אדם הנוטה למות ברגעיו האחרונים. לצד זאת, מותר להסיר דברים המאריכים את חיי הגוסס בלי 'להניח אצבעו על הנר'. המחלוקת בין רבי יהושע בועז לרבותיו (המגבים בפסיקתם מנהג רווח) היא בנוגע לעשיית מעשים המקרבים את מותו של האדם, אך באופן עקיף - כמו שמיטת הכר מתחת ראשו.

הדיון על גרגיר המלח לא מסתיים כאן. ב'ספר חסידים' ראינו שאסור להניח גרגיר של מלח על לשונו של האדם ובכך לנסות להאריך את חייו באופן מלאכותי, ובעקבות 'שלטי הגיבורים' הרמ"א פוסק בהערותיו ל'שולחן ערוך' שמותר להסיר את גרגיר המלח הזה:

> אבל אם יש שם דבר שגורם עכוב יציאת הנפש, כגון שיש סמוך לאותו בית קול דופק כגון חוטב עצים או שיש מלח

> על לשונו ואלו מעכבים יציאת הנפש, מותר להסירו משם, דאין בזה מעשה כלל, אלא שמסיר המונע.

אך הרב דוד סגל, אחד מחשובי נושאי הכלים של ה'שולחן ערוך', בעל הספר 'טורי זהב' (הידוע גם בראשי התיבות שלו: ט"ז), מתקשה בהבנת ההיתר להזיז את הגרגיר:

> אלא דקשה לי למה התיר הסרת מלח מעל לשונו והלא גם שם מזיז פיו על ידו והוה כמעמץ עיניו? ועל כן נראה לעניות דעתי שאין לנהוג היתר בהסרת מלח.

זהו אחד הסעיפים האהובים עליי בט"ז, לא בגלל תוכנו, אלא בגלל התמונה ההלכתית שמשתקפת ממנו, הסבה כולה על גרגיר מלח. בפסיקתם ובעמדותיהם במחלוקות השונות מביעים פוסקי ההלכה את תפיסות עולמם הרחבות ואת הכרעותיהם הערכיות. גם גרגיר של מלח יכול להיות שדה מחלוקת עקרוני בשאלות הרות משמעות של קדושת החיים וכבודו של החולה. הלכה למעשה, הט"ז - המתקשה בהבנת היתרו של הרמ"א - מחמיר בניגוד לעמדתו של גדול הפוסקים.

אף שהדילמות הערכיות וההלכתיות לא נולדו בימינו, העולם המודרני מאתגר את ההלכה עוד יותר. היכולות הטכנולוגיות, המדעיות והרפואיות שנוספו בימינו מאפשרות להאריך חיים לשנים ארוכות, גם כשמדובר בחולים בדמנציה מתקדמת או במצב וגטטיבי (ללא הכרה) וגם בחולים סופניים הסובלים ממחלות קשות כמו סרטן.

פוסקי הלכה בני זמננו הבחינו בין טיפולים שגרתיים ובסיסיים, שאותם חייבים להעניק, לבין טיפולים חריגים, שמהם ניתן להימנע במקרים של מחלה סופנית וסבל הכרוך בהארכת החיים. ההבחנה קשורה גם לפער בין מים או חמצן לבין תרופות מאריכות חיים, שגורמות סבל לחולה. במענה לשאלה של הרב צבי פסח פרנק,

רבה של ירושלים בין השנים 1960-1936, כותב הרב שלמה זלמן אויערבך דברים יסודיים בסוגיה זו, דברים שהפכו - בצורות שונות ובניסוחים שונים - לתשתית להלכה בימינו בתחומים אלו וגם השפיעו על חוק 'החולה הנוטה למות'.

את תשובתו פותח הרב אויערבך בהצגת ערך החיים ובחובתנו לעשות כול שביכולתנו ולרפא את מי שניתן לרפאו. ואף על פי כן, הוא כותב שניתוח הוא טיפול חריג שאין חובה לעשותו, גם בגלל הסיכון הכרוך בו, וכי מותר לחולה לסרב לקבל תרופות הגורמות סבל, שאינן מים או חמצן:

> על דבר הילדה החולנית בת עמיתו, נראה לעניות דעתי דכיון שעל ידי הניתוח היא תישאר ח"ו משותקת לכל ימי חייה, וגם נוסף לזה אין ההצלה ודאית, בכגון דא מוטב להשאר בשב ואל תעשה ולהשען על רחמי ד' כי רבים רחמיו וביד אדם לא להפילה.
>
> הן אמנם פשוט וברור דאע"ג שהחיים של משותקים לא עלינו אינם כלל חיים לפי המושגים הפשוטים שלנו וקשה מאד כח הסבל של החולה וגם של משפחתו, עם כל זאת הננו מצווים וגם חייבים להשתדל בקום ועשה להארכת חייהם של משותקים, ואם הוא חולה חייבים ודאי להזדרז בהצלתו וגם לחלל עליו את השבת, כי הענין של 'חיים' אין לנו שום קְנה מידה כמה למדוד את יוקרם וחשיבותם אפילו לא בתורה ומצוות, שהרי מחללין את השבת גם על זקן חולה מוכה שחין אף על פי שהוא חרש ושוטה גמור, ואינו יכול לעשות שום מצוה וחייו הם רק למשא וסבל גדול על משפחתו וגורם להם ביטול תורה ומצוות, ונוסף לצערם הגדול הרי הם אזלי ומדלדלי, אפילו הכי מצוה בגדולי ישראל להשתדל ולעסוק בהצלתו ולחלל עליו את השבת [...]
>
> אבל מכל מקום הואיל וסוף סוף החיים של המשותקים הם רעים ומרים, וגם יש אשר טוב להם המות מהחיים, לכן בכגון

דא מסתבר שאין חייבין לעשות מעשה של נתוח בקום ועשה, ובפרט בנידון דידן שגם עצם ההצלה אינו אלא ספק.

רבים מתלבטים בשאלה זו של טיפול בחולה גוסס, יש סוברים דכשם שמחללים שבת עבור חיי שעה כך חייבים להכריח את החולה על זה כי הוא אינו בעלים על עצמו לוותר אף על רגע אחת, אך מסתבר שאם החולה סובל מכאבים ויסורים גדולים או אפילו סבל נפש חזק מאוד, חושבני שאוכל וחמצן לנשימה חייבים ליתן לו גם נגד רצונו, אבל מותר להמנע מתרופות הגורמות סבל לחולה אם החולה דורש את זה. אולם אם החולה ירא שמים ולא נטרפה דעתו רצוי מאוד להסביר לו שיפה שעה אחת בתשובה בעולם הזה מכל חיי העולם הבא.

הסוגיה השנייה, תפילה על החולה שימות, מורכבת לא פחות ומתיכה לתוכה לא רק את השאלה ההלכתית המעשית אלא גם שיקוף של תפיסת עולם אמונית־תיאולוגית בנוגע לכוחה של התפילה.

הגמרא במסכת כתובות מספרת על יום פטירתו של רבי יהודה הנשיא, המכונה 'רבי', ומתארת כיצד החכמים בני דורו גוזרים תענית ומבקשים רחמים, שיחיה ולא ימות. שפחתו של רבי עולה לקומה העליונה ופותחת גם היא בתפילה על רבי שיחיה: 'אמרה עליונים מבקשין את רבי והתחתונים מבקשין את רבי יהי רצון שיכופו תחתונים את העליונים'. אך לאחר שהיא רואה את צערו הגדול וכאביו המרובים, היא הופכת את התפילה ומבקשת: 'יהי רצון שיכופו עליונים את התחתונים'. כדי להפסיק את התלמידים מתפילתם היא משליכה כד לקומת הקרקע, וברגע שתפילתם של החכמים אכן פוסקת, תפילתה נענית ורבי נפטר. סיפור מופלא זה מביא בפנינו את כוחה של תפילת הציבור, המחזיקה את רבי יהודה הנשיא בחיים, ואל מולה את חוכמתה ורגישותה של שפחתו, היחידה שרואה את צערו ומתפללת שתבוא לו מנוחה וכאביו ייפסקו.

בפירושו למסכת נדרים, 'מתרגם' רבנו ניסים, הר"ן, מראשוני ספרד במאה ה־13, את מעשה השפחה להנחיה הלכתית וכותב:

> נראה בעיני [...] פעמים שצריך לבקש רחמים על החולה שימות כגון שמצטער החולה בחליו הרבה ואי אפשר לו שיחיה.

זוהי מסקנה מתבקשת מסיפור השפחה של רבי, אך כשמדובר בפסיקת הלכה ציבורית, הפוסקים זהירים ושקולים.

למשל הרב שמואל וואזנר, מגדולי הפוסקים החסידיים בסוף המאה ה־20 ומחבר ספר התשובות 'שבט הלוי', מציין שדברי הר"ן הללו לא הובאו בפוסקים וש'אין דבר זה ניתן רשות ביד כל אדם'. הרב וואזנר חושש מהשלכות רחבות של תפילה שכזו ועל כן לא מתיר להתפלל על חולים שימותו, ואף ביחס לחולים השוכבים על מיטתם שנים ארוכות ולא נראה שיכול לחול שינוי במצבם, הוא אינו ממהר להתיר לשואל להפסיק ולהתפלל עליהם בברכת 'רפאנו' בתפילת העמידה.

גם הרב וולדנברג (מחשובי הפוסקים במאה ה־20 ומי ששימש כדיין בבית הדין הרבני הגדול וכתב מאות תשובות בסדרת הספרים 'ציץ אליעזר', שבה תשובות רבות הנוגעות ליחסי רפואה והלכה) מתייחס לכך שדברי הר"ן לא הופיעו בפוסקים 'וכפי הנראה דחוהו מהלכה מכיון שזה פירוש מחודש ויוצאת ממנו גם הלכה מחודשת'. ואומנם מסורת הפסיקה משמשת כאן מעין 'שומרת סף' מפני דעות שמשמעותן מרחיקות לכת, בעיקר בהשפעתן האמונית והחינוכית. דברים מפורשים בהקשר זה כותב הרב וולדנברג בתשובה אחרת:

> [...] אני מבין גם הצד השני של המטבע, אבל [...] אין לנו עסק בנסתרות, וגם אין לנו במה שהחולה בעצמו צועק מרה מנהמת לבו שאין לו חפץ בחיים כאלה, הגם שהלב מאד הומה עליו, ואחת היא לנו. דמכיון שמצאנו בהלכה שיש חובה גם לעשות מאמצי הצלה ואפילו לחלל את השבת עבור המשכת חיים כאלה סימן מזה דגם חיים כאלה יקרים לפני הקדוש ברוך הוא היוצר והיודע מה טוב לאדם [...] על כן לא

> נוכל להחליט שמותר להתפלל עליו שימות דבר שלא נזכר בהלכה לא ברמב"ם ולא בטור ושו"ע.

התפיסה הבסיסית ביחס לקדושת החיים ולעובדה שהאדם אינו בעלים על גופו וחייו והעמידה אל מול ריבונו של עולם שרק הוא יודע מה נכון לאדם - כל אלו מביאות את ה'ציץ אליעזר', למרות המיית ליבו, להיצמד למסורת הפסיקה ולא לחדש הלכה הגם שיש לה מקור בראשונים, בגלל היעדרותה מספרי הפוסקים הקנוניים.

לעומת זאת, הרב משה פיינשטיין מציג עמדה אחרת ומביא את דברי הר"ן בעקבות שפחתו של רבי כמובנים מאליהם, ואף רוצה ללמוד מהם הלכה הנוגעת לדיוננו הקודם - לגבי הימנעות מנתינת תרופות מאריכות חיים לחולה סופני:

> הנה בדבר אם יש אנשים חולים כאלו שאין ליתן להם איזה מיני רפואות להאריך חייהם קצת יותר, הנה מפורש בכתובות ריש דף ק"ד בעובדא דפטירתו של רבי [...] ונקט זה הגמרא לאשמועינן שאיכא לפעמים שצריך להתפלל על האדם כשמצטער ואין מועילין מיני רפואות לרפאותו, והתפלות שיתרפא לא נתקבלו, שצריך להתפלל עליו שימות [...] ועיין בר"ן [...] שלפעמים צריך המבקר להתפלל שימות כשרואין שאי אפשר להחולה שיחיה ויש לו יסורין. ובאינשי כהאי גוונא שהרופאים מכירין שאי אפשר לו להתרפאות ולחיות, ואף לא שיחיה כמו שהוא חולה בלא יסורין אבל אפשר ליתן לו סמי רפואה להאריך ימיו כמו שהוא נמצא עתה ביסורין, אין ליתן לו מיני רפואות אלא יניחום כמו שהם, כי ליתן להם סמי רפואה שימות על ידי זה וכן לעשות איזה פעולה שיגרום לקצר אפילו לרגע אחת הוא בחשיבות שופך דמים, אלא שיהיו בשב ואל תעשה, אבל אם איכא סמי מרפא שיקילו היסורין ולא יקצרו אף רגע מחייו צריך לעשות כשעדיין אינו גוסס.

ר׳ משה מתבסס על הגמרא ועל דברי הר״ן ובונה עליהם היתר להימנע מנתינת תרופות מאריכות ימים לחולה הסובל מייסורים. כמו הפוסקים האחרים, ר׳ משה מתייחס לתפילה על החולה שימות כדבר בעל משקל שעשוי להשפיע על מצבו, אך כזה שאין בו ׳מעשה׳ אסור.

בין שתי גישות אלו פוסע הרב משה שטרנבוך, בשו״ת ׳תשובות והנהגות׳, והוא מציע להתפלל ׳שהקב״ה יעזור שיהיה טוב לו׳ ומכאן הוא מגיע למסקנה ש׳נוסח התפילה הראוי הוא שיעזור הקב״ה לחולה שלא יסבול יותר. כיצד? כפי רצון הקב״ה, או שימות או שירפא אותו, על כל פנים יעזור שלא יסבול עוד׳. זהו ניסוח זהיר, המנחה את המתפלל לא לבקש במפורש על החולה שימות, אבל לא מתכחש לכך שהאפשרות הזו עשויה להיות הטובה יותר עבור החולה, אם ריבונו של עולם ירצה בכך.

* * *

השיחות עם איצ׳ה בשאלות הללו היו טעונות כמובן והביאו לידי ביטוי גם שאלות עמוקות על משמעות החיים, על כוחה של תפילה ועל מניעיהם של פוסקי הלכה ואחריותם החינוכית והציבורית. איצ׳ה היה ביקורתי ודעתן, אבל הרגשתי שהלימוד והעיסוק בעמדה ההלכתית לא נבעו רק מחיפושו אחרי פסיקה או אחרי האמת, אלא היו עבורו מעין יתדות להיאחז בהן במהלך הימים המאתגרים שעברו עליו. במהלך שנותיי ראיתי מקרים רבים שבהם ההלכה הייתה משען לאנשים ונשים ברגעים קשים ומאתגרים (בעיקר בימי מחלה ואבל) להיסמך עליה ולשאוב ממנה משמעות, מגע עם החיים והנחיות מעשיות. במקרה של איצ׳ה, לא רק ההלכה עשתה זאת אלא גם עצם הדיון והלימוד, השיח ההלכתי והעיסוק בתשובות הפוסקים. הללו היו עבורו משאב יקר ומישור ייחוס שסייע לו לייצב את רגליו ולשאת אליו את עיניו בשבועות הקשים של מחלת בנו.

החורף עבר, בין שיחה על תשובה כזו או אחרת התעדכנתי במצב בנו של איצ׳ה שלא השתפר, עד שבחודש אדר נפטר. ניחמתי אותו במהלך השבעה וראיתי על פניו (ואולי הייתה זו רק מראית עין)

איזושהי השלמה וקבלת דין עמוקה ומאמינה, על אף השבר והקושי, ולמרות (ואולי בגלל) החיכוך עם חלק מהמסורת ההלכתית.

כמה חודשים אחר כך נסענו לשבת מחוץ לקיבוץ והייתי זקוק למישהו שיחליפני בדרשה הקצרה שנשאתי בכל שבוע בבית הכנסת, לפני תפילת מוסף. היו אלו רגעים יקרים בקהילה, הזדמנות לדבר אל הציבור הרחב, ללמד משהו מפרשת השבוע ובעיקר לעסוק בנושאים משמעותיים שעל סדר היום הלאומי, האישי או הקהילתי - בדקות ספורות (מישהו אמר לי פעם שאוי ואבוי אם אחרוג ממכסת שבע הדקות השמורה לרב, והשתדלתי לעמוד בכך...). כשהיינו נוסעים לשבת, הייתי מבקש, בכל פעם ממישהו אחר, לשאת דברים במקומי, ולא להשאיר את הדוכן ריק.

פניתי לאיצ'ה. בתחילה הוא סירב, ביטל בידו את בקשתי ואמר שאפנה למישהו אחר, צעיר יותר. כששבתי וביקשתי, הוא נענה, ואחרי השבת גם שלח לי את תוכן הדברים שאמר, שמשלים במשהו את הדיון על התפילה על החולה הנוטה למות וגם משלים משהו בהיכרות עם דמותו של איצ'ה.

ברוכים הבאים לאורחינו השבת.
'מי שעשה ניסים לאבותינו וגאל אותם מעבדות לחירות...'.
הניסים שנעשו לטובת עם ישראל במצרים עומדים מול הסבל של השעבוד. משה מופיע כסוכן של הגאולה ועבד ה' בהוצאתה לפועל. הניסים לקראת הגאולה, עשר המכות, צורת היציאה באור היום וברכוש גדול, קריעת ים סוף וכן הניסים הקשורים במתן תורה, מהווים כולם אלמנטים בתקופת ניסים גלויים - תקופה שלא חזרה על עצמה עד עצם היום הזה.
הציטטה שבה פתחתי את דבריי באה מתפילת 'ברכת החודש' אשר חוברה כנראה אחרי חורבן בית שני.
אין לנו התייחסות לניסים מתקופת 'אבותינו' שחוו את הניסים. להפך, 'אבותינו' היו עסוקים לא בהכרת הטוב אלא בסריה של טרוניות ודרישות לקיומם הפיזי - אוכל, מים

וכו' עם רמז לרצון לשוב למצרים - איפה שכנראה הכול היה בסדר.

בפרשה של השבוע הבא נקרא: 'וינסו אותי זה עשר פעמים'. חלקם מובאים בספר שמות (על שפת ים סוף, המים המרים במרה, במדבר סין - התפריט העשיר במצרים מול אכילת המן, וברפידים על חוסר המים).

יתר העשרה מופיעים בספר במדבר החל מפרשתנו. כל זה אחרי בניית המשכן והסדר המופתי שבו ביצעו את המסעות והחניות. כל זה לא שינה את היחס של 'אבותינו' לניסים הגלויים שנהנו מהם.

נשארנו עם אי־נוחות לגבי התגובה הזו. חז"ל מנסים להציע מספר הסברים להתנהגות זו של בני ישראל. הלוא אחרי שנות שעבוד בני ישראל סובלים מתופעות פוסט־טראומטיות, וייקח עוד הרבה זמן עד שיתאוששו ויתרגלו למשטר החופש שדורש בצידו התאפקות, אחריות וכו'. הסבר אחר שמציעים הוא 'שאין בעל הנס מכיר בניסו' וכמובן אפשר לתלות את הקולר על הערב רב.

כל ההצעות האלו לא מספיקות מול עצם הניסים שחוו בני ישראל. לא נס אחד חוו אלא סריה של ניסים גלויים במהלך של יותר משנה.

אם אינני טועה, מאז אין ניסים גלויים ברמה כזו וגם לא פחות מזו. הרוצה לגלות ניסים חייב לחפש טוב טוב.

בספר בראשית, פרק ב, פסוקים א-ג, מובא הטקסט שמהווה חלק של הקידוש שאנו אומרים כל ליל שבת. הפסוקים מסתיימים עם המילים: 'ויברך אלוקים את יום השביעי ויקדש אותו, כי בו שבת מכל מלאכתו אשר ברא אלוקים לעשות'. המילה האחרונה רומזת שעד הנקודה הזו - השבת הראשונה - הריבונו של עולם סיים את מלאכתו אשר הוא תכנן לעשות. ורומז שיש ויהיה המשך לבריאה בכוחות משותפים של הרבש"ע ובני אנוש.

הנצי"ב כותב שהמונח 'לעשות' חל על ה'. אבל יש המשך לבריאה בכוחות משותפים של בני אדם והוא כותב 'שהוא מצווה על האדם לעשות ולהוציא את כוחות הטבע שזהו כבודו של הקב"ה'.

השנה פקדה את הארץ בצורת וכנהוג בשנות בצורת התחלנו באמירת תפילת 'עננו' בברכת 'שמע קולנו' בתפילת שמונה עשרה של חול. אינני יודע אם אמירת תפילת עננו עזרה להביא גשמים.

באמצע הבצורת הופיעה מודעה מטעם יישובי הגולן על מצבם העגום מבחינת מאזן הגשמים. הם גם הוסיפו שאין הסידורים הדרושים להזרים מים לגולן. אין צינור כזה.

וכן בענייני רפואה. אם מישהו חולה נוהגים להגיד תהילים ומי שבירך לטובת ריפוי החולה. האם זאת השותפות שהנצי"ב כותב עליה לגבי המשך הבריאה? האדם 'מצווה' והרבש"ע עונה בחיוב.

ישראל של היום היא בין המובילות בעולם בהשקיית גידולים חקלאיים. למה יש פיגור בהתפלת מי הים (על אף ההתקדמות בשנים האחרונות)? למה אין צינור המוביל מים למקומות שבהם זקוקים למים?

גם בענייני רפואה ישראל היא בין המובילות. אפשר להתקדם עוד יותר. האם הפתרון הוא אמירת תהילים או השקעה בבסיס התיאורטי והמעשי של המקצוע הזה? האם כל קבוצות האוכלוסייה מתעסקות במדעים היישומיים האלה?

תפילות אינן מזיקות ומזכירות לנו שהעולם מנוהל על ידי הריבונו של עולם. אַל לנו לצפות לנס כאשר הפתרון הוא בכיוון אחר.

הרב משה פיינשטיין בשו"ת אגרות משה, חלק חושן משפט, סימן עד, נשאל שאלה קשה לגבי תפילה על החולה שימות (למען הסר ספק, אין ולא היה קשר בין הכתוב ובין מחלתו ופטירתו של בננו ז"ל). מדובר בחולה סופני שסובל מייסורים

עזים. רב משה מצטט את הר"ן שכותב 'שפעמים צריך להתפלל שימות כשהוא טוב לחולה וכן לא התקבלו תפילות דרבנן'... רב משה ממשיך שבין אנשי דורנו לא קיימים אנשים היודעים להתפלל לרפואת החולה אפילו בין גדולי תורה. אולי קיימים יחידים כאלה אבל אין ידוע לנו מיהם.

איפה אנו מצווים למקם את עצמנו ברצף שבין נס גלוי והציווי להיות חלק מהשותפות בין הריבונו של עולם ובני אנוש בהמשך הבריאה?

אי אפשר להגיד: יהודי תעשה משהו - תגיד תהילים, אלא תאמר: יהודי תעשה משהו אם אפשר. לא הצלחת, תכשיר את עצמך לפריצה נוספת בהמשך הבריאה.

שבת שלום.

שריפת גופות והסתרת מידע

ישנן שאלות שאני זוכר לפי הזמן והמקום שבו שהיתי כשנשאלתי. כזו הייתה שאלתו של אלכס.

יום העצמאות, צהרי היום, ואנחנו יושבים לסעודה חגיגית וצוהלת בביתה של אחותי, עם כל משפחתנו המורחבת. הטלפון מצלצל, ועל הקו אלכס.

אלכס היה אחד האנשים שבאופן לא מוסבר הפכו להיות קרובים אליי מאוד במהלך שנות הרבנות בטירת צבי. הוא לא היה מבאי השיעורים שלי ולא הקפיד על תפילה במניין בכל יום ויום. ברקע חייו עמדה פטירתו של ילדו הקטן, בן שמונה חודשים, לפני עשרות שנים; אירוע קשה שלדבריו השפיע על מערכת היחסים שלו עם ריבונו של עולם והרחיק אותו מהרבנים באשר הם.

ובכל זאת, משהו נפתח בו ומצאנו את עצמנו לומדים בחברותא מדי שבוע בביתו, על כוס קפה גדולה, ומנסים לצלוח ביחד סוגיות במסכת בבא קמא, כשאלכס מבקש לנסות ולשקם גם את יחסו לגמרא, שכמו אצל לומדים רבים אחרים היה סבוך ומסוכסך - ודרכו גם את הקשר שלו למוסד הרבנות, להלכה ואולי גם לריבונו של עולם. אהבתי ללמוד עם אלכס, לימוד שאתגר אותי בצורך להסביר את הגמרא למי שפחות מורגל בה. יותר מזה, הרגשתי שהיה זה לימוד שקירב בינינו וחידש גם לי נקודת מבט אנושית, עם חוכמת חיים ומבט ׳בעלבתי׳ שכבר ראה משהו בחיים, ביחס להכרעות האמוראים בשאלות של אחריות, נזק, חברה ואשמה.

הטלפון הזה, באמצע יום העצמאות, הפתיע אותי, וכמובן עניתי. ׳הרב אורי (במלעיל, כפי שהוא תמיד קרא לי), שלום, מה שלומך? יש לי שאלה׳. אלכס דיבר ברצף, בלי להניח לי להתערב. המילים יצאו מפיו במשפט אחד קצר, כשאני עדיין בתוככי ההתרחשות המשפחתית ואוזני צמודה למכשיר הטלפון, מנסה להקשיב לכל מילה ולכל ניואנס בדבריו.

׳אחותי נפטרה בארצות הברית כעת, ואין הלוויה כי שרפו את הגופה שלה. היא הייתה רחוקה מאוד מעולם של תורה ומצוות ובצוואתה ביקשה שישרפו את הגופה, וכך קרה׳.

נשימתי נעתקה. התרחקתי יותר מההמולה השמחה בסלון הבית, כדי להיות בשקט ובריכוז עם אלכס, להקשיב ולדבר. השתתפתי בצערו ותהיתי מה השאלה שעומדת מאחורי הסיפור.

׳ובכן, אני שואל אם אני אמור לשבת שבעה, וממתי. שלא תבין אותי לא נכון, אני מאוד רוצה לשבת שבעה, אבל אני יודע שיש עם זה בעיה הלכתית. עוד לא עדכנתי אף אחד בקיבוץ׳, הוא אמר ונתן גם למשפט הזה להדהד באוויר.

הבנתי היטב את שאלתו, על שלל היבטיה.

מחד, אלכס הרגיש באופן טבעי את הצער ואת הרצון לשבת שבעה על אחותו שנפטרה הרחק מעבר לים. זה נראה היה לי צורך בסיסי ומובן מאליו. מאידך, אלכס ידע היטב (גם בלי להיות מוסמך לרבנות) כי יחסה של היהדות - כפי שהוא מתבטא גם בהלכה - אל מי שגופתו נשרפה הוא יחס חמור. איני יודע מניין הסיק שאין יושבים שבעה, אבל אולי הייתה זו מחשבה תמימה, אולי היכרות עם מקרה דומה, ואולי אפילו הגיעו לאוזניו פולמוסים ועמדות עקרוניות של רבנים שונים שאכן פסקו כך במהלך השנים.

היבט נוסף קשור לשאלת הפרהסיה הציבורית. אלכס רצה ליידע את שכניו וחבריו בקיבוץ בפטירת אחותו, אבל חשש מאוד שיצטרך לשתף את כולם ולהסביר מדוע אינו יושב שבעה - אם אכן זו תהיה ההלכה.

הבנתי שזמן התגובה שלי קצר. בני ביתו ואנשים בסביבתו

הקרובה של אלכס ידעו כמובן על פטירת אחותו והנחתי שתוך זמן קצר העובדה תגיע לאוזני חברי הקיבוץ, שבתמימות פשוטה שיש בה שילוב של רֵעוּת, מסורת וחמלה, ינסו להטות כתף ולהציע עזרה בארגון השבעה. הקיבוץ, בהקשר זה, הוא מקום מופלא של גמילות חסד ועשייה משותפת, כשכל אחד יודע את תפקידו ויש מי שדואג לכל פרט ופרט כדי לעטוף את האבלים בימי השבעה הקשים שלהם.

החלטתי להיכנס לעובי הקורה, על אף לחץ הזמן והתנאים הלא־פשוטים שסבבו אותי. פניתי לאחד החדרים שהיה בו מחשב, סגרתי את הדלת והתחלתי לחפש.

חשבתי על כך שבעולם של לפני כמה שנים, הייתי נטול יכולת ממשית לעשות משהו כשאני רחוק מספרייתי והייתי נאלץ להסתמך על ידיעותיי מראש או להתקשר לרב גדול אחר (שנמצא ככל הנראה עם משפחתו בחגיגת יום העצמאות...). בעולמנו היום, האינטרנט ומאגרי המידע הממוחשבים, יחד עם תוכנות החיפוש המתקדמות, מאפשרים גם לרב שנמצא באירוע משפחתי להתעמק ולסרוק ספרות תורנית ענפה ומגוונת בזמן קצר.

אחרי חיפוש מהיר, העובדות והשיח ההלכתי לא הפתיעו אותי.

חובת הקבורה נתפסת כמצווה, כדברי התורה 'כִּי קָבוֹר תִּקְבְּרֶנּוּ', ואף אם אדם מבקש שלא יקברו אותו, אין שומעים לו ומצווה לקוברו. מעניין שהדבר שונה מדינו של הספד, שם יכול האדם לצוות שלא יספידוהו ויש לכבד את בקשתו.

שריפת גופות איננה רק ביטול של מצוות הקבורה אלא היא נוגעת גם להיבטים הלכתיים אחרים שזוהו על ידי הפוסקים, כגון האיסור לבזות ולנוול את גופת המת (כך כתב הרב דוד צבי הופמן) והאיסור ללכת בחוקות הגויים ולנהוג כמנהגם (כדברי הרב קוק) ויש בה אף היבט של חוסר אמונה בתחיית המתים (הרב חיים עוזר גרודזנסקי).

* * *

בלימודי בהלכות הנוגעות לקבורה ואבלות מצאתי - באופן מופגן יותר מהלכות אחרות - נוכחות של טעמים שמהותם ענייני אמונה

והשקפה בעיצוב ההלכה. לעולם, כמו שאמר ביאליק, 'ההלכה והאגדה הן שני פנים של בריה אחת', כך שההלכה היא ביטוי של תפיסות עולם, אמונות ודעות. ועדיין, בהלכות קבורה ואבלות הדברים נמצאים על פני השטח, כשגם מושגים מעולם הנשמות והמיסטיקה מוצאים נתיבים לחזית הדיון של פוסקי ההלכה - בקלות רבה יותר מאשר בתחומים אחרים.

כנראה הדבר אינו מקרי והוא קשור לעצם המפגש עם המוות והעמידה אל מול הנחרצות והמוחלטות שבו ולעיצוב ההלכות והמנהגים כחלק מהתגבשות העולם הערכי והיחס אל המוות - ומתוך כך גם אל החיים ומשמעותם. מסתבר שגם הנוכחות הכל־כך־אינטנסיבית, גם אם מודחקת לעיתים, של המוות בעולמנו, משפיעה על כך.

* * *

במאות האחרונות התמודדו פוסקים שונים עם מקרי שריפת גופות שחלחלו לקהילות היהודיות בהשפעת הקִרבה לגויים וכתוצאה מכך שחלק מבני הקהילה היהודית קיימו בעצמם אורח חיים מסורתי פחות. הגישה הרווחת הייתה לאסור קבורת אפר הנשרפים, בעיקר כצעד של מאבק אידיאולוגי ומתוך ההבנה שאפשור הקבורה כמוהו כנתינת לגיטימציה שתביא אחריה סחף של בני קהילה נוספים שיצוו על שריפת גופתם.

הפוסק שצולל אל השאלה הקונקרטית שלפניו חייב לשמור עין אחת פקוחה אל ההשלכות של פסיקתו על הקהילה כולה. הדבר הזכיר לי תמיד שלא עברתי את מבדקי הרפואה לקראת קורס הטיס בשל חוסר יכולת למזג את הראייה של שתי העיניים. טייסי מסוקי הקרב, כך למדתי, מרכיבים על עיניהם משקף אחד של אמצעי ראיית לילה, בעוד העין השנייה נשארת ללא משקף ורואה את המתרחש בפנים המסוק בצורה בלתי מזוינת. הפוסק, כמו טייס המסוק, חייב להיות מסוגל להתיך את שתי נקודות המבט הללו ולדעת באיזו מהן להתמקד בכל שלב בדיון.

למשל, הרד"צ הופמן, מגדולי הרבנים בגרמניה בסוף המאה

ה־19, דן בשאלה הנוגעת לקבורת אפר של נפטרים, ובתשובה אחת הוא סובר שבאמת אין איסור לעשות זאת אבל ׳למגדר מילתא׳ (כלומר כשמתעורר צורך לגדור את הדבר, לאור חשש מהתנהלות עתידית של חברים בקהילה) יש לאסור.

בתשובה המופיעה מיד אחר כך, מגיב הרד״צ לדברים שהעיר לו הרב יוסף נובל, רבה של הלברשטט, שחלק על פסק ההלכה שלו. הרד״צ חוזר בו, מתוך חשש עתידי שהתקנה שבאיסור קבורת אפר הנפטרים תתהפך על פני הרבנים בעתיד משום ש׳נהיה מוכרחים לבטל תקנה זו׳ (מבלי להסביר מדוע). על פי דבריו, ׳אין לעשות תקנה במקום שיש לחוש שעל ידי זה נהיה מוכרחין לקלקל יותר ממה שתקננו׳, שהרי אם התקנה תתבטל -

> יהיה ההכרח לקבור האפר בין מתים אחרים בלי הבדל כלל. אשר על כן טוב להניח הדבר כשורת הדין. ורק יקצו מקום מיוחד לקבורת אפר מתים כדי להבדיל בין קבורת מצוה גמורה, ובין קבורה שאינה מצוה גמורה. או בין קבורת הקהל לקבורת יחידים שאין הקהל מחוייב בה. ועל ידי זה ההבדל ידעו הכל ששרפת המתים הוא איסור חמור ושהיא מתנגדת לדת משה וישראל.

פחות או יותר באותה תקופה, ברומניה, יושב רב אחר, הרב בצלאל זאב שפרן, ועונה לשאלה קשה של אישה מסכנה המגיעה אליו -

> ונפשה בשאלתה ובקשתה, ודמעתה על לחיה, היות כי נסעה יחד עם בעלה החולה להרופאים הגדולים אשר בעיר וויען [=וינה], ואחרי ככלות שבועות שתים שהן ארבע, מת שם בעלה. והלכה והביאה גופת בעלה, ומסרוה להנהלת ׳בית המשרפת׳ ושם שרפו גופת בעלה, עד שנצטבר צנצנת אחת, בה נמצא אפר בעלה. וכעת רצונה זה כבודה, להרשות לה לקבור אפר בעלה בבית הקברות של ישראל.

כאבה של האישה עובר דרך תיאורו של בנו של הרב"ז, הרב חנוך העניך שפרן, שהיה רבה של בוקרשט, המתאר את תגובת אביו:

> למשמע הדברים האלה, גער בה אבא מרי הגאון הרב"ז ז"ל, כי כן לא יעשה, 'והחדש אסור מן התורה בכל מקום', וחלילה חולין הוא לשרוף מתים ולקבור אפרם בבית קברות ישראל.

הנימוק 'חדש אסור מן התורה בכל מקום', המצוטט תכופות בשמו של ה'חתם סופר', הוא נימוק נגד שינויי מנהג ותמורות בהלכה בכלל, אבל נשים לב שהרב"ז איננו נלחם בקבורת האפר אלא בעצם הלגיטימציה לשריפת הגופה. זהו חששו הגדול, ומכאן נובעת החומרה שבה הוא מתייחס לעניין קבורת האפר בבית קברות יהודי.

בנו של הרב"ז מוסיף ומחזק את התגובה האינטואיטיבית (גם אם לא מבוססת־הלכתית) של אביו ומתאר עוד שני חיבורים התומכים בדעתו:

> היום בפתחי ספרים, מצאתי להגאון ר' חיים עוזר, רבה של ווילנא ז"ל, שכתב בספרו היקר 'אחיעזר' (ח"ג סי' ע"ב) בזה הלשון: אין לקבור בבית הקברות של ישראל את השורפים לכתחלה, משום שראוי לגדור גדר ולמחות ביד אלה המתנהגים בשריפת מתים למנעם מזה ולבלי לקוברם בבית הקברות של ישראל, שלא יתפשט הדבר אצל אחינו בני ישראל, שזהו באמת עקירה במצות קבורה וביסודות המקובלים אצלנו. כלומר: עצם השריפה אסור מן התורה, וקבורת האפר - מצד גדר ותקנה.
>
> בשכבר הימים ראיתי בספר 'חיי עולם' (להרה"ג ר' מאיר לרנר, רבה של אלטונא ז"ל) שם אסף איש טהור, הרבה מכתבים, מגדולי ישראל, בכל קצוי ארץ, שעשו תקנה למגדר מילתא, שלא להרשות קבורת אפרם בבית קברות של ישראל,

> כדי שלא יחקו אחרי מעשה כופרים אלה. ומצוה לשמוע דברי חכמים.

זוהי נקודת המוצא הרבנית לדיון. שריפת גופות היא איסור תורה חמור, ולא פחות חמור הוא יחסם של הפוסקים אל מי שנהג כך, וזאת ׳למגדר מלתא׳ ולמנוע את התפשטות התופעה בקהילות היהודיות המושפעות ממנהגי הגויים שבסביבתן.

יתרה מכך. פוסקי הלכה רבים קבעו שאין לשבת שבעה על אדם שגופתו נשרפה ובכך החמירו את היחס למעשה הזה וסיווגו אותו כ׳רשעות׳ שבעקבותיה נשללת חובת השבעה מהקרובים.

המידע הזה היה מוכר לי עקרונית, ופגשתי בו מעשית שוב באותו יום עצמאות כשחיפשתי מענה לשאלתו של אלכס.

לכאורה, הכרעה ברורה לפנינו ובצידה מאבק תרבותי ואמוני כנגד אלו השורפים את גופותיהם. אלא שכל זמן העיון והחיפוש חשבתי לעצמי שאחרי הכול, גם אם שריפת הגופה היא איסור חמור, שאלת האבלות והשבעה של קרובי אותו אדם לא כלולה בהכרח באותו מאבק עד חורמה נגד שריפת גופות. אף שבהחלט ניתן להרחיב את התקנה והמאבק, לגדור גדר ולאסור גם את ישיבת השבעה, אין הכרח לעשות זאת - ובמקרים מסוימים ניתן ואולי נכון לאפשר לאבלים להתאבל על הנפטר.

כך, בתוך דבריו של הרד״צ הופמן שהובאו לעיל, בתשובתו המאוחרת המתירה את קבורת האפר במקום נפרד, מצאתי התייחסות אגבית לכך שיש לנהוג דיני אבלות:

> ואם יובל האפר לבית הקברות למקום מיוחד לו לא יספיד הרב את הנעדר וישימו אותו בארון כשאר מתים ויקברו אותו בארון, והחזן יאמר צדוק הדין עם המלוים והאבלים יאמרו קדיש. והחברה קדישא לא יתעסקו בחבורה באופן רשמי באותה קבורה. ורק הקברנים המשועבדים ועושים בשכר יפקחו בגלל קבורה זו. ורשות נתונה בעד כל יחיד לסייע

> שם כפי הענין וכפי צורך השעה. ולענין אבלות אם ישאלו הקרובים יפסקו להם שהאבלות חלה אחר הקבורה.

הדברים מובאים בדרך אגב, כשמה שמטריד את הרד"צ הופמן הוא שאלת עיתוי תחילת דיני האבלות - שבדרך כלל מתחילים אחרי הקבורה (וכאן הקבורה היא של האפר ולא של הגופה). הכרעתו האגבית מלמדת שהוא סבר בוודאי שיש לנהוג דיני אבלות גם על אדם כזה.

חשבתי עוד שישנם מקרים שעליהם נכתב במפורש שאין מתאבלים בהם אך בפועל מקילים בימינו. כך למשל פוסק ה'שולחן ערוך':

> כל הפורשים מדרכי צבור והם האנשים שפרקו עול המצות מעל צוארם ואין נכללים בכלל ישראל בעשייתם ובכבוד המועדות וישיבת בתי כנסיות ובתי מדרשות אלא הרי הם כבני חורין לעצמן כשאר האומות [...] כל אלו [...] אין מתאבלים עליהם אלא אחיהם ושאר קרוביהם לובשים לבנים ומתעטפים לבנים ואוכלים ושותים ושמחים.

ביחס לדברים אלו ממש כתב הרב אליעזר וולדנברג כי אין לקרוא הנחיה זו כאיסור להתאבל, אלא כציון העובדה שאין חיוב להתאבל, אבל 'מי שרוצה להתאבל בגלל נפשו העגומה עליו ורוצה לתת בזה ביטוי לרגשי צערו הכפולים במיתת קרובו באופן גופני ונשמתי גם יחד' - מותר לו לנהוג כן.

את הלגיטימציה להתאבל הוא איננו מנמק רק בצערו של האדם על אובדן הגוף והנפש, ולא רק בכאב של קרובי המשפחה על כך שקרובם נפטר ללא תשובה, אלא (בעקבות תשובת 'חתם סופר') גם בהשלכות של מניעת האבל על מעמדה של המשפחה:

> ובפרט כשיש בזה באי האבילות פגם משפחה לאנשים

> כשרים ומכובדים [...] ונהי [=וברור] דלענין אבל הלכה כדברי המקיל, אבל לענין פגם משפחה אין הלכה כהמקיל בכבוד בני אברהם יצחק ויעקב.

ה׳ציץ אליעזר׳ מביע בדבריו את המורכבות שבין הרגש הטבעי של האדם לנוכח פטירת קרובו, ובין עמדתה הנוקבת של ההלכה הדורשת ממנו להתעלות על הרגש הזה ולבטא שמחה על פטירת הפורש מדרכי הציבור. נכון להזכיר בהקשר זה עוד שני סיפורים, האחד קרוב לימינו והאחר משנים קדמוניות.

ב־1911 לקחו על עצמם הסופרים אלכסנדר זיסקינד רבינוביץ׳ (אז״ר) ויוסף חיים ברנר את מלאכת עריכת ספר ׳יזכור׳ שהוקדש לזכרם של שמונה פועלים ושומרים שנהרגו בידי ערבים במהלך עשרים השנים שחלפו. הזרז לכך היה נפילתם של שלושה צעירים (שני חברי ארגון ׳השומר׳ ואיכר מסג׳רה) בחודש ניסן תרס״ט. אז״ר פנה אל הרב קוק וביקש שיכתוב הספד. בתגובה כתב הרב קוק, שכיהן אז כרב של יפו והמושבות, את מאמרו ׳על במותינו חללים׳, מאמר שלא פורסם בספר בסופו של דבר אלא רק אחרי פטירת הרב.

בדבריו כואב הרב את נפילתם של הצעירים:

> נאד חדש, ודמעות חדשות, על חללים חדשים, על חללים צעירים ורעננים, שנשפך דמם בידי בני נכר פה בארץ אבות. ולא סתם צעירים, אלא צעירים בעלי לב ורגש, בעלי נשמה שלהבית, שבאו לשם תחית האומה והארץ, שמאסו בכל אידיאלי החיים, ובחרו להם את האחד לבנות בבנין האומה בשובה אל אדמתה. ולבני ציון היקרים כאלה, שנחשבו לנבלי חרש, איזה לב לא ימס ואיזו עין לא תרד דמעה?!

אך מיד הוא מציב את הקושי לנוכח עמדתם הרוחנית והיותם ׳פורשים מדרכי ציבור׳:

> אבל 'דום', קורא קול מאחרי, את מי אתה מספיד? אמנם מעשיהם של אלה ההרוגים סתומים, ואין אתה רשאי אולי לספר אחרי מטתם, אבל הלא ידעת את מרביתו של הפועל הצעיר, בארץ ישראל, את יחוסו לכל קודש בישראל ובאדם.

דברים אלו של הרב קוק משקפים היטב את הקושי הפנימי והעמוק שהוא חש (ולא פעם חשים גם אנחנו) בין תנועת נפש אינטואיטיבית, רגש פנימי אנושי (ובמקרה הזה גם רגש של אחווה לאומית והערכה לאישיותם ופועלם של הנפטרים), לבין עמדתה הנוקבת של ההלכה, המבטאת עולם ערכי, אידיאלי וחברתי שמבעדו נפסקת ההלכה.

הרב קוק מלמד אותנו פרק בהכרעה במקרים כאלו:

> שמא תאמר ליישב על פי הנוסח הרגיל מיסודו של מר אחד העם: הספר הוא ספר, והלב עושה את החיים, וכיון שהלב נלחם בספר - הראשון הוא המנצח. במטותא מנך חביבי, אל נא תרפא שבר גדול על נקלה. הספר וכל אגפיו - גילוייו של הלב הם, ואיזה לב - לב האומה, הלב של נשמתה, הלב של תמצית כל הוייתה, של מעמק חייה, זה הלב דוקא בספר הוא מונח וגנוז, ותוך כל גרגיר המתגלה מאוצר הספר המון רב של לב ושל חיים מונחים.

הרב אינו מזניח אפוא את הספר - שהוא מלא לב, על אף רגשות הלב הראשוניים - ופונה למצוא מזור בכך ש'הפורשים מדרכי ציבור שבזמן הזה לאו פורשים מדרכי ציבור גמורים הם, אלא מעשה תקופת ההתבוללות בידיהם'. זוהי תובנה שחוזרת לא פעם בפסקי הלכה בעת המודרנית ביחס לעוברי עבירה שאינם 'כופרים' או 'עוברים להכעיס'. בדברים אלו מתבוננים הפוסקים בשינויים שהתרחשו בחברה הדתית ובעולם בכלל ביחס לאמונה ושמירת מצוות ומשַקפים את השינויים הללו גם בפסיקתם ביחס לאותם עוברי עבירה.

הרב קוק מוסיף לכך גם את הסעיף בהגהות הרמ"א המביא דעה שלפיה 'יש אומרים שמומר שנהרג בידי נכרים מתאבלים עליו'; ומכאן - כפי שהוא כותב, 'לאושר אסוננו' - הוא מרשה לעצמו לבכות ולהתאבל על מותם, שיש בו פן לאומי שבעטיו נפלו ובגינו קל יותר לזהותם כמי שאף שפרשו מדרכי הציבור, הם עדיין חלק ממנו.

מקרה דומה ושונה התרחש כ־900 שנים קודם לכן, כאשר בנו של רבנו גרשום מאור הגולה, מגדולי חכמי אשכנז במאה ה־11, המיר את דתו. לפי המובא בכתבי הפוסקים, היה זה בשעת השמד, כך שסביר שמדובר בהתנצרות כפויה, וכפי שנראה מיד ייתכן שהוא אף נהרג במהלך הפרעות הנוצריות. על אף האמור לכאורה כבר במסכת שמחות, שאין להתאבל על משומדים, מעידים הראשונים כי רבנו גרשום התאבל על בנו שהשתמד, ולא זו בלבד אלא שמסופר כי נהג בעצמו ארבעה עשר ימי אבל ולא שבעה בלבד.

אף שיש ראשונים שהסבירו שהאבלות הייתה על עצם השתמדותו של בנו, רבים מהראשונים הסבירו שרבנו גרשום אכן התאבל כשבנו מת, מרוב צערו, למרות ההלכה שאסרה זאת. דברים מפורשים כותב מהר"ם מרוטנבורג: 'משומד שמת אין חייבים להתאבל עליו [...] ואע"פ שרבינו גרשם התאבל על בנו שבועיים, לית הלכתא כותיה [=אין הלכה כמותו], אך מרוב אנינות עשה'. רבנו גרשום, אליבא דמהר"ם מרוטנבורג, פעל מתוך רגש הצער שלו על מות בנו, וזאת בניגוד להלכה. האם פסק כך רבנו גרשום הלכה למעשה? האם לא הצליח לקבל תנחומים כפי שמתואר על יעקב אבינו אחרי היעלמותו של יוסף בנו? קשה לדעת.

יש מהראשונים שהסבירו שאכן לא היה מדובר באבל הלכתי, אלא בצער כבד על כך שבנו לא זכה לשוב בתשובה. יש אחרים שמסורתם הייתה שבנו של רבנו גרשום היה קטן ומת עם אמו ועל כן אינו נחשב משומד. תירוצים אלו מיישבים בין ההלכה כפי שהיא לפנינו לבין התנהגותו של רבנו גרשום, ונראה שגם הם משקפים איזשהו מבט כפול - הנותן אמון הן ברגשות ליבו של האדם ובהבנה

שאב שמת בנו מתאבל על מותו, הן בהלכה המתייחסת לכפירתו של הבן בחומרה רבה.

המחשבות הללו התחברו אצלי גם למצב המסוים שבו היה נתון אלכס בקהילתנו. נראה היה לי שהמקרה של אחותו של אלכס בוודאי היה כזה ש'מעשה תקופת ההתבוללות בידיה' ולא מעשה מתריס או בוטה בכוונה. בהתייחסות קונקרטית ליחס לשורפי גופות, חשבתי שמדובר במקרה ש'רחוק מהעין ורחוק מהלב'. לא חשתי כי בקהילתנו או בסביבתה האופציה של שריפת גופה נמצאת ברקע ולכן יש להיאבק בה בכל פה, מה גם שאלכס בעצמו לא תכנן לספר על שריפת הגופה, כנראה כי היה נבוך בעצמו מהמעשה של אחותו.

ועדיין, דעתי לא נחה. המשכתי לחפש ולהעמיק, תוך כדי שילדים ואחיינים נכנסים מפעם לפעם לחדר ומביעים את מורת רוחם על כך שהמחשב 'נתפס' להם והם לא יכולים לשחק במשחקים שתכננו...

תחנתי הסופית הייתה ספרו של הרב אליהו בן־אמוזג 'יענה באש'. לא הכרתי את החיבור קודם לכן ומצאתי את עצמי קורא בו בהתפעלות, תוך שמצאתי בו גם מענה לשאלתי ולחיבוטי נפשי.

היכרותי עם הרב בן־אמוזג התחילה עוד כשנרשמתי לקורס על משנתו באוניברסיטת בר־אילן. הרב בן־אמוזג היה רבה של ליוורנו שבאיטליה במחצית השנייה של המאה ה־19 ובעל אישיות מיוחדת ומגוונת של רב ומקובל הבקי בפילוסופיה ובמדעים בכלל, שעסק לא מעט ביחסי ישראל והעמים, בהשוואה ביניהם (בספרו 'מוסר יהודי ומוסר נוצרי') ובזיקות העמוקות ביניהם (בספרו 'ישראל והאנושות').

אך את הספר 'יענה באש' פגשתי לראשונה באותו יום. מצאתי ברשת העתק סרוק של הספר מלפני יותר ממאה שנים, באותיות 'כתב רש"י'. הספר הוא פירוט של דיון הלכתי שעורך הרב בן־אמוזג, המורכב מכמה שלבים: ראשית, שאלת השריפה עצמה ואם היא תחליף לקבורה; שנית, השאלה אם דינו של האומר 'תשרפוני' כזה האומר 'אל תקברוני' (שאין שומעים לו); שלישית, דיון בשאלה אם אפשר לראות בשריפת גופה מעשה של כבוד למת (כמובן מתוך

הקשר תרבותי מסוים) או שיש בזה ביזיון; ולבסוף, דיון בשאלה אם ישנה כפרה גם בשריפת הגופה (כמו שיש בקבורה).

החיבור אינו ארוך והוא מתגלגל בין מקורות בגמרא, בראשונים ובפוסקים ומגיע בסופו של דבר אל השאלה החמישית, שאיננה נוגעת למעשה שריפת הגופה עצמו אלא לשאלת יחסנו אל מי שנהג בעצמו כך. כלומר גם אם המסקנה היא ששריפת גופה אסורה, מבזה ואין בה כפרה - עדיין יש לשאול: מהו היחס אל מי שעשה כן והאם יש להענישו ולמנוע ממנו להיות חלק ממתי ישראל?

הרב בן־אמוזג מכריע בחדות כי הרשימה שמנו חכמים של אלו ש'אין מתעסקין עימן בכל דבר ואין מתאבלין עליהן' (במסכת שמחות, פרק ב; שם נמנים חוץ מהפורשים מדרכי ציבור גם המאבדים עצמם לדעת והרוגי בית דין, ובדברי הראשונים נוספו גם המומרים, המוסרים והמנודים) איננה רשימה עקרונית שניתן לצרף אליה עוברי עבירות נוספים, אלא רשימה מסוימת וחתומה. ממילא, לדברי הרב בן־אמוזג, אם אדם שציווה לשרוף את גופתו איננו מופיע ברשימה - אין לנו לגזור גזירות חדשות מעצמנו. יתרה מזו, הוא טוען בצורה משכנעת כי גם בנוגע למאבד עצמו לדעת, חכמים הטילו כמה תנאים ש'כמעט שאי אפשר לקיימם, וכמה הוציאו מן הכלל של מאבד עצמו לדעת אפילו על טעם קל כל דהו'.

הוא ממשיך ומוכיח שהמצַווה לשרוף גופתו לא נכלל בכלל המנודים ולא בכלל הפורשים מדרכי ציבור (שהרי במקרה שלפניו לא מדובר באדם שפרש מכל דבר ופרק עול המצוות מעל צווארו, אלא בעניין זה בלבד). ומכאן הוא מגיע למסקנתו שיש לנהוג באותם נשרפים במנהגי הרחיצה ובבקשת הרחמים עליהם 'דבקשת רחמים אפילו על רשיעי ישראל מי אסירא?!'.

הרב בן־אמוזג אף מוכן לאפשר את קבורת האפר באדמת בית הקברות, אך מתנגד להשארתו בתוך כדים בחדר נפרד, מטעמים שונים - הן מצד 'לא תתגודדו', הן משום שיש כאן סיוע של ממש לאותם עוברי עבירה בעבירתם, הן מצד כבודם של הנפטרים האחרים.

כך או כך, קראתי את הקונטרס בנשימה עצורה ובהתפעלות עצומה - מהדיון הישר והמעמיק ומההתמודדות האמיצה והמורכבת של הרב בן־אמוזג עם רוחות הזמן ועם המציאות המתהפכת. אף ששאלותיו היו שונות משאלתי, ראיתי בדבריו פתח לזהות אדם שציווה על שריפת גופתו כמי שלא נמנה ברשימת אלו שאין מתאבלים עליהם, וממילא הרגשתי שלם עם התשובה שתכננתי להשיב לאלכס.

* * *

את הדיון ביחס למשמעותה של דעת יחיד בהלכה כבר פגשנו, בפרק שבו סיפרתי על ספר התורה בטירת צבי ועל התייחסותי המוטעית אליו כפסול, הגם שהייתה דעה שהכשירה אותו. גם במקרה הזה, ראיתי בנוכחותה של עמדת הרב בן־אמוזג עוגן לגיטימי גם אם יחיד לפסוק כמותו במקרה הצורך. ידעתי שרבו הדעות שחלקו עליו, אבל עמדתו התחברה הן לפסיקתו האגבית של הרד"צ הופמן, הן לתפיסתו של הרב וולדנברג בנושא אחר, הן למחשבתי שלי ביחס למקרה המסוים הזה.

בהקשר אחר כתב הרב קוק, ביחס לנידויו של שפינוזה, במאמר 'דעת אלוהים', כי הייתה זו יד ההשגחה (או 'יד ה'' כביטויו) שהובילה את ראשי העדה באמסטרדם לנדות את שפינוזה וזאת בדיוק מהטעם הזה - שאם לא כן היו ספריו חלק מהספרייה הלגיטימית ב'ארון הספרים היהודי':

> יד ד' הייתה על ראשי העדה האמשטרדמית אז להוציא מהכלל את מי שחשב להשכיח את האידיאליות של הקריאה בשם ד', ע"י הקריאה המהממת לעצמיות [...] לולא המרחיקים הללו אז הלא היה איש כזה נחשב בין חכמי ישראל, ספריו היו נחשבים כספרי חקירה אלוהית נאמנים וראוים לבא בקהל, ואין לשער את כח הנפץ שהיה צפון בהם, למעמד הרוחני והלאומי של ישראל, ובאיזה צורה איומה היה יוצא כשהיה גם העֹז העברי נוסף אליו [...] כמה היו פועלים להזיק, אם

> היו נכתבים בלשון הקודש והיו מתובלים גם כן בדברי תורה, בגילוי פנים שלא כהלכה [...] יותר ויותר ממה שפעלו כל אלה בהיותו יושב הרחק מן המחנה בדד ונבדל.

הרב קוק מזהה אומנם נקודות של אמת בהגותו של שפינוזה (שכדבריו, 'רק בעמל רב וניסיון כביר הננו מוכשרים להוציא גם מהרמון הזה, המעובה בקליפתו, איזה תוך תמציתי, הראוי להתקיים אחרי מירוקו ליבונו וצירופו'). אבל הוא מבין היטב שהשארתו של שפינוזה כחלק מהמרחב היהודי הייתה ממקמת אותו כאחד ההוגים הלגיטימיים, וממילא היו מחברים שהיו מצטטים ומתרגמים אותו, מתַבלים את דבריו במקורות אחרים וממילא מאפשרים להגותו להשפיע ולנכוח בשיח הרוחני הדתי הרבה יותר מכפי שהיא נוכחת כיום.

אומנם אלו דברי הגות ולא הלכה, אבל באופן דומה יש להתייחס לספרים שאינם נמצאים 'על המדף', ולעומתם לספרי הלכה שהם חלק מהקודקס של ארון הספרים היהודי.

דיון מרתק בהקשר זה ניהלתי עם חברי לצוות הישיבה, הרב בניה ינאי, בדרכנו מנסיעה של תלמידי הישיבה לשומרון לכמה פגישות, שיעורים ושיחות - ובהם מפגש עם הרב אליעזר מלמד, ראש ישיבת הר ברכה ורב היישוב, אחרי צאת ספרו 'פניני הלכה: טהרת המשפחה'. בדרך חזרה חלקתי עם הרב בניה מחשבות על דרך הפסיקה של הרב מלמד בספרו ובין השאר הערתי על חידוש גדול שלו בנוגע לבדיקת היום הראשון בשבעת הנקיים של האישה הנידה.

מסורת הפסיקה, כך אמרתי, ראתה בבדיקת היום הראשון בדיקה מחייבת, שבלעדיה קשה להקל - וזאת בעקבות ה'שולחן ערוך', הגם שפסיקתו מחמירה ובשעת הדחק היו פוסקים שהקלו גם כנגדו בעקבות דעות ראשונים רבות שסוברות אחרת. אך הרב מלמד פוסק כאותם פוסקים מקילים: 'בשעת הדחק, אם בדקה את עצמה רק פעם אחת במשך שבעת הימים בנוסף לבדיקת "הפסק טהרה", תוכל להקל ולטבול', ובהערת השוליים לאותה

פסיקה הוא מציין: '[...] כמו כן אשה שרואה כתמים מחמת כדורים הורמונליים או התקן תוך־רחמי, תבדוק פעם אחת כדעת רוב הראשונים, כדי שלא תמצאם על עד בבדיקה פנימית ותכנס לספקות גדולים'.

פסיקה זו נוגעת לנשים רבות והיא מנוסחת באופן שהולך צעד אחד מעבר להיתרי 'שעת הדחק' של אותם אחרונים שפסקו כך, או היתרים במקרי דיעבד. הרב בניה שאל אותי על עמדתי ביחס לפסיקה זו ובפועל כיצד אני פוסק בנוגע לבדיקת היום הראשון (שמניסיון רב שנים, היא הבדיקה הבעייתית יותר בדרך כלל). אמרתי לו שאני מבין את מהלכו של הרב מלמד, אך באופן אישי נדמה לי שהוא פוסע פה צעד רחב ומותח את מסורת הפסיקה.

עם זאת, המשכתי ואמרתי לרב בניה שמאז צאת ספרו של הרב מלמד, אני מביא את עמדתו בחשבון במקרים שאני נשאל בהם ומסתמך עליה במקום צורך, ואפילו מלמד אותה בזמן שאני יושב עם בחורים המתכוננים לחתונה ולהלכות הבית היהודי. הרב בניה התקשה לקבל את דעתי. 'אם אתה חושב שהצעד הוא חריג מבחינה הלכתית, כיצד אתה יכול לפסוק כמותו?', הוא שאל. עניתי לו בפשטות שמכיוון שספריו של הרב מלמד הם חלק ממסורת הפסיקה והתקבלו בציבור, דעתו היא דעה לגיטימית ונחשבת, כך שגם אם לא הייתי פוסק כמותו לכתחילה, במקרי צורך אפשר להסתמך עליו.

הזכרתי את דבריו של הרב קוק בחיבורו 'אדר היקר', שבהם הוא מתייחס למקור סמכותה של ההלכה ולסמכותם של חז"ל:

> [...] תדע שהרי אנחנו מקיימים באהבה מנהגי ישראל שאנו יודעים שלא נצטוינו בהם ע"פ שום נבואה, והכל מפני חבתה של אומתנו, אהבתה וכבודה החביב עלינו, בחבה של קדושה אלהית עליונה. וכן כל מצות חכמים שאנו מקיימים, היסוד העקרי שלהן היא קבלת 'הגוי כולו', שהיא כבוד האומה והשפעתה ההיסתורית הנצחית האלוהית החביבה, שכל מה שהיא יותר מתעתקת היא יותר מתחבבת ומתגלה בתוכה

> יותר הרצון והצביון הכללי של האומה בכללה [...] היינו שנתפשט הדבר ברוב ישראל [...] היסוד הקיים עדי עד, הוא רק קבלה האומה לדורותיה בדרכי חייה, והננו רואים, למשל, שחרם דרבנו גרשום מאור הגולה במקום שנתפשט הוא חזק ואמיץ בלב האומה כשאר אסורי תורה, אע"פ שלא היה לא תנא, ולא אמורא, אלא מפני שנתחברה לו הסכמת האומה עכ"פ במשך הדורות, 'וכל המוציא את עצמו מן הכלל, כפר בעיקר' [...]

טענתי הייתה שלא רק מה 'שהתקבל על ידי האומה לדורותיה בדרכי חייה' הוא מחייב, אלא גם מה שהתקבל כחלק מ'ארון הספרים של הפוסק' על ידי האומה לדורותיה מאפשר להסתמך עליו במקום צורך ועל פי ראות עיני הפוסק.

* * *

התקשרתי אל אלכס. הרגשתי שהוא חיכה בדריכות ליד הטלפון בכל הדקות שבהן התלבטתי ועיינתי.

שיתפתי אותו בקצרה במורכבות ההלכתית וגם בהכרעתי המבוססת: שהוא יוכל לשבת שבעה. בדרך כלל השבעה מתחילה מיום הקבורה, אך במקרה כזה יש להתחילה מהיום - שהרי קבורה לא צפויה להיות. הוספתי עוד שהוא לא צריך לשתף אף אדם נוסף בסיפור שריפת הגופה. גם אם הנוסח השבלוני המופיע בקבוצת המייל הקיבוצית כולל התייחסות לקיומה של ההלוויה ('שמענו בצער רב על פטירת... ההלוויה התקיימה ב... יושבים שבעה ב...'), אין מחובתו לתקן או לעדכן את האחראי על הפרסום.

* * *

תמכתי את דבריי בתשובה של הרב עובדיה יוסף, הנוגעת לשאלת הצורך באמירת אמת כשזו עלולה להביא לפגיעה בשלום בית. הרב עובדיה דן במקרה שבו אישה שנישאה לאיש לא סיפרה לו את פרטי עברה, שבין השאר כללו חיים משותפים עם חבר, כניסה להיריון והפלה מוקדמת. כעת נולד לה ולבעלה ילד ראשון, והאב השמח

מעוניין לערוך לו פדיון הבן - שמבחינה הלכתית איננו תקף (שהרי האישה כבר הפילה והילד איננו 'פטר רחם'). האישה פונה אל הרב עובדיה ונפשה בשאלתה: היא מאוד לא רוצה לספר על האפיזודה הקודמת של חייה, ומאידך איננה רוצה להכשיל את כל משתתפי טקס הפדיון בטקס שייעשה לחינם ועוד בברכות לבטלה.

אני זוכר כשראיתי לראשונה את השאלה הזו בשו"ת 'יביע אומר', שאלתי את עצמי כיצד יצליח הרב עובדיה להיחלץ מהמלכוד. ידעתי היטב את רגישותו של הרב עובדיה ל'ברכה לבטלה', רגישות הלכתית שהביאה אותו לא פעם לפסוק שיש להימנע מברכות במצבי ספק (ולאור הכלל 'ספק ברכות להקל') ותהיתי לעצמי מה יגיד במקרה כזה, כשברור היה לי שמגמתו היא למנוע את המבוכה מהיולדת.

ואכן, הרב עובדיה פורס סוללה של מקורות ומוכיח שניתן לשנות מפני השלום ואף לברך ברכה לבטלה במקרה כזה. הוא לא מסתיר את עמדת הרמב"ם וה'שולחן ערוך' - שאיסור ברכה שאינה צריכה הוא איסור תורה - אבל כדרכו הוא מעמיד מבנה הלכתי מורכב, שלפיו מדובר בספק אם בכלל ההלכה כרמב"ם או כפוסקים רבים אחרים שלפי דבריהם האיסור הוא מדרבנן, ומוסיף עליו ספק נוסף לאור מחלוקת ראשונים אם חובה על האדם להודיע לאדם אחר שהוא עלול לעבור עבירה כשכבוד הבריות עלול להיפגע מכך. מאחר שלפניו 'ספק ספיקא', כלומר ספק כפול (הלכתי), יש להקל במצב כזה - וגדול השלום.

תשובתו של הרב עובדיה (כמו מאות תשובותיו האחרות) היא מצג מדהים של ידע אנציקלופדי של תשובות הלכתיות, אבל לא פחות מכך של וירטואוזיות בבניית התשובה ויצירת המבנה המסופק שמוביל להכרעה ההלכתית; ויותר משני אלו, ביטוי לרגישותו ועומק הבנתו את רצונו של הקב"ה ממנו, כפוסק בעל יכולת ואומץ, במקרים כגון אלו.

העיקרון 'משנים מפני השלום' לא נוסד על ידי הרב עובדיה ומקורו בדברי חז"ל התומכים את עצמם בפסוקי התורה ובשינוי שמשנה הקב"ה, בכבודו ובעצמו, כשהוא מספר לאברהם ששרה

אמרה 'וַאֲנִי זָקַנְתִּי' ולא 'וַאדֹנִי זָקֵן', וזאת משום שלום ביתם. לצד זאת, המקרה שבו דן הרב עובדיה מותח את יכולת וחובת השינוי גם למרחבי הברכה והזכרת שם ה' - ובכך ייחודו.

במהלך רבנותי נזכרתי לא פעם בתשובה זו של הרב עובדיה. באחד החורפים פנה אליי זוג שחבק את ילדו הראשון וביקש לשוחח איתי לקראת חגיגת פדיון הבן שעמדה להתקיים תוך שבועיים. הזוג המאושר שיתף אותי שההיריון הזה איננו ההיריון הראשון שלהם. כפי שקורה באחוז לא מבוטל מההריונות הראשונים, בשבוע ה־11 הגיע הזוג לבדיקת שקיפות עורפית ושם התגלה שלעובר אין דופק (אחרי שבבדיקה קודמת, בשבוע ה־8, היה דופק) וההיריון הופסק.

חוויית ההפלה היא חוויה לא פשוטה, בפרט לזוג צעיר. הסיטואציה של אובדן היריון, גם אם הוא רק בתחילתו, נחווית לא פעם כאובדן של ילד ומעוררת תגובות המוכרות לנו מעולם האבלות: כעס, דיכאון ולעיתים גם אשמה. האתגר הזוגי מורכב גם הוא, כשהלכות ההרחקות מוסיפות עוד קושי, שלא פעם נשאלתי לגביו על ידי תלמידים ובוגרים שהתמודדו עימו וביקשו לברר מה יותר להם לעשות כדי לסייע - פיזית ונפשית - לנשותיהם.

במקרה שהגיע לפניי, ההורים הצעירים כבר היו רחוקים מחוויית ההפלה, אך זיהיתי שהיא עדיין נוכחת בליבם, גם אם החודשים שעברו, יחד עם ההיריון שברוך ה' צלח והילד המתוק שבידיהם עמעמו את חדות הכאב ומהלו אותו באושר ובשמחת הלידה.

שאלתם נגעה כצפוי לפדיון הבן. 'אנחנו מאוד רוצים לקיים את הטקס של פדיון הבן', אמרה שרית, האֵם. 'זה גם מתוך הרצון הפשוט להודות לקב"ה על המתנה הנפלאה הזו ולהנכיח את שותפותו לתהליך הניסי של ההיריון והלידה הבריאה, וגם מתוך אי־נעימות מול חלק מקרובי המשפחות שלנו, שלא מודעים להפלה שעברנו בהיריון הראשון'.

ראובן, האב, הוסיף: 'בעיניי הטקס של פדיון הבן הוא לא רק העניין ההלכתי שכרוך בתמורה שמבצעים עם הכוהן ולא רק הכרת

הטוב על לידתו. יש כאן הזדמנות באמת לציין את בכורתו של הבן, את היותו צעד ראשון במימוש הפוריות שלנו, ביצירת המשפחה שלנו, וכבכור אני יודע להגיד עד כמה חשובה המודעות ההורית לבכורה׳.

התרגשתי לשמוע את שניהם והוספתי שהגמרא במסכת קידושין מונה חמש מצוות שהאב מחויב לעשות בבנו והן מסמנות איזשהו סדר מתפתח מהלידה ועד הבגרות - למולו, לפדותו, ללמדו תורה, להשיאו אישה וללמדו אומנות. המצוות הללו מכניסות את הילד צעד אחר צעד לעולם המבוגר והמחויב, הופכות אותו ל׳אדם מן היישוב׳ ומעניקות לו את הכלים להיות בוגר ועצמאי. התחנה של הפדיון (בין המילה ללימוד התורה) היא תחנה שההורים עוברים בה לא פחות מהילד, והיא מדגישה עבורם - דווקא בלידת הילד הראשון - שהילד הזה איננו ׳שלהם׳ אלא שייך לריבונו של עולם. הוא עומד מולו בעצמו והם בעלי הפיקדון והאחריות לאפשר לו לצמוח ולגדול. עמדה כזו למדתי מסבתי ע״ה, שנהגה לומר: ׳הילדים אינם שלי. הם של הקב״ה ושל עצמם׳.

הבנתי היטב את רצונם של ראובן ושרית לקיים את פדיון הבן ואת מפח הנפש שצפוי להם אם הדבר לא יתאפשר, אך לא היה בסיס הלכתי לקיום הפדיון. כפי שכבר ראינו בשאלה שנשאל הרב עובדיה, ילוד שאיננו ׳פטר רחם׳ ושכבר קדם לו עובר אחר שהופל, לא מחויב במצוות פדיון הבן, והגדרת העובר לעניין זה היא ׳בן ארבעים יום׳.

חשבון השבועות הרפואי של ההיריון הוא מהווסת האחרונה, ואילו החשבון ההלכתי הוא מהפריית הביצית (בדרך כלל 14 יום אחרי הווסת). ממילא עמדה בפניי הידיעה שליבו של העובר פעל כשהיה בן ארבעים ימים (במהלך השבוע ה־6 לתחילת ההיריון).

אומנם, רבי יוסף קולון, מגדולי פוסקי איטליה במאה ה־15, פסק ש׳כל זמן שאין אבריו מרוקמים - אין פוטר הבא אחריו׳. לדבריו, הגבול איננו של 40 יום מההפריה אלא הוא תלוי בהתפתחות ראשונית של איברי העובר, דבר שמקובל לזהות כיום כמתרחש סביב היום ה־44.

המקרה של ראובן ושרית היה גבולי. נצפה דופק בשבוע ה־6 אך לא בשבוע ה־7 - כלומר לא הייתה ודאות שהעובר הגיע לשלב של 'ריקום איברים' - ורק שלושה שבועות אחר כך התגלה שהעובר ללא דופק. כיצד מכריעים במצבי ספק?

בשיח ההלכתי ישנם כמה עקרונות להכרעה במצבי ספק מעין זה. מן הצד האחד עומד מושג ה'חזקה'. החזקה היא הנחה האוחזת במידע (או בדין) שעמדו בפנינו, וכל עוד אין הוכחה הפוכה, אין לשנות את החזקה. דוגמה מוכרת לדבר במשפט הישראלי היא 'חזקת החפות': כל אדם הוא בחזקת חף מפשע כל עוד לא הוכח אחרת.

באופן דומה, סובר המהרי"ק כי לפנינו שתי הנחות, שתי חזקות, בנוגע לעובר הזה. האחת, חזקה מציאותית - לא ראינו עדיין שהתרקמו איבריו. עמדת המהרי"ק היא שאכן כל עוד אין לנו ודאות שהתרקמו איבריו, חזקתו של העובר היא שאיבריו לא נתרקמו. זהו המידע הוודאי האחרון שיש לנו ואין לנו לפסוק הלכה על סמך השערה אחרת. עוד מוסיף המהרי"ק שגם מבחינה הלכתית על ההורים מוטלת 'חזקת חיוב' לקיים את מצוות פדיון הבן. גם חזקה זו לא פוקעת ללא הוכחה משכנעת שאכן השתנתה המציאות ובעקבותיה הדין.

אל מול מושג ה'חזקה', משתמש הרב צבי הירש אשכנזי, בעל שו"ת 'חכם צבי', מחשובי הרבנים במרכז אירופה בסוף המאה ה־17, בכלל הלכתי אחר המתַפקד במצבי ספק: 'זיל בתר רובא' [=לך אחר הרוב]. אומנם החזקה היא שאיברי העובר לא נתרקמו, אך רוב הנשים ורוב ההריונות מתפתחים באופן תקין, וממילא עלינו להניח שגם העובר הזה התפתח עוד מאז יומו ה־40 ואיבריו נתרקמו טרם הפסיק ליבו לפעול. ה'חכם צבי' מוסיף ומציין שהכלל ההלכתי הוא ש'רוב וחזקה - רוב עדיף' ועל כן עלינו למנוע את פדיון הבן בלידת הילד השני.

נפרדתי משרית וראובן ואמרתי להם שאעשה מה שאוכל כדי להתיר את קיומו של הפדיון, והחלטתי להיוועץ ברב יעקב אריאל. בעבר כבר נועצתי ברב אריאל, רבה של רמת גן באותם ימים,

בשאלה שנגעה לענייני שמיטה בענף התמרים, והתקשרתי לביתו מיד אחרי יציאת הזוג מחדר העבודה שלי.

הרב אריאל היה זמין בביתו, ולאחר ששמע את השאלה אמר לי בפשטות שעמדתו היא שאין לעשׂוֹת פדיון במקרה כזה. הרגשתי שלא הסברתי היטב את השאלה וביקשתי את רשותו להדגיש משהו בשאלה. 'הזוג מאוד רוצה לעשות פדיון לבן שלהם. הם לא שאלו אותי מה הדין, אלא כיצד אפשר יהיה להתיר לקיים את הפדיון'. שמעתי את השינוי בקולו של הרב אריאל מיד. 'אם כך, בוודאי שיכולים לעשות פדיון, אומנם בלי ברכה, אבל פדיון - בהחלט כן'. הצעתי, והרב אריאל הסכים לדבריי, שבמעמד הפדיון יברכו על היין ברכת 'בורא פרי הגפן'. וכך, ובהנחה שהכוהן יֵדע מראש מה השינוי באירוע הפדיון שלפניו, ניתן יהיה למזער את השונוּת שבין פדיון זה לפדיון אחר ולאפשר להורים לקיים את טקס הפדיון, להצניע את סיפור ההפלה ולשמוח עם קרוביהם באירוע המרגש.

* * *

אלכס הודה לי מאוד. חשתי את ההקלה בקולו, הן בכך שיוכל לשבת שבעה על אחותו שנפטרה, ולא פחות מכך שלא יידרש לספר על שריפת גופתה לאנשים שלא ירצה לשתף בכך. שבתי לחגיגות יום העצמאות ולשירה המשפחתית שהתעצמה בסלון, ובליבי שמחה גם על יום חגה של המדינה וגם על מציאת ההיתר לאלכס.

געגוע חיוני:
רגישות הלכתית

ההלוויה הסתיימה. סעודת ההבראה גם כן, המשפחה מתכנסת והילדים שאִמם נפטרה מתחילים לאט לאט לעבֵּד את החוויות ולהתחיל את תהליך האבלות שנפתח עם סתימת הגולל, המשכו בשבעת ימי האבל, ומשם להלכות הנוגעות לשלושים הימים הבאים וסיומו בתום שנים עשר חודשים מהקבורה. אני יושב עם הילדים, שאינם צעירים, אבל כפי שלימד אותי הרב דרייפוס במות אִמו והיא מעל גיל תשעים, 'לאימא אין גיל'. אני מוצא את עצמי משלב בדבריי גם הלכות הנוגעות לימים הקרובים, גם עצות מעשיות, גם הסברים שנושקים לפילוסופיה, פסיכולוגיה ותיאולוגיה וגם דברי ניחומים וחיזוק.

במעגל הצפוף יושבים הבנים והבת, וגם החתן והכלות. עוברת בי מחשבה על חוכמתם של חכמים שאמרו 'כל שמתאבל עליו - מתאבל עמו'. אני מכיר את החתן וגם קצת את הכלות ויודע כמה היו מעורבים בחודשים האחרונים בטיפול בחמותם - וכמה הם גם אבלים בעצמם וכמובן מזדהים עמוקות עם האבל של בני זוגם.

אומנם הרמ"א פסק שבימינו 'נוהגין להקל באבלות זה של המתאבלים עמו, דאין זה אלא משום כבוד המתאבלים, ועכשיו נהגו כולם למחול. וכן נוהגין האידנא [=כעת] שלא להתאבל כלל עם המתאבלים', אבל המנהג שהוא מביא מיד אחר כך מְשַׁקֵּף את הרגישות האנושית המתבקשת: 'ומכל מקום נהגו שכל קרובי

המת [...] מראין קצת אבילות בעצמן כל שבוע הראשונה [...]׳. והוא מסיים (בשם הרא״ש) גם בהבנה הלכתית המכילה את מי שחווה את האבלות של קרובו באופן עוצמתי יותר: ׳מי שרוצה להחמיר על עצמו להתאבל על מי שאינו צריך, או ללבוש שחורים על קרובו, אין מוחין בידו׳.

אני מסיים את דבריי, מחזק שוב את המשפחה ומתכונן לצאת אל ביתי, כששניים מהיושבים קמים לכיווני ומבקשים לדבר איתי - כל אחד בנפרד.

הראשון הוא שיבי, שנראה כאחד מהאבלים - בחולצתו הקרועה ובנעלי הגומי שלו - אך אני יודע היטב שהנפטרת איננה אִמו הביולוגית אלא אִמו המאמצת. שיבי אומץ בגיל צעיר וראה בהוריו המאמצים את הוריו לכל דבר ועניין. פטירתה של אִמו המאמצת טלטלה אותו כמו את שאר בני המשפחה והוא שאלני עוד אתמול כיצד עליו לנהוג. השבתי לו כי אומנם מכיוון שלא מדובר באִמו הביולוגית, לא חלות עליו ההלכות המחמירות של אבלות על אב ואם, אך ברור לי שאם רצונו לקחת חלק בשבעה כמו שאר הילדים שעימם גדל - הרי זה ראוי ומתבקש והוא יכול אף לקרוע את בגדו (כמו שפסק הרב עובדיה יוסף). הוספתי שהוא יכול להחמיר על עצמו ולנהוג בדיני האבלות כל השבעה, לקבל תנחומים ואף לומר קדיש יחד עם האבלים, כחלק מהכרת הטוב שלו כלפי אִמו המאמצת. לצד זאת, הסתייגתי בדבריי מדבר אחד - פְּטור הקרובים ממצוות בזמן שבין הפטירה לבין הקבורה.

זוהי אחת ההלכות המרתקות בהלכות אבלות והיא נוגעת לזמן המעבר שנתונים בו האבלים כאשר נודע להם על פטירת קרובם, אך הוא טרם הובא לקבורה. ההלכה מגדירה מצב זה כ׳אנינות׳, כלומר זמן של צער, והגמרא בתחילת הפרק השלישי במסכת ברכות מלמדת כי ׳מי שמתו מוטל לפניו [...] פטור מקריאת שמע ומן התפלה ומן התפילין ומכל מצות האמורות בתורה׳. זוהי הלכה חריגה וייחודית, הפוטרת את האדם מכל מצוות העשה. כמובן אסור לו לעבור על איסורים, אבל קיום מצוות נמנע ממנו.

יתרה מכך, ההלכה אוסרת על האבל להחמיר על עצמו ולקיים מצוות, ובטעם הדבר מתלבט התלמוד הירושלמי - אם הוא קשור לכבוד המת או לצורך הפיזי של נשיאת המיטה. ההבדל בין הטעמים קיים כמובן במקום שבו יש אחרים שיישאו את המיטה, או במובן רחב יותר, יטפלו בסדרי הטהרה והקבורה (כמו בימינו, כשה'חברא קדישא' עוסקת בכך במסירות ובגמילות חסד של אמת). חלק מן הפוסקים סוברים שבמקרה כזה, האבל איננו 'אונן' עוד ואין כל צידוק לפטור אותו ממצוות. אחרים טוענים כי המושג 'מוטל עליו לקברו' מורחב לכל עיסוק בסדרי ההלוויה, ההודעה על הקבורה, כתיבת ההספד וכל שאר המשמעויות המעשיות של ההלוויה - וממילא האנינות עודנה רלוונטית.

מדבריו של הרי"ד סולובייצ'יק עולה שפטור האונן מן המצוות איננו רק עניין של המת וכבודו, אלא מצבו של מי שמתו מוטל לפניו בעצמו. כך מובא בספרו 'מן הסערה' העוסק בייסורים ובאבלות:

> האנינות מייצגת את התגובה האנושית הספונטנית כלפי המוות [...] האדם מתחיל להטיל ספק בעצם מציאותו הייחודית, כשהוא מוכה בידי כוחות הרע, תפילותיו לא נענו, והריהו מוקף באפלה נוראה, עזוב ובודד. הספק מתפתח במהירות להכרה אכזרית, והאדם המפקפק נעשה אדם לעגני.
>
> כלפי מי מופנה לעגו של האדם? כלפי עצמו! הוא מתחיל בהשפלת ערך עצמו ובהוקעה עצמית. הוא רואה את עצמו כמי שניטל ממנו צלם אנוש. הוא מגיע אל המסקנה כי האדם איננו בן אנוש, אין הוא אלא יצור חי, נדמה לבהמות השדה [...] הוא אומר לעצמו: אם המוות הוא ייעודם האחרון של כל בני האדם, אם כל מה שהוא אנושי בא אל קצו בקבר החשוך והצר, אזי מה הטעם בהיותי אדם? מה הטעם ביומרה לטעון שאני המובחר שביצורים, נזר הבריאה? לשם מה עלי לתבוע את ההכרה בייחודיותי ובצלם הא־להים שבי? לשם מה צריך

אני לקבל עלי את המחויבות ומדוע עלי לשאת את המשא האנושי־המוסרי? [...]

ההלכה חושפת רגש גדול של חמלה כלפי האדם הנבוך והמתייסר, האחוז בחוזקה במלתעותיו של הגדול שבאויביו - המוות. ההלכה לא ניסתה מעולם לְיַפּוֹת את מראהו של האדם המת, על הצער שהוא מעורר ועל כיעורו. אף שההלכה מאמינה באמונה שלמה בחיי הנצח, באלמוות ובקיום טרנסצנדנטלי מתמשך של כל בני האנוש, היא הבינה יפה, כאותה אֵם אוהבת ומבינה, את בהלתו של האדם ואת מבוכתו כשהוא ניצב אל מול פני המוות. על כן מקבלת היא ההלכה בהבנה ובסובלנות את אותם מחשבות וספקות מייסרים ו׳מטורפים׳. היא לא ציוותה על המתאבל להתכחש לקיומם, רק משום שהם עומדים בסתירה לעקרון ההלכתי הבסיסי הרואה בבחירת האדם את היותו מלך הבריאה כולה. היא התירה לאדם ללכת לזמן מה בדרכי לבו, וקבעה כי הוא פטור מכל המצוות.

מי שמתו מוטל לפניו פטור מקריאת שמע ומן התפילה ומן התפילין ומכל מצוות האמורות בתורה (משנה, ברכות ג, א). התלמוד הירושלמי, המצוטט על ידי התוספות (ברכות יז ע״ב, ד״ה פטור מקריאת שמע), לומד הלכה זו מן הפסוק ׳למען תזכור את יום צאתך מארץ מצרים כל ימי חייך׳ (דברים טז, ג). כוחה של ההתחייבות שנתקבלה במצרים יפה לדידו של אדם כל עוד הוא עסוק בחיים, ולא לגבי מי שניצב אל מול פני המוות.

מה הטעם העומד מאחורי ההלכה הפוטרת את האונן מקיום המצוות? הידיעה כי מחויבותנו כלפי ה׳ נעוצה במודעות לכבודו של האדם וקדושתו.

ברגע שבו מתחיל האדם הנבוך, הנואש, לתהות אם אכן יש קיום לייחודו ולבחירתו, ברגע זה נמוגה המחויבות כולה באחת [...] כיצד יכול אפוא האדם להתפלל ולפנות אל

> הא־להים, אם הוא מטיל ספק בעצם אנושיותו שלו, אם דיבורו נאלם בשל ספקותיו בדבר תכונותיו האנושיות ונעשה לצליל ככל הצלילים ותו לא? כיצד יכול האבל לבטא בשפתיו ברכה או לענות 'אמן', אם הוא מוכה אלם?

דברים מופלאים אלו של הרב סולובייצ'יק מבארים כי פטור האונן ממצוות קשור למה שהוא מכנה 'ההבנה והסובלנות' של ההלכה כלפיו ברגעים אלו. מצבו המעורער והנבוך, התוהה והאילם, לנוכח המוות שפקד אותו מביא אותו להיות במצב נפשי כזה שההלכה כאותה 'אם אוהבת' מכילה את מורכבותו, איננה נאבקת ברגשותיו הטבעיים ומשחררת אותו מעולה עד לקבורה.

תמיד חשבתי שיש עוד היבט המיוחד דווקא לזמן זה שבין הפטירה לבין הקבורה. מדובר בזמן שהנפטר (והאבל יחד איתו) נמצא 'לא כאן ולא שם'. גופו עוד כאן; נשמתו כבר פרחה. מין מצב של 'בין השמשות' המטשטש את האחיזה במציאות (בין החיים למוות, בין העולם הזה לעולם הבא, בין נוכחות להיעדר) ושומט את הקרקע מתחת רגלי האבל. האנינות והפטור ממצוות משקפים את מצבו הקיומי של האבל, שלא שייך לסדר הרגיל של העולם, אלא פוגש את הסדק שבקיום ואת התהום שתחתיו. במובן זה, 'כבודו של מת' הוא נוכחותו הכבדה, ולמעשה היעדרותו הכבדה, המטלטלת את קיומו של קרובו ומוציאה אותו ממעגל החיים השגרתיים, החברתיים והנורמטיביים, שאותם מכוונת ההלכה. לאחר הקבורה, יתחיל מסעו של האבל חזרה אל המציאות, עטוף בקרוביו ובשכניו (בסעודת ההבראה ובניחום האבלים), מובחן בהתנהגותו, אך פוסע חזרה אל החיים, גם אם התהום וההיעדר לעולם יפסעו לצידו.

דברים יפים אלו נכונים בנוגע לאבלים על פי ההלכה. לא היה לי ספק ששיבי חווה את פטירת אִמו המאמצת באותם מושגים ממש, ואף על פי כן הרגשתי שאין זה נכון לפטור אותו ממצוות עשה בשל כך. בשל עיתוי הפטירה וההלוויה, מעבר לפטור מברכות, בעיקר היה מדובר בתפילת שחרית, טלית ותפילין. המלצתי לשיבי להתפלל

ביחיד, בצנעה, ובכך לא להבליט את היותו מאומץ ובכל זאת לא להפסיד את חיוב המצווה.

כשקמתי להיפרד מהמשפחה האבלה יום לאחר מכן, שיבי ניגש אליי ושיתף אותי שנהג אחרת מפסיקתי. 'אחרי שדיברנו התקשרתי לרב שלי והוא אמר לי שאני יכול וצריך לנהוג אבלות כמו כל אחיי הלא־ביולוגים'. הקשבתי לדבריו והבנתי היטב מדוע התקשר לרבו שהיה תלמיד חכם גדול, מבוגר ונשוא פנים, וגם קצת שמחתי בשבילו שהיה מי שפטר אותו מהמצוות ואִפשר לו להיות בצערו ובאחוותו עם אחיו.

הבנתי שזה אולי היה הדבר הנכון לעשותו ותהיתי שמא אוכל ללמוד משהו מהמקרה הזה. 'האם תוכל להעביר אליי את מספרו של הרב?', שאלתי. 'אשמח להתקשר אליו ולשמוע ממנו את סברתו ונימוקו, אולי אשתכנע ואפסוק כך בעתיד במקרים מקבילים'. שיבי העביר לי את המספר בשמחה ודעתו נחה כשראה שאיני מקפיד על ששאל רבנים אחרים. חשתי שהוא הרגיש קצת לא נעים לפני כן מעצם הפנייה לרב אחר, ובוודאי כשפסק ההלכה שלו היה הפוך משלי - ותגובתי הפיסה את דעתו.

את הרב לא תפסתי באותו יום, אך למחרת חזר אליי העוזר שלו, שהחזיק בטלפון עבור רבו. העוזר שמע את שאלתי והבטיח לברר את העניין ולשוב אליי. לקראת תום השבעה קיבלתי טלפון מהעוזר, שהבהיר את הדברים. 'הרב לא אמר לילד המאומץ שהוא פטור ממצוות. הוא רק אמר לו שהוא יכול וראוי שישב שבעה'. הודיתי לעוזר וביקשתי שימסור את תודתי גם לרבו, אך בחרתי שלא לשתף את שיבי בהבנה שהתחדשה לי. 'זה כבר לא ישנה כלום', חשבתי לעצמי, 'ורק ייצר עבורו רגשות חרטה, תסכול ואולי גם הקפדה על רבו - וייתכן שגם עליי שפתחתי את הדיון'.

* * *

אחרי שיבי, ניגשה אליי איילת, גיסתו. איילת הייתה אשתו של גבי, אחד הבנים האבלים, והיא ביקשה לשאול אותי שאלה באופן פרטי, לא בתוך הבית. יצאנו אל השביל שמחוץ לבית, ואיילת

שיתפה אותי בכך שהיא אמורה לטבול בעוד יממה ושאלה אם כדאי שתטבול.

שאלתה של איילת נגעה לאחד האיסורים הנוגעים לאבל - האיסור על חיי אישות. הבנתי משאלתה של איילת שהיא מודעת להלכה האוסרת על כך והיא תוהה עד היכן נמתחים גבולות האיסור המושתים עליה ועל גבי וממילא אם נכון שתטבול או שמא עדיף שיישארו באיסורם ובריחוקם עד תום השבעה.

עניתי לה בפירוט, כדי להבהיר את ההלכה ואת הגיונה, שבהחלט כדאי ונכון שתטבול מחר, מתוך הנחה שקִרבה משמעותית ופיזית בינה לבין גבי תהיה בעלת משקל עבורו ועבורה גם יחד ותסייע לו לצלוח את ימי השבעה כשהוא מנוחם ושליו יותר.

הסברתי לה עוד שהגמרא במסכת כתובות מציינת במפורש שאף שהאבל אסור בקיום יחסי אישות, לאשתו מותר למזוג לו את הכוס ולהציע לו את המיטה - כשהכוונה למלאכות אינטימיות שאסורות בדרך כלל על אישה בזמן נידתה. ההיתר הזה מלמד שלא כל קרבה נאסרה בין בני הזוג. אומנם הרמ"א פסק שיש להחמיר ביחס לחיבוק ונישוק, ובכל זאת נראה לי להקל במגע וקרבה הגם שיש בהם חיבה, אם לא מדובר ב'חיבת ביאה', כלומר במגע בעל אופי מיני.

חלוקה זו מופיעה בדברי הש"ך בנושאים אחרים והיא מתקבלת מאוד על הדעת כשאנו מבינים שניתן להבחין בין חיבוקים שונים, כאלו של תמיכה ונוכחות משותפת וכאלו שיש בהם קירוב דעת כחלק מהתרחשות מינית. ציינתי לאיילת את אזהרתו של ה'שולחן ערוך' באותו סימן, המצטט את המשל 'לך לך אומרים לנזיר, לכרם לא תתקרב', ואת הצורך בתשומת לב שלא להכשיל את עצמם. מהנהונה היה ניכר שהיא מבינה ומודעת היטב לגבול ולצורך לשמור עליו, והייתי סמוך ובטוח שאכן כך יהיה.

השאלה של איילת מתחזקת כשמדובר לא באשתו של אבל אלא באישה אבלה שאמורה לטבול במהלך שבעת ימי האבל. האבל אסור לא רק בתשמיש המיטה אלא גם ברחיצה, וטבילת האישה נאסרה במפורש ב'שולחן ערוך': 'נדה שנזדמנה זמן טבילתה בימי אבלה -

אינה טובלת׳. בהלכה נפסק שטבילת אישה בזמנה אינה מצווה. המשמעות של הדבר היא שמול איסור הרחיצה בימי האבלות לא עומדת הלכה התובעת מן האישה לטבול מיד ברגע שמתאפשר לה, וממילא יש לדחות את הטבילה.

בדרך כלל כשאני נשאל על דחיית טבילה (לא רק בהקשר של אבלות אלא במקרים רבים ומגוונים), אני מציין בפני השואלים כי אף שטבילה בזמנה אינה מצווה, לעניות דעתי ככל שניתן אין לדחות את הטבילה. המציאות של בני זוג המותרים זה לזה, גם אם כרגע אינם נמצאים פיזית אחד ליד השני, מוסיפה טוב ליחסים ולקרבה ביניהם - מעבר לחששות (שעלולים להתממש) שמא פתאום יצוצו ספקות הלכתיים או שינויים (שעלולים להתרחש) שיזרזו את מפגשם של בני הזוג. עצם הטבילה מוסיפה רוגע וטהרה, נקיות הדעת ושמחת חיים - גם כשאין יכולת לגעת ולהתראות - ועל כן טוב לטבול מיד כשאפשר.

מכל מקום, חשוב לציין שהרחיצה שנאסרה על האבלים היא רק רחיצה של תענוג. כשמדובר ברחיצה להסרת לכלוך או לצורך אחר, היא מותרת. ממילא מסבירים נושאי הכלים של ה׳שולחן ערוך׳ שהסיבה לאיסור טבילת האישה האבלה היא שאין בכך צורך, שהרי בכל מקרה היא ואישהּ יהיו אסורים בחיי אישות גם לאחר הטבילה.

הרב שרגא פייבל כהן, שכיהן כרב קהילה בברוקלין עשרות שנים, מעיר על כך בספרו ׳בדי השולחן׳: ׳ונראה דהא נמי כצורך חשיבא [=שזה גם נחשב כצורך] שיהו מותרים בשאר ענייני קורבה דלאו תשמיש׳. ממילא, אם המגע בין בני הזוג נחשב צורך, הטבילה גם במהלך השבעה לגיטימית ואיננה מתנגשת עם איסורי האבל.

לימים ראיתי תשובה סדורה ויפה של הרב דב לינזר, ראש ישיבת ׳חובבי תורה׳ בניו יורק, המתירה - במקרים שבהם לאישה יש צורך נפשי במגע של תמיכה מאישהּ - לטבול גם במהלך ימי אֲבֵלָהּ (אך מוטב שתטבול במים פושרים ולא חמים).

* * *

היחס המקל לאבלים ולצורכם מיוסד על דברים שאמר שמואל,

מגדולי אמוראי בבל בדור הראשון של האמוראים. הכלל 'הלכה כדברי המיקל באבל' מופיע לאורך סוגיות הגמרא העוסקות באבלות (בפרק השלישי במסכת מועד קטן) ומצוטט תדיר על ידי הפוסקים המאוחרים יותר. נראה שההיגיון להקל עם האבל לא נובע רק מכך שרוב דיני אבלות הם דיני דרבנן (הצעה שעולה בדברי הרמב"ן בחיבורו 'תורת האדם', אך נדחית על ידו לאור מקרים שבהם גם בדיני דאורייתא הנוגעים לאבלות מחילים חכמים את הכלל המדובר) אלא כחלק מהאיזון ההלכתי הנדרש בסיטואציה של האבל.

כמו במקרים אחרים, ההלכה נעה בין ארגון עולמו של האדם על ידי יצירת גבולות והנחיות לפעולה, באופן שמעצב את חייו וממילא את תודעתו, לבין נתינת מקום לרגש הטבעי והספונטני, מתוך הבנה שיש לו מקום בתהליכים הנפשיים שעובר האדם.

בסוגיית הגמרא הראשונה המביאה את המסורת המקילה מדברי שמואל, מובא גם סיפור על שמואל עצמו ועל אחיו פנחס, המחדד את המורכבות של הדין הזה עצמו. שמואל מגיע לבקר את אחיו האבל ורואה את ציפורניו הארוכות. טרם הסיפור הביאה הגמרא את מחלוקת רבי יהודה ורבי יוסי אם אבל אסור בגזיזת ציפורניו ואת הכרעתו של שמואל לקולא כרבי יוסי, שהרי 'הלכה כדברי המיקל באבל'. נאמן לשיטתו המקילה, שמואל תוהה בקול ביחס למעשיו של אחיו ושואל 'מדוע לא נטלת ציפורניך?'. פנחס האבל מגיב 'ואם זה היה קורה לך, האם היית מזלזל באבלותך עד כדי כך?!', ובכך מציב נקודת מבט נוספת על ההקלה באבל.

מצד אחד, האבל זקוק להלכה ולא פעם נאחז בפרטיה המשמשים כמעקה בטוח לסערת הנפש. מצד שני, ההלכה כאמור רגישה לעולמו הפנימי ומקילה כשניתן. מצד שלישי, הקלה עלולה להיתפס על ידי האבל כזלזול באבלותו או בנפטר - וממילא גם היא לא תמיד נכונה. כאן נדרש הרב להיות 'יועץ הלכה' לא פחות מאשר פוסק ולתווך לאבל את האפשרויות ההלכתיות, תוך הכּוונה הנוגעת באופן ספציפי למציאות ולאדם הניצב מולו.

אחת התשובות ההלכתיות המרשימות והמרגשות שקראתי נוגעת

לתחום זה והיא פותחת פתח לא רק לדיני אבלות אלא גם למקומה של ההלכה ותפקידו של הרב.

התשובה היא תשובתו של הרב משה בוצ׳קו, ראש ישיבת ׳עץ חיים׳ במונטרה. הישיבה נוסדה על ידי אביו של הרב משה, הרב ירחמיאל אליהו בוצ׳קו, לפני כמאה שנים, ושישים שנה אחר כך עלו הרב בוצ׳קו, הרבנים והתלמידים לארץ וקבעו את מושבה של הישיבה בירושלים ואחר כך ביישוב כוכב יעקב.

זוהי תשובה קצרה ופשוטה לקריאה והיא מצליחה להעביר הרבה מרוחה של ההלכה בין המילים ובתוכן. את השאלה שולח הרב בוצ׳קו לאדם, כנראה תלמיד ישיבה, שפגש בו במהלך ניחום אבלים על אחותו שנפטרה. הרב בוצ׳קו הגיע לנחם את האם האבלה על מות בתה, כשבמהלך הניחום ישבה עליה אחת מנכדותיה. האח האבל שאל את הרב בוצ׳קו אם אין בכך בעיה הלכתית, שהרי נפסק ב׳שולחן ערוך׳ ׳אבל אסור בשמחה; לפיכך לא יקח תנוק בחיקו כל שבעה, שמא יבוא לידי שחוק׳.

מהתשובה נראה שעצתו של הרב בוצ׳קו באותו רגע הייתה שעדיף לא לשאול. זוהי חוכמה עמוקה של רב, לדעת מתי עדיף לא להתערב כפוסק כל עוד לא שאלו אותו - ומתי עדיף שגם לא ישאלו. הוא מביא בתשובתו אמירה עממית: ׳אם תשאל שאלה, אז תהיה טריפה, וממילא אל תשאל׳. זוהי כמובן אמירה לא הלכתית, אך עם זאת גם בהלכה כבר ראינו את הכלל ׳מוטב יהיו שוגגין ואל יהיו מזידין׳ ואת תשובתו של הרשב״א שלפיה ׳לכל זמן מזומן, והעלמת עין מן העובר, לעתים מצוה, והכל לפי צורך השעה. והחכם מעלים עין לעתים בקלות׳.

הרב בוצ׳קו גם מסביר את העדפתו להימנע מתשובה הלכתית באותו רגע בכך שלא הגיע כרב אלא כקרוב משפחה והוא מוסיף וכותב ׳ומי אני שאורה הלכה לעיר רחוקה׳. יחד עם זאת, אחרי שהאח האבל שלח לו בקשה מפורשת לנמק את עמדתו ולתמוך אותה בספרות ההלכה, הרב בוצ׳קו כותב לו מכתב ובו הבהרה ועוגנים להיגיון ההלכתי. הִנה התשובה במלואה:

הנה דבר ידוע אצל מורי הוראה - בכל הוראה שתהיה - כי אין מקרה דומה לחברו, ובכל שאלה הניצבת אי אפשר להסתכל רק באותו סעיף כי לכל שאלה יש הרבה גורמים צדדיים, בהם צריכים להתחשב, יכול להיות שמצד אחד הדבר לא נכון אבל ישנו גורם אחד להיפוך, ואז צריך כבר לשיקול דעת רחב כדי להכריע. אי אפשר לשים כל מקרה ומקרה בתוך ׳סעיף מוגדר׳ ובאמת, אם מצד אחד כל המחברים קיצורים של הלכה עשו מלאכה מאוד מועילה, מצד שני גרמו גם כן שהכל נעשה ׳לסעיף׳, להלכה קבועה, עד שמתוך מלא האילנות לא רואים את היער.

והנה דווקא בהלכות שמחות, ההכרעה בכל מקרה מעט לא קלה, כי מוצאים אנו שתי גישות מקבילות סותרות את עצמן לכאורה.

מצד אחד, חיוב על האבל להתאבל ולבכות על אבדתו, וזהו חיוב מאוד אנושי, שלמרות שמצווה לקבל את הכל באהבה לא מנעה התורה מאיתו את הגישה האנושית להתאבל על אבדתו.

ולאבלות זו, שני גורמים: גורם ראשון, לכבוד הנפטר, להראות שהנפטר מכובד ואהוב עלינו, וכמו שכתוב בתורה ׳ויבא אברהם לספוד לשרה ולבכותה׳, וכן התאבלו על יעקב ועל משה רבנו ועל אהרן, וידוע מה שאמרו חז״ל למה על אהרן בכו שלושים יום כל העדה, מפני שהרגישו כולם את האבדה הגדולה במיתתו. והגורם השני, הוא גורם היפוכי והוא לתת לאדם מִדה עד כמה מותר להתאבל ואל יתקשה על המת יותר מדי כי לולא ההלכה, לא היה לאבל גבול, וככה נתנה לו התורה הלכה קבועה, ובזה עצמו הוקל על האדם, כי יש לו גדרים קבועים בהם יכול למצוא ניחומו בבכייתו.

והנה זה צד אחד של המטבע, והצד השני, הוא חובת המנחמים למצוא לו תנחומים ולהקל מעל אבלותו, להרבות עליו רֵעים

ולהמציא לו כל מיני סיבות שעל ידן יקל לו לשאת בצערו, כמו למשל להרבות בשבחו של הנפטר, בהשתתפות בצערו, כל אלו גורמים להקל מעליו את האבלות.

הרי שמצד אחד יש חיוב בצער ומצד שני יש חיוב וחוב אנושי לעשות כל טצדקי [=כל מה שאפשר] להקל מעליו את צערו. וכמובן, כמו שכתבתי בהתחלה, קשה להגדיר סעיפים קבועים במקרים כאלה, כל מקרה ומקרה יש לו דין אחר, ועל כל פנים על הציבור והקרובים מוטלת החובה לאושש את האבל בכל היכולת, ולדון על פי חובה אנושית, של ׳ואהבת לרעך כמוך׳. ואם לגבי כל אדם מוטלת חובה זו, על אחת כמה וכמה לגבי אדם השרוי בצער, כל מה שיכולים לעשות להקל עליו זוהי מצווה גדולה. אלא שאין הדבר קל, כי מצד שני הלא על האבל חובה להתאבל, וישנו פה חבל דק, ולפעמים החובה גם ללכת ׳לפנים משורת הדין׳.

פוק חזי [=צא וראה] הלא ישנה הלכה כי בתפילה ובקריאת שמע אסור להפסיק ולשאול בשלום, ומצד שני אברהם אבינו אמר לד׳ ׳אל נא תעבור מעל עבדך׳, ופסק הלכה לדורות כי גדולה הכנסת אורחים יותר מהקבלת פני השכינה, וישנן הלכות רבות כאלה.

והנה אמא שלך שלקתה בכפליים ושכלה את בתה שהקדישה כל כחה וכל חייה לשמור עליה ו׳נפשה קשורה בנפשה׳ והנה היא יכולה לקבל נחמה פורתא [=קטנה] ועידוד בחייה על ידי שתחזיק נכדה או נכדתה הפעוטים בין זרועותיה, מי הוא זה שיבוא ברגע הזה ליטול התינוק ממנה ולומר לה ׳אסור׳, הלא כאכזריות זה נחשב, וכי יש מצווה להיות אכזרי עם האבל רחמנא ליצלן?!

פוק חזי מה דאיתא [=צא וראה מה שמופיע] במועד קטן סמוך להלכה שלא יניח תינוק בתוך חיקו דף כו: חולה שמת לו מת אין מודיעין לו שמא תטרף דעתו עליו. ר״ל [=רוצה לומר] כי מצווה לקחת בחשבון גם מצבו האישי של האבל וחס

וחלילה לגרום לו צער שלא יוכל לעמוד בו. והנה בהסתכל בפרק זה ראיתי דבר קצת נראה לכאורה בלתי מדויק בשו"ע סימן שצ"א שכתב המחבר: 'וכל אבל אסור בשמחה לפיכך לא יקח תינוק בתוך חיקו שמא יבוא לידי שחוק' עכ"ל. והנה לכאורה יש בפסקא זו שני ביטויים בלתי מדויקים. מילת 'אסור' ומילת 'לפיכך' הנה בגמרא לא כתוב אסור אלא כך כתוב: 'אָבֵל לא יניח תינוק בתוך חיקו מפני שמביאו לידי שחוק ונמצא מתגנה על הבריות', הרי שלא אסרו זה מדין שמחה באבלות אלא עצה טובה קמשמע לן [=השמיענו], שלא יעשה כן שמא יתגנה ועל כבודו חסו.

ותראה שהרמב"ם דקדק בלשונו 'אלו דברים שהאבל אסור בהם' (פרק ה') ובכל הסעיפים של הפרק נתברר סיבת האיסור של כל איסור עד הלכה כ' ובסוף ההלכה כתב 'ולא יאחז תינוק בידו שלא יביאנו לידי שחוק' ולא כתב 'אסור' וכוונתו הייתה כמשמעות הגמרא לא מטעם שמחה אלא שמא יבוא לידי שחוק ויתגנה על הבריות, ובטח שגם המחבר כיוון לזה אלא שקיצר בלשונו.

ואם כן זה כבר לא נכנס בגדר של הלכות אבל, מה שהאבל מחויב, אלא מה שנכון שיעשה או לא יעשה בהתחשב בנסיבות המיוחדות של כל מקרה ומקרה.

והנה ליבי אומר לי שכשאמרו תינוק בכלל לא התכוונו לתינוק שלו וכי נאסור על אמא לאחוז בתינוק שלה?! זה נגד כל שכל, ואין בהחזקת תינוק שלה משום שחוק אלא געגוע חיוני הן לתינוק הן לאמא וחלילה מלהיות אכזרי עד כדי כך, והתורה אמרה 'דרכיה דרכי נעם'. והנה אפילו בדברים אחרים שיש איסור מפורש כמו להשתתף בשמחת נישואים הלא מצאו חכמינו כל מיני תחבולות למצוא היתר כשמדובר בשמחת קרובו הקרוב לו כי לא יתכן שאבא לא ישתתף בכלולות בנו. וכן אראך סעיף לא כל כך נודע וכמה בהיר משו"ת 'לחמי תודה', הובא בפתחי תשובה (סימן

שפ"ט) וזה לשונו: 'דהא דלא התירו אלא לאחר שבעה היינו דווקא במחליף לתענוג אבל אם מחליף לצורך הגון שהחלוק מלוכלך או משום עירבוביא שרי, אפילו בחול תוך שבעה ע"י כך כמו ברחיצה שלא אסור אלא של תענוג כמו שכתוב בסימן שפ"ח ע"ש ומה שלא בא הדבר הזה מפורש בפוסקים אין זה אלא לרוב פשיטותו' ע"ש עכ"ל.

והנה גם כאן אני אומר, האיסור הוא לקחת תינוק של אחר ולשחק עמו, עד שיתגנה, אבל לקחת את התינוק שלו לתוך חיקו, לחמם קצת את לבבו ולהפיג קצת את צערו הגדול, זהו לא רק שאין איסור אלא חיוב אנושי, ואם לא כתוב 'זהו מרוב פשיטותו'.

והנה חוזר אני על מה שהבאתי בהתחלה שלא באתי בתור פוסק, אלא כאיש המשתתף בצערה של אשה אומללה, ואני תקווה 'בלע המוות לנצח', ולא נצטרך עוד להלכה למעשה של אלו הדינים 'ומחה ד' דמעה מעל כל פנים'.

והנני מברך אותך שתעלה מעלה מעלה על במותי התורה כאות נפשך

דורש שלומך באהבה משה.

הבה נתבונן במהלכו המרתק של הרב בוצ'קו ובתחנות החשובות שתשובתו עוברת בהן.

ראשית, הוא פותח בהנחה חשובה הידועה אצל מורי ההוראה, שלפיה אין מקרה דומה לחברו, ולמעשה אי אפשר לפסוק על פי הסעיף ב'שולחן ערוך', 'כי לכל שאלה יש הרבה גורמים צדדיים, בהם צריכים להתחשב'. בדבריו הוא מעיר גם כי ספרי ההלכה המרכזים ומתמצתים את 'השורות התחתונות' של ההלכה בסימנים וסעיפים עלולים להפריע למבט הרחב והייחודי הנדרש מהפוסק לנוכח כל מקרה לגופו.

לאחר מכן פונה הרב בוצ'קו ומעמיק בגישות היסודיות הנוגעות להלכות אבלות, בדומה לניתוח שהצענו לעיל. מחד, הוא מציב

את החיוב להתאבל על האובדן כחיוב אנושי וטבעי - הן מצד כבוד הנפטר ואהבתו, הן כדי לתעֵל את האבלות הזו לתחומים וגבולות מוגדרים, ובכך בתהליך איטי לאפשר לאדם לשאת את הצער ולא להופכו לאינסופי. מאידך, ההלכה מחפשת דרך להקל על האדם את צערו, דבר שהרב בוצ׳קו מזהה בעיקר בהלכות ניחום האבלים.

לאחר העמקה זו בכפל הפנים של היחס לאבל, חוזר הרב בוצ׳קו אל הראשונות ומציין שוב ש׳קשה להגדיר סעיפים קבועים במקרים כאלה, כל מקרה ומקרה יש לו דין אחר [...] וישנו פה חבל דק, ולפעמים החובה גם ללכת ״לפנים משורת הדין״׳.

בדברים אלו הרב בוצ׳קו חושף שלא תמיד ההלכה בסעיפיה מצליחה לכלוא את הרוח ולהיות מדויקת ביחס לכל אדם וכל סיטואציה. החבל דק ולעיתים יש לנטות משורת הדין מעט ׳פנימה׳ ולעשות את הדבר הראוי. כדוגמה לדבר הוא מביא את ההלכה שגדולה הכנסת אורחים יותר מהקבלת פני השכינה, וזאת אף שאסור להפסיק בתפילה ובקריאת שמע ולשאול שלום. זוהי דוגמה נפלאה להתנגשות בין ערכים הלכתיים שונים ולהכרעה הפוכה במקרים שונים.

כאן חוזר הרב בוצ׳קו אל המקרה שבו נפגשו הוא והשואל ומתאר בצבעים עזים את כאבה של האם, ואת הנחמה הקטנה שיכולה היא לקבל מהחזקת הנכדה בידיה. רגישותו של הרב בוצ׳קו בוקעת כאן והוא מזדעק ׳מי הוא זה שיבוא ברגע הזה ליטול התינוק ממנה ולומר לה ״אסור״ הלא כאכזריות זה נחשב, וכי יש מצווה להיות אכזרי עם האבל רחמנא ליצלן?!׳.

הנחת המוצא האנושית והפשוטה של הרב בוצ׳קו היא שאין לנהוג באכזריות, והוא לא מעלה על דעתו שההלכה תורה לאדם לעשות מעשה לא מתחשב שכזה. בהמשך דבריו הוא תומך עצמו באמור בספר משלי ׳דְּרָכֶיהָ דַרְכֵי נֹעַם׳. פסוק זה, המתאר את התורה, משמש בידי פוסקים שונים ככלל המכווין את הכרעתם ההלכתית ומבטא את מגמתה של התורה.

למשל, הרדב"ז (רבי דוד בן זמרה, רבה של יהדות מצרים ומגדולי הפוסקים במאה ה־16) דן בתשובתו בשאלה מאתגרת, הנוגעת לאדם שהשלטון מציב בפניו את האפשרות לכרות אחד מאיבריו או להרוג יהודי אחר. הרדב"ז מניח שההלכה איננה יכולה לתבוע מן האדם להקריב איבר משלו ולסבול במקום חיי חברו, שהרי 'דרכיה דרכי נעם', וזוהי מידת חסידות בלבד. באומרו שזוהי 'מידת חסידות' הרדב"ז גם מביע עמדה ערכית וחותם 'ואשרי חלקו מי שיוכל לעמוד בזה' (כמובן כשאין כאן ספק פיקוח נפש). אך להפוך הנחיה כזו לשורת הדין - זהו דבר שלא עולה על דעתו של הרדב"ז מחמת הנימוק העקרוני 'דרכיה דרכי נעם'.

באופן דומה תומך הרב בוצ'קו את דבריו בשתי הלכות שגם הן, לדעתו, מיוסדות על הגיון 'דרכיה דרכי נעם'. האחת היא ה'תחבולות' שעושים חכמים למצוא היתר לאדם להשתתף בשמחת הנישואין של בנו או בתו, למרות האיסור המפורש לכאורה לעשות זאת. השנייה היא ההיתר ללבוש בגדים מכובסים במהלך שבעת ימי האבל, בניגוד לאמור ב'שולחן ערוך', וזאת כשההיתר הוא 'לצורך הגון כשהחלוק מלוכלך'.

גם במקרים שבהם ההלכה הכתובה ב'שולחן ערוך' אוסרת משהו, ההנחיה 'דרכיה דרכי נעם' מוצבת כנר לרגלי הפוסקים והם מוצאים 'תחבולות' הלכתיות (כלשונו) או פרשנות יצירתית כדי להתירו.

* * *

התבוננות במשפט המופיע בתוך דברי הרב בוצ'קו 'מי הוא זה שיבוא ברגע הזה ליטול התינוק ממנה ולומר לה "אסור"' מעוררת כמובן את התשובה המתבקשת: ה'שולחן ערוך' בעצמו. זו ההלכה שנפסקה, שבעטיה פנה השואל אל הרב בוצ'קו וציפה ממנו להורות שאכן אסור לסבתא האבלה לאחוז את התינוק בידיה.

ואכן, לא פעם הקפדה על ההלכה עלולה להוביל לאתגרים ולאיסורים לא פשוטים. כפי שראינו, הרב בוצ'קו איננו מעלה על דעתו שבשם ההלכה ייעשה מעשה אכזרי והוא מנסה להיות נאמן לרוח ההלכה ולדרכי הנועם של הקב"ה.

דברים אלו מזכירים סיפור מופלא שסופר על הרב עובדיה יוסף, המלמד את עמדתו ביחס לתפקידו כפוסק בקנה מידה אחר.

המקום: ביתו של הרב ברחוב הקבלן בשכונת הר נוף בירושלים. שעת אחרי הצהרים של שנת תש"ס (2000). הרב קם ממנוחת הצהריים ואני המתנתי בחדר הסמוך לקבל ממנו עוד שעת הדרכה אודות החיבור שכתבתי על משנתו. באותם ימים זכיתי להארת פנים מכל בני הבית. יהודית, כלתו של הרב המופקדת על שלומו ופרטיותו, פתחה את דלתו בפניי. הבית היה שקט ורגוע. הרב נכנס מחדרו הפרטי והתיישב בכיסאו.

לפתע החלה מהומה. עשרות בני משפחה מאחת מערי הדרום נכנסו לחדרו של הרב. עמדו שם בצפיפות ובהתרגשות עצומה. לא הבנתי על מה המהומה עד שהעוזר של הרב, צבי חקק, הסביר לי את פשרה: באותו בוקר הרב פסק את דינה של המשפחה. אם המשפחה, אשה כבת שמונים, עלתה לארץ מצרפת כאלמנה של מלחמת העולם השנייה. כאן היא נישאה בשנית ובנתה שבט שלם לתפארת. משפחה של בנים ובני בנים עוסקים בתורה ובעבודה. משפחה הידועה במידותיה ובחסדיה. לפתע התברר שהעדות על מות הבעל הראשון הייתה מופרכת ו'הרוג הגיע ברגליו'. סיפור שנדמה שקיים רק אצל עגנון ב'והיה העקוב למישור' מתרחש כאן בארץ. על פי ההלכה, כל בני המשפחה ממזרים. טרגדיה. הרב עובדיה נכנס לעובי הקורה ולאחר עבודה מאומצת של דרישות וחקירות, עדויות והצלבות מידע הוא שחרר אותם מאיסורם. לא כאן המקום לתאר את אופי השחרור ודרך העבודה שלו.

כעת באו בני המשפחה להודות לרב. הם עטפו אותו בדמעות. אף עין לא נשארה יבשה בחדר.

וכאן מתחיל הסיפור שלי:

לאחר צאתם נותרתי עם הרב בשקט בחדר. הוא אחז בידי

ואמר בלשונו הרכה: ׳תרגיש את היד - רטוב, רטוב. ראית את הדמעות שלהם? ראית את דמעת העשוקים?׳.
ואז, בלי שום הכנה, הרים את קולו ואמר בלשונו את המדרש (ויקרא רבה) אודות הממזרים:
ראיתי את דמעת העשוקים - אלו הממזרים
מי עשקן לאלה? סנהדרין שדנו אותם בדין תורה.
ואין להם מנחם? אני אנחמם!
זה היה רגע נדיר. אחד בחיים. לאחוז בידו של אדם החש במלוא עוצמתו את האחריות לאנשים שדין תורה עלול היה לגזור את חייהם לגיהינום והוא, בכוח האחריות והעוצמה, הופך עצמו למגן ועזר.
זה היה האיש וזה זכרו. יהי רצון שנשמתו תמצא מנוחה ותהא צרורה בצרור החיים.

כך כתב הרב בני לאו, שהיה מבאי ביתו של הרב עובדיה במהלך כתיבת ספר על תפיסתו ההלכתית. סיפור מרגש זה מתחבר לסיפורים רבים נוספים על רגישותו של הרב עובדיה יוסף לדמעותיהם של עשוקים שונים, כשביניהן בולטות דמעות מאות העגונות ממלחמת יום הכיפורים שאותן התיר על פי ההלכה. דמעות העשוקים פגשו את דמעותיו של הרב עובדיה עצמו, כפי שמעיד בנו, הרב יצחק יוסף: ׳באמצע הדיון היה אבא הולך למטבח, שוטף את פניו וחוזר לדיון ההלכתי בלב נשבר׳.

אך יש לשים לב שבמדרש המובא בפי הרב עובדיה, העושקים הם הסנהדרין, שדנו אותם בדין תורה. כפי שראינו בשאלתו הרטורית של הרב בוצ׳קו, לעיתים על הפוסק להכריע לא לפי שורת הדין אלא להשתמש בכישוריו ההלכתיים כדי למחות את הדמעה מעל פניהם.

* * *

לאחר שהרב בוצ׳קו מציב כהנחת מוצא אנושית ותורנית שלא יעלה על הדעת לקחת את התינוק מידיה של הסבתא האבלה, הוא מתחיל לתמוך זאת במקורות הלכתיים. הראשון שבהם הוא ציטוט מאותה

גמרא במסכת מועד קטן, שלפיה ׳מצווה לקחת בחשבון גם מצבו האישי של האבל וחס וחלילה לגרום לו צער שלא יוכל לעמוד בו׳.

הדיוק השני הוא דיוק בלשונו של ה׳שולחן ערוך׳. בהלכה הנוגעת לענייננו, ה׳שולחן ערוך׳ כתב ׳וכל אבל אסור בשמחה לפיכך לא יקח תינוק בתוך חיקו שמא יבוא לידי שחוק׳, ואילו הגמרא מתנסחת באופן עמום יותר: ׳אָבֵל לא יניח תינוק בתוך חיקו מפני שמביאו לידי שחוק ונמצא מתגנה על הבריות׳. הרב בוצ׳קו עומד על כך שזוהי לשון של עצה טובה שתכליתה כבודו של האבל, ולא הלכה גורפת, והוא מוצא סעד לדבריו גם בלשון הרמב״ם. מכאן הוא מסיק מסקנה מעניינת: ׳ובטח שגם המחבר כיוון לזה אלא שקיצר בלשונו׳.

ניתן לראות שתפיסתו הערכית העקרונית של הרב בוצ׳קו, שנראית סותרת לדברי ה׳שולחן ערוך׳, מובילה אותו לקרוא גם את דברי רבי יוסף קארו בדומה לדבריו שלו. גם כשלשון ה׳שולחן ערוך׳ מפורשת, הוא בטוח שזהו רק קיצור לשון. זוהי עמדה הלכתית שניתן למצוא לא פעם אצל פוסקים ונושאי כלים, כשהם מודעים לכך שפסיקתם הפוכה מלשונו של ספר ההלכה הקנוני העומד לפניהם ומנסים ליישב את דבריהם עם דבריו - אם ביצירת הבחנה מציאותית ביניהם, או בטיעון שלמעשה ה׳שולחן ערוך׳ סובר כמותם, אף שלשונו מורה אחרת. זוהי גישה דומה לגישתה של הגמרא המתייחסת כך למשנה לא פעם, כשההסבר לכך הוא רצונה של הגמרא לחדש הלכה אך בה בעת לא להתנתק מהמסורת המשנאית.

כשהרב בוצ׳קו דוחק ומוצא הסבר גם ללשונו של ה׳שולחן ערוך׳, הוא מציב את פסיקתו כהמשכה של הקודמת. בהמשך הוא ישתמש בעיקרון דומה המופיע ב׳פתחי תשובה׳ המלמד כי ׳מה שלא בא הדבר הזה מפורש בפוסקים אין זה אלא לרוב פשיטותו׳. היעדר ההסבר או החידוש ממקורות קודמים אינו מלמד על חולשת ההסבר או החידוש, אלא להפך - על פשיטותו. גם טיעון זה איננו פשוט ומובן מאליו והוא חלק מאותה תפיסה המחדשת את ההלכה

על פי הבנתו של הפוסק את עקרונותיה - ובה בעת לא מתעלמת או מתכחשת למסורת המחייבת, הכתובה בספרי ההלכה הקנוניים.

על סף סיום, הרב בוצ׳קו מציף בפנינו עוד ביטוי חשוב ומשמעותי בעולמו של הפוסק. הרב בוצ׳קו משתמש במילים ׳והנה ליבי אומר לי׳ כפתח לסברה שכל האמור ביחס לאיסור החזקת התינוק נוגע לתינוק שאינו של האבל, וזאת שוב מטעמים אנושיים פשוטים: ׳וכי נאסור על אמא לאחוז בתינוק שלה?! זה נגד כל שכל, ואין בהחזקת תינוק שלה משום שחוק אלא געגוע חיוני הן לתינוק הן לאמא וחלילה מלהיות אכזרי עד כדי כך׳.

הביטוי ׳ליבי אומר לי׳ מקורו בדברי רש״י בפרשנותו לתורה. גם בפרשנותו לתלמוד הבבלי מופיעות סברות ׳מליבו׳ של רש״י, אם כי בדרך כלל בנוסח ׳ולבי מגמגם׳ ביחס לפרשנות רבותיו או לפרשנות אחרת. ישנו מקום אחד שבו רש״י אף מכריע הלכה למעשה בעקבות ליבו, בדיון הלכתי על מעשר בהמה (בגמרא במסכת עירובין בדף נ ע״א), שם הוא כותב: ׳ולבי אומר דאינו מברך על התנופה ועל הסמיכה דלא ליהוי ברכה לבטלה׳. במאות מקורות נוספים משתמשים פרשנים ופוסקים אחריו במטבע לשון זה, כשכוונתם בדרך כלל היא להצעת חידוש שאין לה מקור אלא היא סברה אינטואיטיבית הנוגעת לגרסה, לתיאור היסטורי, להגיון ההלכה או למסקנה מתבקשת.

בדורנו משתמש בביטוי זה פעמים רבות הרב אשר וייס, בעל סדרת הספרים ׳מנחת אשר׳. הרב וייס, המכונה בפי רבים ׳ר׳ אשר׳, הוא אחד מגדולי הפוסקים ומרביצי התורה בימינו, ושיעוריו הרבים זוכים להקשבה, צפייה ועיון של רבים מלומדי התורה מהציבורים השונים. בפסיקותיו הוא משתמש רבות בשכל ישר ובסברות הגיוניות ואנושיות, לשונו בהירה ולא פעם אף מודרנית. הביטוי ׳ליבי אומר לי׳ (הנאמר על ידו כששתי המילים הראשונות נהגות בהגייה אשכנזית ובמלעיל) הפך להיות מאפיין מוכר שלו בדרשותיו ואף בפסיקותיו הלכה למעשה.

למשל בהערה הנוגעת למשחקי ילדים עם קלפים ובהם תמונות

של רבנים בשבת, הוא מציין לאיסור המובא ב'שולחן ערוך' לקרוא 'כתב שתחת הצורה' (איסור שמקורו בגמרא במסכת שבת בדף קמט ע"א, המתייחס לקריאת הסברים של ציורי קיר). אף על פי כן, ר' אשר מציין:

> אמנם לבי אומר לי דאין איסור אלא בקריאה ולא בהבטה בעלמא, ובימי קדם נהגו לרשום תחת הצורות תיאור של המלחמה או האירוע ותיאור זה מסתמא היה של כמה שורות אבל הבטה בעלמא לראות שם בלבד אינו בכלל איסור שטרי הדיוטות, ומטעם זה נראה דהמהלך ברחובה של עיר אין עליו איסור לקרוא את שם הרחוב או מספר הבית, דכל זה לא הוי בכלל איסור קריאה דהבטה בעלמא שאין בה שהות כלל אלא רגע כמימרא לא נאסרה. כך נלענ"ד מסברא.
> ועוד יש להקל בתמונות של גדולי ישראל כיון שהם רשומים בלשון הקודש, ויש בהם להוסיף יראת שמים, והילדים נהנים בזה.

ר' אשר מודע היטב לכך שלהבחנתו אין מקור, אך מסברה - שיש בה בעיקר אינטואיציה ושכל ישר - הוא מקל ביחס לקלפים המדוברים הגם שמפשט ה'שולחן ערוך' נראה לאסור.

בתשובה אחרת, הנוגעת למעמדו של החירש בהלכה, הוא מתייחס לפסיקתו של המהר"ם שיק (מגדולי פוסקי הונגריה במאה ה־19). בתשובה ארוכה עוסק המהר"ם שיק במעמדו של חירש ש'נתחנך בבית חינוך [...] לדבר בקושי ויכול להשיב על מה שנשאל וגם מבין היטב קרוצות ותנועות שפתיים של המדבר עימו'. השאלה היא אם חירש שכזה נידון כמו החירש בימי חז"ל, שהיה נחשב לחסר דעת, או שאולי היכולות שרכש בבית הספר מאפשרות להתייחס אליו כבר־דעת לכל דבר.

המהר"ם בוחן את הדברים באריכות ובסופו של דבר לא משתכנע שחירש כזה נידון כפיקח לחלוטין ויוצא מכלל ספק, ועל כן מחמיר

המהר"ם בפסיקה ההלכתית לגביו. ר' אשר מביא את עמדת המהר"ם שיק וכותב:

> וליבי אומר לי דלא כתב כן מהר"ם שיק אלא משום שלא ראה מעולם חרשים אלו וניזון מפי השמועה בלבד עד שדימה בנפשו שאין בידם אלא לדקלם את מה שלימדו אותם כתוּכים וכתינוקות קטנים שאין להם מדעת עצמם ולא כלום. אך באמת דברים אלו רחוקים בתכלית מן המציאות וברור שרבים מן החרשים שלמדו בבתי ספר אלו יש להם דעת שלימה לחשוב מחשבות עד שמהם סופרים והוגי דעות.

גם כאן ר' אשר משלים מליבו, בסברה אינטואיטיבית, פרט היסטורי הנוגע לפסיקתו של מהר"ם שיק ומשער שדבריו נבעו מחוסר היכרות עם המציאות באופן בלתי אמצעי. כמובן, למסקנה זו תהיה השלכה על העמדה ההלכתית אך לענייננו חשובה ההסתמכות על דברי הלב.

דוגמה מרתקת נוספת מצויה ביחסה של ההלכה לבדיקות דנ"א. במקרים רבים, שאלות של ממזרות יכולות להיפתר באמצעות בדיקה גנטית, בדיקה שכמובן לא עמדה בפני הפוסקים בדורות הקודמים. בדרך כלל מתאמצים הפוסקים להתיר ממזרים ומשתמשים בכלים הלכתיים שונים הנוגעים לספֵקות כדי למנוע מצב שבו אדם מאבד את יכולתו לבוא בקהל. לכאורה, בדיקת דנ"א יכולה לייתר את המאמצים ההלכתיים וייתכן שאף להביא לתוצאה הפוכה, אם יוכח שאבי הילד איננו האדם שהיה נשוי לאִמו בעת שהרתה.

ר' אשר מביא מקורות ומגבש תשובה שלא מתייחסת לבדיקה הגנטית כרכיב הלכתי, ובסיומה הוא מוסיף עוד טעם: מה שהוא מכנה 'טבעו של המדע והתפתחותו'. ר' אשר מודע לכך שהמדע הוא גוף ידע מתפתח, שבכל דור מתגלים גילויים חדשים השוללים הנחות מוצא שנחשבו בדור הקודם כאמת מוחלטת, 'ואף בתחומים שבהם יאמרו אנשי המדע בבטחה שהנחה זו תעמוד לעולמי עד, אין לשער ואין לדעת מה יתגלה לאחר שנים'.

מאידך, הוא מציין שמסתבר שיש לסמוך בכל דור על המוסכם והמקובל בשעתו ומוכיח את הדבר ממקורות שונים שבהם סומכים על הרופאים והמדע בני זמננו. ומכאן הוא מגיע אל ההבחנה המחודשת בדבריו:

> אך לבי אומר לי דאין זה אלא בשאלות שאין להן אלא מקומן ושעתן וככל השאלות בהל׳ שבת, נדה, איסור והיתר וכדו׳. אבל בכל הנוגע לפסול ממזרות שלא את האיש העומד לפנינו בלבד אנו פוסלים אלא אותו ואת זרעו ואת זרע זרעו, וגורמים לקטוע זרע ישראל, וקוצצין אילן פארות מכרם בית ישראל, יש לחשוש שמא כעבור שנים יתגלה שבדיקות אלה אינן מכריעות ואין בהן בירור מוחלט ונמצאנו מחריבים עולם ומלואו, וכל כהאי גוונא [=בכל מקרה כזה] אין לסמוך על בדיקות מדעיות, אלא על נאמנות של עדים בלבד.

גם הבחנה זו, כמו הסברות הקודמות שראינו, איננה מבוססת על מקורות או על פסיקה קודמת. מדובר שוב בסברה אינטואיטיבית, היגיון בריא ושכל ישר המשפיעים באופן דרמטי על העמדה ההלכתית של ר׳ אשר בשאלה הרת משמעות מבחינה הלכתית. הדברים אינם עומדים בחלל ריק והתשובה לא מתחילה ונגמרת ב׳לבי אומר לי׳, ובכל זאת, העמדה ההלכתית של ר׳ אשר, כמו גם בתשובה של הרב בוצ׳קו שאותה ראינו באריכות, נותנת להיגיון ונטיית הלב של הפוסק מקום משמעותי בשיקול הדעת ההלכתי.

מקורות והרחבות

חטיבה ראשונה: בית הכנסת

מיקרופון, מגילה ומלאכי חבלה: על הלכה וטכנולוגיה

תשובת הרשב"א היסודית המצוטטת בתחילת הפרק - מקורה **בשו"ת הרשב"א**, חלק ה, סימן רלח.

בנוגע לקריאת מגילה במיקרופון, עמדתו של הרב עובדיה יוסף מופיעה **בשו"ת יחוה דעת**, חלק ג, סימן נד. תשובתו של הרב אויערבך מקורה **בשו"ת מנחת שלמה**, חלק א, סימן ט. תשובת הרב משה פיינשטיין מופיעה **בשו"ת אגרות משה**, אורח חיים, חלק ב, סימן קח. לרב פיינשטיין תשובה נוספת העוסקת בעניין זה: אורח חיים, חלק ד, סימן קכו.

תשובה ארוכה, שקולה ומפורטת של הרבנית עידית ברטוב נמצאת באתר 'משיבת נפש'. זוהי תשובה הנוגעת בכמה נושאים בעקבות מגבלות הקורונה.

דוגמה מרתקת לתפיסתה של ההלכה ויחסה לחידושים טכנולוגיים ניתן לראות במחלוקת ה'חזון איש' והרב שלמה זלמן אויערבך בנוגע לחשמל בשבת. ה'חזון איש' טען כי יש בדבר איסור תורה, ואילו הרב אויערבך חלק עליו וטען כי מדובר באיסור מדברי חכמים בלבד. ניתוח גישתם העקרונית דומה לניתוח שהוצע בפרק. הרב אויערבך מתעכב על אופן הפעולה של הולכת החשמל, וממנו מגיע למסקנה שאין כאן דמיון להגדרות איסורי מלאכה מן התורה; ואילו דבריו של ה'חזון איש' נשמעים מעט אינטואיטיביים, כשהוא כותב ביחס לחוט החשמל:

> כיון שמעמידו על תכונתו לזרום את זרם החשמל בתמידות, וקרוב הדבר דזה בונה מהתורה כעושה כלי [...] תיקון צורה להגשם ונעשה ע"י כך שימוש, ודאי חשיב בונה. ואף אם השימוש הוא לשעות מיוחדות ואח"כ פוסקו, הפסיקה היא מכאן ולהבא והצורה הראשונה אינה בת פירוד מן הגשם. ואחרי שהדלקה היא בנין, הכיבוי הוא סותר (**חזון איש**, אורח חיים, סימן נ, אות ט).

דברים דומים בנוגע לגישתו של הרב אויערבך כתב הרב אמיר משיח בספרו **הלכה בתמורות הזמן במשנתו של הרב שלמה זלמן אוירבך**, רמת גן 2013, עמ' 192:

> התמודדותו של הרשז"א עם גילויי הטכנולוגיה והחשמל מראה כי הוא לא התעלם מביטויי המודרנה, אלא בחר לעסוק בנושא בניגוד לרבנים רבים אחרים שהתעלמו ושנמנעו ממנו. החשמל היה בעיני רבים חידה מבחינת ההתרחשויות של זרם החשמל, ועל כן העלו השערות וסברות שונות להסבירו. כפי שהראינו לעיל היו שראו בזרם החשמל אש הקיימת בחוטים או ש'יסוד האש' מתעורר בזמן סגירת המעגל; הרשז"א לעומתם לא העלה תאוריות שמקורן מסברא אלא חקר את התופעה במקצועיות אקדמית ובכלים מודרניים, ואכן הסיק מסקנות שונות.

תיקון קוראים: על רגישות לטועה

סיפורים מופלאים המבטאים את תפיסתו של רבי ישראל מסלנט בנוגע ל'מצווה הבאה בעבירה' ולחשיבות ההקפדה על דיני בין אדם לחברו בייחוד כשעסוקים במצוות שבין אדם למקום מופיעים בספרו של הרב דב כץ, **תנועת המוסר**, חלק א, בפרק לא שכותרתו 'חסיד במילי דנזיקין'.

בנוגע לחיוב קריאת התורה בשבת - **בשו"ת ציץ אליעזר**, חלק יח, סימן ה, דן הרב וולדנברג בשאלה אם יחיד שלא שמע את כל הקריאה בתורה 'מראש ועד סוף', דינו כבעל קורא שדילג ועליו לחזור ולשמוע את הקריאה. הרב וולדנברג מכריע בפשטות שהתשובה שלילית מכיוון שלא מדובר בחובת היחיד אלא בחובה המוטלת על הציבור, ועל כן 'כל שנתקיימה המצות ציבור, ועשרה שמעו את הקריאה, תו אפילו אם יחיד מהיחידים החסיר משמוע איזה תיבה, או כמה וכמה תיבות, אזי אליבא דכולי עלמא איננו מחויב לחזֵר אחר ציבור אחר כדי לשמוע שם מחדש קריאת התורה'. יש לציין כי קיימות עמדות אחרות באחרונים. ראו למשל **שו"ת הר צבי**, אורח חיים, חלק א, סימן עב.

לגבי טעות במהלך הקריאה, הרמב"ם **במשנה תורה**, הלכות תפילה, פרק יב, הלכה ו, פוסק ש'קרא וטעה אפילו בדקדוק אות אחת - מחזירין אותו'. לעומת זאת, **בטור ובבית יוסף** (אורח חיים, סימן קמב) מופיעות עמדות ראשונים אחרות ונראה כי כך הם פסקו, לכל הפחות בדיעבד. זוהי גם פסיקת **הב"ח** (שם): לכתחילה צריך לחזר אחרי שליח ציבור הבקי בקריאה, אך בדיעבד אין צורך לתקנו ולהחזירו.

הסיפור על ה'חזון איש' מופיע בספר **מעשה איש**, בני ברק 1998, עמ' קצו.

הציטוט של הרב יונתן רזיאל לקוח מתוך מאמרו 'תיקון בעל קורא שטעה', **תחומין**, לה (תשע"ה), עמ' 463-470.

שתי התשובות של ר' משה פיינשטיין, שמהן ציטטתי את דבריו על האפשרות להקשות על פסיקת רבנים, מקורן **בשו"ת אגרות משה**, אורח חיים, חלק א, סימן קט ויורה דעה, חלק ב, סימן מה. דברים דומים מופיעים גם בחלק אבן העזר, חלק ב, סימן יא; שם הוא מתייחס למכתב ביקורת ששלח לו הרב משה חיים אפרים בלאך. גם מכתב זה נפתח בהתרגשותו של ר' משה מכך שחולקים עליו, אך מיד אחר כך הוא לא מהסס למתוח ביקורת נוקבת בחזרה על הכותב:

> הנה קבלתי מכתבו הארוך מאד המלא דברי תוכחה על כל גדותיו על מה שלפי דעתו נדמה לו שתשובותי [...] יגרמו איזה פרצה בטהרת וקדושת יחוס כלל ישראל. וניכר ממכתב כתר"ה [=כבוד תורתו הרמה] שהיה סבור שיהיה לי קפידא על דברי התוכחה שלו, ואני אדרבה אני נרגש מזה שאני רואה שנמצאים אנשים בעלי רוח שאינם יראים ולא מתביישים מלומר תוכחה.
>
> אבל האמת שאין בדברים שכתבתי ושהוריתי שום דבר שיגרום ח"ו איזה חלול בטהרת וקדושת ישראל אלא תורת אמת מדברי רבותינו הראשונים, והערעור של כתר"ה על זה בא מהשקפות שבאים מידיעת דעות חיצוניות שמבלי משים משפיעים אף על גדולים בחכמה להבין מצות השי"ת בתוה"ק [=בתורתנו הקדושה] לפי אותן הדעות הנכזבות אשר מזה מתהפכים ח"ו האסור למותר והמותר לאסור וכמגלה פנים בתורה שלא כהלכה הוא, שיש בזה קפידא גדולה אף בדברים שהוא להחמיר כידוע מהדברים שהצדוקים מחמירים שעשו כמה תקנות להוציא מלבן.
>
> ואני ב"ה שאיני לא מהם ולא מהמונם וכל השקפתי הוא רק מידיעת התורה בלי שום תערובות מידיעות חיצוניות, שמשפטיה אמת בין שהוא להחמיר בין שהוא להקל. ואין הטעמים מהשקפות חיצוניות וסברות בדויות מהלב כלום אף אם להחמיר ולדמיון שהוא ליותר טהרה וקדושה.

התפיסה שלפיה דרכה של תורה היא שהקטנים יכולים לחלוק על הגדולים מופיעה בתשובות רבות נוספות. כך למשל כותב רבי ישראל איסרלן בשו"ת **תרומת הדשן**, סימן רלח:

> אמנם מה שכתבת אם אין לתלמיד רשות לחלוק על רבו באיזה פסק והוראה, אם יש לו ראיות מן הספר ופסקי גאונים הפך מדעת הרב. נראה ודאי אם הוראות ברורות קצת וצורתא

דשמעתא משמע כדברי התלמיד, למה לא יחלוק? כך הייתה דרכה של תורה מימי התנאים - רבינו הקדוש חלק בכמה מקומות על אביו ועל רבו רשב"ג. באמוראים - רבא היה חולק בכמה דוכתי על רבה שהיה רבו, כדאיתא במרדכי פ' כיצד הרגל. בגאונים - אשירי חולק בכמה דוכתין אמהר"ם שהיה רבו מובהק. אין לי לבאר יותר מזה, כי דברים אלו צריכין תלמוד מפה אל פה, נאם הקטן והצעיר שבישראל.

תיקוני נוסח: על התחדשות התפילה

מקורות רבים עוסקים בחשיבות השמירה וההקפדה על הנוסח, עד כדי טענה שהקפדה על הנוסח יש בה משום 'אל תטוש תורת אִמך' (**שו"ת שואל ומשיב**, תליתאה, חלק א, סימן רמז). בשם האר"י הקדוש מובא גם שלכל נוסח יש חלון או שער המיוחד לו בשמיים (כך **בשער הכוונות**, עניין נוסח התפילה, דרוש א: 'ואמנם בעיקרי המנהגים עצמם, שיש הפרשים רבים ושינויים רבים, בעניין נוסח התפילות בעצמם [...] אמר לי מורי ז"ל שיש ברקיע י"ב חלונות כנגד י"ב שבטים, וכל שבט ושבט עולה תפלתו דרך שער א' מיוחד לו [...] ודאי מוכרח שכיון שתפילותיהם משונות, לכן צריכים שערים מיוחדים לכל שבט ושבט, כי כפי נשמות השבט ההוא, כך צריך להיות סדר תפילתו. ולכן ראוי לכל אחד ואחד להחזיק כמנהג סדר תפילתו כמנהג אבותיו [...] ואין תפלתו עולה למעלה אם לא בדרך הסדר ההוא').

המקור להכרזה בשבת 'מברכין' על היום שבו יחול ראש חודש מופיע בספר **שיבולי הלקט**, סימן קע. יש מהראשונים שראו בקידוש החודש בבית הכנסת מעשה שנעשה במקום קידוש החודש על ידי בית הדין (**סידור הרוקח**, סימן צח) ולכל הפחות מקור למנהגנו (**ראבי"ה**, ראש השנה, סימן תקל). כך כתב גם הרב משה פיינשטיין **בשו"ת אגרות משה**, אורח חיים, חלק א, סימן קמב. לעומת זאת, **בספר יראים**, סימן רנט, מודגש שאין זה מעין קידוש בית דין, אלא

רק הודעה לעולם מתי ראש חודש, וכך מופיע גם בדברי אחרונים (**מגן אברהם**, סימן תיז, ס"ק א; **לבוש**, סימן תכא, ס"ק א). דברים מפורשים כותב בעניין זה הרב אפרים הכהן, מחכמי אירופה במאה ה־17, בספרו **שער אפרים**, שער י, אות לו: 'וכן אמירת ר"ח פלוני ביום פלוני אינו מוטל על הצבור רק על הש"ץ לבד שהוא המכריז ומודיע שביום ההוא יהיה ר"ח. ואם רוצה אומר ג"כ עם הש"ץ בלחש'.

בנוגע לתפילת הילדים, כדאי לקרוא את מאמרו של חותני, ר' ד"ר יעקב הדני, 'הילד כמתפלל', **המאיר לארץ**, 38 (תשס"א), עמ' 47–54.

תשובת רבי ישראל איסרלן בנוגע לאמירת שלוש עשרה מידות ללא מניין מופיעה בספרו **שו"ת תרומת הדשן**, בסימן ח.

נוסחי סליחות משולבות מתפרסמים בשנים האחרונות, בין השאר בישיבת הקיבוץ הדתי במעלה גלבוע ובישיבת 'ברכת משה' במעלה אדומים. קיים גם נוסח של 'סליחות ארץ ישראל' שערכו הרב שמואל שפירא והרב אבי גיסר. הרב שפירא פרסם מאמר בנושא בשם 'סליחות ארץ ישראל לימים נוראים', **צהר**, לח (תשע"ה), עמ' 47–60.

תיקוני נוסח רבים הוצעו במהלך השנים לתפילת 'נחם'. סיכום ודיון מופיעים במאמרה של ד"ר יעל לוין־כ"ץ, 'נוסח תפילת "נחם"', **תחומין**, כא (תשס"א), עמ' 71–90.

תשובת הרב פיינשטיין הנוגעת לפנייה למלאכים בתפילה מופיעה **בשו"ת אגרות משה**, אורח חיים, חלק ה, סימן מג. **בשו"ת חת"ם סופר**, אורח חיים, סימן קסו, מופיעה עמדתו העקרונית של ה'חתם סופר' וגם תיאורו האישי כיצד הוא נמנע מלומר 'מכניסי רחמים' מבלי לעורר פולמוס:

> דרך להעמיד מליץ בין מלך להדיוט כשאין ההדיוט חשוב וספון לפני המלך או אינו יכול להטעים דבריו כראוי, ויען ישראל לפנים ממלאכי השרת ואינם צריכים מליץ לפני

> אוהבם ית"ש [=יתברך שמו] והוא מקבל בסבר פנים יפות אפילו בלשון עלגים וגמגום, אם כן המליץ הלז אינו אלא קטנות אמונה חלילה, אך כל ישראל שותפים וגוף אחד ונפש א' וכשאחד מצטער גם חבירו מרגיש ועמו מצער [...] אך מכניסי רחמים דרכי להאריך בנפילת אפים עד שהגיע שליח ציבור לשומר ישראל.

על קדמות הפולמוס ביחס לפיוט 'מכניסי רחמים' ראו במאמרו של פרופ' שמחה עמנואל, 'על אמירת פיוט "מכניסי רחמים"', **המעין**, לח,א (תשנ"ח), עמ' 5–11. מאמר מסכם של הרב גדי מכטה בשם 'פניה למלאכים' מופיע **במעליות**, ל (תשע"ג), עמ' 175–182.

שלום קטוע: על טעותו של הרב
המקור לכתיבת האות ו' במילה 'שלום' בצורה קטועה הוא בגמרא במסכת קידושין, בדף סו ע"ב. הריטב"א במקום מפרש 'שכּרות בינתים', כלומר שיש ממש לחתוך את האות לשני חלקים. הוא מציין עוד כי 'בכל הספרים שלנו כתובה כדרכו' ולכן קורא להגיה אותם. לעומת זאת, המהרש"א **בחידושי אגדות** על אתר מסביר אחרת, שהאות ו' קצרה ונראית כמו האות י'. רבי עקיבא איגר בפרשנותו לגמרא שם מצטט את רבי יצחק הכהן רפפורט, מחבר **שו"ת בתי כהונה**, מרבני ירושלים וה'ראשון לציון' באמצע המאה ה־18, המכריע גם הוא לסרטט את האות ו' קטנה כמו י', ומסכים עימו. עמדה שלישית מופיעה **בשו"ת הרדב"ז**, חלק ח, סימן קפא, הטוען כריטב"א - שיש לקטוע את האות ו', אך לדבריו 'מסתברא לי שצריך שיהיה נראית כקטועה ולא קטועה ממש, אלא שיחבר בין שתי חתיכות הוא"ו בחוט דק כחוט השערה באופן שיהיו מחוברות והם גוף אחד ונראית כשתים'. כך מופיע גם **בשו"ת מכתם לדוד**, יורה דעה, סימן לט. יש לציין כי **בשולחן ערוך** בהלכות כתיבת ספר תורה (יורה דעה, סימן רעה, סעיף ו) אין כל התייחסות לכתיבת האות הזו, וגם בדברי הרמב"ם לא נמצא דין זה כלל.

הסיפור על קבלתו של הרש"ז אויערבך לישיבת 'קול תורה' מופיע בספר **לנטוע שמים**, אלון שבות תשע"ו, עמ' 164.

ביחס למחלוקת בהלכה ולפסיקה 'דעבד כמר עבד ודעבד כמר עבד' ישנם מקורות רבים. בדיני ממונות רווח השימוש במושג 'קים לי', שהשלכתו היא שאדם המחזיק בממון או בנכס, אם יש עמדה בראשונים או באחרונים שהוא יכול להיתלות בה - באפשרותו להסתמך עליה ולומר 'קים לי כשיטת פלוני' וממילא לא יהיה לבית הדין כוח להוציא ממנו ממון, שהרי לפחות ספק לפנינו. מקורו של דין זה בכתבי הראשונים והוא מפותח מאוד בחיבור **תקפו כהן** של הש"ך. מקור הביטוי 'דעבד כמר עבד ודעבד כמר עבד' דווקא איננו בדיני ממונות, אלא בנוגע לזמן תפילת מנחה - האם עד פלג המנחה או עד השקיעה (הסוגיה מופיעה במסכת ברכות, דף כז ע"א. פסיקת **השולחן ערוך** מופיעה באורח חיים, סימן רלג, סעיף א). דוגמה נוספת ומרתקת לדין זה מופיעה בספר **כפתור ופרח**, בפרק נא, שם דן רבי אשתורי הפרחי בחשבון שנות השמיטה ומגיע למסקנה שחשבונם של הרמב"ם ורבנו תם שונה מזה של רש"י. כאן הוא מציף את התמיהה המתבקשת, 'ואם תאמר נעשה [תורה] כשתי תורות', כלומר הלוא מחלוקת כזו מפצלת חלילה את הקיום היהודי לשניים, והוא עונה:

אין זה, שהרי אין לך חמור מחותמו של הקדוש ברוך הוא, ותפילינו הוא על דרך שצונו והלכת בדרכיו, והנך רואה החלוק והשנוי שבין רש"י ורבינו תם בפרשיות, ועם כל זה נהגו העם כאחד מהם, והמהדרין מן המהדרין הם שנושאים שתי זוגות [...] ויהיה הענין כדרך מה שכתב הרשב"א שנשאל לו אם מותר לקרות בשבת באגרות שלומים אם לאו, ואם הוא מסכים עם הרמב"ן המתיר. והשיב דעתי בזה שהוא אסור, ורש"י פירש [...] (שבת קמט ע"א) אין קורין בשטרי הדיוטות אגרות שלום, ומכל מקום מי שדעתו נוטה לדברי הרמב"ן אין כח בידינו למחות בידו, וכעין שאמרו (שבת קכ ע"ב)

> מאן דאית ליה כר׳ יהודה מאן דעביד כר׳ מאיר מילט לייט ליה?! ולפיכך מי שנוהג כאחד מן הגדולים ואין בידינו ראיה מכרחת אין בנו כח למונעו והאמת יעשה דרכו, עד כאן. כן הדבר בנדון שלפנינו.

דברי המהר״ל מצוטטים מספרו **באר הגולה**, מהבאר הראשון.

דברי רש״י מקורם בפירושו למסכת כתובות, דף נז ע״א, וכך לשונו בארמית שם:

> דכי פליגי תרי אליבא דחד מר אמר הכי אמר פלוני ומר אמר הכי אמר פלוני חד מינייהו משקר אבל כי פליגי תרי אמוראי בדין או באיסור והיתר, כל חד אמר הכי, מיסתבר טעמא אין כאן שקר, כל חד וחד סברא דידיה קאמר, מר יהיב טעמא להיתירא ומר יהיב טעמא לאיסורא, מר מדמי מילתא למילתא הכי ומר מדמי ליה בעניינא אחרינא, ואיכא למימר אלו ואלו דברי אלהים חיים הם זימנין דשייך האי טעמא וזימנין דשייך האי טעמא שהטעם מתהפך לפי שינוי הדברים בשינוי מועט.

תשובת ר׳ משה פיינשטיין שהוזכרה ביחס לספר תורה שהוצא מהארון מקורה **בשו״ת אגרות משה**, אורח חיים, חלק ב, סימן לז. תשובתו בנוגע להנחת תפילין בברכה טרם עלות השחר מקורה **בשו״ת אגרות משה**, אורח חיים, חלק א, סימן י, ודברי רבנו פרץ המצוטטים בה מופיעים **בטור**, אורח חיים, סימן ל.

המקורות התומכים בהחלטה לא לפסול את ספר התורה יסודם בדברי הרמב״ם **בשו״ת פאר הדור**, סימן ט, **ובבית יוסף**, יורה דעה, סימן רעט. זוהי גם פסיקתו של **המשנה ברורה**, סימן קמג, ס״ק כה.

ברכת כוהנים: על רגעי השראה

על יסודותיו של מנהג הגליל בברכת כוהנים נכתב רבות. לסיכום

תמציתי ראו מאמרו של ידידיה צוקרמן, 'נשיאת כפיים' באתר **דעת**. מאמציו של הרב שאר ישוב הכהן לשנות את המנהג בחיפה ובצפון, תוך הצגת עמדתו ופולמוס נרחב עם החולקים עליו מופיעים באריכות בתחילת ספרו **שי כהן**, ירושלים תשנ"ז, עמ' ג-סד.

הלכות התנהלות הציבור בזמן ברכת הכוהנים מקורן **בשולחן ערוך**, אורח חיים, סימן קכח, סעיף כג.

המקורות שצוטטו בפרק הם **משו"ת מהרי"ל**, סימן כא; דברי הרמ"א **בשולחן ערוך**, אורח חיים, סימן קכח; **ושו"ת חתם סופר**, אורח חיים, סימן כג.

בנוגע ל'זכר למקדש' - הרב ד"ר יהודה זולדן אסף הלכות ופרטים שיש בהם 'זכר למקדש', במאמרו 'זכר למקדש: דרשה ודרישה לציון', **מעלין בקודש**, ו (תשס"ב), עמ' 1-21. בפתיחת דבריו הוא מזהה את מטרת המצוות הללו כ'תזכורת חינוכית וערכית על ידי קיום מצוות שאין חייבים לעשותן מחוץ למקדש, ובעשייתן בהווה נזכור את שהיה בעבר ונהיה מוכנים לעתיד - ליום בו נחזור ונקיימן במלואן כמצווה עלינו בתורה - שלא יהיו בעינינו כחדשים'.

דברים אלו חוזרים אל תקנות רבן יוחנן בן זכאי שתוקנו בסמוך לחורבן הבית ושבנוגע אליהן האריכו ההיסטוריונים. פרופ' גדליה אלון בספרו **תולדות היהודים בארץ ישראל בתקופת המשנה והתלמוד**, חלק א, תל אביב תשי"ט, עמ' 68, מתאר את התקנות ככאלו שנועדו 'למלא את החלל שנוצר עם החורבן בחיי הדת של הציבור, על ידי שמירת המצוה הקשורה במקדש, אף על פי שבטלה עם חורבנו [...]'. תלמידו, פרופ' שמואל ספראי, רואה את מעשיו של רבן יוחנן בן זכאי לאחר החורבן ככאלו שמטרתם 'לבסס שמירת מערכת המצוות בלא זיקה גמורה לעבודת המזבח [...] להעביר את המצווה מזיקתה למזבח לחיי בית הכנסת' (**בימי הבית ובימי המשנה**, ירושלים תשנ"ד, כרך ב, עמ' 355).

דבריו של הרב שג"ר הרואים את הזכר כהנכחה ושארית מצוטטים מתוך ספר שיעוריו למסכת סוכה (**שיעורים בגמרא: יומא, סוכה,**

ראש השנה, אלון שבות תשע"ז), בסיום השיעור על נטילת לולב בשבת ובגבולין, עמ' 278.

דברי הרב שג"ר על היארצייט כהתקשרות - מקורם בדברים שאמר בהתוועדותו האחרונה בישיבת שיח יצחק לפני פטירתו, התוועדות שנערכה בשם 'ועמך כולם צדיקים' וראתה אור בספר **נהלך ברג"ש**, אלון שבות תש"ע. הציטוטים בנוגע ליום הזיכרון לחיילי צה"ל מקורם בספר **ביום ההוא**, אלון שבות תשע"ב, בדרשה 'סוד הזיכרון'.

אוסף של התייחסויות למעלתה של ברכת כוהנים בתפילת נעילה ולהנהגות שונות נמצא בקובץ **בית אהרן וישראל (קרלין)**, קיז (תשס"ה), עמ' קמב.

מנהג יהדות תוניס מופיע בתוך הספר **ילקוט מנהגים** שנערך על ידי אשר וסרטייל ויצא לאור בהוצאת משרד החינוך והתרבות. בפרק העשירי (מהדורת תשל"ז, עמ' 301) מציינים המלקטים מרדכי סטבון ואברהם הטל כי 'כל המתפללים מכירים בחשיבותה הרבה של שעת הנעילה ושל ברכת הכהנים שבה בשעת הברכה מתאספים כל בני המשפחה מסביב לסב או לאב המכנס תחת טליתו את בניו לרבות תינוקות בני שנה. המחזה הוא מרהיב עין, אין רואים בבית הכנסת כי אם טליתות פרושות, גם הנשים והבנות עוזבות בשעה זו את עזרת הנשים וניגשות תחת הטלית הפרושה של הסב או של ראש המשפחה'.

סליחות והתגברות הדינים: על הלכה וקבלה

זמן הסליחות על פי הרמב"ם הוא בלילה. כך מופיע **במשנה תורה**, הלכות תשובה, פרק ג, הלכה ד: 'ונהגו כולם לקום בלילה בעשרה ימים אלו ולהתפלל בבתי כנסיות בדברי תחנונים ובכיבושין עד שיאור היום'. **בשולחן ערוך** (אורח חיים, סימן תקפא, סעיף א) מופיע המושג 'באשמורת הבוקר'. **המגן אברהם** (שם, ס"ק א) מצטט את ההסבר הנוגע להיותו של הזמן הזה 'עת רצון': 'מפני שהקב"ה שט בי"ח אלף עולמות ובסוף הלילה שט בעה"ז והוא עת רצון'. עמדתו של רבי משה זכות, השוללת מכול וכול את אמירת הסליחות בזמן

ערבית בעקבות זאת, מופיעה **בשו"ת הרמ"ז**, סימן ל. בפרק צוטטו גם תשובותיהם החלוקות של הרב עובדיה יוסף **בשו"ת יחוה דעת**, חלק א, סימן מו, והרב משה פיינשטיין **בשו"ת אגרות משה**, אורח חיים, חלק ב, סימן קה. למאמר מסכם בנושא ראו הרב לוי קופר, 'העיתוי הראוי לאמירת סליחות', **צהר**, כו (תשס"ו), עמ' 9-18.

על יחסי הלכה וקבלה נכתב רבות. ספרו של פרופ' יעקב כ"ץ, **הלכה וקבלה** (ירושלים תשמ"ד), וספרו של פרופ' משה חלמיש, **הקבלה בתפילה, בהלכה ובמנהג** (רמת גן תש"ס) מרכזים מאמרים רבים של שני חוקרים אלו שעסקו, כל אחד מנקודת המבט שלו, בסוגיה מרתקת זו.

ספרו של כ"ץ מכיל גם את מאמרו 'תפילין של חול המועד - חילוקי דעות ומחלוקות צבוריות בהשפעת הקבלה', ובו פריסה של הדיון ההלכתי והעקרוני בנושא. בפרק צוטטו **שו"ת הרא"ש**, כלל כג, סימן ג; **שו"ת הרדב"ז**, חלק ד, סימן ח; **ושו"ת המהרש"ל**, סימן צח.

עמדת הרב עובדיה יוסף כנגד פסיקה על פי השמיים מופיעה **בשו"ת יביע אומר**, אורח חיים, חלק א, סימן מא.

מניין משתֵף: על הלכה ומקומן של נשים בבית הכנסת

דבריו של הרב יהושע שפירא מצוטטים מתוך העלון **שבת בשבתו** לפרשת בראשית, תשס"ז.

העיון בנוגע למקומן של נשים בבית הכנסת והיחס לשינויים במבנהו ולמניינים שוויוניים שונים זכה להתייחסויות רבות ומגוונות. בין השאר נציין את ספרו של הרב פרופ' שפרבר, **דרכה של הלכה** (ירושלים תשס"ז) העוסק בעליית נשים לתורה, ואת תגובתם של האחים הרב פרופ' אריה פרימר ופרופ' דב פרימר, שהתפרסמה בכתב העת **דרישה** של המדרשה באוניברסיטת בר־אילן, גיליון 2 (תשע"ז), עמ' 124-144. עוד על עליית נשים לתורה ראו במאמרו של הרב שלמה ריסקין, 'עליית נשים לתורה', **תחומין**, כח (תשס"ח), עמ' 258-270.

בספר **להיות אשה יהודיה**, קובץ חמישי, ירושלים תשס"ט,

מופיע מאמרה של אורה כהן ׳הפרדה מגדרית ומחיצה בבית הכנסת׳ (עמ׳ 333-319) ובו ניתוח המקורות בעניין ההפרדה והמחיצה בין גברים לנשים בבית הכנסת. בפסקת הסיום של המאמר כותבת כהן:

> בית הכנסת נותר כמעט המעוז הגברי האחרון שבו לאשה הדתית אין מעמד שווה והמתרחש בו אינו תואם את השינויים שעברה החברה במהלך הדורות [...] אדריכלות בתי הכנסת של השנים האחרונות מלמדת על הדינמיות בנושא זה בקרב הציבור האורתודוקסי המודרני. בצד ההסכמה בנחיצותה של ההפרדה, ניכר רצון למצוא פתרונות יצירתיים של הפרדות המבטאות רגישות לצורכי הנשים.

בנוגע לאמירת קדיש על ידי אישה, דבריו של הרב עובדיה יוסף מקורם בספרו **חזון עובדיה** על הלכות אבלות, חלק א, בדיני אמירת קדיש, סעיף ח. דברי הרי״ד סולובייצ׳יק מובאים על ידי תלמידו הרב עזרא ביק ומצוטטים במאמרו של הרב ד״ר יואל וולוולסקי, ׳קדיש יתומה׳, **צהר**, ח (תשס״ב), עמ׳ 16.

בנוגע לברכת התורה לנשים - המקורות המופיעים בפרק הם **ספר מצוות גדול**, עשין, מב; **טור**, אורח חיים, סימן קלט; **מגן אברהם**, סימן רפב, ס״ק ו. דבריו של רבנו תם בנוגע לברכת נשים על מצוות עשה שהזמן גרמן מקורם **בתוספות**, קידושין לא ע״א, ד״ה דלא מפקידנא ועבידנא.

מאמר מקיף בעניין עליית נשים לתורה ובו אזכור מקורות רבים הנוגעים להצטרפותן למניין ולברכת התורה כתב אוהד אופנהיימר בכתב העת **מעליות**, יט (תשנ״ז), עמ׳ 191-168. בדבריו הוא מציע בצורה אגבית ובלי לתת דין וחשבון מלא הצעה הדומה להצעתי לנוסח ברכה לנשים.

המקורות להצעתי הם ממסכת סופרים, פרק יח, הלכה ה ופרק יג, הלכה ו; דברי **יד המלך** נמצאים בחידושיו על הרמב״ם, הלכות תפילה, פרק יג, הלכה ו.

דבריו של רוברט קאבר על שינויים בחוק ועל הגשרים אל העתיד מופיעים בספרו **נומוס ונראטיב**, מאנגלית: אביעד שטיר, ירושלים תשע״ב, עמ׳ 5, וגם בעמ׳ 64-65, בפתיחת הפרק הקרוי ׳להביא את המשיח באמצעות החוק׳.

דיוקה של פרופ׳ תמר רוס בדבר חשיבות יציבות הגשרים ופירוטם מופיע במאמרה ׳אורתודוקסיה, נשים ושינוי הלכה׳, בתוך הספר **מסע אל ההלכה**, תל אביב 2003, בעמ׳ 422-435.

דבריה של ד״ר עינת רמון מצוטטים מתוך מאמרה ׳מדוע עזבתי את התנועה הקונסרבטיבית׳, **דעות**, 75 (תשע״ו). בתוך דבריה היא מבקרת את החברה המודרנית והפוסטמודרנית על כך שהיא מתעבת את האִמהוּת ואת הנשיות הביולוגית:

> מסעי הפמיניסטי הביאני לתודעה שהחברה המודרנית והפוסטמודרנית היא חברה שביסודה מתעבת את האִמהוּת הביולוגית ואת הנשיות הביולוגית על כל היבטיהן, למן דרכי העיבור והשיתוף הטבעיות בין אב ואם ועד לזלזול בכל היבטיו הפנימיים של הטבע הנשי - מחזור חודשי; לידה והנקה; שעון ביולוגי, שאותו עולם תעשייתי שואף לחנוק על ידי דחיפה להקפאת ביציות לצורך פיתוח קריירה. הדחף לְמַסחר את הילודה באמצעות הרחבת תעשיית הפונדקאות שלא לצורך רפואי הוא היבט נוסף לאופן שבו העולם הפוסטמודרני ה׳נאור׳ לועג לקשר הביולוגי העדין שבין אישה ובין תינוקה שצמח, גדל ברחמה. ולכן, נשים המבקשות לגדל תינוקות וילדים בדרך מסורתית, הכוללת ילודה מרובה, הנקה ממושכת, שהייה ממושכת לצד התינוקות והילדים הרכים והבוגרים, זוכות לקיתונות של בוז כ׳פרימיטיביות׳ בעיני החברה הפוסטמודרנית.
> השנאה לנשיות הביולוגית באה לידי ביטוי גם בהנהגת נורמות של מיניות מתירנית, שאינן מתאימות לנשים וספק אם הן מתאימות לגברים בעלי כמיהה רוחנית. כל הנערות

והנערים, הנשים והגברים בחברה הפוסטמודרנית, זולת אלו שמשתייכים לקבוצות דתיות־שמרניות, נאלצים להתמודד עם לחץ חברתי עצום, אם הם אינם רוצים לחיות על פי הנורמות המיניות ה'אנטי־מהותניות'. הדבר מתרחש לעתים קרובות על חשבון בריאותם הנפשית של בני אדם ומייצר גם תגובת־נגד דיאלקטית למתירנות בדמות ההתרחקות הקיצונית בעולם החרדי מדו־שיח רוחני עמוק ומכבד בין גברים ונשים. למדתי ש'שוויון מגדרי' יכול ללכת יד ביד עם עריצות מרושעת, פגיעה מינית והתעללות מגדרית בנשים ובגברים. לא בכדי מספר המדרש שהשעבוד של עם ישראל במצרים התאפיין, בין היתר, בכפייה של נשים לעבוד עבודה גברית ובכפיית גברים לעסוק בעבודה נשית.

חטיבה שנייה: שבתות וחגים

הפסד מרובה: על הלכה נוכח מצוקה כספית

הכלל ׳התורה חסה על ממונם של ישראל׳ מופיע במקורות רבים החל מהמשנה והגמרא. הדברים נוגעים הן לדרישה סבירה ביחס להוצאה על מצוות (כך למשל מסבירה הגמרא במסכת ראש השנה, דף כז ע״א, את הסיבה להיותן של החצוצרות במדבר עשויות מכסף ולא מזהב), הן ביחס להקלות שמיוחסות לתורה בעניינים שונים (למשל במסכת נגעים יב, ה מסבירה המשנה את האמור בתורה ׳וְצִוָּה הַכֹּהֵן וּפִנּוּ אֶת הַבַּיִת בְּטֶרֶם יָבֹא הַכֹּהֵן לִרְאוֹת אֶת הַנֶּגַע׳ כהנחיה הנובעת משיקולי ההפסד של היהודי).

הדברים מרוכזים בפירושו של רבנו בחיי לשמות יב, ד:

> ולקח הוא ושכנו. התורה חסה על ממונם של ישראל בד׳ מקומות: האחד, בכאן כי מאחר שנותר עומד לשרפה לכך חסה עליך התורה תחלה ואמרה: ׳ואם ימעט הבית מהיות משה ולקח הוא ושכנו׳, כדי שלא תפסיד ממונך. והב׳ ׳וחלב נבלה וחלב טרפה יֵעשה לכל מלאכה ואכול לא תאכלוהו׳ (ויקרא ז, כה). השלישי, הוא שכתוב בנבלה ׳לגר אשר בשעריך תתננה ואכלה או מכור לנכרי׳ (דברים יד, כא). הד׳, בית המנוגע שנאמר ׳וצוה הכהן ופנו את הבית׳ (ויקרא יד, לו), לפי שאם יתכבסו הבגדים הצבועים יהיו נפסדים ויסור צבעם וכן כלי חרס אם נטמאו אין להם תקנה אלא בשבירה, לפיכך חסה התורה ואמרה ׳ופנו את הבית׳.

בפרק התייחסתי להגדרות שונות לשיעורו של ההפסד המרובה כפי שהן מופיעות ב**כף החיים**, יורה דעה, סימן ל; **שו"ת דברי יציב**, אורח חיים, סימן קצז; **שו"ת מנחת יצחק**, חלק ג, סימן קכט; וספר **אורחות שבת**, חלק ב, פרק כג, סעיף פו, הערה קעג.

הציטוט המופלא מ**ספר חסידים** מקורו בסימן תתקפה, הפניית ה'מנחת יצחק' היא ל**שולחן ערוך**, אורח חיים, סימן תרו ותשובתו של הרב אשר וייס מקורה ב**שו"ת מנחת אשר**, חלק ב, סימן נ.

שלוש תשובות של ר' משה פיינשטיין מתוך **שו"ת אגרות משה** מצוטטות גם הן. התשובה המתירה לאלמנה ללכת ללא כיסוי ראש כשעבודתה במשרד מחייבת אותה לעשות כך מקורה באבן העזר, חלק א, סימן נז. התשובה הנוגעת להליכה של גבר בגילוי ראש לצורך פרנסתו מקורה באורח חיים, חלק ד, סימן ב. התשובה לגבי מינויה של אישה כמשגיחת כשרות מקורה ביורה דעה, חלק ב, סימן מד.

תשובתו של ר' משה בעניין חלב עכו"ם מקורה ב**שו"ת אגרות משה**, יורה דעה, חלק א, סימן מז. התשובה המחמירה בנוגע לישיבות מופיעה ביורה דעה, חלק ב, סימן לה. תשובתו בנוגע לחינוך ילדים במצוות אתרוג מקורה באורח חיים, חלק ג, סימן צה.

עוד על הלכה וחינוך, ראו בספרו של אבינעם רוזנק **ההלכה כמחוללת שינוי** (ירושלים 2009), העומד על היחסים בין שני תחומים אלו ועל מקומם של שיקולים חינוכיים בפסיקת הלכה.

מבשל ומבשל: על הלכה ומדע

הסוגיה העוסקת בהגדרות בישול בשבת ו'כלי שני אינו מבשל' מקורה בגמרא במסכת שבת, דף מ ע"ב, ובדברי **התוספות** שם (ד"ה ושמע מינה כלי שני אינו מבשל). המשך הדיון ב**בית יוסף**, אורח חיים, סימן שיח, וב**ערוך השולחן**, אורח חיים, סימן שיח, סעיף כח.

תשובתו היסודית של האדמו"ר מצאנז בנוגע ליחסי הלכה ומציאות מדעית מקורה ב**שו"ת דברי יציב**, סימן יד.

עמדתו של הרב יובל שרלו כי ההלכה היא חושית ולא מדעית

מופיעה בתשובותיו השונות ברשת, למשל ביחס לעכבר שחציו אדמה (**אתר מורשת**, י"ט בשבט תשס"ג). דעתו של הרב שמואל אריאל מצוטטת מתוך מאמרו 'ההבדל בין כלי ראשון וכלי שני - קביעות מציאותיות בהלכה', **גולות**, ט (תש"ס), עמ' 123-138. עמדתו של הרב אליעזר מלמד מופיעה בספרו **פניני הלכה**, שבת, פרק י', סעיף ז.

הדיון על בליעה בכלים בימינו מבוסס על מאמר שפרסמו הרב יאיר פרנק והרב פרופ' דרור פיקסלר בשם 'בליעה ופליטה בכלים לאור תוצאות המבחן המדעי', **תחומין**, לד (תשע"ד), עמ' 113-129. במאמרם מביאים הרבנים פרנק ופיקסלר את תוצאות המחקר ואת תגובותיהם המרתקות של הרבנים יעקב אריאל, נחום רבינוביץ, דב ליאור, אשר וייס ורצון ערוסי לתוצאות אלו.

שני ספרים נוספים עוסקים בתחומים משיקים. האחד הוא ספרו של הרב פרופ' נריה גוטל **השתנות הטבעים בהלכה** (ירושלים תשנ"ה), ספר הבוחן את שאלת שינוי ההלכה בעקבות שינוי במציאות. השני הוא חיבור של פרופ' עו"ד אברהם וינרוט, **שיקול דעת ביחסי הלכה ומדע** (תל אביב תשנ"ב), הבוחן את העמדות ההלכתיות ביחס לממצאים מדעיים, תוך השוואה לגישות משפטיות חוץ-הלכתיות.

והגדת לבנך: על הקלה במקום צורך
כמה נושאים הלכתיים נידונו בפרק.

הראשון נוגע לשאלת היציאה מחוץ לתחום בשבת - אם היא איסור תורה או איסור מדברי חכמים. במקורם של דברים מדובר במחלוקת תנאים, המופיעה במשנה, סוטה ה, ב ובגמרא שם בדף ל ע"ב. להלכה, פסק הרמב"ם שמדובר באיסור תורה, וכך עולה מדבריו ב**משנה תורה**, הלכות שבת, פרק כז, הלכה א. פסיקתו של הרמב"ם מבוססת על התלמוד הירושלמי, המגדיר את תחום 12 מיל כדין התורה ואילו את 2,000 האמות כהגדרת חכמים לאיסור. לעומת זאת, הרמב"ן וכמוהו ראשונים נוספים הסתמכו על התלמוד הבבלי במסכת עירובין, דף יז ע"ב, ופסקו שאין כלל איסור תחומין

בשבת מן התורה. ב'שולחן ערוך' לא מופיע כלל השיעור של 12 מיל, והגר"א הסיק שעמדתו היא שאיסור תחומין מדרבנן, כשגם בדברי הרמ"א (אורח חיים, סימן תד, סעיף א) הדברים מופיעים בלשון 'למאן דאמר תחומין דאורייתא' ונראה שאין זו עמדתו. אומנם **המשנה ברורה** (סימן תד, ס"ק ז) סובר שה'שולחן ערוך' מצדד להלכה להחמיר, אך **ערוך השולחן** (אורח חיים, סימן שצז, סעיפים א-ב) מסיק גם הוא כגר"א ופוסק להקל.

הנושא השני נוגע למלאכת גוי בשבת. הנחת המוצא ההלכתית היא שהגויים אינם מצווים על שביתת השבת, ולא זו בלבד אלא שעל פי הגמרא במסכת סנהדרין (דף נח ע"ב) 'גוי ששבת חייב מיתה'. יחד עם זאת, היעזרות של יהודי במעשי גוי שיש בהם חילול שבת עלולה להיות בעייתית מבחינה הלכתית. ראשית, דיבור עם הגוי בשבת על מלאכות אסורות יש בו משום מעבר על האזהרה 'שלא יהיה דבורך של שבת כדבורך של חול'. מעבר לזה, חכמים הוסיפו ואסרו לבקש מגוי סיוע בשבת, כפי שמופיע בגמרא במסכת שבת, דף קנ ע"א, 'אמירה לנכרי שבות'. לבסוף, אף הנאה ממעשה גוי שנעשה עבור ישראל בשבת נאסרה, כפי שמלמדת המשנה בסוף פרק טז במסכת שבת: 'עובד כוכבים שהדליק את הנר - משתמש לאורו ישראל, ואם בשביל ישראל - אסור. מילא מים להשקות בהמתו - משקה אחריו ישראל, ואם בשביל ישראל - אסור. עשה עובד כוכבים כבש לירד בו - יורד אחריו ישראל, ואם בשביל ישראל - אסור'.

בנושא זה כתב פרופ' יעקב כ"ץ את ספרו **גוי של שבת** (ירושלים 1983) ובו ניתח את התמורות שחלו בנושא זה במציאות היהודית בגלות ואת השיח ההלכתי והתפתחותו.

הנושא השלישי הוא המקום להקל במלאכת גוי בשבת במקום מצווה, דין שמקורו בשיטת ספר **העיטור**, שער ג, הלכות מילה, כשהרמ"א פוסק אותה להלכה **בשולחן ערוך**, אורח חיים, סימן רעו, סעיף ב.

פסיקה זו של 'העיטור' שימשה מקור לפוסקים רבים במקרים שונים להתיר אמירה לגוי. כך למשל מתיר הרב עובדיה יוסף (**לוית**

חן, סימן יז) לומר לגוי להדליק אור חשמל או נרות אם כבה האור במהלך תפילת ערבית והציבור אינו יודע את התפילה בעל־פה. לפני כמה שנים הסתמך עליה (בצירוף סברות נוספות) הרב אבי גיסר, אז רב היישוב עפרה, כשהתיר בנייה בשבת של בתים לפני שתעוכב מסיבות משפטיות. ראו מאמרו 'הלכה ואומרין כן', **צהר**, לד (תשס"ט), עמ' 17–28, וראו גם תגובתו של הרב מאיר נהוראי באותו גיליון.

תשובת **שו"ת מראה הבזק** בנוגע להגעת קשיש ברכבו לבית הכנסת בשבת מקורה בחלק ג, סימן לח.

תשובותיו של ר' משה פיינשטיין המצוטטות בפרק הן מתוך **שו"ת אגרות משה**, יורה דעה, חלק ג, סימן פא ואורח חיים, חלק ה, סימן כט.

מוזיקה בתשעת הימים: על זיכרון וחורבן

דברי הרב סולובייצ'יק ביחס לאבלות ישנה ואבלות חדשה מקורם בפרק בשם הזה בספרו **מן הסערה** (ירושלים תשס"ד), עמ' 55.

המנהג להימנע משמיעת מוזיקה בתשעת הימים לא מופיע ב'שולחן ערוך'. רבי יוסף קארו מצטט את לשון המשנה במסכת תענית וכותב 'משנכנס אב ממעטים בשמחה' (**שולחן ערוך**, אורח חיים, סימן תקנא, סעיף א) אך בסיסו של האיסור הוא דברי **המגן אברהם**, שם, בס"ק י, האוסר ריקודים ומחולות.

הרב אליעזר מלמד מכריע כי מותר לשמוע שירים עצובים 'כדוגמת שירי אבל על אדם שמת או על החורבן' (**פניני הלכה**, זמנים, פרק ח, סעיף ה). תשובת הרב רבינוביץ' מקורה **בשו"ת שיח נחום**, אורח חיים, סימן לה. לדבריו, 'מוזיקה רצינית לא נאסרה מעולם' ומסקנתו שם היא כי 'מעיקר הדין מותר לשמוע מוזיקה רצינית בימי בין המצרים'. הרב עובדיה יוסף **בשו"ת יחוה דעת**, חלק ו, סימן לד, מתיר שירה ונגינה במקום מצווה.

הסיפור על ר' דוד פוקס מקורו בספר **לנטוע שמים**, אלון שבות תשע"ו, עמ' 97–98.

מקור סיפורו של אפרים יעיר בספרו **ונטעתים על אדמתם** (ירושלים תשנ״ח), ספר שכשם כותרת המשנה שלו מתאר דמויות, זיכרונות וחזון שהתגשם והוא שער מרתק לעולמם של חלוצי טירת צבי ועמק בית שאן כולו. הציטוטים לקוחים בדילוגים מעמ׳ 239‑242.

מנהג המקום

הציטוט מדברי הרב שג״ר, המצטט מדברי הרב עמיטל בנוגע ל׳הוויה המושרשת בעצמה של בית אבא׳, מקורו בספרו **להאיר את הפתחים**, אלון שבות תשע״ד, בדרשה חשובה בשם ׳הלכה, הליכה ואמונה׳, עמ׳ 166.

תיאור ההלכה מאת פרופ׳ ישראל מ׳ תא־שמע לקוח מתוך הקדמתו המקיפה לספרו **מנהג אשכנז הקדמון**, ירושלים 1992 (עמ׳ 36). במבוא זה, כמו בשאר הספר ובכתביו האחרים, עסק פרופ׳ תא־שמע במקומו של המנהג, בעיקר באשכנז, ובמרכזיותו בהלכה היהודית. עוד על המנהג ראו בסדרת ספריו של הרב פרופ׳ דניאל שפרבר, **מנהגי ישראל** (סדרה בת שמונה כרכים בהוצאת מוסד הרב קוק) ובעיקר בפתיחה של שני הכרכים הראשונים.

על התפילה לשלום המדינה והתפתחותה ראו ספרו המקיף של יואל רפל, **התפילה לשלום המדינה: תולדותיה, תכניה ופירושיה**, חבל מודיעין תשע״ח.

גלגולו של המנהג שלא לאכול בשר ולשתות יין בתשעת הימים מפתיע לכאורה, לאור ההלכה המפורשת שמקורה בגמרא במסכת תענית (דף ל ע״ב) ונפסקה ב**שולחן ערוך**, אורח חיים, סימן תקנב, סעיף א, שמותר לאכול בשר ולשתות יין אף בערב תשעה באב. **הראבי״ה** (חלק ג, הלכות תענית, סימן תתפב) פוסק כך אף הוא למרות חלק מרבותיו שהסתפקו בדבר. **האור זרוע** (חלק ב, הלכות תשעה באב, סימן תיד) מבסס את המנהג שלא לאכול בשר ולא לשתות יין מתחילת חודש אב, על אף הבנתו שזהו מנהג ללא מקור. באופן דומה פוסק גם הרשב״א בתשובתו (**שו״ת הרשב״א**, חלק א, סימן שו).

דברי המאירי על יחסם של חכמים למנהגים חסרי ביסוס מקורם בפירושו למסכת פסחים, דף קט ע״ב.

הירושלמי במסכת בבא מציעא (פרק ז, הלכה א) משתמש בנוסח ׳המנהג מבטל את ההלכה׳. כך מופיע גם בירושלמי למסכת יבמות, פרק יב, הלכה א. הרשב״ש בתשובה ארוכה (**שו״ת הרשב״ש**, סימן תקסב) מצמצם את הכלל הזה וטוען: ׳[...] שנמצא שמנהג מבטל הלכה הוא אמת בענין ממון, והיותו בלתי אמת בענין שיש בו איסור ונהגו בו היתר שאין יכולת במנהג אלא לאסור המותר אבל להתיר האסור לא׳.

תשובתו של רבנו תם המזהה מנהג עם אותיות גהנם מקורה **בשו״ת בעלי התוספות**, סימן יא.

בנוגע לרחיצה בתשעת הימים - **הראבי״ה** המצטט את המנהג הנמנע מרחיצה מקורו בחלק ג, הלכות תענית, סימן תתפב. **השולחן ערוך** (אורח חיים, סימן תקנא, סעיף טז) מותיר את הדבר כתלוי במנהג והרב עובדיה יוסף פוסק כך (**שו״ת יביע אומר**, חלק ה, אורח חיים, סימן מא). עוד הובאו בפרק עמדותיהם של **שו״ת תרומת הדשן**, סימן קנ; **שו״ת אגרות משה**, אבן העזר, חלק ד, סימן פד; **ופניני הלכה**, זמנים, פרק ח, הלכה כא. עמדת **המגן אברהם** ביחס לאכילת עוף על ידי יולדות מקורה בסימן תקנד, ס״ק ט.

החומרה בהלכה היא נושא נרחב שגם בו עסקו רבים. מאמר הסוקר עמדות מחמירות שונות נכתב על ידי פרופ׳ בנימין בראון, תחת הכותרת ׳החמרה: חמישה טיפוסים מן העת החדשה׳, **עיוני הלכה ומשפט**, כ-כא (תשס״א), עמ׳ 123-237.

תנועת החומרה כהידור וכמעשה של אהבה והתקרבות מנוסחת בלשונו של הרמח״ל במסילת ישרים בפרק על מידת החסידות:

> העניין הוא כי הנה המצוות המוטלות על כל ישראל כבר ידועות הן וחובתן ידועה עד היכן היא מגעת, אמנם מי שאוהב את הבורא אהבה אמיתית, לא ישתדל ויכוון לפטור עצמו במה שכבר מפורסם מן החובה אשר על כל ישראל

> בכלל, אלא יקרה לו כמו שיקרה אל בן אוהב אביו, שאילו יגלה אביו את דעתו גילוי מעט שהוא חפץ בדבר מן הדברים, כבר ירבה הבן בדבר ההוא ובמעשה ההוא כל מה שיוכל [...] והנה כמקרה הזה יקרה למי שאוהב את בוראו גם כן אהבה נאמנת [...] יאמר: כיון שכבר מצאתי ראיתי שחפצו יתברך שמו נוטה לזה, יהיה לי לעיניים להרבות בזה העניין ולהרחיב אותו בכל הצדדים שאוכל לדון שרצונו יתברך חפץ בו. וזהו הנקרא 'עושה נחת רוח ליוצרו'. נמצא כלל החסידות: הרחבת קיום כל המצוות בכל הצדדים והתנאים שראוי ושאפשר.

דברי הרב עמיטל מצוטטים מתוך **והארץ נתן לבני אדם**, אלון שבות תשס"ה, עמ' 75. פסיקת הרב משה בוצ'קו מופיעה בקובץ **מכתבים ומאמרים** משנת תשע"ה, בעמ' 253.

פסיקת **הטור** ביחס למדרגת האבל בשלושת הימים הראשונים מקורה ביורה דעה, סימן שפ.

הדיון על הנחת תפילין ביום הראשון לאבלות כשאינו יום המיתה מקורו **בשולחן ערוך**, יורה דעה, סימן שפח, סעיף א.

דברי המהריט"ץ מופיעים כסימן חריג בתוך חידושיו למסכת בבא מציעא (בפרק איזהו נשך), בעקבות פטירת בנו. **הפתחי תשובה** (יורה דעה, סימן שפח, ס"ק א) מצטט אותם ומביא את עמדות ה'דגול מרבבה' וה'זכרון יצחק' החולקות עליהם. דברי הרב שלמה זלמן אויערבך מקורם **בשו"ת מנחת שלמה**, תניינא, סימן צט, ה.

שלום ביתו עדיף: על מקומה של הזוגיות

סוגיית הגמרא הבוחנת את מעמדה של הדלקת נר שבת ומגדירה אותה כחובה נמצאת במסכת שבת, דף כה ע"ב. דברי רבא, המעמתים בין נר שבת למצוות אחרות, מקורם בדף כג ע"ב.

השינויים באשכנז מתוארים יפה בספרו של פרופ' ישראל מ' תא־שמע, **מנהג אשכנז הקדמון**, ירושלים 1992, בפרק השני. מאמר הסוקר את התמורות בנוגע לנר השבת ומנתח את משמעותן פורסם

על ידי הרב פרופ׳ יהודה ברנדס בשם ׳הטעם כמעצב הלכה - עיון במצוות הדלקת נר שבת׳, **אקדמות**, יב (תשס״ב), עמ׳ 209-234.

את נרות השבת מדליקה האישה - וזאת אף שמדובר במצוות הבית וגם גברים המתגוררים לבדם חייבים בה. עדיפותה של האישה בהדלקת הנר הוסברה במדרש כקשורה לתיקון חטאה של חוה, כדברי רבי יהושע המובאים בבראשית רבה, פרשה יז, ח: ׳ומפני מה ניתן לה מצות נר שבת? אמר להן: על ידי שכבתה נשמתו של אדם הראשון, לפיכך ניתן לה מצות נר שבת׳. הסבר אחר מופיע בדבריו של הרמב״ם ב**משנה תורה**, הלכות שבת, פרק ה, הלכה ג:

> המדליק צריך להדליק מבעוד יום קודם שקיעת החמה. ונשים מצוות על דבר זה יותר מן האנשים לפי שהן מצויות בבתים והן העסוקות במלאכת הבית.

המקורות המוזכרים בפרק בנוגע לשינויים באופי הדלקת נרות חנוכה לקוחים מ**האור זרוע** (חלק ב, הלכות חנוכה, סימן שכג) ומספר **העיטור** בהלכות חנוכה. הציטוט מתוך **עוללות אפרים** לקוח מחלק ב, מאמר רצה, ודברי הרב קוק מתוך **מאמרי הראיה** (ירושלים תשמ״ד), מהמאמר ׳נר חנוכה׳, עמ׳ 150-151.

דבריו של הרמב״ם ׳על דרך הרוב׳ זכו לעיון נמרץ ולפולמוס מאמרים מרתק בין חוקרים בני זמננו. פרופ׳ א״ש רוזנטל עימת במאמרו בין הרמב״ם לאריסטו וטען שעמדת הרמב״ם היא שהפסיקה ההלכתית צריכה לדבוק בשורת הדין המתאימה לרובם של המקרים, ובכלל זאת במצב הייחודי שבו היא אינה מתאימה או נכונה למאן־דהו. כך מסכם זאת רוזנטל: ׳אריסטו נשאר פילוסופוס גם במקום שהוא לן בעומקו של חוק. רבנו נשאר בעל הלכה אף בשעה שהוא מצייר המושכלות בנפשו׳.

אל מול עמדתו של רוזנטל טען פרופ׳ שלום רוזנברג כי הרמב״ם סובר שבמקרה פרטי החורג מהחוק, יש ליישם ׳הוראת שעה׳ ולפסוק פסיקה הרלוונטית למקרה הייחודי. דברים הקרובים במסקנתם

לעמדת פרופ' רוזנברג, אך שונים בטיעונם, מביא פרופ' חנינה בן־מנחם כשהוא מבחין בין עמדתו של המחוקק לזו של השופט. החקיקה היא לעולם כללית ו'על (פי) הרוב'. השיפוט בפועל יהיה ספציפי ונוגע לכל מקרה ומקרה.

מאמריהם של חוקרים אלו ועוד רבים אחרים העוסקים בדברי הרמב"ם כונסו בקובץ **דין ויושר בתורת המשפט של הרמב"ם: עיונים במורה נבוכים ג, לד**, בעריכת פרופ' חנינה בן־מנחם ופרופ' ברכיהו ליפשיץ, ירושלים תשס"ד.

דברי הרב סולובייצ'יק מצוטטים מתוך המאמר 'על אהבת התורה וגאולת נפש הדור' שפורסם לראשונה בשנת תש"ך (1960), מאמר שהוא מענה לטענות שנטענו כלפיו לאחר פרסום ריאיון שנתן לעיתון 'ידיעות אחרונות'. בין השאר פורסם בשמו כי 'ראש הממשלה מר דוד בן גוריון אינו תופס מה חשובה היא הדת למדינת ישראל; רק בכוחה אפשר למשוך את הנוער ולדרוש ממנו הקרבה עצמית והגשמה עצמית'. הרי"ד טוען כי דברים בלשון כזו לא יצאו מפיו, ומכאן ממשיך לדבריו על הפעולה הדתית שבעיקרה חוויית סבל היא. ראו **בסוד היחיד והיחד**, ירושלים תשל"ו, עמ' 426–427.

הציטוט השני הוא מתוך המאמר 'צירוף' שראשיתו כהרצאה משנת תשל"ג וראה אור בהמשך בספר **דברי הגות והערכה**, ירושלים תשמ"ב, עמ' 247–249.

דברי בן עזאי ש'נאה דרש ולא נאה קיים' מקורם בסוגיה ביבמות בדף סג ע"ב. דברי רב נחמן בר יצחק על 'גדולה עבירה לשמה' מקורם בסוגיה במסכת נזיר, דף כג ע"ב. דברי רבי צדוק הכהן מלובלין מצוטטים מתוך ספרו **תקנת השבין**, סימן ה, אות ב. דברי מורו על הצדיקים וישרי הלב מקורם **במי השילוח**, חלק ב, פרשת וארא; אפרים ויהודה - חלק א, פרשת וישב.

על 'עבירה לשמה' ותפיסת רבי צדוק ורבי מרדכי יוסף נכתב הרבה בשנים האחרונות. אציין כאן למאמר איכותי אחד - מאמרו של ד"ר שי עקביא ווזנר, 'על משמעותה של הנאמנות להלכה', **אקדמות**, יא (2001), עמ' 97–111.

דברי הרב ליכטנשטיין מקורם במאמר בשם 'מוסר והלכה במסורת היהודית', מאמר שהתפרסם בתוך כתב העת **דעות**, גיליון מו, בשנת תשל"ז.

הלכה, שינויים ורצון ה'

הדיון על מכירת החמץ מתחיל מהמשנה במסכת פסחים בתחילת הפרק השני. שם מתירה המשנה למכור את החמץ בשעה שמותר לאוכלו, ובהמשך היא מתירה בהנאה חמץ של נוכרי שעבר עליו הפסח. התוספתא (פסחים ב, ו-ז) מתירה לתת לגוי חמץ במתנה גמורה, במקרה שהיהודי והגוי נמצאים בספינה, ואף לקנות ממנו את החמץ בחזרה אחרי הפסח.

התפתחותה של מכירת חמץ מתוארת בפרק מבעד לפרשנותם ופסיקתם של רב עמרם גאון (**תשובות גאוני מזרח ומערב**, סימן קי), הריטב"א (**חידושי הריטב"א**, פסחים דף כא ע"א), מהר"ם מרוטנבורג (תשובתו מודפסת בתוך **שו"ת הרשב"א**, חלק א, סימן תתנ), **האור זרוע** (שו"ת, חלק א, סימן תשמח), **שו"ת תרומת הדשן** (סימן קכ), **הבית יוסף** (אורח חיים, סימן תמח), **שולחן ערוך הרב** (סימן תמח, סעיף ח) והרב שלמה זלמן אויערבך (**מעדני ארץ**, סימן א, אות כ).

ההיגיון שבהערמה ההלכתית התבאר על ידי השופט משה זילברג בספרו **כך דרכו של תלמוד**, ירושלים 1984. לדבריו, ההערמה המותרת היא הערמה שנעשית באמצעות פעולה בעלת תוכן משפטי בהקשרים נוספים ובפעולה מקובלת (דוגמת מכירה או העברת בעלות). בהערמה לגיטימית שכזו טוען השופט זילברג 'אין החוק רואה עברה כל עיקר, כי הוא עצמו "אשם" בכך, הוא הוא המספק למערים את מכשירי ההערמה. הנחה היא, כי המחוקק עיניו משוטטות בכל, ונהירים לו כל "שבילי ההברחה". ואם הוא לא סתם את הפרצה [...] אות הוא שאינו מקפיד כך, כי לא אכפת לו, וכי הוא מחיל את הנורמה המשפטית גם על אלה שהגיעו אליה שלא בדרך הרגילה'.

תפיסה זו לא רק מצדיקה את ההערמה בשל היותה בעלת תוכן משפטי מקובל, אלא גם רואה בה פרצה שהושארה במתכוון על ידי התורה, כדי לאפשר את מכירת החמץ ושאר ההערמות הקיימות כפתרונות הלכתיים. דברים דומים כותב הרב ישראל רוזן שעסק בנושא זה לא מעט. בין השאר ראו מאמרו 'הערמות הלכתיות כתקנות ציבור', **תחומין**, כא (תשס"א), עמ' 222-209, ומאמרו 'על הערמות כמדיניות הלכתית', **אקדמות**, יא (תשס"ב), עמ' 121-113, שבו כתב:

> שומה עלינו לנווט את חינוכנו ואת השקפותינו בהתאם לתורה, לעולם ההלכה, ולא להפך. לפיכך, אם כנים אנו בדברינו עד כה, אזי מי שהערמה הלכתית נחזית בעיניו כהערמה בלא מרכאות - יפשפש בהשקפתו התורנית. לא הפנמנו מספיק את היקפו של המושג תורת חיים, ואנו מדשדשים בציוויי תורתנו כאמירות קדמוניות, ארכאיות משהו. איננו חשים כי אכן 'נתתי לפניך את החיים', ובתור שכאלה הם לעתים מסובכים קמעא, ודורשים דרכי פתלתול ועקלתון.
>
> ועוד, קיימת נטייה טבעית להשוות את הלכות התורה לחוקי בשר ודם, ולהקיש מן הפונדקית אל הכוהנת. למרות אי־בקיאותי בפילוסופיה של המשפט האנושי, דומה כי רב המבדיל בינו לבין התורה האלוהית בנקודה שבה אנו דנים. במשפט העמים שולט הכלל 'יקוב הדין את ההר', ואם מתגלות פרצות בחוק - ממהרים לסתמן, שהרי פרצות הן. בתורתנו - בהגדרה, לא ייתכן כלל כי יש חלילה פרצה בתורה, ומי שסבור כך - עיקרי אמונתו פגומים. קורא הדורות הכינה גם חקרה, ופרצות הלכתיות אלה, על כרחנו הן מכוונות להלך בהן בעת הצורך כדרך ראויה ולעתים 'אחורית'. עיון במתודה זו משיק במקצת לדיון בבריחה האופנתית כיום מעולם ההלכה המתמטי, הדווקני, אל עולם

המחשבה והאמונה, ששם נמצאות במרכז תחושה והתחברות, במקום הבנה וציֵיתנות.
ולענייננו, במשפט מסכם: עלינו לחנך את עצמנו, ואת שומעי לקחנו, כי זו גדולתו של נותן התורה, אשר 'שתל' בהלכותיה פתחים למצבי חירום, לשעת הדחק, לתקנת הציבור, לשנות דור ודור.

ביחס להתפתחות ההלכה ורצון ה' - דברי הרמח"ל מקורם **באדיר במרום**, ד"ה מלין דקדישי עליונין צייתי להו (עמ' ע). עוד על הלכה, היסטוריה ונצחיות ראו בספרו של הרב שג"ר **הליכות עולם**, אלון שבות תשע"ו.

חטיבה שלישית: מצוות יחיד וחברה

כלב וארנבת: יחסי שכנים

הגמרא בתחילת מסכת סנהדרין קובעת שכדי לדון בדיני ממונות נדרשים דיינים מומחים וסמוכים, מצב שלא קיים מאז הפסקת הסמיכה בימי הרומאים. אף על פי כן, בסוגיה במסכת בבא קמא (דף פד) מופיעים דינים שונים שנידונים גם בבתי הדין בבבל, וזאת במקרים שכיחים שיש בהם חסרון כיס, מהטעם ש'שליחותייהו קא עבדינן' (כלומר אנו פועלים בשליחותם).

רוב הראשונים הסבירו שמדובר בשליחותם של דייני ארץ ישראל, ואולי בשליחותם של הדיינים הראשונים. ייתכן שהבסיס לדין הוא לא רק אותה שליחות עמומה, אלא הצורך המעשי של המציאות ושל הציבור במי שידון אותו ויפסוק הלכה בענייני ממון שכיחים, כפי שעולה מדבריו של רבי אברהם מסוכטשוב **בשו"ת אבני נזר**, יורה דעה, סימן שיב, נ:

> והשתא נחזי אנן בזמן הזה שאין סמוכין [...] רק באמת אין כוונת התורה לדון כשאין סמוכין. רק שההכרח לדון במידי דשכיח ואית ביה חסרון כיס שלא יחרב העולם. והוא דומיא דמלך ממש שבמשפט יעמיד ארץ ואם כן הרי הוא בירושה כמו מלך ממש [...] והוא נקודה נפלאת בענין זה.

ה'אבני נזר' מזהה את ההכרח לדון בדברים השכיחים שיש בהם חסרון כיס כדי למנוע את חורבן העולם. זהו דין שנשען על הצורך

המציאותי ודומה ל'משפט המלך' יותר מאשר למשפט התורה היונק את כוחו מהסמכות משמיים. ייתכן שהמושג 'שליחותייהו' אין כוונתו שליחותם של הדיינים הסמוכים מארץ ישראל אלא שליחותם של הצדדים הנידונים, ואולי 'שליחות הציבור', ומשם שואב הדיין את כוחו גם בימינו. בעניין זה פרסם פרופ' עמיחי רדזינר מאמר מרתק בשם "'We Act as Their Agents" and the Prohibition of Judgment by Laymen: A Discussion of BT Gittin 88b'. **המאמר התפרסם בכתב העת** *AJS Review*, גיליון 37 (2013), עמ' 257-283.

בשולחן ערוך, חושן משפט, סימן יב, סעיף כ, מביא רבי יוסף קארו הנחיה כללית שלפיה 'צריכים הדיינים להתרחק בכל היכולת שלא יקבלו עליהם לדון דין תורה'. בתי הדין אכן מעדיפים שלא להישען על דין התורה (שביחס אליו גם סמכותם מוגבלת ודיניו דווקאיים) אלא להציע לנידונים 'דין כעין פשרה'. כוחו של בית הדין ברובם של המקרים נשען אכן על קבלת הנידונים אותו כסמכות. ראו בעניין זה מאמרו של הרב זלמן נחמיה גולדברג, 'שבחי הפשרה', **משפטי ארץ: דין, דיין ודיון**, עפרה תשס"ב, עמ' 78-84, כולל הערת השוליים האחרונה המציגה גם תפיסות אחרות.

בעניין 'לפנים משורת הדין' וכפייה על הפשרה נכתב רבות. מקורה של ההלכה במסכת בבא מציעא, בסוגיה הנוגעת להשבת אבֵדה (דף כד ע"ב) ובהמשך אותו פרק (דף ל ע"ב), בציטוט מופלא מדברי רבי יוחנן: 'לא חרבה ירושלים אלא על שהעמידו דיניהם על דין תורה, ולא עשו לפנים משורת הדין'.

המקורות המצוטטים בנוגע לכפייה על הצדקה הם **מהמרדכי** לבבא מציעא, רמז רנז; **בית יוסף**, חושן משפט, סימן יב; **וב"ח**, שם. **בתומים** (שם, ס"ק ד) **ובפתחי תשובה** (ס"ק ו) מובאות דעות החולקות על דעת הב"ח כי יש לכפות על הפשרה.

סיכום מצוין של ההיבטים הערכיים העולים מהדיון הזה מופיע במאמר בשם 'האם ישנה מערכת מוסרית מעבר להלכה' שפרסם הרב יהודה גולדברג באתר **ישיבת הר עציון**; שם הוא דן בין השאר בדבריהם של הרב ליכטנשטיין והרב בלייך בנושא ומאתגר את שניהם.

הלכה, כלכלה ופוליטיקה

הדיון בנוגע לקדושת שביעית בלולבים צומח מן המשנה במסכת סוכה, בפרק השלישי, המחדשת כי 'הלוקח לולב מחבירו בשביעית - נותן לו אתרוג במתנה, לפי שאין רשאי ללוקחו בשביעית'. לכאורה לא אמורה להיות קדושה בלולבים, שהרי הם אינם פירות אלא 'עצים בעלמא' כדברי הגמרא, אלא שעל פי הגמרא שם (ועל פי הסברו של רש"י, סוכה דף מ ע"א), השימוש הרווח בלולב הוא טאטוא הבית. אחד מפרטי ההלכות בעניין קדושת שביעית הוא שהקדושה חלה רק על מינים שהנאתם וביעורם שווה (כלומר מתקיימים כאחד). ממילא יש בלולב קדושה.

מאידך, הרמב"ם **בפירוש המשניות** על משנתנו מפרש: 'אבל הלולב מותר למכרו לפי שהוא כעצים ואין קדושת שביעית חלה עליו', ובאופן דומה הביא רבי עובדיה מברטנורה: 'ונהי דדמי לולב יכול ליתן לו לפי שלולב עץ בעלמא הוא ואין בו קדושת שביעית'. הרמב"ם אף פוסק להלכה את משנתנו (**משנה תורה**, הלכות שמיטה ויובל, פרק ח, הלכה יא): 'הלוקח לולב מעם הארץ בשביעית נותן לו אתרוג מתנה, ואם לא נתן לו מבליע לו דמי אתרוג בדמי לולב', והרדב"ז (שם) הסביר שדבריו אלו קשורים לפסיקתו - 'והלולב אין נוהג בו שביעית שהרי אינו פרי אלא חריות של דקל ואף על פי שהדקל בעצמו חזקתו שמור היינו דוקא פירותיו אבל הלולבים אין נוהג בהם שביעית הלכך דמי הלולב אינם דמי שביעית'.

הסבר נוסף מצוי בדברי **האור שמח** (הלכות פרה אדומה, פרק יא, הלכה ז), המסביר את פסיקתו של הרמב"ם שבלולב אין קדושת שביעית מכיוון שליקטו למצווה ופסיקת ההלכה היא ש'לקטו למצוה הוי כמלקט לעצים, ואין בו קדושת שביעית'. יסודם של הדברים במחלוקת תנאים במשנה במסכת פרה (יא, ח) לגבי אדם המלקט אזוב לצורך החטאת: 'לקטו לחטאת כמלקט לאוכלין דברי ר' מאיר. ר' יהודה ור' יוסי ור' שמעון אומרים: כמלקט לעצים'. את הדיון בגמרא (שממנו משתמע כמו רש"י, שבלולב יש קדושת שביעית) הוא מסביר כעמדת רבי מאיר, אך הרמב"ם פסק כשלושת התנאים

האחרים וממילא הן ביחס לאזוב הן ביחס ללולב - צורך המצווה מגדיר אותם כ'עצים' ולא כ'אוכלים', ומכאן שאין בלולב קדושת שביעית לדעת הרמב"ם.

רבים מהאחרונים פסקו הלכה למעשה שאין בימינו קדושת שביעית בלולב. פסיקתם מבוססת על הרמב"ם ושאר הראשונים שסברו כך וכן על הסברה שגם לרש"י ובעלי התוספות הקדושה נובעת מכך שמכבדים את הבית בלולב, ולכן הנאתו וביעורו שווים - מה שלא מתאים לנהוג כיום, כשאין נוהגים כן. כדברים הללו ניתן למצוא בפסיקתו של הרש"ז אויערבך **בשו"ת מנחת שלמה**, חלק א, סימן נא: 'נלע"ד דודאי מסתבר [...] דכיון דבזמן הזה אין רגילין כלל לכבד את הבית בלולבים, ואין נוטעין אותן כלל אדעתא דהכי, דאין נוהג בהם קדושת שביעית'.

באופן דומה פסק הרב וייס **בשו"ת מנחת יצחק**, חלק ו, סימן סא. לדבריו, אף הייתה גרסה אחרת בתלמודם של הרמב"ן והר"ן, שבה הובעה במפורש דעה חולקת בגמרא (דעת רב כהנא) שאין קדושת שביעית בלולב, ואף שהדבר נתון במחלוקת תנאים. בתשובה נוספת (חלק ח, סימן ק) הוא מבאר ששיטת הרמב"ם (שנראית מנוגדת לסוגיית הבבלי) נשענת על תפיסת הירושלמי, שסובר שאין בלולב קדושת שביעית מהטעם שאינו פרי.

הרב מנשה קליין, בספרו **שו"ת משנה הלכות**, חלק יד, סימן רו, דן גם הוא בשאלה זו ומבאר את פירוש רבנו חננאל לסוכה דף לט ע"א, שממנו עולה בפשטות שהלולב איננו קדוש בקדושת שביעית, שהרי אינו פרי. את הסוגיה בגמרא הוא מבאר כ'דחויה ולא אליבא דאמת', וכך מתרץ את הקושיה על פסק הרמב"ם שהכריע שלא כמותה.

תשובה אחרונה שנביא בהקשר זה היא תשובת הרב וואזנר **בשו"ת שבט הלוי**, חלק א, סימן קפא, שאחרי שפוסק להקל מביא גם עדות אישית על שיחתו עם ה'חזון איש' בנושא זה: 'הוי פשיטא ליה דלולב אין בו קדושת שביעית (אם אין זכרוני מכזב אותי)'. וברוח זו הוא מסיים את תשובתו: 'ע"כ אמינא, המחמיר יחמיר לעצמו, וברוך יאמרו לעומתו, אבל המקילים יש להם עמוד ברזל לסמוך עליו'.

דברי **הסמ"ע** מופיעים בתחילת העיסוק של ה'שולחן ערוך' בענייני שמיטת כספים (חושן משפט, סימן סז, ס"ק ב):

> אבל חרישה וזריעה לא אסרו בשביעית וביובל [...] שלא היו רוב הציבור יכולין לעמוד בו ליאסר בעבודת קרקע שתי שנים שביעית ויובל [...] דדוקא בזמן שהיה שמיטה ויובל נוהג מן התורה הייתה מקויימת בהן הברכה לגדל בשנה שישית לשלש שנים.

הציטוט מספר מכבים הוא ממכבים א, פרק ו. הכרזתו של רבי ינאי המתירה לזרוע בשביעית משום ארנונה מקורה בגמרא במסכת סנהדרין דף כו ע"א ובדברי רש"י **ותוספות** (שם).

השאלה הראשונה העומדת ברקע סוגיית 'היתר המכירה' היא שאלת מעמדה של השמיטה בימינו - אם היא מן התורה או מדברי חכמים. בעניין זה, הגמרא במסכת מועד קטן (דף ב ע"ב) מביאה את דעתו של 'רבי' ששביעית בזמן הזה מדרבנן, וזאת מתוך השוואה בין דיני השמיטה לדיני היובל - כשאלו תלויים במצב לאומי אוטופי ואולי אפילו משיחי: קיומו של בית דין גדול בירושלים; 'רוב יושביה עליה', כלומר רובו של עם ישראל נמצא בארץ; ויתרה מכך - שכל שבט ושבט נמצא על אדמתו בנחלתו.

שאלה שנייה היא שאלת האפקטיביות של מכירת הקרקעות לנוכרי ואם קרקע שבידי נוכרי מאבדת בכלל את קדושתה לעניין מצוות התלויות בארץ. מקור מרכזי לשאלה זו נמצא בגמרא במסכת גיטין, דף מז ע"א, והפסיקה הלכה למעשה נתונה במחלוקת גדולה זה כ־500 שנים, עת נחלקו בדבר רבי יוסף קארו ורבי משה מטראני, חכמיה של צפת. מחלוקתם לא נגעה ל'היתר המכירה' כפי שאנו מכירים אותו כיום אלא לקרקעות שהיו מוחזקות בידי נוכרים ולשאלת חיוב פירותיהם בתרומות ומעשרות. דברי רבי משה מטראני מופיעים בשו"ת שלו, **שו"ת המבי"ט**, סימן כא, ומענהו הארוך של רבי יוסף קארו **בשו"ת אבקת רוכל**, סימן כד.

דברי הנצי"ב מוולוז'ין, המתקומם כנגד הפתרון הזה דווקא בדור של גאולה וחזרה לארץ, מופיעים **בשו"ת משיב דבר**, חלק ב, סימן נו. עמדתו העקרונית של הרב קוק על פסיקת הלכה, היושר המוחלט והיושר הארעי - מקורם **באגרות הראיה**, איגרת פט.

דברי הרב קוק המצדדים ב'היתר המכירה' מופיעים לאורך כתביו השונים, הן בהקדמתו החשובה לחיבורו על הלכות שמיטה ויובל לרמב"ם, **שבת הארץ**, הן בתשובותיו ההלכתיות (**שו"ת משפט כהן**, סימן נח, ובהמשך רצף תשובות התומכות ומדייקות את ההיתר והלכותיו, עד סימן עו), והן באיגרותיו (**אגרות הראיה**, איגרת רז; איגרת רפז - 'אגרת השמיטה'; וכמובן איגרת תקנה, שבה הוא מתפלמס עם הרידב"ז, מרבני צפת, שיצא כנגד ההיתר וכנגד הרב קוק עצמו).

על הפולמוס ועל עמדתו של הרב קוק נכתב רבות. ראו למשל ספרו של ד"ר חגי בן ארצי, **הרב קוק בפולמוס השמיטה** (ירושלים תשס"ז), ומאמרו של פרופ' אריה אדרעי 'שורשי הפסיקה הציונית־הדתית: הרב קוק ופולמוס השמיטה', בתוך הספר **על דעת הקהל: דת ופוליטיקה בהגות היהודית**, ירושלים 2012, עמ' 833-896.

מכתבו של ה'חזון איש' המצוטט בפרק מופיע בכתב העת **מוריה**, שנה תשיעית, גיליון א-ב (תשל"ט), עמ' צז-צח. ראו מאמרו של משה אריאל פוס, 'מכתב לא ידוע של החזון איש בדבר היתר מלאכה בשמיטת תרצ"ח', **המעין**, ס,ד (תש"ף), עמ' 9.

תשובת הרב עובדיה יוסף מקורה **בשו"ת יביע אומר**, חלק י, יורה דעה, סימן לח.

המקורות בנוגע לגיזום בשביעית שלא לצורך הצמחה הם מדברי **הילקוט יוסף** (שביעית, ז, יד), הרש"ז רווח (**שביתת השדה**, ו, כא), ובשם ה'חזון איש' (**הליכות שדה**, 47 [תשמ"ז], עמ' 14). דברי ה'חזון איש' על מלאכת זירוד מקורם בספרו **חזון איש**, שביעית, סימן כו, אות א.

אוצר בית דין: הלכה ואחריות חברתית

המקורות התנאיים שהובאו בפרק לקוחים מן המכילתא דרבי ישמעאל, מסכתא דכספא, פרשה כ, ומן התוספתא, שביעית, פרק ח. דברי הרב שאול ישראלי מקורם **בשו"ת חוות בנימין**, חלק ג, סימן תרכב. דברי הרב יעקב אריאל לקוחים ממאמרו 'אוצר בית דין - ביטוי למעמד הציבור בשמיטה', **תחומין**, כח (תשס"ח), עמ' 315-303. הציטוט מהרדב"ז לקוח מדבריו על הלכות שמיטה ויובל לרמב"ם, פרק ז, הלכה ג, ודברי הרב אליעזר מלמד מקורם **בפניני הלכה**, שביעית ויובל, פרק ח, סעיף ג. תשובת הרשב"ש היא מספר התשובות שלו, **שו"ת הרשב"ש**, סימן רנח.

על אוצר בית הדין בימינו נכתב רבות, מעבר להפניות דלעיל. ראו ספרו של הרב זאב ויטמן **לקראת שמיטה ממלכתית במדינת ישראל** (אלון שבות תשנ"ג) וספרו של הרב יהושע בן־מאיר, **מה נאכל בשנה השביעית** (אפרת תשע"ד).

בנוגע לקדושת פירות שביעית - דברי **התוספות** על הקדושה כאיסור מקורם בסוכה דף לט ע"א, ד"ה שאין מוסרין.

התוספתא האוסרת לסוך בשמן של שביעית מקורה בפרק ו, הלכה ה; והירושלמי התולה את איסור הסיכה במרחץ בביזיון קודשים - מקורו בפרק ח, הלכה א. הסברו של 'ערוך השולחן' הוא מתוך **ערוך השולחן העתיד**, זרעים, סימן כד, סעיף טו, ודברי הרב קוק לקוחים מספרו **שבת הארץ**, קונטרס אחרון, אות כה.

השוואת פירות שביעית ליהלומים כהסבר ליחס אליהם מופיעה בספרו של הרב יוסף צבי רימון **שמיטה** בסדרת 'הלכה ממקורה', ירושלים תשפ"א, עמ' 195.

ההיתר ל'גרם הפסד' לפירות שביעית מקורו **בשו"ת מהרי"ט**, חלק א, סימן פג. פסיקותיו של הרב אלישיב מובאות מהספר **משפטי ארץ** שהוציא הרב שאול רייכנברג, מרבני 'בית המדרש הגבוה להלכה בהתיישבות החקלאית'. ההיתר ל'גרם הפסד' כאשר הפרי עומד להתקלקל בכל מקרה מבוסס על פסיקת הרב פרנק **בשו"ת הר צבי**, זרעים, חלק ב, סימן נד. הרב רייכנברג מצטט את הרב אלישיב

כאומר שכל פרי שברור שלא ייאכל - אין בו איסור של 'גרם הפסד' כלל (כא, הערה 25). בכיוון דומה מובא בשמו (עמ' 176, הערה 10) שאם האדם אכל את חלקי הפרי שברצונו לאכול, מותר לו לזרוק את הגלעין עם מה שדבוק אליו.

ההנחיה להמתין לילה אחד לפני זריקת מאכלים הקדושים בקדושת שביעית מקורה בספר **פאת השולחן**, סימן כד, ג.

בדיקה מסופקת: ספקות והכרעה בהלכה

הציטוט מספרו של הרב שג"ר **להאיר את הפתחים** (אלון שבות תשע"ד), עמ' 182, לקוח מאותה דרשה ('הלכה, הליכה ואמונה') שהובאה לעיל בפרק על מנהג המקום.

דברי **המשנה ברורה** על שתיית קפה קודם התפילה מקורם בסימן פט, ס"ק כב. יש לציין כי פוסקים אחרים סברו שטעמו של האיסור לשתות קודם התפילה הוא שיש בדבר 'דרך גאווה', וביחס לימינו - שבהם שתיית תה או קפה עם סוכר הם מעשה יומיומי ולא תלוי מעמד - יש להקל. כך מובאים הדברים בספר **ארחות רבנו**, חלק א, בני ברק תש"ן, עמ' נז, כעדותו של הרב אברהם הורביץ שהיה מתלמידיו המקורבים של ה'סטייפלער', הרב יעקב קנייבסקי, והיה נשוי לאחותו של הרש"ז אויערבך:

> אמר לי מו"ר זצוק"ל דבזמננו שכולם גם העניים שותים עם סוכר א"כ זה כמו מים ואין בתה או קפה עם סוכר שום גאוה כי כך הדרך לשתותם ממותק, וכן אמר לי גיסי הגרש"ז שליט"א [...] וכן מו"ר שותה תה ממותק בסוכר לפני התפלה.

ישנן דוגמאות רבות להקלה בהלכות מראות הדמים שאינן קשורות בהכרח להבחנה מציאותית בין כתם זה לאחר. למשל, ההקלה בכתמים קטנים מגודל 'גריס' - מקורה במשנה ובגמרא במסכת נדה, דף נח ע"ב. הערת **ספר יראים** נמצאת בסימן כו. ואף על פי כן, **בשולחן ערוך** (יורה דעה, סימן קצ, סעיף ה) נפסק ש'לא גזרו חכמים

על הכתם אלא אם יש בו כגריס ועוד׳. **הפתחי תשובה** (שם, ס״ק ט) מפנה לדברי ה׳יראים׳ ומוסיף: ׳ותימא על הפוסקים שלא הביאו כלל דבריו׳. תמיהתו של ה׳פתחי תשובה׳ נותרת בעינה, אך פסיקת החתם סופר בספר השו״ת שלו (**שו״ת חתם סופר**, חלק ב, יורה דעה, סימן קפב) ברורה: ׳אף על גב דבזמננו לא אשכחן מאכולת כהאי גונא, מכל מקום אין לך אלא מה שנאסר במנין הראשון שהיה מאכולת גדול כגריס [...] ושיעור קטן לא נאסר מעולם׳.

דברי הרב מלמד על תחושת אישה והגדרת ׳הרגשה׳ מקורם בספר **פניני הלכה**, טהרת המשפחה, פרק ב, סעיפים ה-ו. לעומת זאת, כשהוא דן במראה שבא אחרי בדיקה פנימית הוא מאמץ את החשש ההלכתי; ראו שם, סעיף יא.

הסיפור על התלמיד, אשתו ואליהו מופיע בגמרא במסכת שבת, דף יג ע״א (ובגרסאות שונות מעט באבות דרבי נתן בשני נוסחיו בפרק ב, ובאליהו רבה, פרשה טז). ביאורו של הרב קוק הוא מתוך **עין איה** על מסכת שבת, פרק ראשון, אות ס.

המגמה להימנע מחומרות בהלכות נידה מאחר שהן עלולות להוביל ׳לידי קולא׳, כלומר לעבירות ולמעידות, מופיעה ברבות מתשובותיו של הרב עובדיה יוסף בענייני נידה. ראו **שו״ת יביע אומר**, בכמה מחלקי יורה דעה: חלק א, סימן טו; חלק ג, סימן יב; חלק ד, סימן יא; חלק ד, סימן יג; חלק ה, סימן יח; חלק ו, סימן יז; חלק י, סימן נח.

דיונו של הרב עובדיה יוסף בהקלה בכתמים ואף בראייה בימי טוהר ותנאיה מופיע בהערותיו ב**טהרת הבית**, יא, ד.

להרחבה בנוגע ליחסי רב הקהילה וראש הישיבה ראו את הפרק ׳בין מרא דאתרא לריש מתיבתא: על המתיחות שבין רבני קהילות לראשי ישיבות׳ בספרו המקיף של הרב משה לוונטהל **שררה שהיא עבדות**, ירושלים תשס״ז, שער ג, פרק 7, עמ׳ 620–642. בדבריו מפנה הרב לוונטהל למקורות רבים, מנתח את המתח ומציע כיוונים ליישובו.

פסיקת **השולחן ערוך** בענייני ׳חדש׳ מופיעה ביורה דעה, סימן

רצג, סעיף ב ובאורח חיים, סימן תפט, סעיף י. עמדותיהם של האחרונים נמצאות בשני מקורות שונים: **ערוך השולחן**, יורה דעה, סימן רצג; **ומשנה ברורה**, סימן תפט, ס״ק מה.

פסקו של הרא״ש מופיע **בשו״ת הרא״ש**, כלל ב, סימן א. הרא״ש מנמק היטב את פסיקתו: ׳ועתה לפני הפסח נתתי את לבי [...] ולא מלאני לבי לאסור אולי לא ישמעו לי [...] וגם אני זכור מנעורי כבר פעמים ושלש [...] שרבותי נהגו איסור, אבל לא הורו הלכה למעשה לאיסור; ואהא סמיכנא ואיני מורה איסור ומוטב שיהיו שוגגים והחרד יפרוש׳. אנו זוכים להצצה לתוך ׳מעבדת הפסיקה׳ של הרא״ש, ששם לב לקושי הלכתי הניצב מולו אך מבין היטב שהציבור לא בהכרח ישמע לו - דבר שמבחינתו הוא שיקול להימנע מפסיקה. גם מסורת רבותיו מורכבת - הם נהגו איסור אבל לא הורו כך הלכה למעשה - והרא״ש פוסע בעקבותיהם.

הרב ד״ר בני לאו פרסם מאמר בשם ׳מסע בארון הספרים היהודי: גלגולי מצוות ״חדש״ בתולדות ההלכה׳, בתוך הקובץ **מסע אל ההלכה**, תל אביב 2003. במאמרו הוא מציג את מקורה של המצווה ואת ההתפתחות ההלכתית לאורך הדורות ומסיים בדיון קצר על ההבדל בין ה׳משנה ברורה׳ ו׳ערוך השולחן׳ (עמ׳ 152-153).

יחסי ׳ערוך השולחן׳ ו׳משנה ברורה׳ נידונו בספרו של הרב איתם הנקין הי״ד **תערוך לפני שולחן**, ירושלים 2018. הפרק הרביעי בחלק השני הוקדש להשוואה וניתוח ההבדלים בין שני החיבורים, אך כפי שמציינת המשפחה בהערת שוליים בתחילת הפרק, המחבר לא זכה להשלים פרק זה והוא נערך על ידיה מתוך רשימותיו.

בן רופא: יחסי הורים וילדים

הציטוט מהשיר ׳שלומי׳ של זלדה לקוח מהספר **שירי זלדה** בהוצאת הקיבוץ המאוחד.

על שילוב הלכה ואגדות נכתב רבות. ראו בין השאר את שני כרכי **אגדה למעשה** (ירושלים 2005-2011), שכתב הרב פרופ׳ יהודה ברנדס, ואת עבודותיו המחקריות של יונתן פיינטוך כמו גם

את ספרו **פנים אל פנים: שזירת ההלכה והאגדה בתלמוד הבבלי** (ירושלים תשע"ח).

הציטוט מהשיר 'קץ האב' לקוח מתוך הספר **שמחת עניים** של נתן אלתרמן.

המקורות לאיסור חבלת בן באביו הם בגמרא במסכת סנהדרין (דף פד ע"א) **וברי"ף** שם; **במשנה תורה**, הלכות ממרים, פרק ה, הלכה ז; **ובשולחן ערוך**, יורה דעה, סימן רמג, סעיף א.

תשובות האחרונים שצוטטו בפרק הן: **שו"ת מנחת שלמה**, חלק א, סימן לב; **שו"ת חלקת יעקב**, סימן קלא; **שו"ת מנחת יצחק**, חלק א, סימן כז, אות ד.

הסיפור על הרב יוסף חיים זוננפלד ושליח הציבור בראש השנה לקוח מהספר **לנטוע שמים**, אלון שבות תשע"ו, עמ' 202–203.

בשולי הדברים שכתבתי בפרק על מרכזיותו של ה'שולחן ערוך' ועל התגבשותה של ספרות נושאי הכלים סביבו כמבטאת את מקומו התשתיתי בדיון ההלכתי, גם אם ייטו בסופו של דבר לפסיקה אחרת, ראוי לציין כי הדפסת נושאי הכלים סביב הטקסט המרכזי של ה'שולחן ערוך' (בדומה לגמרא וסביבה הראשונים) מכוננת שינוי גם במשמעותו של החיבור המרכזי עצמו. כך כתב חברי הרב נעם סמט בעבודת הדוקטור שלו, **קצות החושן: ראשית הלמדנות – מאפיינים ומגמות**, תשע"ו (עמ' 39–40) שעסקה בחיבורו של הרב אריה הלר, 'קצות החושן', כשהוא פוסע בעקבות המושג 'ארכיטקסטואליות' שטבע החוקר הצרפתי ג'נט:

> נשים לב: אם בראשיתו נתפס ה'שולחן ערוך' עצמו כספר פסיקה, כאשר נאספים סביבו הפרשנים השונים הוא משנה את תפקידו ואת מיקומו בתוך המערך התרבותי של עולם הספר התורני. החיבור מאבד את מקומו כספר פסיקה, הלכה למעשה, והופך למוקד מארגן של הכתיבה שסביבו. פוסק ההלכה לא ישתמש מעתה רק ב'שולחן ערוך' אלא יפסוק רק על פי המכלול כולו – ה'שולחן ערוך' ונושאי

כליו. השינוי הזה בתפיסתו של ה'שולחן ערוך' פותח את הפתח להיווצרותה של ספרות משנית, שכבר איננה הלכתית בדווקא. השינוי הזה משתקף יפה במבנה הטכני של הדף ובסדר הדפוס. אם בשלב הראשון הטקסט של ה'שולחן ערוך' הוא טקסט נושא משמעות, שהטקסטים שלידו מתמקדים בפירושו ובהתייחסות אליו, הרי שבשלב השני הופך ה'שולחן ערוך' לטקסט מקודד, העמוס בסימנים ובהפניות לטקסטים שסביבו. כך, הטקסט המקורי עצמו מאבד למעשה את ערכו כספר עצמאי, ומתפקד מעתה בעיקר כמוקד המארגן של שלל הכתיבה שבעקבותיו. דווקא הקאנוניזציה של החיבור דוחקת הצדה את אופן התפקוד הבסיסי שלו כספר פסיקה.

שאלות שאין עליהן תשובה

מאמר מקיף, המנתח את משמעותה של הפסיקה ברשת הווירטואלית, כתב פרופ' אביעד הכהן לפני למעלה מ־10 שנים. ראו מאמרו 'אתרא קדישא: פסיקת הלכה ורבנות וירטואלית' בתוך החלק השני של הספר **רבנות: האתגר**, ירושלים תשע"א.

הדילמה ההלכתית סביב הפלת עוברים היא מהמורכבות והנידונות ביותר. בפרק צוינו פסיקותיהם המחמירות של הרב אונטרמן (בתוך כתב העת ההלכתי **נועם**, ו [תשכ"ג], עמ' א-יא) והרב פיינשטיין (ברצף תשובות **בשו"ת אגרות משה**, חושן משפט, חלק ב, סימנים סט-עא). היחס לעובר בתחילת התפתחותו כ'מיא בעלמא' מקורו בגמרא במסכת יבמות, דף סט ע"ב. ראיית הפלה כחבלה מופיעה **בשו"ת שרידי אש**, חלק א, סימן קסב, ואילו זיהויה כסעיף של הוצאת זרע לבטלה מקורו **בשו"ת חות יאיר**, סימן לא.

היחס להפלה כאיסור דרבנן מקורו **בשו"ת בית יהודה**, אבן העזר, סימן יד. ניסוחים מקילים לפני 40 יום לעובר נמצאים **בשו"ת אחיעזר**, חלק ג, סימן סה ('אפשר דאין איסור מן התורה') **ובשו"ת צפנת פענח** (ורשה), חלק א, סימן נט ('לא הוי איסור גדול כל כך

לכמה שיטות'). אלו אינם ניסוחים המתירים את ההפלה, אבל יש בהם פתח לראות הפלה לפני היום ה־40 כאיסור דרבנן, וממילא במקום צורך או חולי לשקול להתירה.

הציטוט מדבריו של הרב יאיר דרייפוס הוא מתוך מאמרו 'שפה הלכתית חדשה עתיקה', בתוך כתב העת של ישיבתנו **קונטרס**, מ (תש"ף), עמ' 23. מופיע גם ברשת באתר **צירופים חדשים** שכתובתו: zerufim.siach.org.il.

בנוגע לחובת הרב לפסוק הובאו מקורות מ**שו"ת הרא"ש**, כלל קז, סימן ו, ומ**שו"ת אגרות משה**, אורח חיים, חלק ה, סימן כ.

הסיפור על שאלת ר' דוד פוקס את ר' שלמה זלמן בנוגע לניתוח לנכדתו נמצא בספר **לנטוע שמים**, אלון שבות תשע"ו, עמ' 159.

הסיפור המופלא על הרב שלמה נעמן מקורו בספר **רצוא ושוב** מאת מירה קדר, ירושלים 1999.

בנוגע ל'דעת תורה' ומעורבות רבנים בשאלות פוליטיות וחברתיות נכתבה ספרות ענפה. המקורות בפרק מצוטטים מ**אגרות חזון אי"ש**, חלק א, איגרת לג; מהספר **פאר הדור**, חלק ה, בני ברק תשל"ד, עמ' צא; ומהספר **מכתב מאליהו** של הרב אליהו דסלר, כרך א, ירושלים תשל"ג, עמ' 59. מקורם של דברי הרב קוק ב**שמונה קבצים**, קובץ א, פסקה קצב. להרחבה בנושא זה ראו מאמרו של ד"ר שוקי פרידמן 'ועשית ככל אשר יורוך?' בתוך **רבנות: האתגר** (ירושלים תשע"א), בכרך השני, הבוחן את שאלת היחס לסירוב פקודה לנוכח פינוי יישובים. ראו גם הפניותיו למאמרים נוספים בנושא (הערות 5, 7). עוד בנושא זה ראו פרופ' בנימין בראון, 'דוקטרינת דעת תורה: שלושה שלבים', בתוך הספר **דרך הרוח: ספר היובל לאליעזר שביד**, ירושלים תשס"ה, חלק ב, עמ' 537–600. דברי אדמו"ר הזקן מקורם בפרק כב ב**אגרת הקודש**. על יחסו של אדמו"ר הזקן מחב"ד לעניינים גשמיים של חסידיו ראו במאמרו של ידידי הרב אלחנן ניר 'עזרת הגופים אין בידינו', **אסיף**, א (תשע"ד), עמ' 190–205.

חטיבה רביעית: נוכח המוות

מי שמתו מוטל לפניו: כבוד המתים וכבוד החיים

המקור מדברי המהר״ל בשבח הפסיקה המהירה הוא מתוך ספרו **נתיבות עולם**, נתיב התורה, פרק ד.

הדיון ההלכתי בנוגע להלנת המת מבוסס על **השולחן ערוך**, יורה דעה, סימן שנז, סעיף א.

דברי הרב יצחק יוסף מקורם **בילקוט יוסף**, הלכות ביקור חולים ואבלות, ח, א. דברי הרב טוקצינסקי מופיעים **בגשר החיים**, חלק א, ז, ב.

הציטוט בשמו של ר׳ דוד פוקס על השפעת האדם העומד מולו על פסיקתו - מקורו בספר **לנטוע שמים**, אלון שבות תשע״ו, עמ׳ 187.

להתפלל על החולה שימות

מחלוקת האחרונים על הפסק לפני התקיעה הראשונה מקורה **בשולחן ערוך**, אורח חיים, סימן תקפה. מן הצד האחד עומד **המגן אברהם** (שם, ס״ק יא) הפוסק בשם השל״ה ש׳גם תקיעה ראשונה יקרא לפניו׳ ומולו ניצב **המשנה ברורה** בהערות ׳שער הציון׳, שם, אות לא, הכותב: ׳ובאמת אין זה ברור [...] ולכן נראה לעניות דעתי [...] במקום שאין מנהג יותר טוב שלא להקרות בתקיעה ראשונה כדי שלא יהיה הפסק להמקרא׳.

בנוגע לעלייה לתורה של אדם הנשוי לגויה הובאו בפרק מקורות

משו"ת אגרות משה, יורה דעה, חלק ב, סימן נא ו**משו"ת יחוה דעת**, חלק ב, סימן טז. כן הוזכרה תשובה **משו"ת במראה הבזק**, חלק א, אורח חיים, סימן ז.

הדיון בנוגע להזזת חולה הנוטה למות והאיסור לקרב את מיתתו מקורו **בספר חסידים**, סימן תשכג וב**שלטי גיבורים** על הרי"ף, מועד קטן, דף טז ע"ב. דברי הרמ"א מקורם בהגהותיו **לשולחן ערוך**, יורה דעה, סימן שלט, סעיף א ודברי **הט"ז** שם בס"ק ב.

תשובתו היסודית של הרב שלמה זלמן אויערבך בנוגע לטיפול בחולה הנוטה למות מקורה **בשו"ת מנחת שלמה**, חלק א, סימן צא. ראו עוד את דבריו של הרב פרופ' אברהם שטיינברג, אשר עמד בראש הוועדה הציבורית הרב־תחומית לענייני החולה הנוטה למות, במאמרו 'הבסיס ההלכתי להצעת "חוק החולה הנוטה למות"', **אסיא**, עא-עב (תשס"ג) עמ' 25-39.

בנוגע לתפילה על החולה שימות - מקור הסיפור על רבי יהודה הנשיא ושפחתו הוא במסכת כתובות דף קד ע"א. התשובות שצוטטו בפרק מקורן **בשו"ת שבט הלוי**, חלק י, סימן כט; **בשו"ת ציץ אליעזר**, חלק ה, רמת רחל, סימן ה; שם, חלק ט, סימן מז; **בשו"ת אגרות משה**, חושן משפט, חלק ב, סימן עג; וב**שו"ת תשובות והנהגות**, חלק ב, סימן תשלח.

ארגון רבני צהר הוציא חוברת מקיפה העוסקת בנושאים שעלו בפרק הזה בשם **הלכות טיפול בחולה הנוטה למות ובאדם החי עם דמנציה** (מאת הרב יובל שרלו, הרב אוריאל גנזל והרב שאול ברוכי). החוברת מופיעה גם באתר האינטרנט של ארגון רבני צהר.

שריפת גופות והסתרת מידע

הגמרא במסכת סנהדרין דף מו ע"ב מתלבטת אם הקבורה נעשית כדי למנוע ביזיון לנפטר או כדי לאפשר לו לזכות לכפרה (על פי רש"י - 'שמורידים ומשפילים אותו בתחתיות').

המצווה לקבור את המת ולהתייחס לגופה בכבוד מנומקת **בספר כלבו**, סימן קיד, בשני טעמים:

> האחד על דרך מדה טובה והוא שישא אדם פנים למי שנהנה ממנו [...] וכן ראוי שלא יתועב הגוף אחר שהנפש גרה בו, והלא תראה האדם כשיחרב ביתו, יחמול עליו ולבו יכאב אם יהיה למחראות וכן קשה לנפש כשתראה הגוף מתבזה [...] וכן בא על דרך זה חבוב קבורת הגוף ושאר הכבוד הנעשה לו במותו והוא כחבוב תשמישי קדושה שהן נגנזין, מצורף אל זה שקרובי המת מוצאין נחמה בכבוד ההוא.
> והטעם השני והוא החזק והצריך לאמונתנו בתחיית המתים כי אלו היו משליכין גוף האדם המת כאחת הנבלות היו בני אדם אומרים נמשל כבהמות נדמו ולא היו מקבלין אמונת התחיה כמו שהן מקבלין עם קבורתו בראותם כי יבנו לו בית וילבשינו וכל שכן בראותם כי יקברוהו אצל אבותיו ובני משפחתו להיות עתידים לעמוד יחד בני המשפחה.

הרב טוקצינסקי בספרו **גשר החיים** (חלק ב, פרק יג) מתייחס לדברי חכמים שהשוו את קבורת האדם לזריעה ומשווה בין תהליך ההתפרקות וההיטמעות של גופת האדם בקבר לבין תהליך השריפה והכילוי.

בספרי האחרונים הובאו נימוקים שונים שמצטרפים כולם לתחושת הקושי וההתנגדות העמוקה לשריפת הגופות. הרד"צ הופמן (**בשו"ת מלמד להועיל**, חלק ב, סימן קיד) רואה בשריפת הגופה ביזיון וניוול למת. הרב קוק (**בשו"ת דעת כהן**, סימן קצז) מוסיף את העובדה שמדובר בחוקות הגויים ויש בכך הליכה במנהגם. הרב חיים עוזר גרודזנסקי (**בשו"ת אחיעזר**, חלק ג, סימן עב) מוסיף שיש במעשה זה גם ביטוי לחוסר אמונה בתחיית המתים.

בספרו **קץ החיים** (תל אביב 1997), העוסק בטקסי קבורה ואבל במקורות חז"ל, מציג פרופ' ניסן רובין הסבר לקבורה (עמ' 141):

> הקפדתם של חכמים על קבורה דווקא היא בהתאם לתפיסתם שהמעבר בין חיים למוות הוא תהליך הדרגתי. בשריפה

הסילוק מהיר מדי ומלאכותי; החניטה כאילו מתכחשת למציאות ולמוות; ואילו הקבורה יוצרת מצב של תהליך הדרגתי. כשהקבורה היא בקרקע המשפחה, הרי זה חלק מההמשכיות והיציבות ומסמל את הקשר הטריטוריאלי.

נראה לי שבאופן פשוט הקבורה היא החזרת האדם למקורו, לעפר ולאדמה שממנה נלקח. כך עולה מפסוקים שונים בתנ"ך, החל מתיאורו של הקב"ה בתגובה לחטא אדם הראשון: 'בְּזֵעַת אַפֶּיךָ תֹּאכַל לֶחֶם עַד שׁוּבְךָ אֶל הָאֲדָמָה כִּי מִמֶּנָּה לֻקָּחְתָּ כִּי עָפָר אַתָּה וְאֶל עָפָר תָּשׁוּב' (בראשית ג, יט). כך עולה גם מדבריו של קהלת (ג, כ): 'הַכֹּל הוֹלֵךְ אֶל מָקוֹם אֶחָד הַכֹּל הָיָה מִן הֶעָפָר וְהַכֹּל שָׁב אֶל הֶעָפָר', ולקראת סיום הספר (יב, ז): 'וְיָשֹׁב הֶעָפָר עַל הָאָרֶץ כְּשֶׁהָיָה וְהָרוּחַ תָּשׁוּב אֶל הָאֱלוֹהִים אֲשֶׁר נְתָנָהּ', וכך מופיע גם בדברי איוב (לד, יד-טו): 'אִם יָשִׂים אֵלָיו לִבּוֹ רוּחוֹ וְנִשְׁמָתוֹ אֵלָיו יֶאֱסֹף. יִגְוַע כָּל בָּשָׂר יָחַד וְאָדָם עַל עָפָר יָשׁוּב'.

תשובתו של הרב"ז ותוספת בנו מופיעות **בשו"ת הרב"ז**, חלק ג, סימן קלג.

היחס לפורשים מהציבור שאין מתאבלים עליהם, ולהפך - לובשים לבנים ושמחים, מקורו בברייתא במסכת שמחות, פרק ג, הלכה ה, וכך נפסק להלכה **בשולחן ערוך**, יורה דעה, סימן שמה, סעיף ה. יש פוסקים בזמננו שסוברים שיש לנהוג כך הלכה למעשה גם היום ביחס למחללי שבת בפרהסיה; ראו למשל **בשו"ת שבט הלוי**, חלק ג, סימן קסו. אל מול פסיקות אלו יש מהפוסקים שסוברים אחרת, וביניהם הרב וולדנברג, **בשו"ת ציץ אליעזר**, שצוטט בתשובתו בחלק י, סימן מא, פרק ג.

מאמרו של הרב קוק 'על במותינו חללים' ראה אור בשנת תש"ה ומופיע **במאמרי הראיה**, ירושלים תשמ"ד, עמ' 89-93. הפסיקה המצוטטת בתוכו בנוגע למומר שנהרג בידי נוכרים שמתאבלים עליו - מקורה בהגהות הרמ"א **לשולחן ערוך**, יורה דעה, סימן שמ, סעיף ה.

דברי המהר"ם ביחס לאבלותו של רבנו גרשום מופיעים **בשו"ת מהר"ם מרוטנבורג**, חלק ד, סימן תקפד. ההסבר כי האבל היה על מותו בלא תשובה מופיע בדברי **המרדכי** למסכת מועד קטן, רמז תתפו. בדברי ה'מרדכי' מופיעה עדותו של מהר"ם מרוטנבורג בשם רבי יצחק מווינה על אבלותו של רבנו גרשום. בסיום דבריו מופיעה התוספת: 'אמנם א"ל שאין ללמוד ממנו דלאפושי צערא הוא דעבד שלא זכה לשוב בתשובה'. האם התכוון ה'מרדכי' לומר 'אמנם **אמר לו** [רבי יצחק מוינה למהר"ם] שאין ללמוד ממנו'? או שמא כוונת המרדכי היא להציע הצעה ספקולטיבית שנועדה לנסות ליישב בין התנהגות רבנו גרשום לבין ההלכה – 'אמנם **אפשר לומר** שאין ללמוד ממנו'? קשה לדעת. ספר ה'מרדכי' זכה למהדורות שונות, ובהגהות על ה'מרדכי' מופיעה מסורת ובה המילים 'עם אמו', שמהן ניתן ללמוד שהבן השתמד ונהרג בהיותו ילד. כך לפחות עולה מהגהות הרמ"א, המפנה לפרק 'נגמר הדין' במסכת סנהדרין; שם מכריע **המרדכי** (רמז תשטז): 'קטן מה שהכניסוהו בדת אחרת מה מעלה ומה מוריד וה"ל כאילו לא המיר'. עמדת **האור זרוע** שהאבל היה על השמד עצמו מקורה בספרו, חלק ב, סימן תכח.

הדיון על היכולת לוותר על בדיקה ביום הראשון לשבעה נקיים מקורו בפסיקת **השולחן ערוך**, יורה דעה, סימן קצו, סעיף ד. דברי הרב מלמד מקורם בספרו **פניני הלכה**, טהרת המשפחה, פרק ד, סעיף ח; וראו גם שם בהערה 9. הרב מלמד מבסס את פסיקתו על כך שרבים מהראשונים סברו שניתן להסתפק בבדיקה אחת במהלך שבעת הנקיים (כשיטת רב ולא כשיטת רבי חנינא), ואף שה'שולחן ערוך' הכריע כרבי חנינא, ישנם אחרונים שהקלו בדיעבד. דוגמה לדבר הוא מוצא בדברי **ערוך השולחן** (יורה דעה, סימן קצו, סעיף כו), המציין 'בזמננו יש הרבה נשים שמוכות ולוקות בחדרי בטנן במכות ופצעים תוך הרחם באופן שהבדיקה קשתה להן מאד ותולין הבדיקות שאינן טהורות בהמכות והפצעים ובדוחק גדול מוצאות בדיקות נקיות לכן מורין להן כעיקר הדין שיהיה לה בדיקה טהורה ביום הפסק טהרתה ובדיקה אחת בכל הז' ימים וכן מורין הלכה

למעשה׳. נראה כי מקור מעין זה אכן יכול להיות בסיס לדבריו, אך עדיין יש פער בין התיאור של ׳ערוך השולחן׳ לבין ׳אשה שרואה כתמים מחמת כדורים הורמונליים או התקן תוך־רחמי׳, כפי שפוסק הרב מלמד.

דברי הרב קוק על הסכמת האומה מקורם בספר **אדר היקר**, באות ד.

בנוגע לשינוי מפני השלום - תשובת הרב עובדיה יוסף מקורה **בשו״ת יביע אומר**, חלק ח, סימן לב. מקורם של הדברים בגמרא במסכת יבמות בדף סה ע״ב; שם לומד רבי אלעזר בן רבי שמעון דין זה ממעשי אחי יוסף המשנים אחרי פטירת יעקב אביהם ומספרים ליוסף על ציוויו של יעקב שיסלח להם. רבי נתן אומר שלא מדובר בהיתר לשנות אלא במצווה, וזאת על פי מעשהו של שמואל החושש ללכת להמליך את דוד - וה׳ מצַווה אותו לקחת עגלת בקר ולומר כי בא לזבוח זבח. בבית מדרשו של רבי ישמעאל הוסיפו ולמדו מכך שהקב״ה בעצמו שינה מפני השלום, שהרי שרה אמרה על אברהם ׳וַאדֹנִי זָקֵן׳, ואילו כשה׳ מספר את הדברים לאברהם אבינו, הוא בוחר לומר בשמה ׳וַאֲנִי זָקַנְתִּי׳. בעניין חשיבות אמירת האמת ולמולה החובה לשנות מפני השלום ראו במאמרו של הרב יובל שרלו, ׳מדבר שקר תרחק׳, **צהר**, א (תש״ס), עמ׳ 13-24.

המחלוקת בנוגע לפדיון הבן אחרי הפלה בשלב מוקדם ומסופק מופיעה **בשו״ת מהרי״ק**, שורש קמג מחד, **ובשו״ת חכם צבי**, סימן קד מאידך.

געגוע חיוני: רגישות הלכתית

מקורו של דין ׳כל המתאבל עליו מתאבל עימו׳ בגמרא במסכת מועד קטן, דף כ ע״ב. דברי הרמ״א מקורם **בשולחן ערוך**, יורה דעה, סימן שעד, סעיף ו.

ההלכה המאפשרת לבן מאומץ לקרוע את בגדיו מופיעה בדברי הרב עובדיה יוסף בספרו **חזון עובדיה** על אבלות, עמ׳ תקנב. מעמדו לעניין קדיש מופיע בתשובה קצרה **בשו״ת הרמ״א** (סימן קיח)

שרלוונטית למקומות שבהם רק אחד האבלים אומר קדיש בבית הכנסת, דבר שמביא למתחים רבים ולספקות רבים למעשה בשאלה מי קודם באמירת הקדיש וכיצד מחלקים אותה. הרמ"א מספר על בקשה שהתבקש מיהודי בשם אנשיל טייזינגר לתת לו אישור כתוב עבור נכדו שיאמר עליו קדיש. הסיבה לכך היא העובדה שהוא גידלו בביתו ואף שכר לו מלמד שילמדו תורה. הרמ"א כותב את האישור המבוקש ומסביר:

> מר אשר [=אנשיל] הנ"ל גִדל היתום תוך ביתו, ואמרו במסכת סנהדרין פרק כהן גדול: כל המגדל יתום בתוך ביתו כאילו ילדו, ולמדו שם מפסוקים הרבה. וכל שכן שהביאו לחיי עולם הבא ששכר לו רבי ללמדו, ואמרו דכבוד רבו הוא קודם לכבוד אביו, שזה מביאו לחיי עולם הזה וזה מביאו לחיי עולם הבא. כל שכן בכמר אשר דכולהו איתנהו ביה, שבן בתו יאמר עליו קדיש כשאר אבלים.

אומנם הרמ"א מסתייג מעט לאור חששו לפסוק פסק חדש ומציע שהנכד המאומץ יקבל זכות מופחתת באמירת הקדיש ויאמר קדיש אחד אל מול שני קדישים שיקבל אדם האבל על אביו או אִמו הביולוגיים. מלבד זאת, הרמ"א פותח כאן פתח לעניין נוסף והוא הסכמת אמו של הנכד, בתו של אנשיל הנ"ל, שבנה יאמר קדיש בחייה.

דברי הרי"ד סולובייצ'יק על משמעות פטור ממצוות בזמן אנינות מקורם בספרו **מן הסערה** (ירושלים תשס"ד), בפרק הראשון, עמ' 44-43.

הימנעות האבל מיחסי אישות במהלך השבעה מקורה בגמרא במסכת מועד קטן דף טו ע"ב. פסיקת הרמ"א, האוסרת גם חיבוק ונישוק, מקורה בהגהותיו ל**שולחן ערוך**, יורה דעה, סימן שפג, סעיף א. ההבחנות בדברי **הש"ך** בין חיבת ביאה למגע של חיבה מקורן

בהערותיו על יורה דעה, סימן קנז, ס״ק י, וכן יורה דעה, סימן קצה, ס״ק כ.

איסור טבילה לאישה אבלה מקורו ב**שולחן ערוך**, יורה דעה, סימן שפב, סעיף ה. דברי **בדי השולחן** המצוטטים מוסבים על הסעיף הזה בדיוק. פסיקתו של הרב לינזר מופיעה ברשת כחלק ממקבץ תשובות של מרכז לינדנבאום בישיבת חובבי תורה https://library.yctorah.org/lindenbaum-center/teshuvot/, ומחולקת לשני חלקים: סימן י - הרחקות בין איש לאשתו בתקופת אבלות וסימן יא - טבילה במקווה לאישה בימי אבלה.

ההלכה בשולחן ערוך האוסרת על האבל להחזיק תינוק מקורה ב**שולחן ערוך**, יורה דעה, סימן שצא, סעיף א. תשובתו של הרב בוצ׳קו מופיעה בקובץ **מכתבים ומאמרים** משנת תשע״ה, עמ׳ 247–250.

התשובות של הרב אשר וייס שבהן הוא משתמש במטבע הלשון ׳ליבי אומר לי׳ לקוחות מסדרת ספרי התשובות שלו, **שו״ת מנחת אשר**. ההלכה בנוגע לקלפים בשבת מקורה ב**שולחן ערוך**, סימן שז, סעיף ט ודברי ר׳ אשר בחלק א, סימן יט; דברי המהר״ם שיק על החירש מופיעים ב**שו״ת מהר״ם שיק**, אבן העזר, סימן עט ותגובת ר׳ אשר מופיעה בחלק ב, סימן צז. עמדתו בנוגע ליחסה של ההלכה לבדיקות דנ״א מופיעה בחלק ג, סימן פז.